*After introducing American and European investors and traders to **Japanese Candlestick Charting Techniques**, I am honored and excited to now help Chinese readers obtain valuable market insights with this book.*

Steve Nison

JAPANESE CANDLESTICK
CHARTING
TECHNIQUES

日本蜡烛图技术

古老东方投资术的现代指南

[美]史蒂夫·尼森（Steve Nison）/ 著　丁圣元 / 译

— 第2版 —

Japanese candlestick charting techniques: a contemporary guide to the ancient investment techniques of the Far East—2nd ed.
Copyright © 2001 by Steve Nison
Simplified Chinese language translation rights arranged with TarcherPerigee, an imprint of Penguin Publishing Group, a division of Penguin Random House LLC.
Through Bardon-Chinese Media Agency.
All rights reserved including the right of reproduction in whole or in part in any form.

© 中南博集天卷文化传媒有限公司。本书版权受法律保护。未经权利人许可，任何人不得以任何方式使用本书包括正文、插图、封面、版式等任何部分内容，违者将受到法律制裁。

著作权合同登记号：18-2019-271

图书在版编目（CIP）数据

日本蜡烛图技术 /（美）史蒂夫·尼森（Steve Nison）著；丁圣元译 . 一长沙：湖南文艺出版社，2020.3（2025.5 重印）
书名原文：Japanese candlestick charting techniques
ISBN 978-7-5404-9373-8

Ⅰ. ①日… Ⅱ. ①史… ②丁… Ⅲ. ①股票投资
Ⅳ. ①F830.91

中国版本图书馆 CIP 数据核字（2019）第 245381 号

上架建议：金融·投资

RIBEN LAZHUTU JISHU
日本蜡烛图技术

作　　者：	［美］史蒂夫·尼森（Steve Nison）
译　　者：	丁圣元
出 版 人：	陈新文
责任编辑：	刘诗哲
监　　制：	刘　毅
策划编辑：	刘　毅
特约编辑：	陈文彬
文字编辑：	王晓芹　柳泓宇
营销编辑：	刘晓晨　刘　迪　段海洋
版权支持：	文赛峰　金　哲
封面设计：	利　锐
版式设计：	李　洁
出　　版：	湖南文艺出版社
	（长沙市雨花区东二环一段 508 号　邮编：410014）
网　　址：	www.hnwy.net
印　　刷：	三河市鑫金马印装有限公司
经　　销：	新华书店
开　　本：	787mm×1092mm　1/16
字　　数：	305 千字
印　　张：	23.5
版　　次：	2020 年 3 月第 1 版
印　　次：	2025 年 5 月第 9 次印刷
书　　号：	ISBN 978-7-5404-9373-8
定　　价：	98.00 元

若有质量问题，请致电质量监督电话：010-59096394
团购电话：010-59320018

蜡烛燃烧了自己，
　照亮了别人。

前言
Preface

"咬人的狗不叫唤"

蜡烛图技术可谓日本技术分析的"尖牙利爪",但是在1989年我对西半球大力鼓吹它之前,西方世界对它居然一无所知,真是令人难以置信。现在蜡烛图图表格式已经席卷天下,很难想象在本书第一版问世前,西方几乎没人知道这种奇妙的分析手段,也没有哪家图表服务商供应蜡烛图。想到现在几乎没有哪家图表服务商不提供蜡烛图了,这让我觉得不可思议。

可以自豪地说,自《日本蜡烛图技术》(*Japanese Candlestick Charting Techniques*)出版以来,它很快便成为西方世界所有蜡烛图技术分析工作的基础。本书第一版是您在互联网上以及其他地方能看到蜡烛图的起因。书中展示了蜡烛图技术到处赢得喜爱的缘由,讲解了蜡烛图技术具备普遍适用的有效功用,被翻译成6种文字,重印了13个版次。

本书第一版介绍的工具、技巧和理论历久弥新,既适用于所有市场,也适用于各种时间尺度。虽然如此,本版的编辑还是用一套颇具说服力的理由(并扣着我的狗来要挟!),要我明白，现在已经是时候推出新版本了。

本版新增内容包括更新后的图表，加入更多的股票行情，通过日内图表聚焦短线交易，修订文字，并提出新的交易策略，介绍了更多将西方技术分析与蜡烛图技术工具相结合的新做法。

在公开讲座中，我曾请听众写下他们希望获得哪些助益。有人写道："要挣大钱。"虽然我不能保证您"挣大钱"，但是我期望书中介绍的各种工具、策略和技巧能够极大地帮助您提升交易能力，减少风险暴露。

衷心感谢您，正是各位热心读者造就了本书第一版的"洛阳纸贵"。我知道，您一定会发现这一版既有价值又很实用，读起来令人愉快。

如果能够听到您对蜡烛图技术的评论、经验分享或者各种好点子，那将是我莫大的享受。欢迎您发送电子邮件，接收邮箱是info@candlecharts.com。诚邀您访问我们的网址www.candlecharts.com。虽然我不能保证回复每一封邮件，但是我一定阅读您发的所有电子邮件和来信。

东、西方技术分析的融合

——《日本蜡烛图技术》译者序

知行合一

当我写下这段话的时候，正值党的十五大闭幕。这次世纪之交的盛会为我国社会主义市场经济的进一步发展奠定了坚实的基础。又有消息传来：我国将进一步大规模削减关税率。对以上内部、外部两方面的形势发展，我作为一名普通的投资者和研究者，有两点感受。

一、我国的投资市场前程远大。虽然国内的股票、债券、期货、外汇等市场极不成熟，无论市场还是投资者都存在不少尚待改进、提高之处，但是造成这种局面的根本原因或许在于一些人为的禁忌。一旦这些禁忌被打破了，我们的市场必然更加快速地朝健康的、符合规律的方向发展。起步晚，也不全都是坏事，我们也许可以充分借鉴他人的经验教训，成长得更加顺利。应当说，国内市场充满了机遇，就看投资者有无足够的准备。

二、全球经济融合发展的历史大潮滚滚向前、不可阻挡。由此正为我们带来两方面的巨大变化。一方面国人分享世界经济成果的潜力不断增长，对国内的企业、普通投资者来说，走出国门，参与国际市场竞争，越来越成为一种必然的，而且至少从长远看肯定有利的选择；另一方面，国内市场与国际市场的差距必将愈来愈快速地缩小，绝不允许迟疑或等待。这无疑对国内市场的建设者和参与者提出了极大的挑战。

怎么办？

面对这样的历史转折点，认真学习、积极参与、深刻总结，这三点可能是我们普通市场参与者最好的对策。坦白地说，从我们的市场现状出发，从国内投资者、管理者、研究者的水准出发，我认为认真学习应当是首要的。我总觉得自己懂得太少、见得太少、干得太少，心中常常涌起一阵强烈的紧迫感。朋友们肯定注意到了，这本书竟然是一本西方人写的关于东方技术分析学问的名著。这是不是意味着，即使技术分析发达的美国，也在不断地学习借鉴呢？

话说回来，认真学习、积极参与、深刻总结这三点其实是一回事，实质就是要"知行合一"，用而学，学而用。从我个人的经验来说，这可能就是学习技术分析的最大的窍门。

您看到的，是我翻译的第二本西方技术分析名著。实际上，正是它给了我较为扎实的蜡烛图知识，使我从粗略的了解晋级到能够日常运用。我希望，这个译本能帮助更多的技术分析同行在蜡烛图技术上登堂入室。

蜡烛图后面的东方思想

对国内投资界的同行来说，蜡烛图恐怕是最主要的图表形式之一。事实上，在国内股票、期货、债券、外汇等投资领域，几乎所有的报纸、杂志、信息终端，都采用蜡烛图的形式来显示价格资料；几乎所有的市场参与者、研究者、管理者眼睛里盯着的、心里还惦记着的，都是蜡烛图图表。但是，当初我自己找遍了大街小巷，也未曾得到多少关于蜡烛图技术的资料。或许，还没有"唐僧"把蜡烛图的"真经"取回来。我猜测，一定有很多朋友与我一样摸不着蜡烛图的头脑。举个例子，蜡烛图形态中，有一种被称作"流星线"的，可是常常听到有人把它说成"射击之星"。"星"怎样"射击"？实在无从想象，看来是"shooting star（流星）"的误译。

从视觉效果上说，蜡烛图技术的优势主要是鲜明生动。蜡烛线白与黑（或者红与黑）的反差将市场的涨跌渲染得淋漓尽致，价格变化的轨迹也就更加清晰。蜡烛图这一方面的优越性恐怕没有哪种图表形式能够望其项背。这可能就是蜡烛图横扫全球的原因。并且，蜡烛图形态的名称一般均能画龙点睛，很好地提示自身的技术意义。这些优点，书中有很好的评述。

透过蜡烛图的表象，我们能够明显地感受到蜡烛图技术所包含的东方哲理。用黑白两色蜡烛线（即阴线、阳线）表征市场运动，暗合了天地之间阴阳消长的万千气象。看蜡烛图如观围棋，黑白子摆出了人生，摆出了大千世界。蜡烛图上黑白两色的选择，哪怕仅仅是一种巧合，也是东方思想的自然流露。西方的周期理论也宣称以大自然的普遍规律作为自己的理论依据（参见《期货市场技术分析》第384页有关爱德华·R.杜威的部分，约翰·墨菲著，丁圣元译，地震出版社，1994年）。不过，蜡烛图技术更有整体感，思想背景也更为深远。

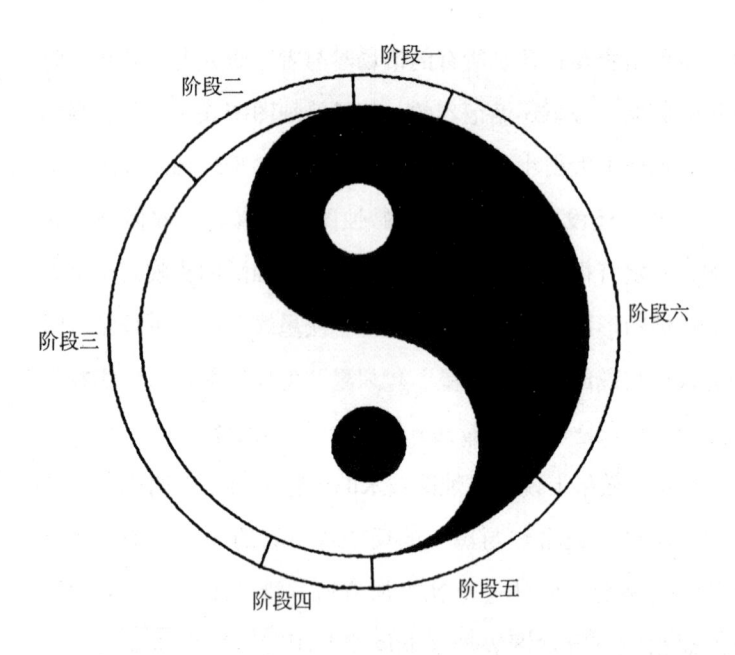

阶段一
阶段二
阶段三
阶段六
阶段四
阶段五

译序图1

我觉得，通过这张太极图，一方面，可以很好地理解一定层次牛、熊趋势的发生、发展，及其相互转换（这便是图中的六个阶段。不过，重要的是一种市场观念，而不是对号入座地照搬图中的具体尺度，虽然这种尺度通常也有参考价值）。这种认识大致应当经历三个循序渐进的境界：只见孤立的某个具体市场循环；建立图中有图、图外有图的市场趋势的整体观念；最后再落实到适合交易操作的特定层次的循环。艾略特波浪理论似乎走了前面的两步，但是，它对具体格式过于拘泥，往往沦为东拼西凑、矫揉造作，反而不美了。

另一方面也可以理解蜡烛图技术的哲学底蕴。具体说来，蜡烛图反转信号往往发生在阶段四（或者阶段一），它所追求的就是尽早地取得趋势生变的警告信号。比较而言，传统的西方突破信号，通常发生在阶段五（或者阶段二），乃至阶段六（或者阶段三）。

大多数蜡烛图形态由一根到三根蜡烛线组成（也就是说，在日蜡烛线图上，是一两天），而它们的技术意义竟然是相对于当前趋势的（当前趋势既可能小到一两天，也可能长达数年！）。一叶落而知天下秋，这正是蜡烛图技术所追求的境界。的确，无论多大规模的市场运动，总是从最微小的蛛丝马迹发展起来的。从这个意义上说，谁能够最先正确地发现这些线索，谁的投资就有较大的把握；越晚发现市场趋势，则获利空间越小；等到市场趋势发展得极度火红，几乎所有的人都能够看出头绪的时候，实际上获利的余地已经不大，而风险却在无形地增长。这个时候，可能正是市场向相反方向运动的蛛丝马迹出现的时候。这种物极必反、阴阳相生、无始无终的过程，在道家的太极图——那两条首尾相衔的黑白鱼（如译序图1）上，难道反映得还不够一目了然吗？这就是蜡烛图这种东方技术分析的东方思想根基。

译序图2，为深圳股票综合指数日蜡烛线图。其中我们把主要趋势规模的一个完整市场周期，粗略地划分为六个阶段。在译序图1上，我们也标出了这六个阶段，两者是一个很好的对照。下面，我们对这六个阶段做一点示意性的简要解说。必须指出，这样的描述仅仅是一种概念性说明，与实际的市场演变过程当然不会完全相同。

阶段一：熊市发展到极致，市场快速下跌，达到低水平；看跌者均已入市，多头绝望斩仓，交易量扩大；但是，阴极而阳生，卖方后继乏力，蜡烛图反转信号出现（在译序图2上，大约从1996年12月到1997年1月间）。

阶段二：市场继续维持在低位，转入横向延伸趋势；交易量收缩，市场渐渐尝试上方的水平（大约从1997年春节前到3月初）。

阶段三：多头积蓄力量，最终形成向上突破；西方技术信号出现，牛市进入第二阶段；空头且战且退，交易量逐步扩大（大约从3月初到4月下旬）。

阶段四：牛市发展到高潮，市场快速上升，达到高水平；看涨者均已入市，空头终于绝望斩仓，交易量扩张。但是，阳极而阴生，买方后继乏力，蜡烛图反转信号出现（5月上、中旬）。

阶段五：市场继续维持在高位，转入横向延伸趋势；交易量收缩，市场逐渐尝试下方的水平（5月中、下旬）。

阶段六：空头积蓄力量，最终形成向下突破；西方技术信号出现，熊市进入第二阶段；多头且战且退，不过在下降趋势中，交易量既可能逐步扩大，也可能有所减少（6月以后）。

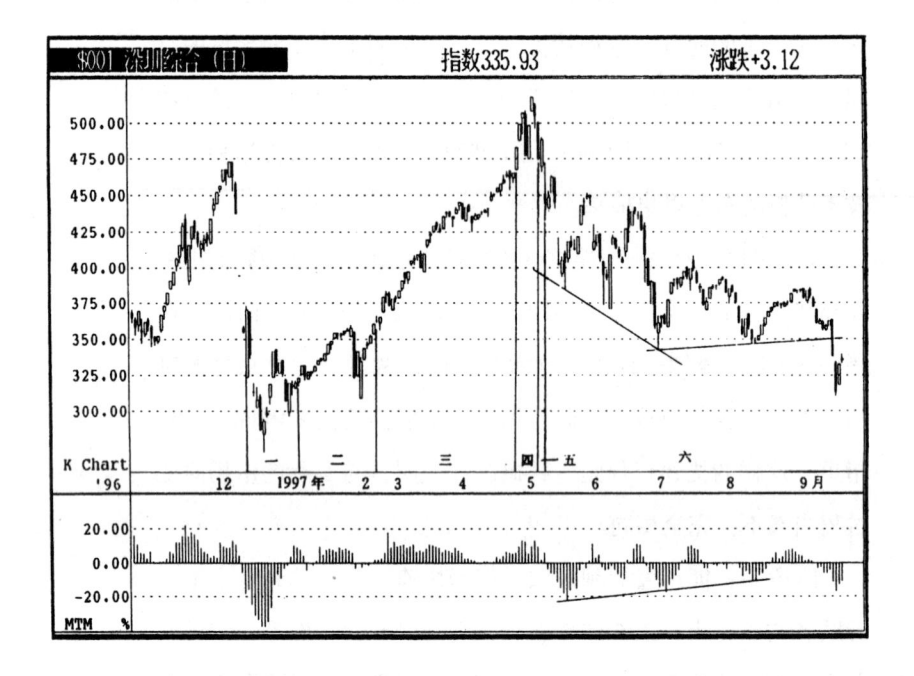

译序图2

这是深圳股市综合指数的日蜡烛线图，时间为1996年年底到1997年9月底。我们把这期间的主要趋势规模上的市场演变过程划分为六个阶段。这种划分虽然只是示意性的，因为这张日蜡烛线图没有显示1996年年初至1997年年中的全部上涨过程，但是，仍然不失为译序图1的良好注解。

技术分析的角色

所谓市场技术分析，就是力求掌握市场透露出来的种种信号，尽可能抢占正面的、反面的先机。市场的信号错综复杂。从时间规模上说，每时每刻，市场上总是存在从几分钟到几十年、上百年的数不清的大小周期。这些周期一环套着一环，大的由小的组成，小的复由更小的组成；大的组合起来，又组成了更大的。从价格规模上说，每时每刻，市场上总是存在从几个最小的价格单位到翻天覆地的几十倍乃至上百倍的价格运动。这些价格运动一环套着一环，大的由小的组成，小的复由更小的组成；大的组合起来，又组成了更大的。打个比方，市场的变化就像一颗人造卫星，它自转；围绕地球转；随着地球围绕太阳转；随着地球、太阳围着银河系中心转……没有穷尽。

因此，在我们心中的"太极图"上，不再是一个孤立的循环，而是上升为大小趋势组合起来的一个市场趋势整体，是一幅图中有图、图外有图的太极图。

实际上，时间和价格两个方面是分不开的。市场的变化需要花费时间，即使市场停留在一个价位上不动，最终也必定酿成更大的价格运动。结果，时间换来了价格。另一方面，价格运动越剧烈，市场未来归入沉寂的时间就越久。结果，价格换来了时间。一张一弛，文武之道。价格与时间是市场两个对等的方面，人们常说的"盘得多久，跌得多深"，就是一个例子。

技术分析师所捕捉的信号，就是交易者人生所及的、资金所及的、与本人交易风格相适应的上述市场变化的若干环节。每一个规模的价格变化，都在或大声、或小声地向市场分析者倾诉着（声音的大小自然也取决于分析者的听觉）。可想而知，这些声音汇聚在一起，乍听无疑是混沌嘈杂的，但是深究起来，却实在是一部无始无终的宏大和谐的交响乐。试想，我们身边的世界，无论是社会现象，还是物质现象，表面上从来都是漫无头绪，而实质上无不遵从客观规律的制约。技术分析者努力的方向，就是尽早从上述混杂的音响中，听到这部美妙的交响曲，听出何为主题，何为副主题，何为主旋律，何为伴奏，以及起、承、转、合的变化是如何发生、发展的。最终的目的，就是选择适合自己交易节奏的旋律，随着市场起舞。

现在就更明白了，虽然我们的太极图图中有图、图外有图，但是，我们应当挑出适合自己的唯一层次，然后紧紧咬定它。换言之，最后我们心中仅剩下一张黑白分明的太极图。说穿了，无论蜡烛图技术，还是西方技术分析，都属于顺应市场趋势的学问，都不过是太极图所包含的深刻哲理的一点余泽。

蜡烛图的不利之处

由此看来，蜡烛图的信号必然相当灵敏。事实上，大多数技术信号确实先于西方技术分析信号。假定蜡烛图技术是一柄削铁如泥的宝剑，使用它的人往往能够最早地捕捉到市场趋势变化的信号，获取最大的利润。那么，反过来，佩带这把宝剑的人一定要是精通武艺的名将。不然，宝剑恐怕会先伤了主人。

蜡烛图的不利之处和它的长处是一对孪生兄弟——正是灵敏的技术信号，比较容易带来伪信号。照常识来看，一般人看看今天的天气，估计明天的天气或者还有几分把握，估计后天的则差强人意，大后天恐怕就靠不住了。同样的道理适用于市场研究。换句话说，如果我们普通投资者要预测今后一天的行情，至少需要一天的历史资料；如果需要预测今后半年的行情，至少需要过去半年的历史资料。当然，随着市场技术分析经验的增长，我们的感觉会越来越敏锐，对市场的体察会越来越见微知著。这就是"悟"。

在蜡烛图运用到极端的情况下，有的朋友往往根据一根蜡烛线"测定"市场上买方与卖方的力量对比，"推算"出今后的市场走向。不信，就请你随便听听电视、广播里的股市评论、期市评论，随便翻翻证券报刊的预测文章。这样做的结果，在大多情况下必然不尽如人意。

分析市场，最好首先巨细无遗，把市场信息一网打尽。然后，才能理清楚整部的交响曲，最后顺理成章，摘出适合自己的旋律。蜡烛图技术应当是我们分析市场的重要手段之一，但我们的手段不应当限于蜡烛图技术。

不必厚此薄彼

实际上，蜡烛图技术也好，西方技术分析理论也好，对我们来说，都是舶来品，没必要有亲疏之分。

这本书，好就好在强调东、西两个方面的结合。这中间的优点是不言而喻的：血缘关系远！东方的技术分析与西方的技术分析虽然有殊途同归之处，但是如果追究各自的理论背景，则很有区别。在这样的条件下，如果蜡烛图信号与西方技术分析信号不谋而合，则比起两种西方信号的相互验证更有说服力。在运用西方技术分析的时候，一种常见的错误就是"近亲结婚"。有的朋友把几种本来同根生的技术信号堆砌在一起，比如说RSI、随机指数、MACD摆动指数等，作为一种相互验证的有力证据。再比如说，在一定的条件下，趋势线的突破信号与市场对移动平均线的突破信号几乎是一回事，究其实质，移动平均线不过是一种较为特别的趋势线而已。

在西方技术分析工具中，有许多信号只是从不同的侧面，或多或少地表达了相同的内容。如果蜡烛图信号与RSI信号相互验证，那么，完全是另外一种局面了。为了把问题说得更清楚，我们需要引入"信息量"的概念。分析市场、得出交易信号，就像提炼黄金的过程。我们尽可以采取各种不同的手段来提纯黄金。但是，千万不可以被花样百出的方法所误导——不论施用什么样的高妙绝招，含金量只有这些，这是金砂矿先天地决定了的一个客观极限；无论多么先进的技术，都只是意味着您真正提取到手的金量更加接近于这一极限，却绝对不可能无中生有，超越极限。"信息量"的概念就对应着包含在价格数据中的"含金量"，第一，任何市场资料所含信息量均有极限；第二，任何技术分析手段所提取的信息量只可能少于信息量的极限，绝不可能多于信息量的极限；第三，对于相同的市场资料，虽然可能采取不同的技术分析手段，但是所得的信息量均限于上述极限之内，因此，它们的结果有可能是相互重叠的。于是，即使多种手段并用，所得的信息量不一定成正比例增加，预测市场的准确性不一定能够提高。

译序图3是动力指数与趋势线的对照。动力指数反映市场运动的速度，而趋势线的斜率也能反映市场运动的速度，因此，它们的信号在很大程度上可能是重叠的。

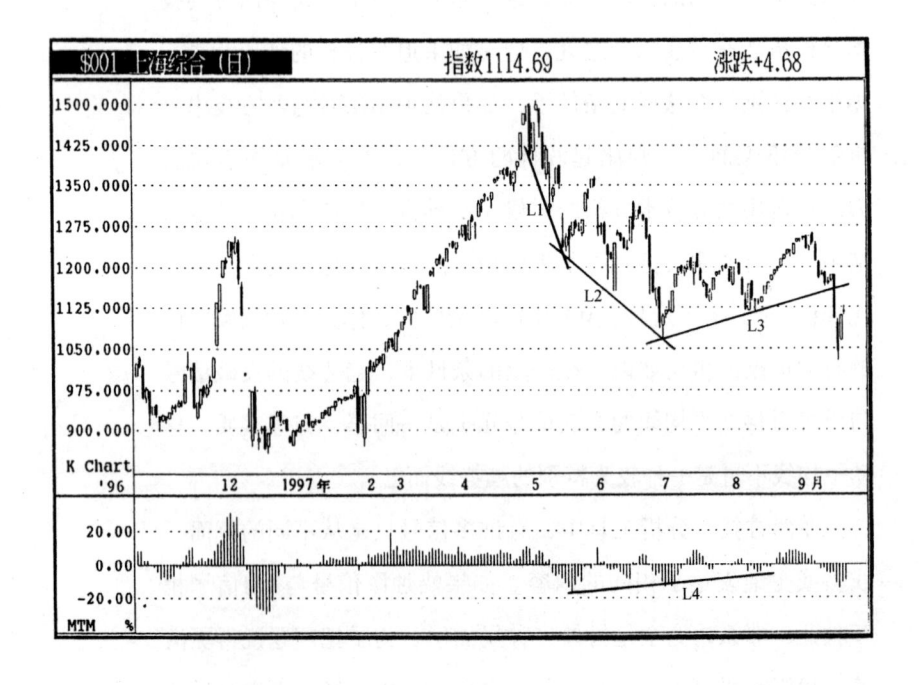

译序图3

这是上海股市综合指数的日蜡烛线图，时间从1996年年底到1997年9月底。其中下半图为动力指数刷形图，L1、L2和L3是上图的三根支撑线，它们的斜率代表了市场下降的速度。在下降趋势中，市场最主要的特征就是不断地创造价格新低，因此，连接其低点而成的这类趋势线具有表征下降趋势力度的重要意义；反过来，上升趋势最主要的特征就是不断地创造价格新高，因此，连接其高点而成的趋势线也有表征上升趋势力度的重要意义。同摆动指数相比，这类趋势线更能准确、及时地反映市场运动速度的变化。从信息量上说，它们几乎覆盖了摆动指数，在"血缘"上，摆动指数几乎是它们的直接后代。如图所示，从L1、L2到L3，斜率由下倾变上倾，在动力指数图上，反映在L4的上倾上。

但是，趋势线的做法和选择，需要分析者的主观经验和注意力，需要选择、判断得当；而摆动指数几乎是自动化的。因此，后者也有可取之处。为了说明两者的关系，我们打个比方：摆动指数如同汽车仪表盘上的速度计，它单单显示速度，不表达方向、路况等；图示的趋势线如同司机的感觉，有速度、方向、路面，甚至有路旁的景物，但是都不定量。由此，可以体味所谓信息量的问题、"血缘"关系的问题。顺便说一句，我觉得，在市场研究中，能够定量且定量化以后效果更好的因素迄今并不多见。

关键问题就在于我们用来相互验证的技术信号之间信息量重叠的程度如何，也就是"血缘关系的远近"如何。大致说来，这主要取决于技术分析手段分析市场的理论基础的异同、出发点的异同、所考察的市场侧面的异同。据我个人的经验，蜡烛图技术、传统的西方技术分析（包括一般的计算机信号）、江恩理论、周期理论、艾略特波浪理论大体可以看作目前技术分析体系内几个鼎足而立的部分，它们起源于不同的理论源头，观察市场的角度也大不相同，所以，它们各自得出的信息量必然较少重叠，它们的验证信号增加了信息量的总额，使我们更接近信息量极限。另一方面，这也说明，哪个单独的手段都不能提取充分的信息量，因此，在预测市场的七巧板游戏中，不同形状的板块和谐地拼合起来的数目越多，我们把握市场动向的胜算就越大。

本书作者是百分之百的西方技术分析师，由他来写这本书，减少了蜡烛图的东方玄奥色彩，增添了以西方之心度东方之腹的两种技术的对比和联系。对差不多个个"东学满腹"的国内朋友来说，这岂非歪打正着？这是本书具有独特价值的一个地方。

翻译说明

国内现有的蜡烛图技术参考书尚不多见，如此一来，在翻译蜡烛图的技术术语的时候，就有不少麻烦。日本人广泛使用汉字，虽然其意思不等同于正宗的现代汉语，但我们还是应当尽可能地照顾这一特点。问题是，在本书原著中，作者已经挖空心思地把蜡烛图术语译为英文了，再返回来就不太容易。

我们的基本原则是，以中文的准确、简明、通俗为第一位的考虑，兼顾日文汉字。值得一提的是，在这个方面，《K线图投资技巧详解》（侯本慧、郭小洲编著，浙江大学出版社，1996年）为我提供了一定的帮助。该书为东方人的手笔，如果同西方的这本书对照一下，还是挺有趣的，可惜该书有些粗糙。

致谢

感谢《经济日报》社的汪朗先生。在我的研究道路上，老汪对我的支持和鼓励将令我终身受益。从《期货市场技术分析》到《日本蜡烛图技术》，他已经从《经济日报》社的国际部调到财贸部，我自己也从公司的国际部调到证券部。我一直不敢松懈，深恐辜负光阴，深恐辜负像老汪这样支持我的事业的朋友的厚爱。实际上，我也不敢自大到以为这样的厚爱主要是冲着我个人的。如果不能对祖国市场建设有所贡献，就无颜面对他们。

感谢道琼斯-德励财经资讯公司（北京）及其前任领导伍尚同先生曾经给予我的巨大帮助。如果《期货市场技术分析》一书没有他们的鼎力相助，是不可能如此顺利出版的。如果说该书的中文译本对我国资本市场、期货市场有微薄之功的话，无疑，老伍有一份贡献。

感谢香港的刘思谦先生。在内地从事研究，最大的困难在于耳目闭塞、资料难得。多亏刘先生抽出他宝贵的时间，为我找书目、寄新书，我才能把这本书奉献给读者朋友。

感谢章建宏先生，他为我解决了不少日文技术术语与谚语的翻译问题。

感谢冯觉民先生，他给予我很多指教和支持。感谢赵凡先生、宋春胜先生、马浩先生、王广杰先生，他们对我的工作先后给予了很多帮助。

丁圣元
1997.9

关于本书

"要知山下路，须问过来人"

本书系美国技术分析家史蒂夫·尼森（Steve Nison）的技术分析名著《日本蜡烛图技术》（第二版）的中文译本。书中对日本蜡烛线图技术进行了全面、实用的讲解，内容翔实、条理清晰、语言平易，其图例典型、生动，覆盖了期货、债券、股票、外汇等各类市场，因此，本书既适合初入股票市场、期货市场的新手，也对技术分析老手有很大裨益。

本书出版后，数年之间就已经厕身于市场技术分析的经典之列。这并不奇怪。作者本来在西方技术分析领域已经颇有造诣，后来对蜡烛图产生了浓厚的兴趣。多年来，他埋头探索，勤于向日本同行学习，在实际市场操作中百折不挠地广泛实践，所以最终能修成正果，在本书中将蜡烛图技术的真谛娓娓道来。由西方人来介绍东方的技术分析方法，并且作者恰巧在西方技术分析和蜡烛线图技术上均有很高的修养，因此，本书的一个重要特色就是，恰如其分地将东、西方技术分析方法结合起来。

在东方的蜡烛图技术分析领域，史蒂夫·尼森是西方的著名专家，他从事期货和期权市场的研究分析工作已经有30多年。从1989年年底在《期货》杂志上发表的一篇介绍蜡烛图的文章开始，他先后接受了《华尔街日报》《洛杉矶时报》的专访，多次在电视屏幕上循循而谈，由此激起了强烈的反响，几乎单枪匹马地在西方投资界掀起了一场蜡烛图技术的革命。通过许多的讲座和培训班，他成功地在西方世界推广了蜡烛图技术。

史蒂夫获得过巴鲁克学院金融与投资专业的MBA学位，是美国技术分析师协会理事会成员，同时也是期货行业协会研究部门的理事、纽约金融学院的教师。他曾担任美林证券的高级技术分析师、大和证券的高级副总裁。

史蒂夫现任蜡烛图互联网（Candlecharts.com）公司总裁。该公司为机构提供在线课程、公众讲座、培训产品以及投资顾问服务。如果要详细了解蜡烛图互联网公司提供的服务，请阅读本书第347和348页，或者浏览www.candlecharts.com的页面。

译者丁圣元，1990年从北京大学获得硕士学位。先后从事外汇交易、股票和债券投资管理、金融市场研究和金融产品设计等业务。现在任职于中国银河证券股份有限公司销售交易总部。

1993年1月至1996年9月，在《经济日报》国际版辟有"外汇走势参考"专栏，每周一刊行。其中主要以技术分析方法对国际外汇市场进行分析预测。该专栏在有关行业曾引起广泛关注，并为《香港经济日报》等报刊所引用。1993年年初至1994年5月，他翻译出版了《期货市场技术分析》（地震出版社，1994年），该书语言准确、流畅，被广泛地誉为国内技术分析领域最重要的参考书。自1994年年初以来，他在全国各地主讲了许多技术分析讲座，不遗余力地推广市场分析知识，受到了热诚的欢迎。

他的译、著作还包括：

2001年，译作《逆向思考的艺术》出版（汉弗莱·尼尔著，海南出版社；地震出版社2010年修订再版）；

2001年，著作《投资正途——大势·选股·买卖》出版（地震出版社，2008年修订再版）；

2002年，著作《国债投资指要》出版（企业管理出版社）；

2003年，译作《股票大作手操盘术》出版（杰西·利弗莫尔，人民邮电出版社）；

2010年，译作《股票大作手回忆录》出版（埃德温·勒菲弗著，万卷出版公司）。

目录 Contents

第一章 引论 _001

  本书新增内容 _002
  为什么蜡烛图分析技术赢得了全世界范围内交易商和投资者的青睐？_002
  本书为谁而写？_004
  交代背景 _005
  本书包括什么内容？_008
  注意事项 _010
  技术分析的重要性 _013

第二章 历史背景 _017

第一部分 基本知识

第三章 蜡烛图的绘制方法 _025

  蜡烛图线的画法 _027

第四章 反转形态 _033

  伞形线 _035
  吞没形态（抱线形态）_045
  乌云盖顶形态 _054
  刺透形态 _059

第五章　星线 _065

启明星形态 _066
黄昏星形态 _070
十字启明星形态和十字黄昏星形态 _075
流星形态与倒锤子形态 _079

第六章　其他反转形态 _087

孕线形态 _088
平头顶部形态和平头底部形态 _094
捉腰带线 _100
向上跳空两只乌鸦 _103
三只乌鸦 _106
白色三兵挺进形态 _108
三山形态和三川形态 _112
反击线形态（约会线形态）_120
圆形顶部形态和平底锅底部形态（圆形底部形态）_125
塔形顶部形态和塔形底部形态 _131

第七章　持续形态 _137

窗口 _138
向上跳空和向下跳空并列阴阳线形态 _147
上升三法（上升三蜡烛线法）和下降三法（下降三蜡烛线法）形态 _156
分手线形态 _165

第八章　神奇的十字线 _169

北方十字线（上涨行情中的十字线）_172
长腿十字线（黄包车夫）、墓碑十字线与蜻蜓十字线 _176
三星形态 _185

第九章　蜡烛图技术汇总 _187

第二部分　多技术方法共同参照原则

第十章　蜡烛图信号的汇聚 _201
第十一章　蜡烛图与趋势线 _207
　　　　　　破低反涨形态与破高反跌形态 _214
　　　　　　极性转换原则 _221

第十二章　蜡烛图与百分比回撤水平 _229
第十三章　蜡烛图与移动平均线 _233
　　　　　　简单移动平均线 _233
　　　　　　加权移动平均线 _235
　　　　　　指数加权移动平均线 _235
　　　　　　移动平均线的用法 _235

第十四章　蜡烛图与摆动指数 _241
　　　　　　相对力度指数 _242
　　　　　　移动平均线摆动指数 _246
　　　　　　随机指数 _251
　　　　　　移动平均线验证背离指数（MACD）_255

第十五章　蜡烛图与交易量 _259
第十六章　测算价格目标 _269

箱体区间的突破信号 _ 270
　　　对等运动、旗形与尖旗形（三角旗形）_ 276

第十七章　东西方技术珠联璧合：相互验证的力量 _ 285

结语 _ 289

致谢 _ 291

术语表 A　蜡烛图技术术语及示意图小词典 _ 295

术语表 B　西方技术分析术语 _ 311

参考书目 _ 321

索引 _ 325

关于 Candlecharts.com 的介绍 _ 347

第一章　引论

"良好的开端，成功的一半"

　　日本蜡烛线图表分析名副其实，其图线与蜡烛相像。它出自远东，经受了世世代代的千锤百炼。直到《日本蜡烛图技术》出版为止，蜡烛图作为日本图表分析技术的"尖牙利爪"，在超过一个世纪以上的时间里，始终是深藏不露的秘密，西方世界对其茫然不知。本书破天荒地向西半球详细揭示了这一"东方秘密"。

　　因为术语"蜡烛线"常常简写为"蜡烛"，本书对这两个用语不做区分，相互通用。

　　我的著作被誉为一场技术分析革命，后来人们的著作、文章通通以本书第一版作为理论依据，对此本人倍感荣幸。这正是我期望的。本书的写作目的本来就是给未来的蜡烛图技术资料抛砖引玉。因此，听到本书经常被称为"蜡烛图技术的圣经"，我倍感欣慰。

　　在本书于1991年出版之前，谁曾经听说过蜡烛线图？现在，又有谁不曾听说过蜡烛线图？

举例来说，网上交易者、日内交易者、机构自营交易员以及做市商都是蜡烛图技术的狂热爱好者。网站、实时交易系统以及技术分析软件包无不囊括蜡烛图。这充分证明蜡烛图在当今波动剧烈的市场中广泛流行，具备横扫一切的吸引力。"蜡烛的火焰"比以往任何时候都更炽烈。

我那11岁的儿子埃文（他出生的时候差一点被取名为"蜡烛线·尼森"）看到一家网上图表服务商的蜡烛图，他说："爸爸，这么说要不是你的话，在网上或者在美国任何地方都看不到蜡烛图了，对吧？"我告诉他，对的。他犹豫了一下，然后说："酷，我想多要一点零花钱！"

本书新增内容

本版的图表格式和基本概念与第一版相同（能用就别瞎折腾，对吧？），不过自从第一版出版以来，市场交易环境和参与者都变了。因此，本版除了全部新图表之外，还增加了以下内容：

- 更多日内行情。
- 更聚焦于活跃的波段操作、网上交易和日内交易。
- 最大限度地利用日内图表的新策略。
- 西方技术分析与蜡烛图技术相结合的新技巧。
- 更重视保护本金。

为什么蜡烛图分析技术赢得了全世界范围内交易商和投资者的青睐？

多年来，人们对这种图表分析技术的兴趣越来越强烈。这是因为蜡烛图具备以下优势：

·易懂易学。从初学技术分析的入门者，到经验老到的专业选手，都能在蜡烛图技术上一显身手。这些工具看似十分简单，但请不要看走了眼。它们具有揭示市场内在状况的独特功能，其他任何图表分析技术都不能与之相提并论。

·在市场转折时更早地发出信号。相比美国线图或点数图上的传统信号，蜡烛图常常先声夺人，提前较长时间发出反转信号。这当然有好处，可以帮您选择更恰当的入市和出市时机。

·独此一家的市场洞察力。蜡烛图不仅能展示行情趋势，而且能揭示驱动行情趋势的潜藏力量，前一点线图尚可分庭抗礼，后一点线图就敬谢不敏了。

·学起来津津有味。蜡烛图采用了一套鲜活生动的术语，例如"乌云盖顶""锤子线"和"窗口"，用起来兴味盎然。但是，不要被"鲜活生动的"名词麻痹了。当你在市场上拼杀时，这些技术手段可是八面威风的撒手锏。

·改进西方图表分析方法。蜡烛图的用法灵活多样，可以与西方技术分析工具水乳交融。为了服务我们的客户，我们将蜡烛图的市场洞察力与强大的西方技术分析工具炼为一炉。如果您是一位久经沙场的技术分析老手，您将发现，一旦把日本蜡烛图技术与您惯用的其他技术分析工具结合起来，就能造就一种强大的技术合成体。将东西方分析方法融会贯通，在只会使用传统西方图表分析技术的老脑筋们当中，您必将脱颖而出。

·提高市场分析效率。蜡烛图能够即时传递此时此刻的行情图形信息，市场分析更便捷、高效。

正如一则东方谚语所说："千里之行，始于足下。"在蜡烛图技术分析的修行之路上，本章只是开头第一步，虽然这一步很重要。不过，即使只读了本章的引论，您也会发现，蜡烛图技术将提升市场分析的效率，改善入市和出市的时机抉择，为您开辟一片全新的、有效的且具有独特价值的天地。

我在本书第一版曾斗胆预言："在不远的将来，蜡烛图表可能会与线图平起平坐，成为技术分析的一种新的标准图表形式。事实上，我还打算做出一个更大胆的预言：随着习惯于采用蜡烛图形式的技术分析师的日益增多，线图终将被蜡烛图取代。"事实上，当前这一幕正在上演。

在我为机构或公众举办的讲座结束时，我常常询问听众，"现在在座的哪些人打算还用线图啊？"讲座听众成千上万，可是其中从来没人举手。这些人都是交易者。如果您还不熟悉蜡烛图，那么读完本书（甚至只读前几章）就会明白，用蜡烛图取代线图，实在有益无害。

第三章将介绍蜡烛线图的绘图方法，届时您就会发现，绘制蜡烛图所需的数据，与绘制线图所需要的数据完全一致（即开市价、最高价、最低价、收市价这四种价格）。这一点很有意义，因为这就意味着，凡是适用于线图形式的一切技术分析手段（例如移动平均线、趋势线、百分比回撤水平等），也毫无二致地适用于蜡烛图形式。但是，远不止于此的是，蜡烛图本身的一些技术信号在线图形式下是无从获得的。后面这一点可以说是要害中的要害。另一方面，有些蜡烛图价格形态虽然与传统的西方图表分析技术不谋而合，却有可能使您比后者争取到更早的先机，因而抢了上风。如果我们用蜡烛图形式取代线图形式，那么，我们不仅可以在新图表上把原来适用于线图的那些研究手段通通照搬过来，而且能凭借蜡烛图另外开辟出一条市场分析的崭新大道，洞察市场内在的健康状态，独此一家，别无分店。

本书为谁而写？

本书适合下列读者：
· 如果您的图表服务商提供了蜡烛图，您希望发挥它们的全部功用。
· 如果您希望在同行竞争中出人头地。

·如果您希望找到更适切的入市、出市时机。
·如果您希望百尺竿头更进一步，为您的交易工具包添置增加价值的工具。
·如果您希望寓学于乐、寓乐于学。
·如果您不了解蜡烛图，或者您是一位久经沙场的老将。

交代背景

我常常暗自纳罕："为什么在如此漫长的岁月里，西方世界竟然对这门技术几乎毫无了解呢？"是因为日本人将它看作镇山法宝而严守秘密吗？我不知道究竟是什么原因，不过我是花费了数年的心血，才将自己对蜡烛图技术盲人摸象般的印象拼合成本来的完整理论的。无论如何，从好些方面来说，我还算是幸运的。从我个人的特点来说，我既能持之以恒，又独具挖掘宝藏的慧眼，两个方面结合起来，也许恰巧就构成了一种他人没有的机缘，使我最终能够完成这一番事业。

1987年，我结识了一位日本经纪人。有一天，我在她的办公室里和她一起小坐，当时，她正在翻看一本日本股票市场图表集（日本行情图册中的图表是蜡烛图形式的）。突然，她叫起来："看，一个窗口！"于是，我问她这是什么意思，她解释道，所谓的窗口其实与西方技术分析理论中的价格跳空是一回事。她进一步介绍说，西方技术分析师的术语是"回填价格跳空"，在日本人那里，则说"关闭窗口"。她还谈到了其他一些术语，比如"十字星""乌云盖顶"等等。我一下子就着了迷。在随后的三年里，我把时间通通花在学习和探索蜡烛图技术上，碰上任何合适的市场对象，都要用蜡烛图技术来试一试。

事情并不一帆风顺。起步的时候，一位日本经纪商帮了我一把，而我自己也刻苦地绘制、分析各种市场的蜡烛图，尽量从实践中揣摩体会。后来事情渐渐有起色，多亏了位于纽约的市场技术分析师协会（Market Technicians Association, MTA）[1]的图书馆，我在那里碰巧找到了一本书，是日本技术分析师协会（Nippon Technical Analysts Association，NTAA）出版的，名字叫《日本的股票价格分析》（Analysis of Stock Price in Japan）。它原本是一本日文的小册子，后来被翻译成了英文版。可惜的是，在这本书中，讲到蜡烛图技术的总共只有10页。然而，即便如此，也总算找到了一点英文的蜡烛图文字资料。

几个月之后，我又借到了另一本书。这本书提供了更多蜡烛图技术的基础知识。无独有偶，这本书还是从MTA的图书馆里搜刮出来的。谢利·莱贝克（Shelley Lebeck）当时是市场技术分析师协会的办公室主管，这本书就是他从日本带回来的。书名为《日本图表分析技术》（The Japanese Chart of Charts），作者为清水正纪，由格雷格·尼科尔森（Greg Nicholson）从日本回国后翻译成英文，东京期货交易出版公司出版。在这本书中，大约有70页是关于蜡烛图技术的，而且是英文的，对我来说，得到这本书，不啻在沙漠中发现了甘泉。

这本书蕴涵着丰富的蜡烛图知识，但是我得承认，这门学问的每一个细节都是极其新奇的，必须费些力气、花些时间才能充分领会书中的概念。同时，我也不得不逐步适应和掌握其中带有日本风格的各种术语。另一方面，这本书的文字有时有些晦涩难懂。出现这种情况，部分可能是由翻译工作的难度所造成的。原著出版于25年以前，并且本来是为日本读者撰写的。后来，我也曾请人替我翻译了一些日文资料，我终于发觉，要把如此专业的书从日文翻译成英文，实在是一桩吃力不讨好的苦差事。

无论如何，至此我到底还是拥有了一些书面的参考资料。有好几个月，这本书我是手不释卷。我一边一遍又一遍地仔细阅读，一边记录了详尽的读书笔记，同时还动手绘制了十几种市场对象的蜡烛图（因为当时没有哪个行情软件能绘制蜡烛图），将书中的蜡烛图分析方法应用到这些图表中进行实际演练。我细细地咀嚼这门新学问，掰碎了再捏成团地体味这些新概念。我之所以说自己幸运，不仅仅是因为上面所说的原委。我还幸运地结识了该书的原著者清水正纪先生，得到了他的指教，为我解开了许多疑团。清水先生并不会说英语，但是无巧不成书，这本书的译者格雷格·尼科尔森热情地担负起中介的重任，为我们的来往传真做了翻译。在我探究蜡烛图技术的过程中，《日本图表分析技术》一书起到了铺路石的作用。

为了在蜡烛图分析技术上继续深造，提高自己的水平，我不断地向实际应用蜡烛图技术的日本行内人士讨教。只要他们既有时间，又有兴趣谈一谈这个话题，我从不放过机会。我曾经遇到过这么一位日本交易商，他叫后藤守彦，他在分析市场时一直使用蜡烛图技术。他慷慨地为我付出了不少宝贵时间，与我分享他对蜡烛图技术的真知灼见。这本身已经足以令我欢欣鼓舞了，可是，您猜他还告诉我什么？蜡烛图技术竟然已经在他们家相传好几代人了！我们在一起度过了很多时光，既讨论蜡烛图技术的历史，也切磋蜡烛图技术的应用，令我乐不思蜀。他的胸中藏着一个巨大的蜡烛图知识宝库。

另外，我也广泛地搜罗了很多日文原文的蜡烛图技术资料，请人把它们翻译成英文。在这一点上，我又是极为幸运的，因为我得到了一位译者，理查德·索尔伯格（Richard Solberg）。理查德帮助我发掘、搜寻日文的蜡烛图技术资料原文。正是通过他的帮助，我才拥有了丰富的日文原文的蜡烛图技术藏书，其种类之多国内同行恐怕难望项背。理查德的翻译才华真是无价之宝。

1989年年底我撰写了一篇两页纸的短文，是关于蜡烛图的。当时在美国，这是由非日本人撰写的第一篇蜡烛图书面资料。20世纪90年代早期，我曾经写过一篇研究蜡烛图的文章，作为申请特许市场技术分析师资格的论文。这是有史以来欧美作者详细介绍日本蜡烛图技术的第一篇文章。后来，美林证券公司将上述短文印成了一本小册子（短短的几个月内，他们就收到了10000多张索取函）。

《日本蜡烛图技术》于1991年出版，之后《超越蜡烛线》（*Beyond Candlesticks*）于1994年出版（约翰·威利出版公司）。那两本书已经被译成了8种语言，重印多次。

我的著述在全世界的金融媒体上都被重点报道，其中包括《华尔街日报》（*The Wall Street Journal*）、《日本经济日报》（*The Japan Economic Journal*）、《巴伦周刊》（*Barron's*）、《价值》杂志（*Worth Magazine*）、《机构投资者》杂志（*Institutional Investor*），以及其他几十种报刊。我在FNN（美国全国广播公司财经频道CNBC的前身）的电视节目吸引到了该台有史以来的最高收视率。

我很荣幸有机会向超过17个国家成千上万的交易者和分析师讲述我的交易策略，其中包括越南河内。我也荣幸地在世界银行和美联储演讲。

1997年，我创办了尼森国际研究，为机构投资者提供定制的现场讲座，以及市场分析服务。

2000年，我创建了Candlecharts.Com，在网上提供讲座、视频以及其他服务。诚邀您访问我们的网址：www.candlecharts.com。

本书包括什么内容？

本书第一部分主要介绍了蜡烛图的基本知识，包括作图方法、读图方法，讲解了数十种蜡烛图线和蜡烛图形态，循序渐进地为本书第二部分打下清晰、扎实的理论基础。第二部分研究了如何将蜡烛图与西方的技术分析方法熔为一炉，这才是蜡烛图得以"笑傲江湖"的真正底蕴。本书的目的不是要让您对市场无所不知，而是希望讲清楚如何运用日本蜡烛图来启迪您的交易技能。

解释蜡烛图的最好方法是通过市场实例。日本人说："百闻不如一见。"因此，本书对每种蜡烛图技巧都会给出多个实际行情的图例。

我选用的图例主要集中在美国市场，不过，本书讲解的工具和技巧对任何市场、在任何时间框架下都适用。这一点已经得到了实践检验。举例来说，对冲交易者运用周蜡烛线图从事波段操作，中线交易者运用日蜡烛线图从事波动交易，以及日内交易者运用日内蜡烛线图。无论股票市场、期货市场、期权市场，还是外汇市场，总之任何地方、任何时间框架，但凡技术分析可用之处，本书的策略皆有用武之地。

在本书的讲解过程中，为了便于说明，我给出了许多蜡烛图形态的示意图。这些示意图仅仅是示范性的例子。诸位必须了解，这些示意图不可以与它们的上下文割裂开来，它们结合在一起，才解释了相应价格形态的分析要领和原则。实际的蜡烛图形态未必与上述示意图一模一样，但是依然可能为我们提供有效的技术信号。贯穿全书，在许多图表实例中，我都会反复强调这一点的。价格形态的变体也可能为我们把握市场的实际状况提供重要的线索，您将看到不少类似的实例。

如此一来，在实际应用中，当我们判断某个蜡烛图形状是否符合一定的分析要领，因而是否构成有效的价格形态的时候，就带有某种程度的主观性。不过，其他图表分析技术同样存在主观判断的问题，上述主观性问题与它们实质上完全一致。举例来说，假设100美元是某股票的支撑价格水平，是交易日内价格跌过100美元算突破信号呢，还是收市价格跌过100美元才算突破信号？是从100美元向下跌过0.5美元算突破信号呢，还是向下跌得更多才算突破信号？要回答这些问题，恐怕只能取决于您自己的交易风格、风险意识，以及您的市场哲学了。同样，我也将通过文字、示意图和实例，为您提供识别蜡烛图形态的一般原则和技术要领，但是，您可不要指望现实世界的情况总是与理想的价格形态相吻合。

本书最后附录了两个术语表。第一个术语表包含了各种蜡烛图技术的术语。第二个术语表包括了本书提到的所有西方技术分析术语。另外，在蜡烛图技术术语表中，还包括了各种形态的示意图。

注意事项

在任何技术分析方法中，都存在着一定的主观性成分。有时候，对同一个对象，经验不同、背景不同的分析师有可能采用不同的定义。蜡烛图技术也不例外，大家对有一部分蜡烛图的形态也是莫衷一是。我就遇上过这样的情况。关于一个价格形态到底是由什么蜡烛图线组成的，按照不同的信息来源，可能就存在着不同的定义，尽管它们之间的差异通常并不算大。举例来说，有一位日本作者写道，乌云盖顶形态（参见第四章）的完成条件是，后一日的开市价必须高于前一日的收市价。但是，根据其他作者的文字和其他人口头的说法，这个形态的完成条件是，后一日的开市价必须高于前一日的最高价。

碰到类似上述定义有分歧的时候，我的取舍原则是，哪一种说法能够为相应的价格形态的预测结果提供更高的准确率，哪一种就是恰当的。举个例子，上节提到的价格形态是一种处于市场顶部的反转信号。所以，我选择后面那种定义，即市场的当日开市价必须高于前一日的最高价。在这个例子中，一种情况是，市场的开市价高于前一日的最高价，然后市场再回落；另一种情况是，开市价仅仅高于前一日的收市价，然后市场再回落；两者比起来，前者自然更显得疲软。

在我托人翻译的日文资料中，绝大部分都有语义含糊的毛病。出现这种现象，一定程度上可能是因为日本人习惯于模棱两可的语言方式。这种习惯大约可以追溯到日本的封建年代。当时，如果某个日本武士觉得哪个平民对自己无礼的话，他就有权砍下那个平民的脑袋。武士心里到底打着什么算盘，老百姓们当然并不总能揣摩清楚，于是他们只好借助这种含含糊糊的语言方式，来保住项上人头。不过我相信，就我的资料而言，造成这种或多或少带有含混不清特点的语言现象，归根结底是因为技术分析本身还算不上严格的科学，而是一门艺术。

在绝大多数技术分析的学问中，您都指望不上板上钉钉的精确法则，有的只是一些大方向性质的经验总结。举例来说，如果有位日本作者写道，作为看涨的信号，市场必须"向上超越"现有的蜡烛图线，那么在本书中，我便把他所说的"向上超越"对应地解释成市场以"收市价向上超过"。这是因为，我个人认为，市场以收市价格向上超越某个阻挡水平或向下突破某个支撑水平，与市场以在交易日内的价格变化向上超越或向下突破，两者相权衡，前者的意义更为重大。关于主观性问题，这里还有个例子：在日文的技术资料中，许多蜡烛图形态只有处在高价区域或者低价区域的时候，才具有重要意义。显然，到底什么样的情况构成"高价区"，什么样的情况构成"低价区"，每个人都会有自己的一套见解。摆动指数可以揭示市场处于超买或超卖状态，这是我建议用来衡量"低价区"或"高价区"的技术手段之一。这个例子可以说明，将经典的西方技术分析工具（例如摆动指数）添加到蜡烛图上，简直如虎添翼。

在所有的图表分析方法中，具体的价格形态到底如何解读，主要取决于分析者。蜡烛图形态当然也是如此。随着您在蜡烛图技术上日益老练，最终您将发现，在自己所关心的市场上，到底哪些蜡烛图线的组合最能够说明问题。从这个意义上说，主观性问题倒也未必全然是不利的。如此一来，同那些不愿意像您一样勤奋地把时间和精力投入到市场研究上的同行比起来，您自然就处在非常有利的地位。

正如第三章将介绍的，绘制一根蜡烛图线，需要用到当日的收市价格。因此，有时我们可能不得不等市场闭市，才能获得蜡烛图的有效技术信号。在这种情况下，我们可能必须采取预先安排收市时成交指令的交易方式,或者必须押一把收市价格的水平,并在收市前几分钟内发出交易指令。还有一个办法是,一直等到次日开市时再发出交易指令。

并不是只有蜡烛线一家需要等待收市价才能定局。其他很多技术分析系统(尤其是那些以收市价格移动平均线为基础的技术分析系统)同样需要收市价格来产生信号。市场在临收市的最后几分钟里经常出现交易活动急剧增多的现象,这正是因为计算机化的交易信号是以收市价格为依据的,所以据之形成的交易指令往往在最后关头一拥而至。有的技术分析师认为,唯有收市价格向上突破阻挡水平才构成有效的买入信号,因此,他们不得不等到市场收市,以证实信号的可靠性。

蜡烛图技术能够提供很多有价值的交易信号,但可惜的是,它并不提供价格目标。因此重要的一点是,一定要在蜡烛图上采用西方技术分析手段。这正是本书第二部分的着力点。

本书前后列举了上百个图例。您如果在一些图例中看到我遗漏了某些蜡烛图形态,那也不值得大惊小怪。从一些图例中您会发现,有时候有的蜡烛图形态并没有多大意义。因此需要声明,蜡烛图技术并不是一种万无一失的交易工具。

蜡烛图也不是无所不包的技术大全。交易如战场,蜡烛图技术没有给您提供所有的武器,而是提供了一套武器,一套强大的武器。

在正式钻研蜡烛图理论之前,我将简要地讨论一下技术分析的重要性。这部分的内容主要是为不熟悉技术分析的读者写的,其中强调了技术分析之所以重要的原因。不过,在这里不想进行深入的研究。如果您已经熟知技术分析的种种妙用,不妨跳过这部分。不必顾虑,如果您没有读过以下内容,在以后学习蜡烛图技术分析理论的时候,并不会错过什么。

技术分析的重要性

技术分析的重要性大致体现在以下五个方面。

第一，在基本分析中，虽然可能包括了对市场供求状况的评估，对股票价格与每股盈利之比的测算，以及对其他各种经济指标等各方面内容的研究，但是在其分析过程中，并没有把市场心理方面的影响因素考虑进去。问题恰恰在于，有些时候，市场在极大程度上是受市场情绪支配的。诚如约翰·梅纳德·凯恩斯（John Maynard Keynes）所言："在一个非理性的世界里，再也没有什么能够比采取理性化的投资策略更能招致深重灾难的了。"[2]针对市场的各种"非理性化"（市场情绪）的因素，技术分析方法为我们提供了一种绝无仅有的衡量机制。

下面是一则趣闻，谈到了市场心理是如何左右市场变化的。这是从《新盖茨比》（*The New Gatsbys*）[3]一书中转录来的。故事发生在芝加哥期货交易所。

大豆价格剧烈上涨。伊利诺伊州的大豆主产区发生了旱灾，除非灾情能在短时间内缓解，否则将会发生严重的大豆短缺……突然，一扇窗户的玻璃上流过几滴水珠。"看哪，"有人高喊，"下雨了！"一下子，场内500多位交易商的眼睛齐刷刷地转向那扇大窗户……雨，淅淅沥沥地下了起来，越下越大，最后竟成了倾盆大雨。芝加哥的商业区笼罩在雨幕之下。

卖出。买进。买进。卖出。叫买叫卖声从交易商们的唇边炒豆似的飞出来，汇聚成轰轰然的一团嘈杂，压过了窗外震耳的雷鸣。大豆的价格起先是慢慢地回落，然后就像染上了某种热带传染病，全线崩溃。

芝加哥确实下着瓢泼大雨。可是，芝加哥并没有人种植大豆。在大豆主产区的中心地带，芝加哥以南约300英里的地方，天空没有一丝云彩，阳光普照，干旱依旧。**尽管大豆地里没有**

下一滴雨，但是雨却下在交易商们的头顶上，这些雨滴才最有发言权。对市场来说，不管是什么事物，除非市场对它确实有所反应，否则它就没有什么意义。**市场的游戏，是交易商们凭心智和情绪来进行的**。

为了把人群心理学的重要性弄个水落石出，诸位不妨思索一下，当我们用一张人称"钱"的小纸片，去换取食物或衣服等物品的时候，到底是怎么一回事？这张纸片本身并无内在价值，为什么我们可以用它换来看得见摸得着的东西呢？这正是因为我们对这张纸片拥有共同的心理。因为每个人都相信这张纸一定会被他人所接受，所以，这张纸片果然就拥有了这种神奇的力量。一旦这种共同的心理被打破了，人们就不会再信任货币，在这种情况下，它将一文不值。

第二，在具备明确纪律约束的交易方式中，技术分析方法也是其中的重要组成部分。所有的交易人员都逃不过情绪问题，这是我们天生的禀性，而严格的纪律有助于减缓其负面的影响。从您在市场上投入资金的那一刻起，情绪主义便立即占据了司机的宝座，而理性主义和客观性原则则退避三舍，沦为车上的乘客。要是对这一点有怀疑，那么请您先做纸上交易，然后再用自己的钱实际入市操作一番。马上您就能亲身体验到，紧张、期待和焦虑等负面因素的影响力是何等深切，实际上它们已经扭曲了您的交易方式，也打破了您看待市场的平衡心态——这类影响的程度通常与您投入的资金金额成正比。技术分析方法能将客观性原则送回司机的座位上。技术分析提供了一套市场操作的机制，通过这种机制我们可以选定入市和出市点，确定风险与报偿之比，以及设置止损出市的水平。通过采取上述各方面的措施，我们就能建立起一套风险管理与资金管理的有效规范。

前面曾经提到，技术分析方法能帮助我们客观地面对市场。不幸的是，人们往往戴着变色眼镜来看待市场，反而看不清市场的本来面目，这是由我们人类的天性所决定的。下面这样的悲剧不是一而再，再而三地在我们身边上演吗？起先某位交易员买进了，随后市场便开始下跌，他会"壮士断臂"，止损出市吗？通常不会。

虽然在市场的逻辑里从来就没有主观想象的地位，但是，这位交易员还是不遗余力地搜罗一切利好方面的基本面信息，一心将它们拼凑成一幅看涨的画像来给自己打气，巴望市场回到自己的方向上来。（正如我们的一位投顾客户描述的，"为了头寸自我洗脑"。）与此同时，市场价格继续下滑。或许，市场正在使劲给他发来什么信号。是的，市场的确能与我们进行交流。通过技术分析方法，我们就能监察这样的市场信息。现在，市场正向这位交易员传递着自己的信息，但他却视而不见，听而不闻。

如果这位交易员退后一步，跳出自身的困局，冷静客观地研究价格变化，那么或许就能找回更加准确可靠的市场感觉。设想一下，如果大家本以为一则消息对市场是利好的，但是当这则消息发布后，市场不但没有上升，甚至反而下跌了，那么，这究竟说明了什么问题呢？这就说明，市场正通过这样的价格变化，十分强烈地揭示出当前的市场心理状态，并且对我们应当如何交易提供了大量的信息。

我记得，著名的股票大作手杰西·利弗莫尔（Jesse Livermore）曾经表达了这样一个观点：只有离开研究对象一定的距离，才能更好地观察它的全貌。技术分析就是让我们退后一步来观察市场，如此才使我们对市场获得了一份不同寻常的，或许也更加适切的视角。

第三，退一步讲，即便您并不完全相信技术分析，遵循它的交易信号也依然是非常重要的。这是因为，有的时候技术信号本身已经构成推动市场运动的主要动力。既然它们是推动市场运动的一种重要因素，那么您就得对它们心存戒备。

第四，随机游动理论提出，前一天的市场价格变化，对第二天的市场行情毫无影响。但是，在这种学院派理论中却遗漏了一项重要的市场成分——人。今天的人当然记得昨天的行情，并且他正是依据他迄今所得的切身感受来采取行动的。换句话说，一方面，人对市场的反应的确会影响价格；另一方面，市场价格的变化也会反过来影响人对市场的反应。如此一来，在研究市场的过程中，价格本身就成为我们必须考虑的一个重要部分。那些对技术分析吹毛求疵的朋友，大概忘了后面这个要点。

第五，如果我们要观察总体的供给与需求关系，那么，观察价格变化显然是最直观的、最容易的一种方法。有些基本面的消息，普通投资大众可能根本无缘得知，但是您可以正确地预期，它们一定已经包含在价格信息之内了。如果有人先于大家掌握了某种推动市场变化的情报，那么他极可能抢先在市场上买进或者卖出，直到价格变化抵消了他们的情报才会罢手。

注

1. 如果您对技术分析真心投入，强烈建议加入 MTA。其网址是 www.mta.org。
2. 选自亚当·史密斯（Adam Smith）的《金钱游戏》（*The Money Game*）第 154 页（兰登书屋，1986 年）。
3. 《新盖茨比》（*The New Gatsbys*），鲍勃·塔马金（Bob Tamarkin）著。引文选自该书第 122—123 页（威廉·莫罗出版社，1985 年）。

第二章 历史背景

"温故而知新"

本章将要回顾一下日本技术分析方法发展的历史过程。如果您急于吃到本书的"馅儿"（即蜡烛图技术及其应用方法），可以跳过这一章。不过，这段历史倒是颇有些吸引力，看完全书后，您不妨回过头来再读一读。

在日本设法使用过去的价格来预测未来价格变化的技术分析先驱当中，最早、也最著名的，是一位传奇性人物，名叫本间宗久。早在18世纪，他就通过在大米市场上的交易积聚了惊人的财富。在介绍本间宗久的事迹之前，得先大略地交代一下他发迹时所处的历史经济背景。这个概述的时间跨度，大概是从16世纪下半叶到18世纪中叶。在这段时期，日本由60多个军阀割据的小诸侯国相互吞并，发展成一个统一的国家，商业活动也兴旺发达起来。

大约从1500年到1600年，日本一直处在连绵不断的战乱之中，各家诸侯（称为"大名"，也就是封建领主的意思）不断地相互征伐，争夺领地。1500—1600年这100年，日本天下大乱，经历了日本历史上被称为所谓的"战国时代"。在这一时期的最后40余年里，先后经过了三位杰出将军的努力，日本才终于在17世纪初叶得以统一。这三位不凡的将军分别是织田信长、丰臣秀吉、德川家康，他们的赫赫战功和伟大成就，在日本历史以及民间传说中备受赞颂。在日本，流传着这样一句谚语："织田信长吃苦，丰臣秀吉小康，德川家康享福。"如果说得更明白一点，那就是，虽然三位将军都为日本的统一做出了贡献，但是只有三位中的最后一位——德川家康，才当上了幕府将军。从1603年到1867年，德川家康家族一直统治着日本的江山，这一历史时期被称为德川幕府时期。

这场百年战乱席卷了整个日本，因此，在蜡烛图的技术术语中随处可见它的影子。话说回来，如果仔细琢磨一下，那么不难发现，在参与市场交易的过程中确实需要运用许多类似于军事谋略的技巧和方法。在这些技巧中，包括了策略、心理、对抗、战略撤退，甚至还有运气（对，的确存在运气好坏的问题）等各个方面的因素。因此毫不奇怪，在这本书中，您处处都能遇上原本出自战场行话的蜡烛图技术术语。在这样的术语中，有所谓"拂晓袭击和夜袭"，有所谓"白三兵形态"，有所谓"反击线"，有所谓"墓碑线"等，不一而足。

在德川家康创立的封建中央集权系统的统治下，日本度过了一段相对稳定的和平年代，于是百废俱兴，到处都是机会。农业生产日益发展，而更重要的是，国内商业有了宽松的环境，变得更加发达起来。截止到17世纪，日本已经形成了一个全国性的市场体系，取代了过去那些相互绝缘的地方小市场。这个统一、集中的大市场的诞生，间接地孕育了日本的技术分析理论。

丰臣秀吉将大阪视为日本的首都，便大力扶持它的发展，使之成为一个商业活动中心。当时陆地运输不仅缓慢，而且既不安全又需要极高的成本，而大阪具有优越的港口条件，这使得它成为全国的物资集散地，并渐渐演变成日本最大的商业和金融中心。大阪既拥有巨额财富，也拥有庞大的物资仓库，名副其实地成为所谓的"日本的大伙房"。

当各地的物资供应出现不平衡时，大阪就能即时地调剂余缺，从而为市场价格的稳定做出了巨大的贡献。对大阪的居民来说，生活就沉浸在追逐利润的欲望之中。（与此同时，其他城市却依然对商业渔利行为持传统的鄙视态度，与大阪形成强烈的反差。）当时的日本社会由四种等级森严的阶层所组成，由高到低依次为武士、农民、工匠和商人。直到18世纪，商人阶层才终于打破了种种社会壁垒。甚至到了今天，在大阪当地，人们传统的问候语依然是"Mokarimakka"，意思就是"您发财了吗？"

大阪人淀屋是丰臣秀吉的军需物资代理商。淀屋在大米的运输、分配以及定价方面具有非凡的才能。淀屋家的前院变得如此重要，以至于日本的第一家大米交易所就是在这里萌芽的。他本人也变得富可敌国——不过从结果看来，显然是富过了头。1705年，幕府（征夷大将军领导下的军阀政府）宣布，他所享受的穷奢极欲的豪华生活与他卑贱的社会地位不相称，因此，将他的所有财产抄没充公。随着商人们手中财富的增长，他们中间有些人的势力也日益膨胀，幕府对此心怀戒惧。早在1642年，就有官员与商人相互勾结，企图操纵大米市场。当局对他们进行了严厉的处罚，商人的子女被处死，商人遭流放，他们的财产全部被剥夺。

17世纪下半叶，起源于淀屋家前院的大米交易市场终于发展成大阪的一个正式机构——堂岛大米交易所。在这家交易所里，商人们制定了大米的等级标准，通过讨价还价来厘定大米的价格。截止到1710年，这家交易所进行的一直是大米的实物交易。1710年之后，这家大米交易所开始发行和接受大米仓单。这些大米仓单被称为"大米库券"，是世界上最早出现的期货合约。

　　大米生意的经纪业务构成了大阪繁荣发达的基础。当时在大阪市，大米交易商的总数大约在1300人以上。在那个时期，由于没有可靠的货币标准（人们曾经尝试过以硬币作为硬通货来充当计价标准，但是随着硬币贬值，这种尝试便流产了），大米便成为事实上的交换媒介。如果某位大名需要资金，他就把富余的大米运抵大阪，将这些大米用他的户头储存在大阪的仓库中。他将得到相应的大米库券作为这批大米的收据。然后，他就可以随心所欲地决定卖出这些大米库券的时机。事实上，许多大名在财政上都周转不灵，他们也常常将下一熟的大米税收收入（大名收取的捐、税是用大米的形式支付的——通常这些大米占农民收成的40%—60%）提前作为大米库券卖出去。在有些情况下，他们甚至可能通过这种方式把未来数年的大米收成通通抵押出去。

　　大米库券的交易非常活跃。上述大米库券是凭着未来的大米收成而提前卖出的，因此就成了世界上最早的期货合约。堂岛大米交易所从事了这类大米库券的交易，也就成为世界上第一家期货交易所。大米库券又被称为"空米"库券（"空米"的意思是说，它不是具体的实物大米）。那么，究竟当时的大米期货交易盛行到何种程度呢？为了帮您形成一个清晰的印象，请看下面这一组数字：1749年，大阪总共有110,000包（当时大米是用"包"做计量单位的）的空米库券在市面上交易，然而当年全日本的实物大米只不过30,000包[1]。

　　就是在这样的背景下，我们的主人公本间宗久——鼎鼎大名的"市场之神"——出场了。本间宗久在1724年[2]出生于一个富裕的家族。时人认为本间家族富裕到了无法想象的地步，于是传开了这么一句谚语："这辈子一定能挣上领主的宝座，却休想像本间宗久家一样有钱。"1750年，本间宗久接手掌管他们家族的生意，在故乡的港口城市酒田的大米交易市场开始了他的大米交易生涯。酒田是大米的集散地。因为宗久是从酒田出道的，所以在日本蜡烛图技术的语言中，常常会听到"酒田战法"这样的用语。这一术语所指的就是本间宗久的交易之道。

本间宗久的父亲过世后，他开始经营他们家所有的财产，尽管他是家里最年轻的儿子（在那个年代，通常都是长子继承父业执掌大权的），这可能是因为本间宗久具有过人的市场见识。宗久携带着这股雄厚的资本，跨进了日本最大的大米交易市场——大阪堂岛大米交易所的大门，投身于大米期货交易。

本间家族拥有面积庞大的稻米种植庄园。由于他们家在大米现货上拥有雄厚实力，大米市场的有关信息通常也就逃不过他的耳目。不过，宗久并不以此为满足，他还逐年地记录了天气情况的资料。为了掌握投资者的心理，宗久深入地研究了大米价格的历史记录，并且一直追溯到了交易所还开在淀屋家前院里的那个时期。宗久还创立了一套自己的通信系统。从大阪至酒田，宗久每隔一定距离便设立一个中转站，安排人员在约定的时间登上屋顶挥舞小旗，接力棒式地传递信息。

宗久就这样主宰了大阪的市场。之后，他转向江户（即现在的东京）的地方交易所进行新的征服。他凭借对大米市场的深刻研究，积聚了巨大的财富。据说，他曾经有连续100笔盈利交易的惊人纪录。

他的声望如此煊赫，以至于江户街头曾经传唱着这样一首民谣："酒田（宗久的家乡）晴，堂岛（大阪的堂岛大米交易所）多云，江户藏前（江户的藏前交易所）雨纷纷。"这首歌谣的意思是说，当酒田的稻米赶上好年成的时候，堂岛大米交易所的价格就下跌，而江户的大米价格将暴跌。这支小调表明，本间宗久在日本大米市场上有呼风唤雨之能耐。

本间宗久晚年，曾担任幕府当局的财务资政，并且被授予武士头衔作为荣誉封号。本间宗久逝世于1803年。他的市场研究著作（《酒田战法》和《风林火山》）据说成书于18世纪。他在大米市场上所采用的交易策略，后来逐步演化成了现代日本投资者所应用的蜡烛图方法。

注

1. 参见赫希迈尔·约翰尼斯（Hirschmeier Johannes）和由井常彦合著的《1600—1973年日本商业的发展》（*The Development of Japanese Business 1600—1973*）第31页（哈佛大学出版社，1975年）。
2. 另有资料为1729年。——译者注

第一部分 基本知识

"千里之行始于足下"

第三章 蜡烛图的绘制方法

"万事皆备，只欠东风"

　　绘制蜡烛图线所用的数据，与传统的西方线图一致，都是开市价、最高价、最低价、收市价四类。如此一来，图3.1是我们熟悉的西方式线图，图3.2则将与图3.1同样的价格内容绘成了蜡烛线图表。

　　在后面这张蜡烛图上，价格的起伏变化跃然纸上，给人一种"立体市场"的视觉感受。比较而言，蜡烛图把平面的二维线图提升为三维图像了。从这个方面来看，蜡烛线图的视觉效果更令人振奋。图3.3展示了一组行情数据，用这组数据同时绘制了一张线图、一张蜡烛图。

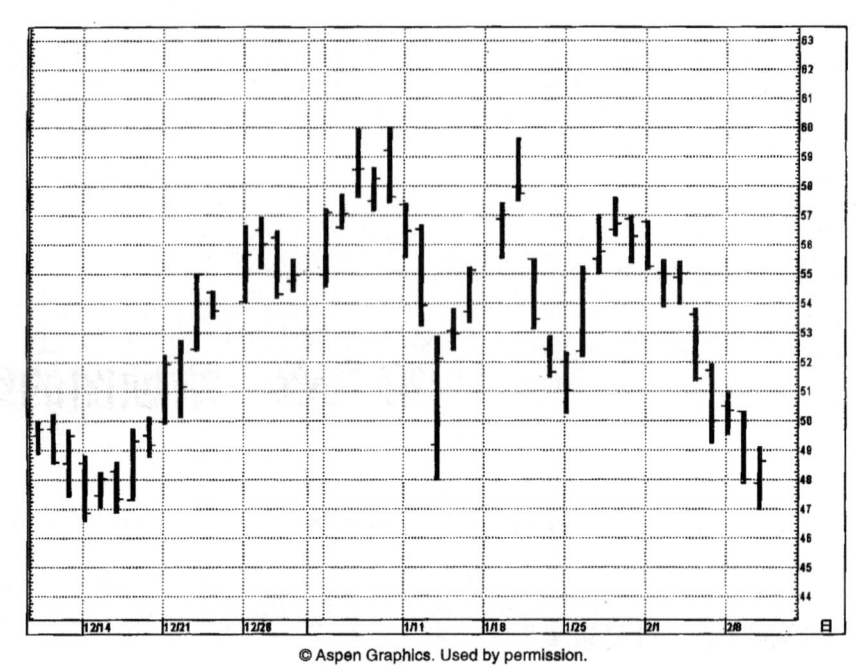

图 3.1 朗讯科技公司（Lucent）——日线图

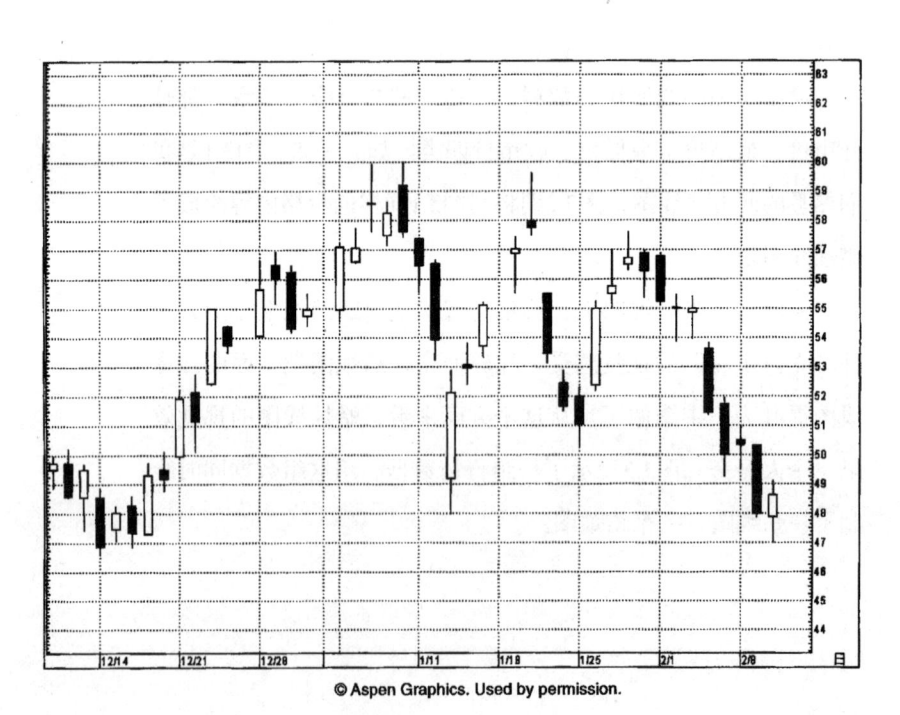

图 3.2 朗讯科技公司——日蜡烛线图

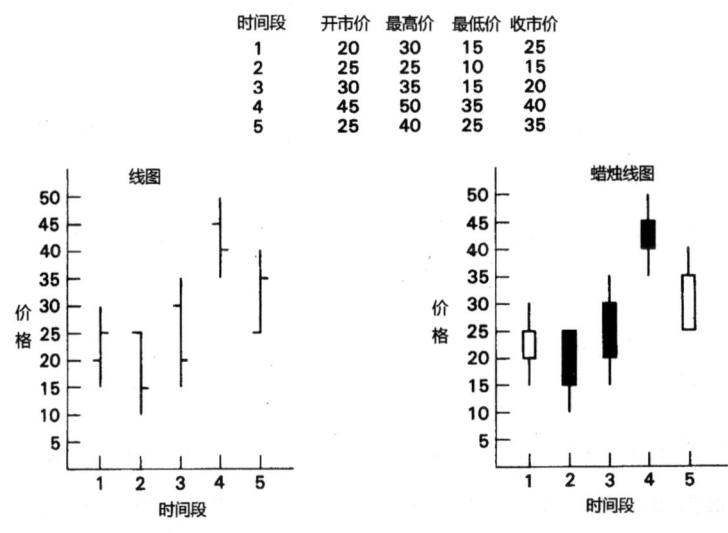

时间段	开市价	最高价	最低价	收市价
1	20	30	15	25
2	25	25	10	15
3	30	35	15	20
4	45	50	35	40
5	25	40	25	35

图 3.3 线图和蜡烛线图

蜡烛图线的画法

从图3.4到3.6，在每一根蜡烛线中，矩形的部分称为**实体**。它表示了相应交易日的开市价与收市价之间的价格范围。如果实体是黑色的（即，将之涂满黑色），则代表当日的收市价低于开市价。如果实体是白色的（即，将它保留为空白），则表示当日的收市价高于开市价。

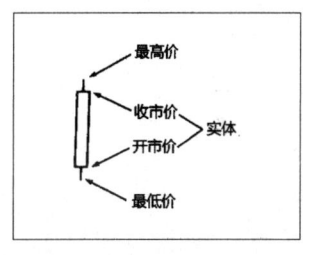

图 3.4 蜡烛线阳线（白色）

在实体的上方和下方，各有一条细细的竖直线段，称为**影线**。这两条影线分别表示当日市场曾经向上和向下运动的极端价格。实体上方的影线称为**上影线**，实体下方的影线称为**下影线**。相应地，上影线的顶端代表了当日的最高价，下影线的底端代表了当日的最低价。

如果某根蜡烛图线没有上影线，那么它就是所谓的**光头蜡烛线**。如果某根蜡烛线没有下影线，那么它就是所谓的**光脚蜡烛线**。

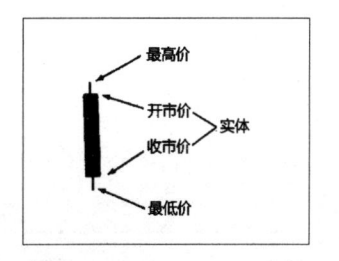

图 3.5 蜡烛线阴线（黑色）

我们明白了，正是因为上述的各条图线在外形上与一根蜡烛及其上下出头的蜡烛芯相像，所以人们把这种图表称为"蜡烛图"。正如引言所述，"蜡烛线"常常简写为"蜡烛"，本书对这两个用语不做区分，相互通用。

对日本人来说，实体的部分代表了"实质性的价格运动"。这反映了关于实体的核心概念：通过实体长度和颜色，一眼便能看出当前行情的图形线索，到底多头占上风还是空头占上风。

如此一来，蜡烛图使得市场分析更便捷、高效。以图3.4中的长阳线为例，哪一方占上风？到底是牛还是熊？显然，牛占上风，因为在当前时间段内市场的开市价差不多就是其最低价，而收市价接近最高价。图3.5恰好相反，是一根具有长长的黑色实体的蜡烛线，它表示市场的开市价接近当日最高价，收市价接近当日最低价，说明至少在当前时段内，熊占上风。

绘制蜡烛线的时间单位可以任选——从日内单位，到日，再到周等。举例来说，图3.4所示的蜡烛线如果以日为时间单位，则意味着其实体的底端便是当日第一笔交易（请记住，白色实体的底端为开市价），而实体的顶端便是当日最后一笔交易。日内行情波动的最高峰和最低谷分别造就了该蜡烛线的上影线的顶端点和下影线的底端点。

相应地，一根五分钟的蜡烛线的黑色实体表示，在这五分钟的时段内，最初的价格位于实体的顶端，最末的价格位于实体的底端。该五分钟时间段内的最高价和最低价分别定义了该蜡烛线的上影线和下影线。

从实用角度来说，可以采用实体长度作为市场动量指标。

既然长白线和长黑线代表着一边倒的单边行情，那么当实体缩小时，我们就能得到线索，之前的行情势头或许正在减缓。对短实体（无论黑白），日本人的术语是**纺锤线**。图3.6是纺锤线的图例。在图3.6中所展示的纺锤蜡烛线的上影线和下影线都不太长，不过事实上，纺锤蜡烛线的上下影线到底是长是短是无关紧要的。正是因为纺锤线的实体非常小，纺锤线才成

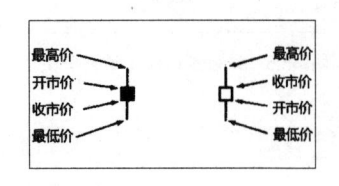

图 3.6 纺锤线

为纺锤线。

纺锤线是蜡烛图形态的一个组成部分，例如启明星、黄昏星、孕线、锤子线等形态，我们将在相应的章节里详细讨论。

注意到了吗？图3.7中的蜡烛线甚至没有实体。在这种极端情况下，蜡烛线的实体实际上缩小为一根水平横线了。该图所示的几种图例就称为**十字线**。当某个交易日的开市价和收市价处于同一水平，或者当开市价与收市价的水平极为相近时，当日的蜡烛线就变成了一根十字蜡烛线。十字线带有反转信号的意味。鉴于十字线这方面的重要作用，本章，尤其是第八章要花费大量笔墨来研究它。

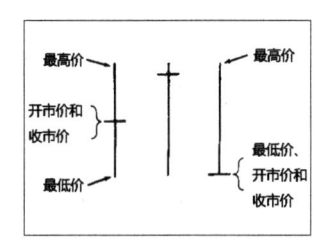

图 3.7 十字线的例子

在图3.8中，4月1日所在的一周里，市场从315附近开始下降，形成了一连串黑色蜡烛线。随着下降过程的延续，黑色实体的长度不断增加，反映市场的看跌动量不断增强。4月7日出现了一根纺锤线，改变了市场的技术图像，原先熊方完全占据

图 3.8 半导体指数——日线图（纺锤线）

主动，现在转为熊方丧失了主导权。因为短实体只代表一个时间单位内的市场行为，我们应该把它看作一条试探性的线索。虽然如此，它依然属于潜在反转信号的第一个征兆。本例揭示了蜡烛图的一个重大优势：它们经常以一个时间单位的灵敏度让您察觉可能的市场转折点。

4月7日的纺锤线属于蜡烛图信号，同时它也有助于验证传统西方技术分析工具——具体说来即本图中向上倾斜的支撑线，它是连接3月10日和3月23日的低点得来的。于是，我们得到了两个信号，一个是支撑线，一个是纺锤线，加强了285附近的支撑作用。将东西方技术相结合的概念将是本书第二部分的重点内容。

纺锤线暗示行情转折，另一个例子发生在从315处开始下跌的起点处——4月2日的纺锤线（请记住，纺锤线小实体的颜色无关紧要），它紧跟着一根长长的白色蜡烛线（这表示本时段牛方已经占据主导权）。

蜡烛图能够提供线图提供不了的警告信号，这是蜡烛图令人着迷的方面之一。举例说明，请看之前的图3.2，1月18日那一周的行情上冲。请注意股价接近60美元的两根蜡烛线。如果是线图，那么这个股票的行情看起来是健康的，因为后一根图线具备新的高点、新的低点，甚至还有更高的收市价。然而，蜡烛图给我们带来了不同的视角。也就是说，接连出现的小实体暗示牛方没有完全掌控局势。同时，请注意1月18日那一周的高点接近阻挡区域。如此一来，蜡烛线图上的小实体证实了阻挡区域的效力[1]。

正如我们所看的，日本人很重视每个交易日里开市和收市这两个时刻，因为它们承载着最强烈的市场情绪。日本交易商有句格言："头一个小时，引导一个交易日。"由此看来，开市行情奠定了整个交易日行情的基础。开市价为我们研判当日的市场方向提供了第一条线索。从时间上来看，正是在开市这一重要时刻，夜间发生的所有的新闻和小道消息，在经过市场参与者的过滤、选择之后，全部融汇在一起了。

交易商心中越是焦急，就越渴望早一点入市成交。于是，在开市的时候，或许持有空头头寸的人争先恐后地抢着平仓，或许看好市场的潜在买家不肯落后地争着买进，或许保值商需要开立新头寸、了结旧头寸，等等。

经过开市时的一阵忙乱后，潜在的买家和卖家在估量自己的买卖价格水平时，就找到了一个基本的参考点。人们常常把参与市场交易与投身战场相提并论。从这个意义上来说，开市价就最早向我们报告了战场局势的概况，也为我们识别谁是友军、谁是敌人提供了临时的依据。

另一个关键的价格是收市价。可以合理推断，当市场收市时，同样卷入了巨大的市场情绪因素。在许多分析手段中，收市价都是关键的价格信息。在重要的图形位置上，市场参与者或许要等待收市价来验证突破信号。期货市场根据收市价计算是否追加保证金以及追加保证金的金额。许多计算机交易系统（例如移动平均线系统）也是以收市价来运算的。

蜡烛图技术使用了许多军事术语或者准军事术语来描述开市时或收市时出现的超乎寻常的大额交易指令。如果在收市那一刻，或者在临近收市的时候，有人在市场上打出巨额买进指令或卖出指令，企图影响收市价格的水平，日本人就把这类行为称为"**夜袭**"。如果这种行为发生在开市时，自然就被称为"**拂晓袭击**"。

蜡烛图术语和市场情绪

人群情绪是市场不可分割的组成部分，而技术分析方法则是衡量这种成分对市场影响的唯一手段。我们知道，很多时候一盎司的情绪比一磅的事实更有分量。不然，如何解释在基本面因素毫无变化的条件下，市场却有可能突如其来大变脸呢？

　　日本蜡烛图技术的许多用语把这一事实揭示得淋漓尽致。日本人创造了一套活色生香的命名体系，而这些名目所描述的，正是当对应的蜡烛图形态出现时，市场在情绪上的健康状态。如果您听到了"乌云盖顶"这样的表达方式，您还会觉得此时的市场情绪处于健康状态吗？——当然不能！后面我们将看到，这是一个看跌的形态，其名称已经清楚地向我们昭示此时的市场状态是不健康的。

　　本书将要介绍许多新形态和新观念。不过，好在日本人在蜡烛图技术中采用了形象生动的名称和术语，这不仅使得应用蜡烛图技术进行市场分析成了一桩饶有趣味的乐事，而且让我们在记忆各种形态看跌或是看涨的技术意义的时候，收到了事半功倍的良好效果。举例来说，在第五章我们将要学习"黄昏星"和"启明星"两种形态。假如您现在仅仅听说了这两种形态的名称，但是既不知道它们的具体形状，也不知道它们对市场走向的技术意义，那么您会选择哪一个是看涨的，哪一个是看跌的呢？明摆着的，既然黄昏星出现在夜幕即将降临之际，听起来它就属于看跌信号——事实上，也的确如此！那么，既然启明星出现在太阳即将升起之际，当然就属于看涨信号了。

注

1. 纺锤线在《超越蜡烛线》（约翰·威利出版公司，1994年）一书中有更详细的讨论。

第四章　反转形态

"一寸光阴以后的事都难预知"

技术分析师瞪大眼睛盯着价格的涨落，为的是及早发现市场心理变化和趋势变化的警告信号。反转价格形态就是这样的技术线索。在西方技术分析理论中，反转信号包括双重顶、双重底、反转日、头肩形、岛形反转顶和岛形反转底等各种价格形态。

然而，从一定意义上来说，"反转形态"这一术语的用词是不准确的。听到反转形态这个术语，往往使人误以为现有趋势将会突然结束，立即逆转为反向新趋势。实际上，这种情况很少发生。趋势的逆转，一般都是伴随着市场心理的逐渐改变进行的，通常需要经过一个缓慢的、分阶段的演变过程。

确切地说，趋势反转信号的出现，意味着之前的市场趋势可能发生变化，但是市场并不一定就此逆转到相反的方向。弄清楚这一点，是至关重要的。我们不妨用行驶中的汽车来打个比方。一场上升趋势就相当于一辆前进的汽车。汽车的刹车灯亮了，随后汽车停了下来。刹车灯相当于趋势反转信号，它表明先前的趋势（相当于汽车向前行驶）即将终止。现在，汽车静止不动，那么下一步，司机是打算掉头向反方向行驶，还是停在那里不动，抑或是继续向前行驶呢？如果没有更多的线索，我们根本无从知晓。

图4.1到图4.3分别显示的是，当同一种顶部反转形态出现后，市场可能会经历的各种不同的变化过程。第一种情况是，市场从之前的上升趋势先转化为一段横向调整的行情，然后再形成方向向下的新趋势，或重新恢复到上升趋势（图4.1和图4.2）。在图4.3中，市场原先的上升趋势突然掉转为下降趋势。

请务必留意，当我说"反转形态"的时候，这个术语仅仅意味着之前的趋势将发生变化，但是未必一定会反转。把反转形态理解成趋势变化形态，才是慎重可取的考虑。及时判别反转形态的发生，是一项极有实用价值的市场分析技能。成功的交易，需要两个方面的保证，既要能正确地把握趋势、追随趋势，也要能够正确地把握趋势即将发生变化的各种可能性。反转形态，就是市场以其特有的方式为我们提供的一个指路牌，牌子上写着："当心——趋势正在发生变化。"也就是说，市场的心理状态正在发生变化。那么，为了适应这种新的市场环境，我们就应当及时调整自己的交易方式。当反转形态出现时，如何建立新头寸，如何了结旧头寸，存在多种多样的选择。本书从头至尾所讨论的，就是相应的各种应对方法。

这里有一条重要原则：只有当反转信号所指的方向与市场的主要趋势方向一致时，我们才能依据这个反转信号来开立新头寸。举个例子，假定在牛市的发展过程中，出现了一个顶部反转形态。虽然这是一个看跌的信号，却不能保证卖出做空是有把握的。这是因为，市场当前的主要趋势依然是上升的。无论如何，就这个反转形态的实质意义来说，它构成了了结既有多头头寸的交易信号。之后，我们将在调整过程中寻求看涨信号买进做多，因为当前主要趋势向上。

关于反转形态这一主题，我们将进行详细深入的探讨，因

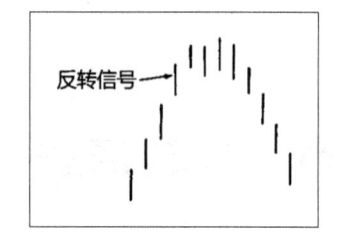

图 4.1 顶部反转形态

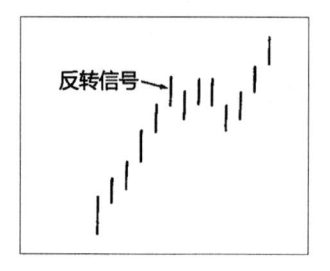

图 4.2 顶部反转形态

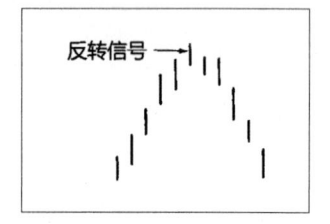

图 4.3 顶部反转形态

为在蜡烛图技术中，大部分形态均属于反转信号。现在，就让我们把注意力转向蜡烛图反转信号的第一种类型：锤子线和上吊线。

伞形线

如图4.4所示的蜡烛线具有明显特点。它们的下影线较长，而实体（或黑或白）较小，并且在其全天价格区间里，实体所处的位置接近顶端。图4.4所列蜡烛线被称为**伞形线**，因为它们的轮廓呈伞状，长长的下影线如伞柄，小实体如伞面。在本图中，我们同时列出了黑白两种蜡烛线。有趣的是，这两种蜡烛线都既可能是看涨的，也可能是看跌的，具体情况要由它们在趋势中所处的位置来决定。

伞形线，不管是哪一种，只要它出现在下降趋势中，那么，它就是下降趋势即将结束的信号。在这种情况下，这种蜡烛线称为**锤子线**，意思是说"市场正用锤子夯实底部"，如图4.5所示。在日语里，这类蜡烛线原来的名称是"**探水竿**"。这个词在日文中大体的意思是"探一探河底，估计一下水的深浅"。对锤子线来说，日文原义是个完美的类比，市场的确在摸索底部。无巧不成书，锤子线既有锤头又有锤把，也像极了。

如上所述，伞形线的性质取决于伞形线出现之前的主流趋势方向，随趋势而变。在下跌行情之后出现的伞形线是看涨信号，称为锤子线。在图4.4所示的两种蜡烛线中，无论哪一种，如果出现在上冲行情之后，那么，它就表明之前的市场运动也许已经结束。显而易见，这类蜡烛线就称为**上吊线**（如图4.6所示）。上吊线的名字是从它的形状得来的，这类蜡烛线看上去就像一位吊在绞刑架上双腿晃荡的死人。

形状相同的蜡烛线，有时是看涨的，有时又是看跌的，看

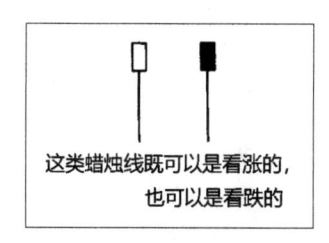

图4.4 伞形线

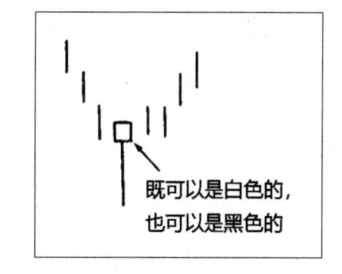

图4.5 锤子线

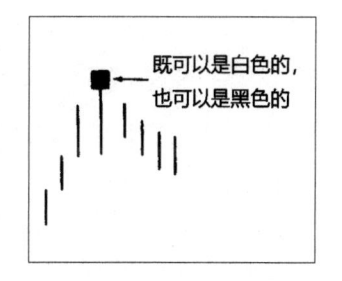

图4.6 上吊线

起来或许有些不合常情。但是，如果您熟悉西方技术分析理论中的岛形顶和岛形底，那就不难看出，在这个问题上，东西方的思路如出一辙。对岛形反转形态来说，既可以是看涨的，也可以是看跌的，这取决于它在市场趋势中所处的位置。如果岛形反转形态出现在长期的上升趋势之后，则构成看跌信号；如果岛形反转形态出现在下降趋势之后，则构成看涨信号。

为了让您体会到我在解开蜡烛图技术谜团的过程中曾经遭遇的挑战，请容许我列举我的一本参考书是如何描述形如图4.4的伞形线的，"从下方来的，买入；从上方来的，卖出"。这到底在说什么？请留心，当我读到这个说法时，其实已经知道锤子线和上吊线了。然而，我是花费了一番时间，经过了一番研究之后，才终于明白作者的意思是，出现在下跌行情后为看涨信号（"从下方来的，买入"），出现在上涨行情后为看跌信号（"从上方来的，卖出"）。之所以需要多年研究方可解开"东方之秘"，是因为大多数蜡烛图形态和分析方法都是以类似的模糊语言来表述的。这是好事，我喜欢挑战！

一般根据三个方面的标准来识别锤子线和上吊线。

1.实体处于整个价格区间的上端，但实体本身的颜色无所谓。

2.带有长长的下影线，且下影线的长度至少达到实体高度的两倍。

3.在这类蜡烛线中，应当没有上影线；即使有上影线，长度也是极短的。

可以从三个方面来区分上吊线和锤子线——趋势、该蜡烛线出现之前行情运动的区间、验证信号。具体说明如下：

·趋势：锤子线只能紧接在下跌行情后出现；上吊线必须紧接在上涨行情后出现。

·蜡烛线出现之前行情运动的区间：锤子线之前即便只有短线下跌也是有效的；但是，上吊线之前必须具备长足的上冲行情，最好是创下行情全历史新高后，方为有效。

・验证信号：后文还将介绍，上吊线出现后得到验证方为有效；对锤子线则无此要求。

在看涨的锤子线的情况下，或者在看跌的上吊线的情况下，其下影线越长、上影线越短、实体越小，那么，这类蜡烛线就越有意义。下面我们先聚焦于锤子线，再分析上吊线。

锤子线

锤子线的实体既可以是白色的，也可以是黑色的。从图4.5可见，即使锤子线的实体是黑色的，其收市价也接近本时段最高价。但是，如果锤子线的实体是白色的，其看涨的意义则更坚挺几分（因为其收市于最高价）。如果锤子线的实体是白色的，日本人称之为"力量线"。据我的个人经验，锤子线的成功率不依赖其实体的颜色。

锤子线带有长长的下影线，且收市于本时段最高价，或接近最高价，意味着在当天的交易过程中，市场起先曾急剧下挫，后来却完全反弹上来，收市在当日的最高价处，或者收市在接近最高价的水平上。这一点本身就具有看涨的味道。锤子线收市价位于最高价或接近最高价，正是其没有上影线，或者上影线很小的原因。这一点是锤子线的判据。反之，如果蜡烛线带有长的上影线，则意味着收市价显著低于本时段最高价。

既然锤子线属于底部反转信号，就需要之前存在下降趋势才谈得上反转。

在图4.7中，2月24日看到一根锤子线。它很经典，因为其下影线很长，而实体较小，且实体位于当日交易区间的顶端。它是在一轮下跌行情之后出现的。这正是锤子线出现的必要前提。

2月22日的蜡烛线不会被定义为锤子线，因为它不符合条件，下影线长度达不到实体长度的2—3倍。这类长下影线是必

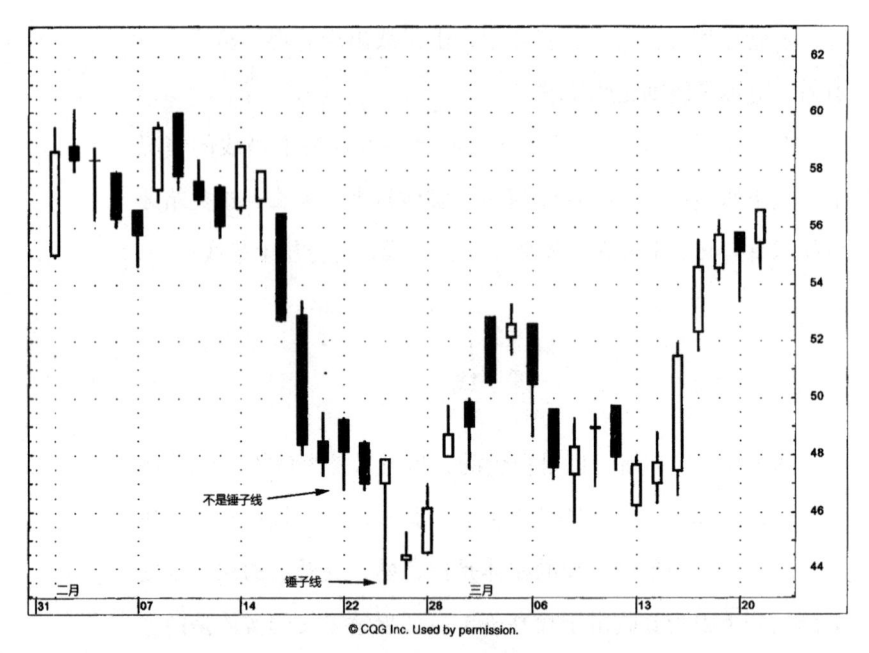

图 4.7 沃尔玛连锁超市（Wal-Mart Stores）——日蜡烛线图（锤子线）

要条件，因为它表示市场在本时段曾经急剧下挫，但在收市时，行情收市价位于或接近最高价，熊方反倒一败涂地。这是一场日本人所形容的"神风反攻"。24日的经典锤子线清晰地揭示了上述过程。我敢打赌，在出现了这样经典的锤子线之后，空头立场一定会动摇。

图4.7揭示了蜡烛图技术至关重要的一方面特点。如果您希望借助蜡烛图来成功地交易，那么您不仅需要理解蜡烛图形态本身，还需要在评估交易的风险报偿比的基础上，理解蜡烛图形态所处的相对位置。始终应当先考虑风险报偿比，再根据蜡烛图形态或蜡烛线信号发出交易指令。现在，让我们牢记交易之前应考虑风险报偿比，再重新审视24日的理想锤子线。

在该锤子线即将完成时（请记住，我们不得不等待行情收市），股价收市于接近48美元处。如果在锤子线完成时买进（48美元附近），当市场再次下跌到锤子线最低点约43美元时止损，则上述两个价格之差便是风险，即大约5美元。如果您的赢利目标远大于5美元，在锤子线完成时买进并没有什么不对。不过，对某些活跃的短线交易者来说，5美元或许风险太大了。

于是，为了降低潜在的交易风险，交易者或许打算等待市场回调至锤子线下影线范围内的机会（当然，在锤子线出现后，许多时候市场并不回调）。利用锤子线低点作为潜在的买进点位，就有可能在接近止损的位置上建仓。

设想交易者甲识别出2月24日的锤子线。当他看到如此精彩的锤子线时过于兴奋，以至于在锤子线的收市价附近，即接近48美元处立即买进了。次日，市场开市时向下跳空，开市价为44.50美元。交易者甲的头寸现在处在水下3.5美元的深处了。或许他最多承受4.5美元的亏损，就要采取止损措施，轧平昨日的多头头寸。如果是这样的话，最终甲或许认为这根蜡烛线不起作用。

交易者乙同样意识到锤子线是潜在的反转信号，但是她记住了风险报偿比的前提，没有在锤子线收市时买进（因为对她来说，此处买进的风险太大了）。次日，当市场开市于低价位时，深入锤子线长长下影线的低端，这是潜在的支撑区间。乙认为，股价现在接近支撑水平，决定买进。当股价从支撑位上冲后，乙就会对蜡烛图大唱赞歌。

当然，市场有时守不住潜在的支撑水平或阻挡水平，锤子线也是半斤八两，有时也守不住。可见，对蜡烛图功能的个人发挥，决定了蜡烛图贡献的多寡，运用之妙，存乎一心。

在上一个图例中，我们看到锤子线可能转化为潜在的支撑区间。在图4.8中我们展示了锤子线有助于确认支撑水平。本图为纳斯达克100指数（NDX）5分钟的蜡烛线图，从A点处开始，发动了一轮上冲行情。在接近3723的价位，当位置1和2处出现了两根小实体后，这是该轮上涨已经是强弩之末的第一个征兆。市场从此处陡然回落。当行情接近潜在支撑区域3680左右时，形成了一根锤子线。如果支撑水平牢靠，那么该锤子线

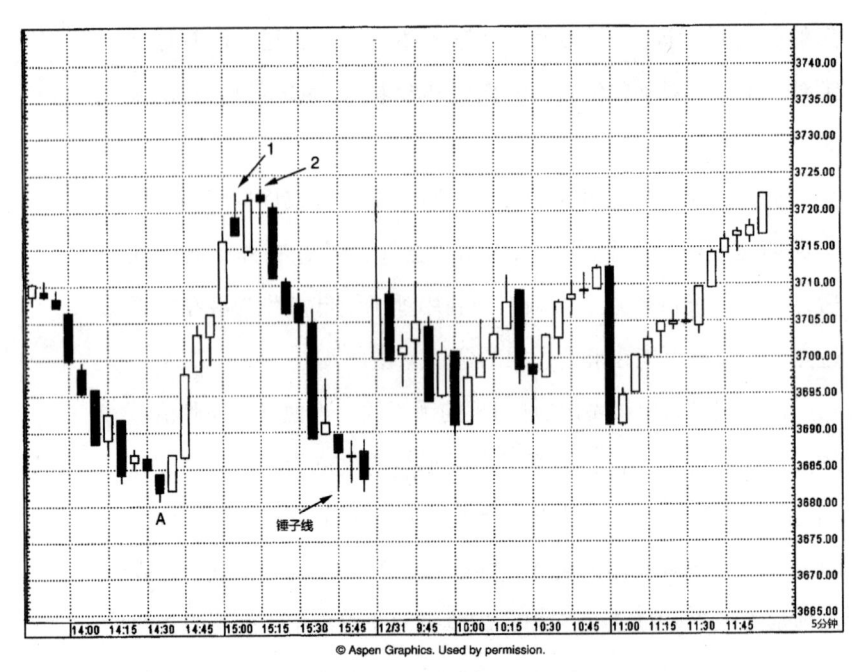

图 4.8 纳斯达克 100 指数（NDX）——5 分钟蜡烛线图（锤子线）

就应该成为支撑区域。在随后的两个时段，该锤子线果然发挥了支撑作用。当然，如果纳斯达克100指数收市于3680的支撑水平以下，上述看涨预期就失效了。这是技术分析的一个重要方面——应该总是存在某个价位，表明我们是错误的。在本例的情况下，便是市场低于3680。

图4.9中的锤子线具有长长的下影线，实体很短，居于该时段价格区间的顶端。我们注意到，锤子线应该只有很短的上影线，本例正是如此。该锤子线后来演变为坚实的底部支撑。

上吊线

上吊线的形状与锤子线相同，唯一区别是，上吊线出现在上涨行情之后（参见图4.6）。因为长下影线具有增强功效的作用，而上吊线有这样的长下影线。上吊线出现后，一定要等待

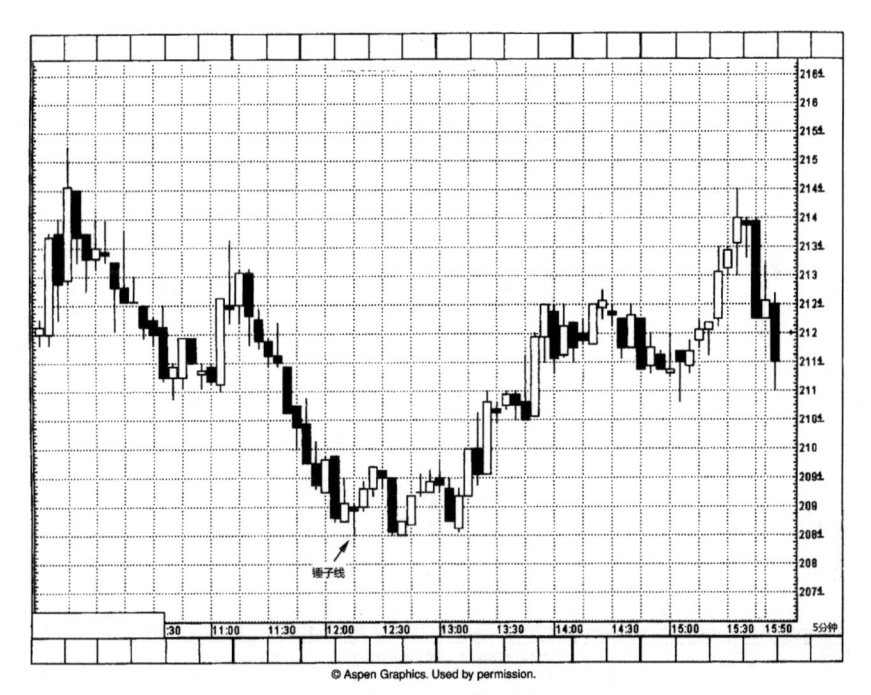

图4.9 国际商业机器公司（IBM）——5分钟蜡烛线图（锤子线）

其他看跌信号的证实，这一点特别重要。最低限度的验证信号是，之后时段的开市价低于上吊线的实体。但是，我总是建议以收市价低于上吊线的实体为验证信号。

为什么要等待之后时段的收市价低于上吊线的实体呢？因为如果次日市场收市在低于上吊线实体的水平，那么凡是在上吊线当日的开市、收市时买进的交易商（大量的交易活动发生在这两个时段），会通通背上亏损的头寸，被"吊"在上面。同样道理，我还希望看到上吊线位于市场全历史最高价，或者至少处于一轮重大行情的最高位。在这种情况下，多头在上吊线之日的入市点位处在历史新高处，这就迫使他们更加紧张。结果，这批多头或许决定撤出他们新开的多头头寸。他们的头寸倾泻而至，加重了卖出压力。请注意，图4.8中2处的小实体是一根上吊线，下一时段的收市价低于该上吊线，验证了它的看跌含意。

图4.10所示的实例颇精彩，从中可以看到，同一种蜡烛

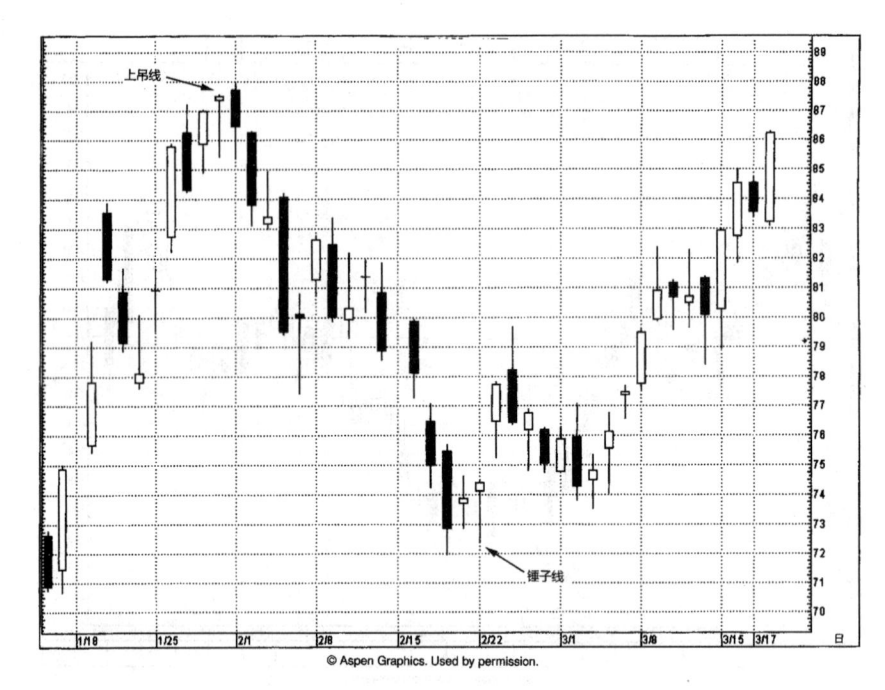

图 4.10 微软（Microsoft）——日蜡烛线图（上吊线和锤子线）

线，既可以是看跌的（如1月29日的上吊线），也可以是看涨的（如2月22日的锤子线）。尽管在这个实例中，上吊线和锤子线的实体都是白色的，但是它们实体的颜色并没有太大意义。

1月29日的蜡烛线是上吊线，因为之前趋势是上冲行情。上吊线给本轮行情创了新高。下一日（2月1日），收市价低于上吊线的实体，这让所有的新多头——在上吊线当日开市和收市时买进的——通通陷入困境。

2月22日的蜡烛线是锤子线，因为它出现在下降趋势之后。锤子线之前的一个交易日也是短实体。这是一条更早出现的线索，表明空头的努力遭遇了阻碍。而锤子线成为进一步的看涨证据。

在图4.11中，12月13日我们看到市场从短线的箱体整理区间（这是日本术语，指横向交易区间）向上突破。突破后，上冲行情以三根长长的白色实体持续推进，每一根开市价都接近当日最低点，收市价都接近当日最高点。这一现象突出显示多

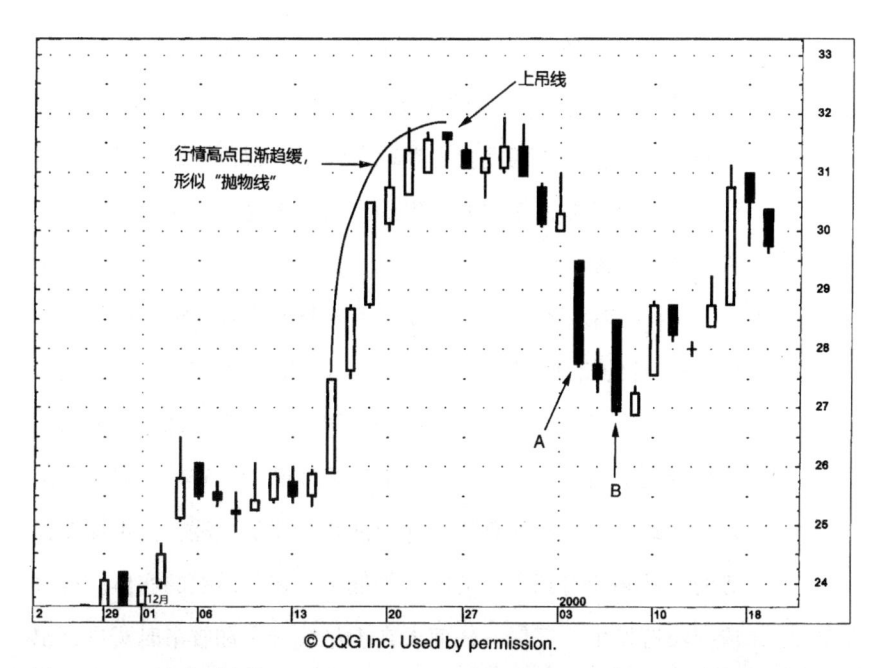

图4.11 巴西银行联盟（Unibanco Uniao de Bancos Brasileiros）——日蜡烛线图（上吊线）

头主宰了行情。在第三根白色蜡烛线之后，出现了若干警告信号，比如之后一系列蜡烛线上影线冒出来了。在冒出上影线的同时，还要注意构成上冲行情的一系列蜡烛线高点的情况。从一个高点到下一个高点，其轮廓线日渐趋缓（从图上标注的曲线可以看出）。这意味着虽然市场继续创新高，但是创新高的步调正在放缓。

真正说明牛方失去主导权的迹象来自上吊线出现的那一天。这一天不仅是一根上吊线，而且在这轮上冲行情中，这是第一根黑色实体、第一根纺锤线。次日收市价低于上吊线的实体，构成上吊线的验证信号。几天后，市场再次试图向上推进，但在32美元附近陷入停顿，留下了一系列长长的上影线。

下降行情从32美元左右的上吊线开始，在27美元附近失去了下降势头。在A和B两处的长黑色实体出现后，我们可以据此得出上述结论。具体说来，在每根长黑色实体之后的那个交易日，形成的都是小实体。在A和B两处的看跌实体出现后，我们当然以为之后的交易日市场将继续走低。然而，小实体的到来让上述预期落空了。这就表明，虽然空头曾经通过A处和B处的两根长黑色实体两度努力夺取行情主宰权，但是均以失败告终。这一点可能迫使熊方卖出的念头发生动摇，而对那些打算买入的人发挥了更大的鼓励作用。

图4.12揭示了上吊线出现后等待验证信号的重要性。位于1、2和3处的蜡烛线都属于上吊线（它们的上影线都很短，足以判定它们属于上吊线）。其中每一根线的收市价都为当前的上涨行情创了新高，因而维持了上升惯性的持续有效。如果要确认这些蜡烛线的看跌意味，即上涨趋势要从上涨转为不那么强势的，就必须看到之后的收市价低于上述上吊线的实体。这种情况没有发生。记住，任何人在上吊线开市和收市时买进，都是买在当前行情的最高点。如果在上吊线之后市场持续创新高（此处正如此），那些多头还会感觉难受吗？当然不会。他们正高兴呢，因为行情比他们买进的点位更高了。因此，正如本

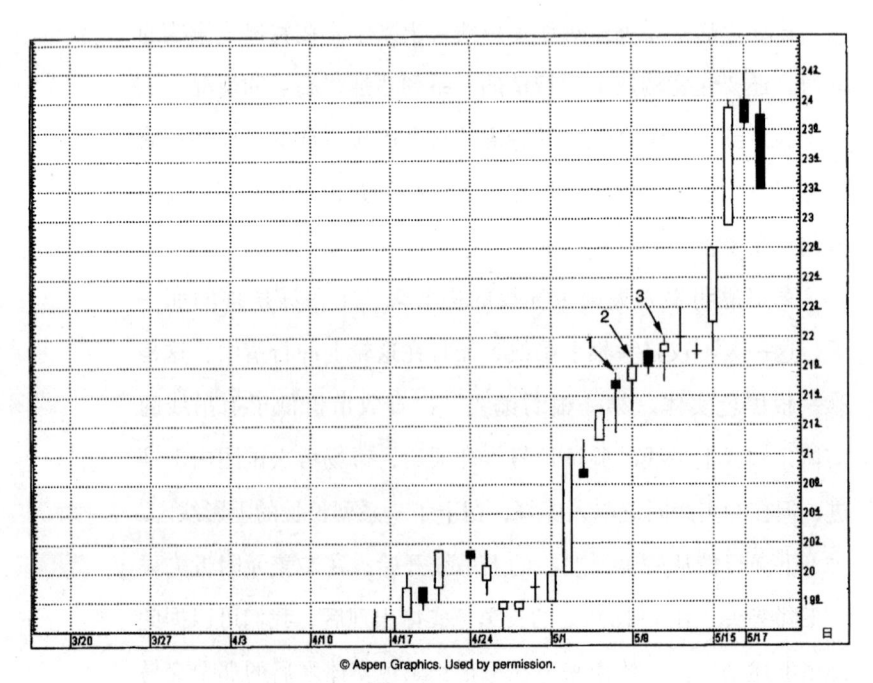

图 4.12 加贝利资产管理公司（Gabelli Asset Management）——日蜡烛线图（上吊线及其验证信号）

例所示，只要市场没有收市于上吊线实体的水平之下，则牛市趋势保持稳固。

吞没形态（抱线形态）

锤子线形态和上吊线形态是由单独一根蜡烛线构成的。如前面所讨论，单根蜡烛线通过其颜色、长度、实体大小和影线长短等，能够就市场的健康情况发出重要的技术信号。不过，在绝大多数情况下，蜡烛图技术信号都是由数根蜡烛线组合在一起形成的。**吞没形态**是我们将介绍的第一类由数根蜡烛线组成的组合形态。吞没形态属于主要的反转形态，由两根颜色相反的蜡烛线实体构成。

图4.13显示的是**看涨吞没形态**。在本图中，市场本来处于下降趋势之中，但是后来出现了一根坚挺的白色实体，这根白色实体将它前面的那根黑色实体"抱进怀里了"，或者说把它吞没了（该形态正由此得名）。它有个绰号叫"抱线形态"，道理一目了然。（也许在情人节那天我会将吞没形态称为"抱线形态"。）这种情形说明市场上买进压力已经压倒了卖出压力。

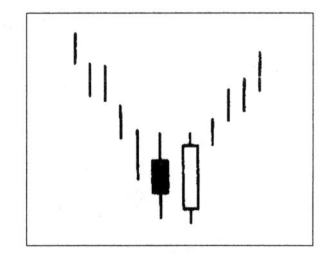

图4.13 看涨吞没形态

图4.14是**看跌吞没形态**的示意图。在本图中，市场原本正向着更高的价位趋升。但是，当前一个白色实体被后一个黑色实体吞没后，就构成了顶部反转信号。这种情形说明，市场上供给压倒了需求。

关于吞没形态，我们有三条判别标准：

1.在吞没形态之前，市场必须处在明确的上升趋势（看跌吞没形态）或下降趋势（看涨吞没形态）中，哪怕这个趋势只是短期的。

2.吞没形态由两条蜡烛线组成。其中第二根蜡烛线的实体必须覆盖第一根蜡烛线的实体（但是不一定需要吞没前者的上

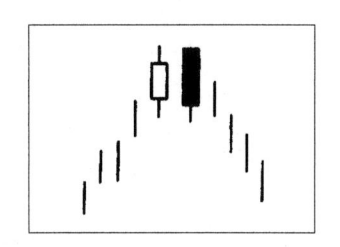

图4.14 看跌吞没形态

下影线）。

3.吞没形态的第二个实体应与第一个实体的颜色相反。（这一条标准有例外的情况，条件是，吞没形态的第一条蜡烛线是一根十字线。如此一来，如果在长时间的下降趋势之后，一个小小的十字线被一个巨大的白色实体所吞没，就可能构成底部反转形态。反之，在上升趋势中，如果一个十字线被一个巨大的黑色实体所吞没，就可能构成顶部反转形态）。

在西方的技术分析理论中，与日本蜡烛图技术的吞没形态最近似的是**反转日形态**。西方反转日形态的具体情形是，在上升趋势（或下降趋势）的发展过程中，某一日市场创出了新高（或新低），然而当日的收市价却低于（或高于）前一日的收市价。

下面列出了一些参考要素，如果吞没形态具有这样的特征，那么它构成重要反转信号的可能性将大大增强：

1.如果在吞没形态中，第一天的实体非常小（即纺锤线），而第二天的实体非常大。第一天蜡烛线的小实体反映出原有趋势的驱动力正在消退，而第二天蜡烛线的长实体证明新趋势的潜在力量正在壮大。

2.如果吞没形态出现在超长延伸的或非常快速的市场运动之后。如果存在非常快速的或超长程的行情运动，则导致市场朝一个方向走得太远（要么超买，要么超卖），容易遭受获利平仓头寸的打击。

3.如果在吞没形态中，第二个实体伴有超额的交易量。我们将在第二部分讨论交易量分析。

吞没形态的一种主要作用是构成支撑水平或阻挡水平。我们借助图4.15和4.16来说明。如图4.15所示，在组成看跌吞没形态的两根蜡烛线中，选取其最高点。该高点构成了阻挡水平（以收市价来观察突破与否）。图4.16把同样的概念运用到看涨吞没形态。该形态的最低点构成了支撑水平。

将吞没形态看作阻挡水平和支撑水平，是一个很有用的技

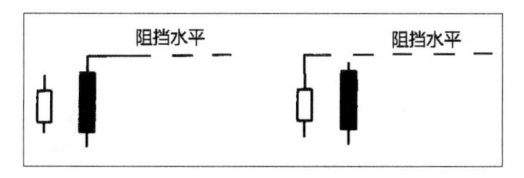

图 4.15　看跌吞没形态的阻挡水平 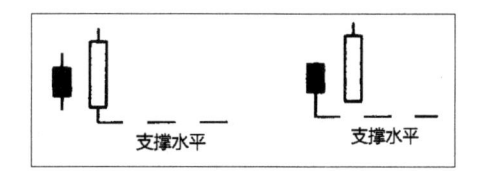　　　　图 4.16　看涨吞没形态的支撑水平

巧，尤其当市场离开低点过远时（看涨吞没形态）或离开高点过远时（看跌吞没形态），可以借之选择更舒适的卖出或买进点。举例来说，等到看涨吞没形态完成时（请记住，我们需要一直等到本时段收市时才能确认当前蜡烛线组合属于看涨吞没形态），市场可能已经远离之前的低点了。因此，我会觉得行情已经离开了有吸引力的买进区域。在这种情况下，我们可以等待市场调整，它可能再次进入看涨吞没形态低点附近的支撑区域，然后，再考虑入市做多。在看跌吞没形态的情况下，同样的道理，而方向相反。

如图4.17所示，连续6根黑色实体依次下降，之后，5月5日早些时候首次出现了一根白色蜡烛线。这根白色蜡烛线完成了图示的看涨吞没形态。于是，我们利用该看涨吞没形态的低点（通过比较，选择组成该形态的两条蜡烛线的最低点）作为支撑水平，大约位于56美元。朗讯从该看涨吞没形态起上冲，直至遭遇一个看跌吞没形态的阻击。请注意，该看跌吞没形态的高点转化为下一时段的阻挡水平。在从该看跌吞没形态开始的下降行情中，一根十字线提供了试探性线索，显示该股票正在努力站稳脚跟，其位置便在之前的看涨吞没形态构成的支撑水平附近。在对该看涨吞没形态形成的支撑水平试探成功后，股票从此处上冲；当面临之前的看跌吞没形态所形成的阻挡水平时，市场经过了少数几个时段的犹豫；最终沿着一条向上倾斜的支撑线持续攀升。

在第一章我曾经强调，实体具有重要意义，不过，影线也应该成为蜡烛图分析的关键组成部分[1]。我们借图4.18来说明这

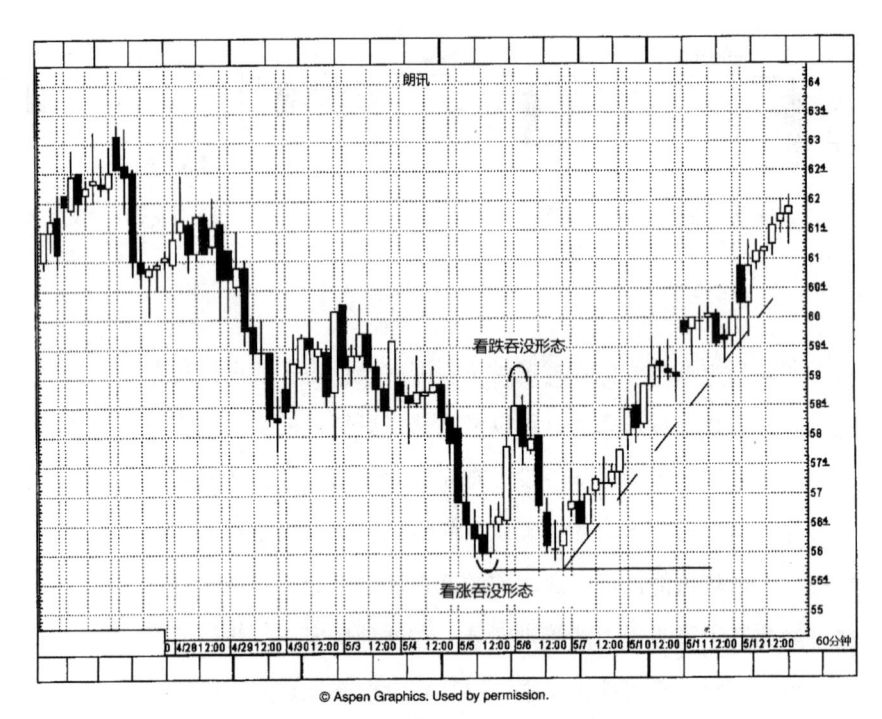

图 4.17　朗讯科技公司——60 分钟蜡烛线图（看涨吞没形态和看跌吞没形态）

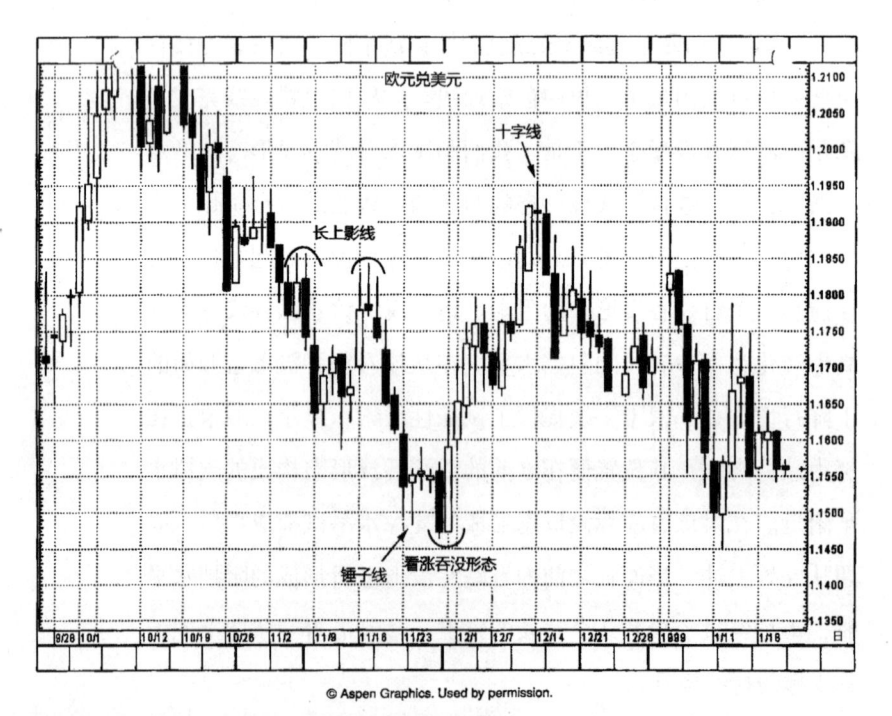

图 4.18　欧元兑美元——日蜡烛线图（看涨吞没形态）

个方面。一系列长上影线——也有说法为"看跌的影线"——在11月2日到16日之间的几周里冒了出来。这批长上影线发出强烈的视觉信号，表明市场正被1.1850的区域挡开。从第二批一系列长上影线开始，市场开始下降，之后被一根锤子线（它带有长长的下影线——这是说明影线重要性的另一个案例）终止。几个交易日后，该股票以一根长黑实体的形式回落（稍稍向下突破了锤子线的支撑水平）。第二天，一根长白蜡烛线完成了一个看涨吞没形态。从该看涨吞没形态开始形成了一轮上冲行情，它被1.1950处的一根十字线阻止。请注意，该十字线验证了10月下旬一系列长上影线所界定的阻挡水平。还记得看涨吞没形态构成潜在支撑水平的概念吗？请看11月27日和28日组成的看涨吞没形态，大约在1.1470，这便是支撑水平。1月11日所在的一周里，市场成功地试探了这个支撑水平。

如图4.19所示，原油市场上一个主要低点伴随经典的看涨吞没形态而来。这是一个经典的形态，到此为止第一例。其中

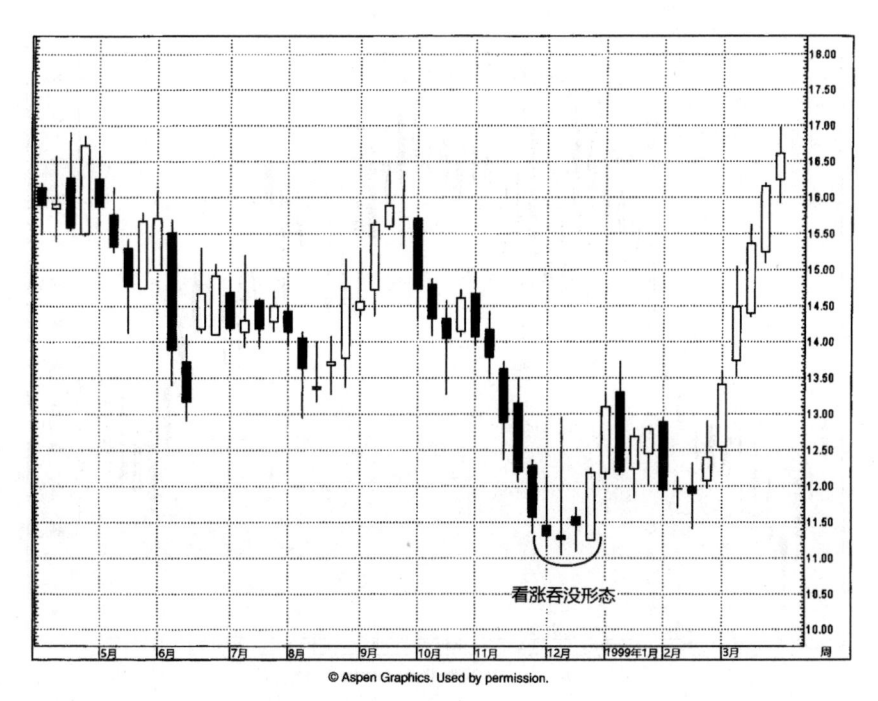

图 4.19 原油——周蜡烛线图（看涨吞没形态）

第一根蜡烛线为小黑色实体（这表明空方正在失去立足地），第二根蜡烛线是一根生机勃勃的长白色实体，开市于最低点、收市于最高点。本看涨吞没形态之所以特别重要，是因为其中的白色实体不是吞没了之前的一根黑色实体，而是吞没了三根。请记住，该形态一方面清晰无疑地揭示了多头已经从空头手中夺得了完全的控制权，另一方面，并没有预示该看涨吞没形态之后接踵而至的上涨运动将达到多大范围。虽然蜡烛线在发出早期反转信号方面没有任何工具能及，但是它不提供价格目标。这就是为什么西方技术分析如此重要，因为我们可以运用西方技术分析工具来预测价格目标。我们在第二部分探讨这方面。

在图4.20中，从A处开始形成了一轮上冲行情。到了3月底，大约在43.50美元处，曾经有几个交易日表现犹豫。这些日子有几根长上影线，还有一根十字线。后来行情向上推动，一举突破了这5个交易日组成的阻挡区域，正如日本人所说的，

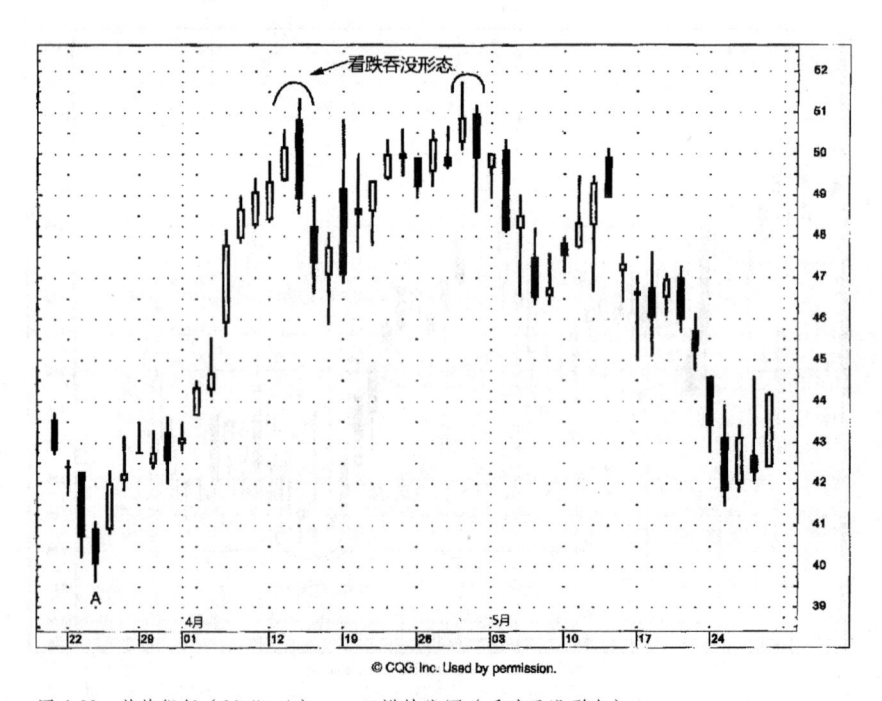

图 4.20　花旗银行（Citibank）——日蜡烛线图（看跌吞没形态）

"所有的灰尘一吹而光"。于是，上冲行情急不可待地恢复了，一直持续到4月13日和14日组成的看跌吞没形态，才被阻挡了。请注意，该看跌吞没形态的黑色实体极长。这一点突出地显示，空头曾经与多头进行了殊死搏斗，之后夺得市场主导权。后来，这个看跌吞没形态的阻挡作用，通过另一个看跌吞没形态得到了验证。这反映了如下事实：多头虽然每次都能把股价推升到51.50美元附近，却不能继续保持对市场的控制权。

让我们审视这两个看跌吞没形态，把它们和西方的反转日形态对比一下。在西方的反转日形态中（后文还要详细谈到反转日顶部形态），第二日市场起先为当前上升行情创了新高，但当日收市价竟然低于前一日的收市价。如果采取线图的图表形式，本图第一个看跌吞没形态也是一个传统的西方反转日形态，因为后一日黑色蜡烛线实体的顶部，股价先为当前行情创了新高，然后其收市价低于前一日的收市价。

现在我们再来看四月下旬的第二个看跌吞没形态。请注意，在这个看跌吞没形态中，第二根蜡烛线没能创新高（它的高点为51美元，而前一个时段的高点为51.75美元）。因此，如果是在传统的西方线图上，这就构不成反转日形态，不是向下反转信号（因为第二日没有创新高）。但是在蜡烛图上，看跌吞没形态的全部条件是第二个黑色实体包裹第一个白色实体，本例的情形正是如此。本例充分体现了蜡烛图作为抉择时机工具的优越之处，如果单纯采用西方技术分析是得不到这些好处的。

在图4.21中，7月初有一个看跌吞没形态，取代之前的上冲行情，抢到了控制权。该看跌吞没形态在之后一周半的时间里构成了阻挡水平。7月15日，一旦思科的收市价向上超越了该看跌吞没形态的最高点，便成为看涨突破信号（尽管这一天是一根十字线，但其收市价创了新高，这依然是正面信号）。对那些惯性交易者来说，市场向上突破看跌吞没形态，可以视为新

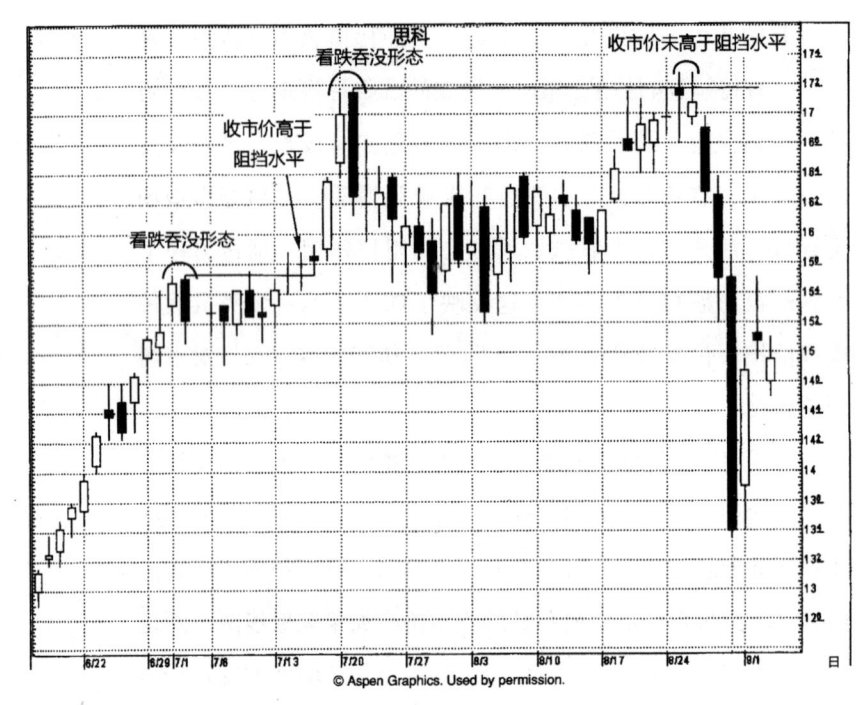

图 4.21 思科系统公司（Cisco）——日蜡烛线图（看跌吞没形态）

一轮上涨行情的发端，正是考虑买进的时候。为了验证突破信号，我建议等待市场以收市价突破阻挡区域，而不只是日内行情的突破。7月21日完成了另一个看跌吞没形态，它转化为阻挡水平，等到8月下旬的时候受到市场试探。请注意，当价格向上接近该看跌吞没形态的阻挡区域时，形成了一群小实体，反映了市场在此处的犹豫心理。

设置保护性止损指令的重要性

技术分析一个更强大的方面是，可以利用它来形成一套风险管理机制，并构造一套交易资金管理方法。界定风险意味着采取保护性止损措施，以应对出乎预料的不利价格运动。

在初始交易时，就应该同时设定止损保护指令，此时交易者的态度最具有客观性。仅当市场表现符合预期时，方可持有头寸不动。如果后续价格变化与原本的预期相左，或者未能验证原本的预期，就是轧平头寸的退出时机。如果市场运动与所持头寸方向相反，您或许会盘算，"干吗设置止损指令呢？只是短期行情运动，暂时对我不利而已"。这么一来，您一边一厢情愿地期望市场转向对自己有利的方向，一边顽固地坚持原有头寸不动。请记住两点事实：

1.所有的长期趋势都是从短线运动开始的。

2.市场根本不给任何主观愿望留有余地。市场总是自顾自演变，绝不考虑您的想法或您的头寸。

市场不在乎您是不是拥有头寸或没有头寸。知错不改，比做错了还要糟糕。宁可放弃观点，不可赔掉金钱。能及早查明自己的错误，是一种值得骄傲的能力。因为止损而退出市场，乃是承认错误。人们因为自大和虚荣蒙蔽了理性，不愿承认错误。优秀的交易者不会对观点死抱不放。据说，著名的私人投资大家沃伦·巴菲特（Warren Buffett）有两条座右铭：

1.保住本金。

2.绝不忘记第一条。

止损指令与第一条同义。您的资源有限，必须将资源最大化发挥作用，最低限度也要保护好资源。如果您所在的市场朝着不利于自己头寸的方向运动，便是退出的时候了。留得青山在，不怕没柴烧，可以找更好的机会重来。要把止损当作这门生意的成本。

既然如此多的日本蜡烛图技术术语源自军事术语，我们也打算从这个意义上来看待止损。您做的每一笔交易就像一场战斗——不得不做的事，就一定得做，连最伟大的将领也不例外：必要时先撤退再说，或采取战术性撤退。将领的目标是保护军队和装备。你的目标是保护本金和保持冷静。为了赢得战争，有时不得不输掉几场战斗。用日本话来说："舍不得鱼

> 钩，钓不着三文鱼。"如果因为止损指令而退出，就当弄丢了一只鱼钩吧。或许下一钩就能中大奖了。

乌云盖顶形态

下面我们要研究的反转形态是**乌云盖顶形态**（如图4.22所示）。这种形态也是由两根蜡烛线组成的，属于顶部反转形态。它一般出现在上升趋势之后，有些情况下也可能出现在水平调整区间的顶部。在这一形态中，第一天是一根坚挺的白色实体；第二天的开市价超过了第一天的最高价（就是说超过了第一天上影线的顶端），但是到了第二天收市的时候，市场却收市在接近当日最低价的水平，并且明显地向下扎入第一天白色实体的内部。第二天的黑色实体向下穿进第一天的白色实体的程度越深，则该形态构成顶部反转形态的可能性就越大。有些日本技术分析师要求，第二天黑色实体的收市价必须向下穿过前一天白色实体的50%。如果黑色实体的收市价没有向下穿过白色蜡烛线的中点，那么，当这类乌云盖顶形态发生后，或许我们最好等一等，看看是否还有进一步的看跌验证信号。

这种看跌形态背后的道理很容易理解。在形态发生之前，市场本来处于上升趋势中。有一天出现了一根坚挺的白色蜡烛线，第二天市场在开市时便向上跳空。到此刻为止，多头完全掌握着主动权。然而，此后市场的技术景象却完全改变了！事实上，市场收市在当日的最低价处，或者在最低价附近，并且这个收市价明显地向下扎进了前一天的实体内部，消除了第一天取得的大部分进展。在这种情况下，多头头寸的持有者信心开始动摇。还有一些人一直在找机会卖出做空，那么现在他们就得到了一个设置止损指令的参考水平——乌云盖顶形态的第二日形成的新高价格水平。

下面列出了一些参考因素，如果乌云盖顶形态具有这样的

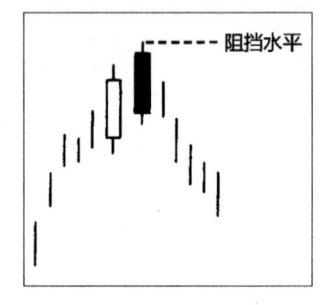

图4.22 乌云盖顶形态

特征，则有助于增强其技术分量：

1.在乌云盖顶形态中，黑色实体的收市价向下穿入前一个白色实体的程度越深，则该形态构成市场顶部的机会越大（如果黑色实体覆盖了前一天的整个白色实体，那就形成了看跌吞没形态，而不是乌云盖顶形态）。我们不妨把乌云盖顶形态比作日偏食，在这种情况下，月亮只遮住了太阳的一部分（换句话说，覆盖了部分白色实体）。而看跌吞没形态就像日全食，在这种情况下，月亮遮住的是太阳的全部（也就是说，覆盖了整个白色实体）。从这一点上说，作为顶部反转信号，看跌吞没形态比乌云盖顶形态具有更重要的技术意义。如果在乌云盖顶形态之后，或者在看跌吞没形态之后，出现了一根长长的白色实体，而且其收市价超过了这两种形态的最高价，那么这可能预示着新一轮上冲行情的到来。

2.如果乌云盖顶形态发生在一个超长程的上升趋势中，它的第一天是一根坚挺的白色实体，其开市价就是最低价（就是说，是光脚的），而且其收市价就是最高价（就是说，是光头的）；它的第二天是一根长长的黑色实体，其开市价位于最高价，而且收市价位于最低价（这是一个光头光脚的黑色蜡烛线）。

3.在乌云盖顶形态中，如果第二个实体（即黑色实体）的开市价高于某个主要的阻挡水平，但是市场未能成功地坚守住，那么可能证明多头已经无力控制市场了。

4.如果在第二天开市的时候，交易量非常大，那么这里可能发生"胀爆"现象。具体说来，当日开市价创出了新高，而且开市时的成交量极大，可能意味着很多新买家终于下决心入市，跳上了牛市的"船"。随后，市场却发生了抛售行情。那么，很可能用不了太久，这群人数众多的新多头（还有那些早已在上升趋势中坐了轿子的老多头）就会认识到，他们上的这条船原来是"泰坦尼克号"。对期货交易商来说，极高的持仓量也是一种警告信号。

正如看跌吞没形态可以被视为阻挡水平，组成乌云盖顶形态的两个时段里的最高点也构成了阻挡水平。图4.22对此做了说明。

图4.23所示的乌云盖顶形态终结了一场上冲行情。在这种形态的下一日，英特尔向上推进，但在接近该形态高点的71美元处铩羽而归。一周之后，以及再过了两周之后，在71美元附近，股价同样受阻不前。注意1月20日，英特尔一度在该阻挡水平线上探头张望，却未能收市于该阻挡水平之上，因而无损其有效性。

在图4.24中，从8月中旬开始出现了一轮上冲行情。8月22日，股价向上跳空，并形成了一根上吊线，但是它潜在的看空暗示却没有得到下一日的验证，因为下一日的收市价向上超越了上吊线实体。8月28日，大约在43.25美元附近，该股票以开市价向上跳空的方式发动了最后一轮推进。开市时，从多头的

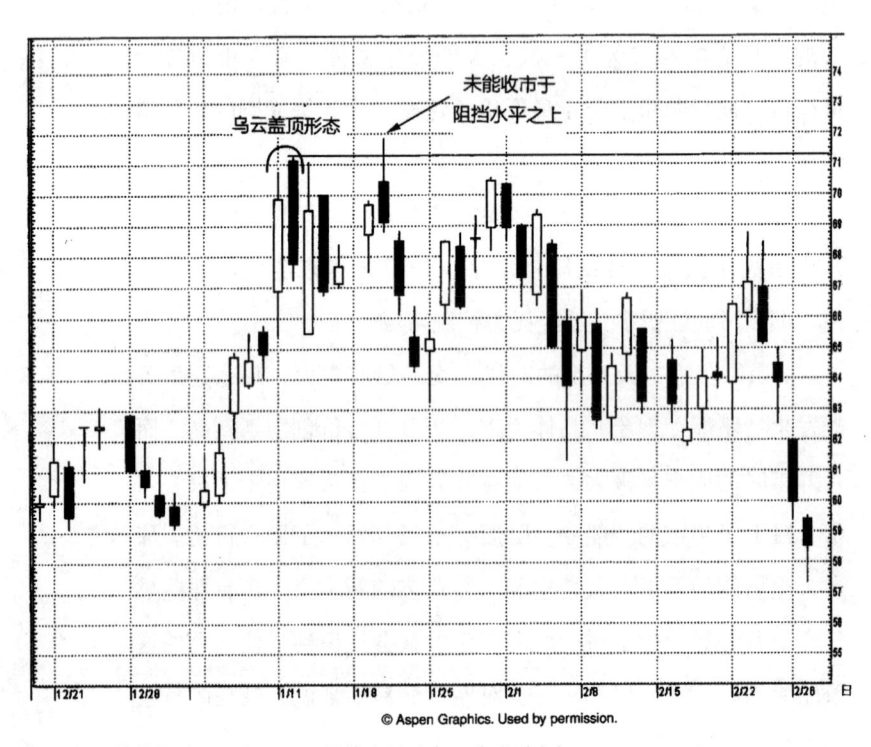

图 4.23　英特尔（Intel）——日蜡烛线图（乌云盖顶形态）

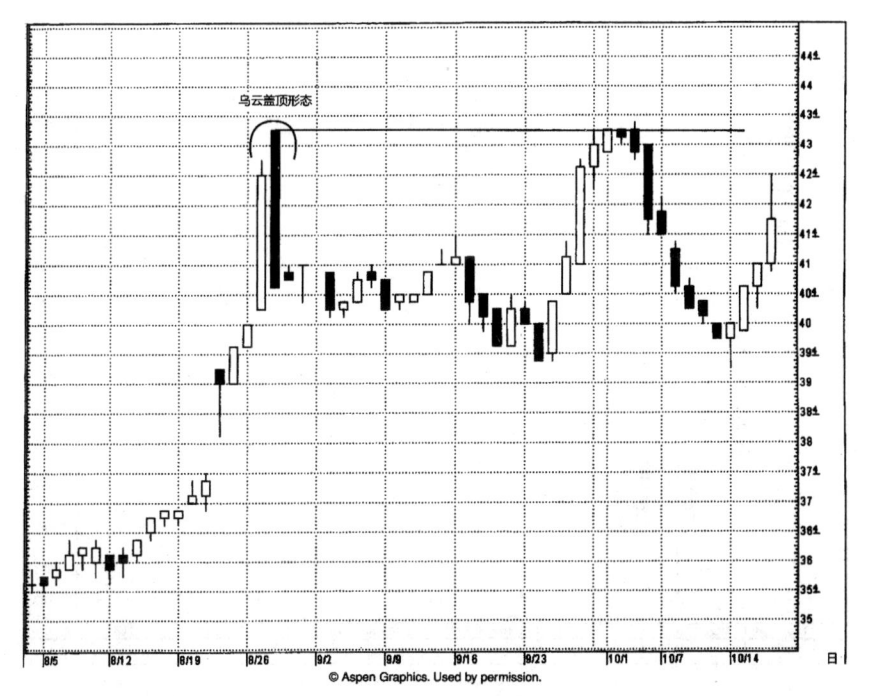

图 4.24 高克联管件（Wolverine Tube）——日蜡烛线图（乌云盖顶形态）

角度看，似乎一切顺利。然而，当日收市时，收市价下降到了40.62美元。这下子完成了一个乌云盖顶形态，因为这根黑色蜡烛线深深地回落到了前一日的白色实体内部。

一方面，这是一个界定清晰的乌云盖顶形态；另一方面，从风险报偿比的角度看，此处却可能不是卖出的好点位。原因在于，该乌云盖顶形态在其中第二日收市时才算大功告成，到了这个时候，行情距离其高点已经相当遥远。运用乌云盖顶形态构成阻挡水平的概念，我们可以等待市场反弹，等到市场再次接近乌云盖顶的高位时卖出（假定后来的行情让我们如愿的话）。10月上旬，又一轮上冲行情推进到了该乌云盖顶形态的高位，此时出现了一根短黑色实体，并且接连四根蜡烛线都重复了同一个高点，43.25美元，这迹象表明上冲行情后继乏力。

在图4.25中，在1和2处接连出现了两例看涨吞没形态，突出地显示3250—3275区域具有稳固的支撑作用。一轮上冲行情

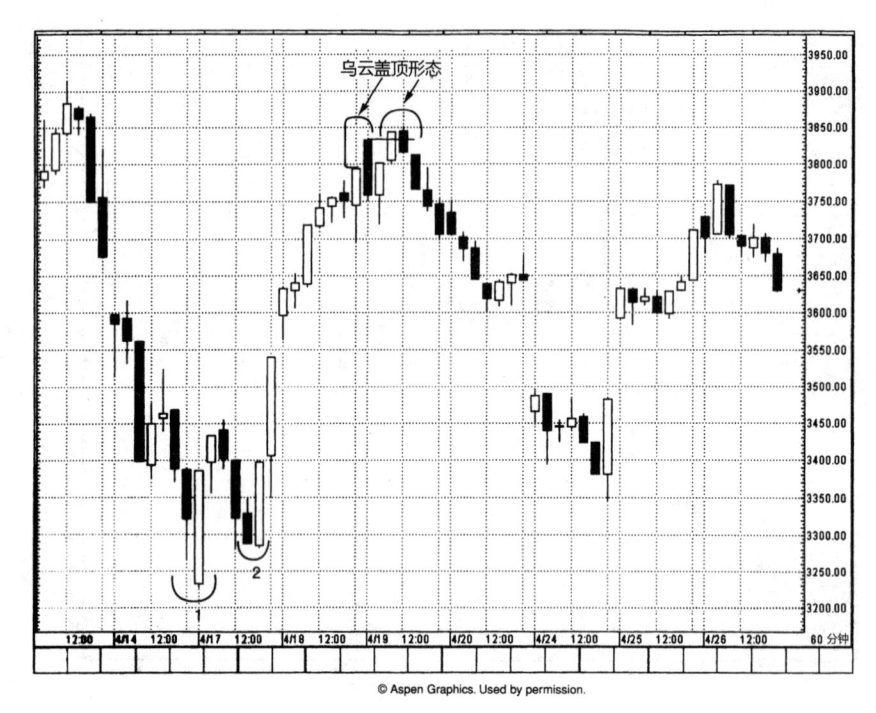

图 4.25 纳斯达克综合指数——60 分钟蜡烛线图（乌云盖顶形态）

从第二个看涨吞没形态开始，遇到乌云盖顶形态后开始犹豫起来。紧接着，一根白色实体稍稍向上穿越了该乌云盖顶形态的阻挡水平（图上用水平直线做了标记）。虽然这个突破信号算不上决定性的，但是它以收市价向上突破了阻挡水平，因此构成了积极信号。

一定要根据市场条件随机应变，图4.25充分说明了这一点的重要性。具体说来，虽然向上突破第一个乌云盖顶形态的阻挡水平为当前趋势开创了更高的高点，但是在下一个时段，我们对市场的观感从本来的积极转为更加谨慎。为什么？因为就在突破信号的下一个时段，出现了一根黑色蜡烛线，完成了另一个乌云盖顶形态。这根黑色蜡烛线反映了牛方没有能力坚守新高的阵地。

刺透形态

对大多数蜡烛图形态来说，有一个看跌形态，就有一个相反的看涨形态。乌云盖顶形态便是这样的。有一个与乌云盖顶形态相反的形态，它的名称为**刺透形态**（如图4.26所示）。刺透形态出现在下跌的市场上，也是由两根蜡烛线所组成的。其中第一根蜡烛线具有黑色实体，而第二根蜡烛线则具有白色实体。在白色蜡烛线这一天，市场的开市价曾跌到低位，最好下跌至前一个黑色蜡烛线的最低价之下，但是后来市场又将价格推升回来，深深刺入黑色蜡烛线的实体内部。

刺透形态与看涨吞没形态同属于一个家族。在看涨吞没形态中，白色实体吞没了前面的那条黑色实体。而在看涨的刺透形态中，白色实体仅仅向上刺入了前一个黑色实体的内部，但是未能完全覆盖。在刺透形态中，白色实体向上刺入黑色实体的程度越大，该形态构成底部反转信号的可能性就越大。在理想的刺透形态中，白色实体必须向上穿入前一个黑色实体的中点水平以上。关于刺透形态背后的心理过程，可以做如下理解：市场本来处于下降趋势中，刺透形态第一天疲弱的黑色实体加强了这种市场预期。第二天，市场以向下跳空的形式开市。到此刻为止，空头观察着行情的发展，感觉诸事顺遂。可是到当日收市的时候，市场却涨了回去，结果收市价不仅完全回到了前一天的水平，而且变本加厉地向上大大超越了这个水平。现在，熊方开始对手上的空头头寸忐忑不安起来。有些市场参与者一直在寻找买进的机会，他们据此推断，市场不能维持这个新低价位，或许这正是入市做多的大好时机。

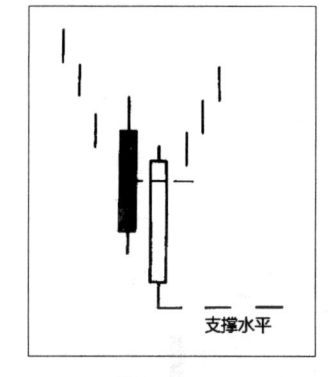

图4.26 刺透形态

关于刺透形态，也有四项参考因素，如果刺透形态兼具这些特征，那么它的技术分量将大为增强。这四项参考因素与乌云盖顶形态的四项参考因素内容相同，而方向相反（参见前一节的有关内容）。在讲述乌云盖顶的时候，我曾经提到，虽然我们更愿意看到黑色实体的收市价向下穿过了前一个白色实体

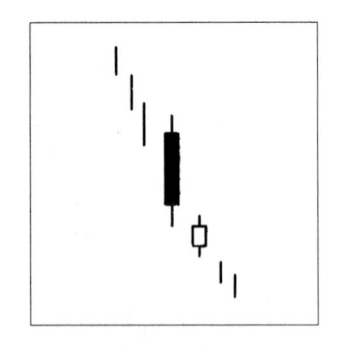

图 4.27 待入线形态

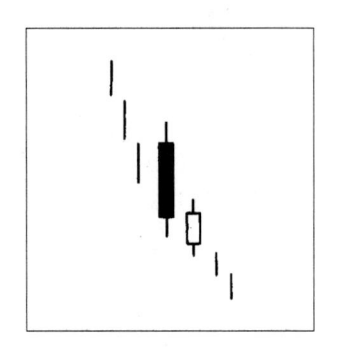

图 4.28 切入线形态

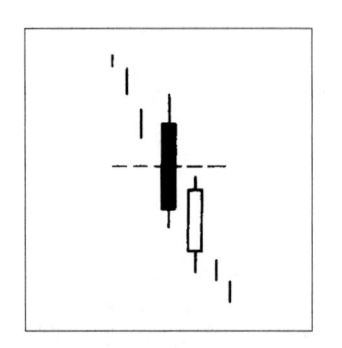

图 4.29 插入线形态

的中点，但是在这一条判别准则上，还是有一定的灵活余地的。然而在刺透形态中，却没有什么灵活的余地。在刺透形态中，白色蜡烛线的实体必须向上推进到黑色蜡烛线实体的中点以上。之所以看涨的刺透形态不如乌云盖顶形态灵活，是因为日本人认为处理底部反转形态必须更加谨慎，他们对形状近似的价格形态做了进一步的区分，将它们分为三种情况，分别称为**待入线形态、切入线形态、插入线形态**（参见图4.27到图4.29）。这三种形态与刺透形态在基本构造上是相似的。它们之间的区别在于，其中的白色蜡烛线实体向上穿入黑色蜡烛线实体的程度是不同的。在待入线形态中，白色蜡烛线（其外形通常是比较小的）的收市价位于前一个蜡烛线的最低价下方的附近。在切入线形态中，白色蜡烛线（它也应当是较小的白色蜡烛线）的收市价稍稍进入前一个黑色实体的范围之内。在插入线形态中，白色蜡烛线比上述两个形态的更长一些，其收市价也更多地刺入前一个黑色实体之内，但是没有达到黑色实体中点的水平。

能不能记住从图4.27到4.29的各种具体形态并不重要。只要记住，白色实体必须推升到黑色实体的中点以上，才能构成较为有效的底部反转信号。

图4.30中区域1和2处出现了一系列长下影线，表示56美元附近可能存在支撑水平。可是在9月8日，戴顿-赫德森（Dayton-Hudson）连出重拳，开市于54美元上下，开市就跌穿了上述支撑水平。空方掌控了行情——或者这只是他们的错觉。到9月8日当日交易结束为止，多方杀了一个回马枪，把股价推到了明显高于前一个收市价的水平。9月7日和8日的蜡烛线组合成了刺透形态。在该刺透形态一周之后，9月16日，形成了一根锤子线，再次加强了该形态位于54美元左右的支撑水平。紧接着在锤子线之后的一周内，冒出了一系列长下影线，进一步验证了上述支撑水平。

在图4.31上，3月中旬有一个看涨吞没形态，由此开始形成

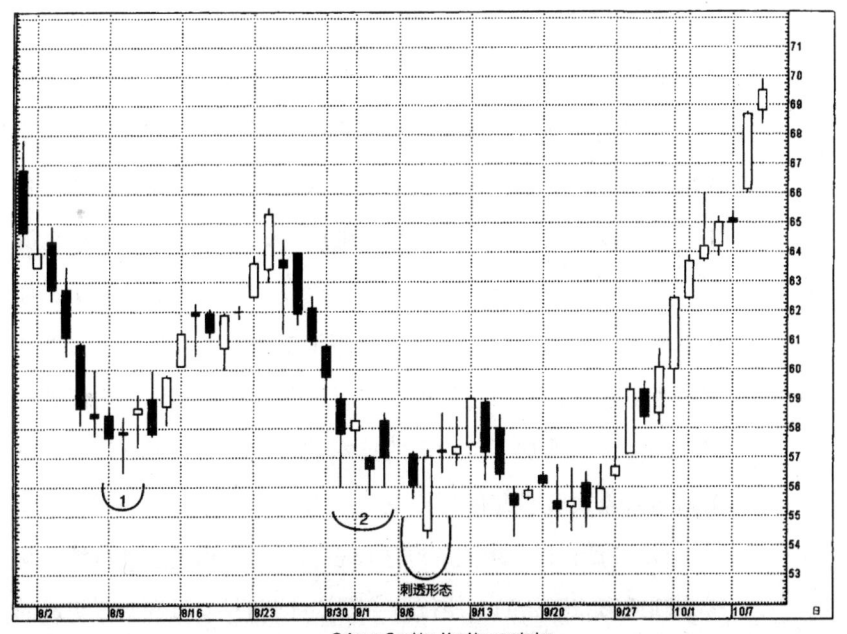

图 4.30 戴顿－赫德森公司（Dayton-Hudson）——日蜡烛线图（刺透形态）

图 4.31 美国通用保险（American General）——日蜡烛线图（刺透形态）

一轮上冲行情；3月24日接近59美元的纺锤线显示了这轮行情可能遇到麻烦的迹象。4月3日，收市价超越59美元，全天形成一根长白色实体，标志着多头回来了，至少到本时段为止重掌大局。在4月4日这一天，该股票形成了一个乌云盖顶形态的变体。之所以说它是乌云盖顶形态的变体，是因为在通常的情况下，我们希望该形态第二天的开市价高于第一天的最高价，而在本例中，第二天的开市价只是高于第一天的收市价。虽然如此，考虑到4月4日黑色蜡烛线向下回落到白色实体的内部如此深入的地步，增加了该形态的技术效力，该形态可能比中规中矩的乌云盖顶形态更有效。

  4月17日和18日组成的刺透形态引出了之后的上冲行情。从这个刺透形态开始的上冲行情一直持续到4月24日和25日组成的另一个乌云盖顶形态。这个乌云盖顶形态也可以看成经典乌云盖顶形态的变体。为什么？因为其中的黑色实体没有向下跌破白色实体的中线。无独有偶，虽然这个蜡烛线组合不属于常规的乌云盖顶形态，但是它具备两个要素，让我相信它的看跌性质与传统的乌云盖顶形态不相上下。具体来说：（1）4月25日的黑色实体开市价急剧上涨，高于前一天的最高价，在这个基础上，其收市价低于前一日的收市价；（2）该形态验证了4月上旬乌云盖顶形态形成的阻挡水平，也标志着市场向上尝试该阻挡水平以失败收场。

  本图揭示了一些具有普遍意义的概念，适用于如何对待不是很理想的蜡烛图形态。（1）形态构成的具体情况；（2）它所处的总体市场图景。当我们遇到不那么完美的蜡烛图形态时，上述两方面的因素有助于我们评估其有效性，看看它是不是具备与更准确定义的蜡烛图形态同等的技术含义。正因为需要这样的主观判断，使得蜡烛图形态的电脑识别十分困难。举例来说，本图所述的两例乌云盖顶形态都不满足乌云盖顶形态的经典定义，但是根据它们的构成情况，以及它们在行情演变过程中所处的位置，依然将它们视为乌云盖顶形态。前一节对此已经进行了分析。

如果在刺透形态的次日，实体没有深深地进入第一日实体的内部，我通常建议，应等待进一步的验证信号。假设刺透形态后一根为白色蜡烛线，下一个时段的收市价向上超越了该白色实体，就构成验证信号。在图4.32中，3月31日上午的晚些时候，一根白色蜡烛线向上推进到了前一根黑色实体的内部。既然它并没有向上超过黑色实体的中线，就不能构成刺透形态。这是一个插入线形态。在插入线形态的下一个时段，收市价达到了更高的水平，这有助于增强形态的效果，说明其可能是一个底部信号。在3月31日晚些的一个时段，在117美元附近，形成了另一个插入线形态。通常，在插入线形态出现后，应该等待进一步的看涨验证信号（正如在当日更早的时候看到的那样）。但是，对于本图中的第二个插入线形态，由于它验证了之前的支撑区域，就没有太大的必要来等待看涨验证信号了

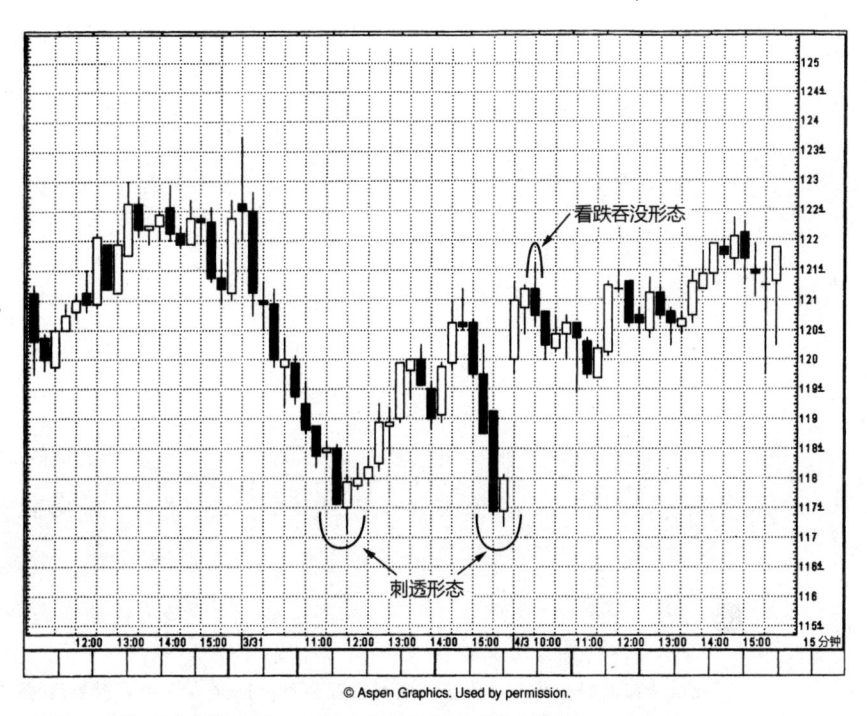

图4.32 国际商业机器公司——15分钟蜡烛线图（刺透形态）

（也就是说，不需要那么多理由来等待下一个时段的收市价推升到更高位置）。如此一来，对活跃的动量交易者来说，不妨在第二个插入线形态的白色蜡烛线收市时，利用它作为买进机会。第二天上午的早些时候，出现了一个看跌吞没形态，给出了退出信号。

注

1. 我的《超越蜡烛线》（约翰·威利出版公司，1994年）一书对影线进行了详尽的分析。

第五章　星线

"天下没有填得满的胃口"

本章要讨论另一些有趣的反转形态，它们的共同点是都包含星蜡烛线。如图5.1所示，**星蜡烛线**（简称**星线**）的实体较小（可以是白色，也可以是黑色），并且在它的实体与它前面较大的蜡烛线实体之间形成了价格跳空。换句话说，星线的实体可以处在前一个时段的上影线范围内；只要星线的实体与前一个实体没有任何重叠（有一些例外情形，本章后面还要讨论），那么这个星蜡烛线就是成立的。如果星线的实体已经缩小为十字线，则称之为**十字星线**（如图5.2所示）。当星线，尤

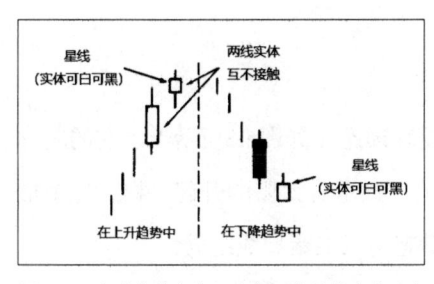

图5.1　上升趋势中的星线和下降趋势中的星线

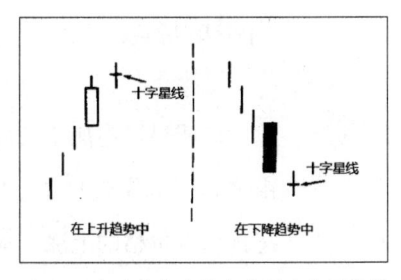

图5.2　上升趋势中的十字星线和下降趋势中的十字星线

其是十字星线出现时，就是一个警告信号，表明当前的趋势或许好景不长了。

星线较小的实体显示，空头和多头的拔河已经转入僵持状态。在强劲的上升趋势中，多头一直掌握主导地位。在这种情况下，如果出现了一根星线，则构成警告信号：市场原本受买方的控制，现在转变为买方与卖方势均力敌的僵持状态。这一僵局的发生，既可能是由买方力量的衰减所造成的，也可能是由卖方力量的增长所造成的。但不论出于哪一种原因，星线都能告诉我们，当前上升趋势的驱动力已经瓦解，市场容易遭到卖方的攻击而向下回落。如果在下降趋势中出现了星线，也是同样的道理，只是方向相反（有时，人们把下降趋势中出现的星线称为"**雨滴**"）。具体地说，在下降趋势中，一根长长的黑色蜡烛线鲜明地显示出空头占主动地位。之后出现了星线，反映出市场氛围的改变。此时，牛、熊双方的力量对比已经变得较为平衡了。如此一来，市场向下的能量也就减退了。这种局面当然是不利于熊市继续发展的。

在下列四种反转形态中，星线都是其中的一项重要组成成分。这四种反转形态分别是：

1.启明星形态。
2.黄昏星形态。
3.十字星形态。
4.流星形态。

启明星形态

启明星形态属于底部反转形态（如图5.3所示）。它的名称由来是，就像启明星（金星）预示着太阳的升起一样，这个形态预示着价格的上涨。本形态由三根蜡烛线组成：

· 蜡烛线1。一根长长的黑色实体，形象地表明空头占据主宰地位。

- 蜡烛线2。一根小小的实体，并且它与前一根实体之间不相接触（这两条蜡烛线组成了基本的星线形态）。小实体意味着卖方丧失了驱动市场走低的能力。

- 蜡烛线3。一根白色实体，它明显地向上推进到了第一个时段的黑色实体之内，标志着启明星形态的完成。这表明多头已经夺回了主导权。

如图5.3所示，在构成本形态的三根蜡烛线中，最低的低点构成了支撑水平。

在理想的启明星形态中，第二根蜡烛线（即星线）的实体，与第三根蜡烛线的实体之间有价格跳空。根据我的经验，即使没有这个价格跳空，似乎也不会削减启明星形态的技术效力。其决定性因素是，第二根蜡烛线应为纺锤线，同时第三根蜡烛线应显著深入到第一根黑色蜡烛线内部。

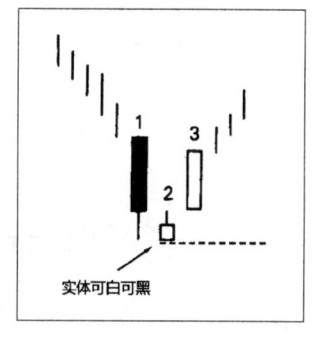

图 5.3 启明星形态

图5.4是本形态的一个实例。7月底、8月初，我们看到有三根蜡烛线满足了组成启明星形态的各项条件：一根长长的黑色蜡烛线，一个小实体，再来一根长长的白色蜡烛线。当然，作为这类形态，它应该出现在下降行情之后。这不是一个理想的启明星形态，原因在于第三根蜡烛线包裹了第二根蜡烛线。不过，从我的经验来看，即使第二根和第三根蜡烛线有所重叠，也不会降低本形态的效力。事实上，在这个启明星形态中，第二根和第三根蜡烛线组成了一个看涨吞没形态。

本图还有另一个妙处，它是一个精彩的实例，揭示了在线图发出更传统的反转信号之前，蜡烛图经常提前一步发出信号。从2月开始形成了一段下降通道，持续发挥作用，直到当年的第三季度。当市场以收市价的方式向上突破该下降通道的顶部时，构成了传统的西方技术分析信号，标志着下降趋势被打破。借助蜡烛线发出的"光亮"（即通过那个启明星形态），我们能更早获得警示信息，比下降通道的突破信号提早了许多个时段。

图 5.4 小麦——周蜡烛线图（启明星）

　　启明星形态的不足之处是，既然形态由三根蜡烛线组成，就得等到其中第三个时段收市时，形态才算完成。在通常情况下，如果第三根蜡烛线是长长的白色线，那么当我们得到信号的时候，市场已经走过一段急速反弹了。换句话说，当启明星形态完成时，或许并不能提供风险报偿比具有吸引力的交易机会。针对这一点，一种选择是等待行情回落到启明星形态构成的支撑区域时，再小口小口地吃进做多。如图5.5所示，2月初有一个启明星形态。如果在该启明星形态完成时买进，则成本价接近74美元，第二天，就有可能发生亏损。如果在该启明星形态出现后，等待市场调整到接近其低点的水平（接近65.50美元）再买进，由于止损指令设置在该启明星的低点之下，就能降低风险。当该股票上涨时，其轨迹沿着一条向上倾斜的支撑线。（趋势线是第十一章的核心内容。）

　　在理想的启明星形态和黄昏星形态中，蜡烛线1与2，2与3的实体之间都不应该相互触及。不过在有些市场上，上一日收

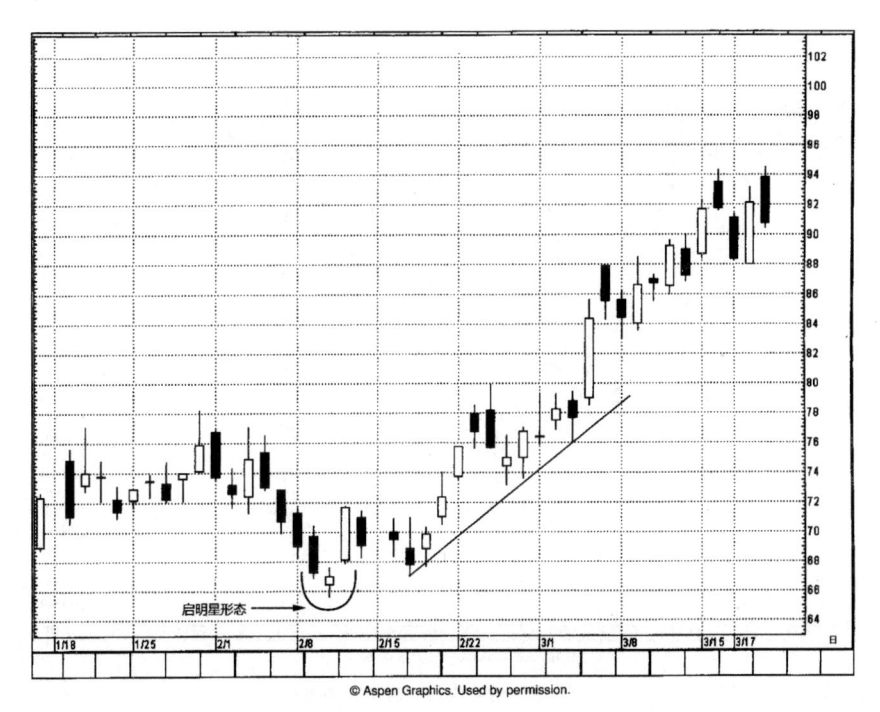

图 5.5 美林证券（Merrill Lynch）——日蜡烛线图（启明星形态）

市和下一日开市要么是同一个时点，要么两者时间接近，在这种情况下，对启明星形态和黄昏星形态要求的定义条件便可以更灵活一些。试举例如下：

1. 外汇市场，不存在正式的开市或收市时间。

2. 很多指数市场，例如半导体指数或药品指数等。

3. 日内图表。举例来说，在15分钟的线图上，某一个15分钟时段的开市价与相邻的前一个15分钟时段的收市价通常没什么差异。

我们用图5.6所示的日内图表做案例，借以说明在解读蜡烛图形态时保持适当灵活性的实用意义。12月27日中午时分，纳斯达克综合指数给当前行情创了新低，同时，也跌破了当日早些时候形成的位于3530—3535的支撑水平。于是，熊方夺得了控制权。但是在13∶00，先出现一个小实体，接着下一个时段是长长的白色蜡烛线，组成了启明星形态。请注意，三个实

图 5.6 纳斯达克综合指数——15 分钟蜡烛线图（启明星形态）

体两两接触（具体说来，第二根蜡烛线的开市价与第一根的收市价相同；第三根的开市价与第二根的收市价相同）。因为这是一张日内图表，彼此之间的开市价与收市价差异通常微不足道，但我仍然认为这是一个有效的启明星形态。由于本形态第三根蜡烛线既完成了形态，又推升指数重回先前被跌破的3530的支撑水平之上，给本形态增添了更高的可信度。当市场创新低在先，但空头无力维持新低，这常常意味着行情反转。

黄昏星形态

黄昏星是启明星的反面对等形态，在顶部，是看跌的。它的名称由来也是显而易见的，因为黄昏星（太白星）恰好出现在夜幕即将降临之际。既然黄昏星是顶部反转形态，那么，就应当出现在上升趋势之后，才能发挥其技术效力。黄昏星形态是由三根蜡烛线组成的（如图5.7所示）。在前两根蜡烛线中，前一根是长长的白色实体，后一根是星线。星线的出现，是顶部形态的第一个征兆。第三根蜡烛线证实了顶部过程的发生，完成了属于三线形态的黄昏星形态。第三根蜡烛线具有黑色实体，它剧烈地向下扎入第一天的白色实体内部。我喜欢把黄昏星比喻为交通指挥信号灯。交通信号灯从绿色（对应于坚挺的白色实体）变成黄色（对应于星线的警告信号），再从黄色变成红色（对应于黑色实体，证实先前的上升趋势已告结束）。

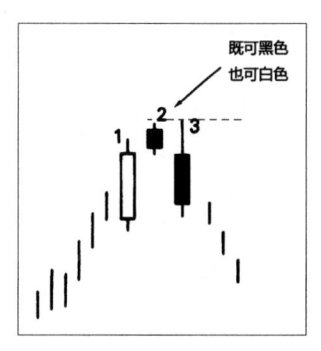

图 5.7 黄昏星形态

原则上说，在黄昏星形态中，首先在第一根实体与第二根实体之间，应当形成价格跳空；然后在第二根实体与第三根实体之间，再形成另一个价格跳空。但是，正如前面关于启明星的部分曾经详细介绍的那样，上述第二个价格跳空并不常见，而且对本形态的成功来说可有可无，不是必要条件。本形态的关键之处在于第三天的黑色实体向下穿入第一天的白色实体的深浅程度。

图5.7乍一看去，像是西方技术分析理论中的岛形顶部反转形态。但仔细分析一下就会发现，这个黄昏星形态所提供的反转信号，岛形顶部反转形态是无法提供的（参见图5.8）。在岛形顶部反转形态中，交易时段2的最低点必须同时居于交易时段1和交易时段3的最高点之上。然而，在黄昏星形态中，仅仅是实体2的低点高于实体1的高点，就可以构成反转信号了。

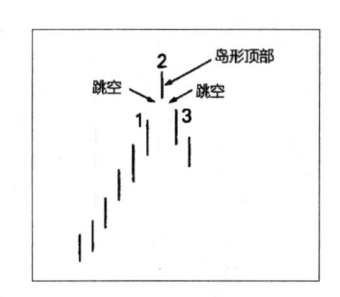

图 5.8 西方的岛形顶部反转形态

下面列了一些参考因素，如果黄昏星形态兼具这样的特征，则有助于增加它们构成反转信号的机会。这些因素包括：

1.如果第一根与第二根蜡烛线，第二根与第三根蜡烛线的实体之间不存在重叠。

2.如果第三根蜡烛线的收市价向下深深扎入第一根蜡烛线的实体内部。

3.如果第一根蜡烛线的交易量较小，而第三根蜡烛线的交易量较大。这表明之前趋势的驱动力正在减弱，新趋势方向的驱动力正在加强。

　　黄昏星形态的最高点构成阻挡水平，在图5.7中用虚线做了标记。

　　请看图5.9，1月初形成了一个经典的黄昏星形态。该黄昏星形态具备理想的先决条件，即蜡烛线1和2，2和3的实体互不重叠。单独观察其星线部分（就是黄昏星形态的第二根蜡烛线），这是一根上吊线，且它的下一日发出了看跌验证信号。从该黄昏星形态开始形成的下跌行情持续到一周之后的A处告终，接近1210。从A处开始的上冲行情一周后遭遇该黄昏星形态构成的阻挡区域，于是犹豫起来，形成了一个十字星。这个十字星暗示了该轮上冲行情已经耗尽能量。（第八章将讨论十字星。）

　　2月的第一周，市场再次上冲到该阻挡水平，在B处形成了一个看跌吞没形态。之所以提起该看跌吞没形态，目的在于强调借助趋势来判别蜡烛图形态的重要性。前文曾经介绍，在看跌吞没形态中，一根黑色实体吞没了一根白色实体。A处

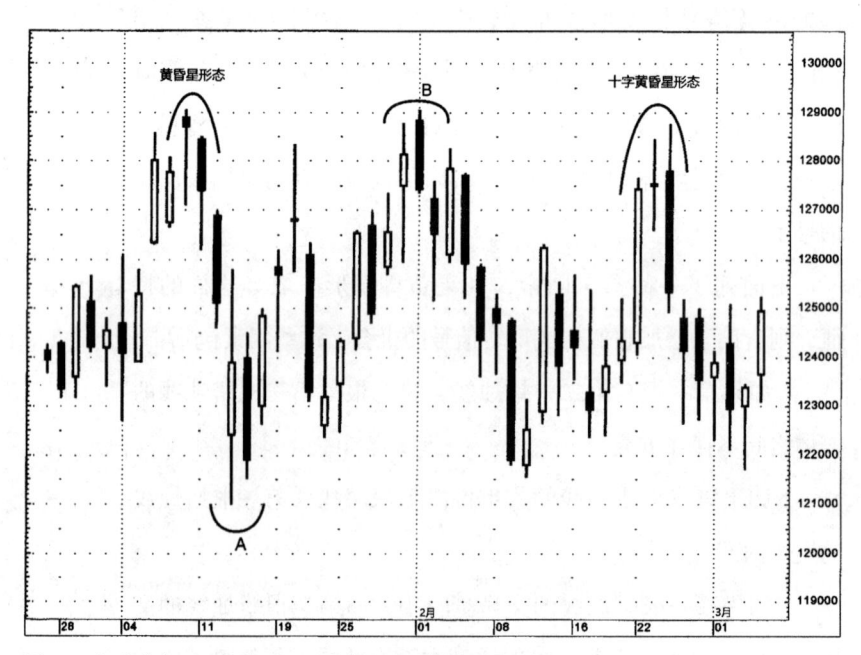

图5.9　标准普尔500指数——日蜡烛线图（黄昏星形态）

有一根黑色实体，包裹了前一根白色实体。这是不是一个看跌吞没形态呢？不是，因为它出现在一轮下降行情之后。看跌吞没形态作为顶部反转信号，必须之前存在上升行情才谈得上反转。因此，我认定B处的是看跌吞没形态，而A处的则不是。

2月下旬，再次出现一个十字星，反映了在上述黄昏星形态构成的阻挡水平处市场持续出货。在这个十字星之后有一根长长的黑色蜡烛线，组成了另一个黄昏星形态。本黄昏星形态的第二根蜡烛线是一个十字星，而不是纺锤线。这属于特殊类型的黄昏星形态，称为"十字黄昏星形态"，本节后面再来讨论。第二个黄昏星形态是第二根与第三根蜡烛线相互重叠的实例。根据我的经验，这种情况无损于本形态的效力，与那些蜡烛线1和2、2和3概不重叠的更经典形态相比并不逊色。

有些蜡烛图形态对交易者具有挑战性，具体说来，当形态完成时，市场或许已经明显离开其高点或低点了。在黄昏星形态中，因为必须等待一根长长的黑色实体来完成形态，可能是在市场已经向下转折许久之后，它才发出反转信号。我们借图5.10来观察这个方面。

历史小知识

黄昏星形态和启明星形态的全称，分别是"三川黄昏星"形态和"三川启明星"形态。起初我以为，所谓"三川黄昏星"或"三川启明星"，是因为在这两种形态中都包含了三条蜡烛线——"三川"指的就是这三根蜡烛线。后来我发现，上述名称的起源实际上有趣得多了。

织田信长是日本16世纪末期一位重要的军事将领，也是统一日本的三位军事领袖之一（参见第二章）。他曾经在日本的一个十分肥沃的稻米主产区指挥过一场决定性的战役。因为大

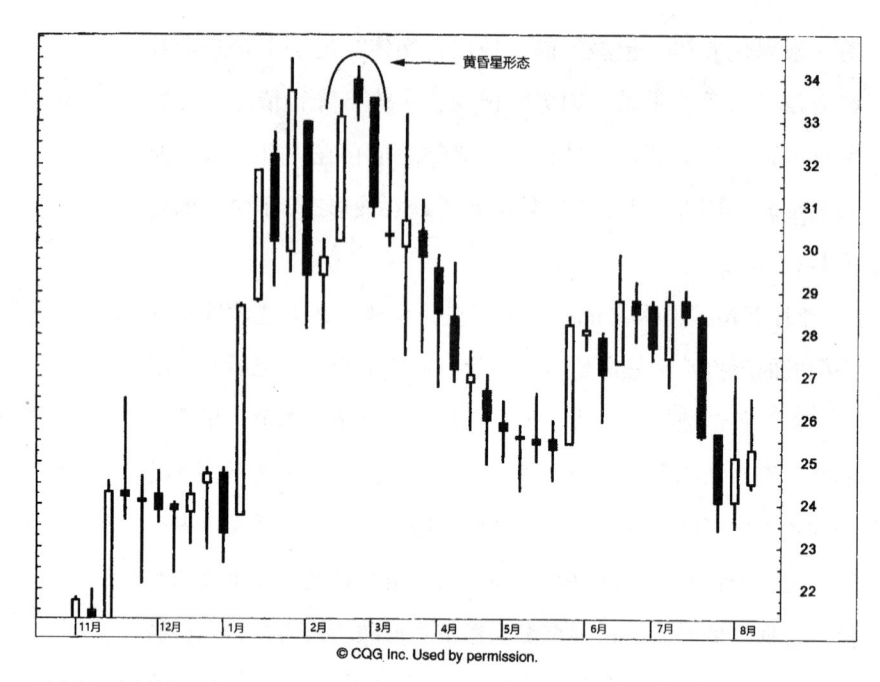

图5.10 罗杰通讯（Roger Communications）——周蜡烛线图（黄昏星形态）

米是财力的标志，所以他的对手拼死抵抗、寸土不让，而织田信长同样决心不惜代价，拿下这块战略要地。在这片富饶的稻米土地上，有三条重要的河流。在这三条河流上，守方设置了重兵，因此织田信长在渡河时遭遇了极大的困难。最终，织田信长的部队还是强渡了这三条河流，因此也赢得了胜利。由此可见，在三川启明星和三川黄昏星中，"三川"有两层意义。一层含义是，一旦这两类形态形成，就构成一道难以克服的屏障。也就是说，看涨的三川启明星形态应该成为重要的支撑水平，而看跌的三川黄昏星形态则构成了关键的阻挡水平。另一层含义是，虽然挑战巨大，一旦挑战者突破了"三川"的险阻，其胜利也就唾手可得了。换句话说，当市场收市于黄昏星形态的阻挡水平之上（或启明星形态的支撑水平之下），便证明需求（或供给）方的军队已经夺取了战场的主动权。

正如本图所示，本轮行情的高点接近34美元。当黄昏星形态完成时，其第三根蜡烛线的收市价接近31美元。如此一来，如果交易者根据黄昏星形态的信号在31美元卖出，所承受的风险是31美元到黄昏星形态最高点34美元的距离。如果交易者的价格目标是3美元风险值的许多倍，那么这个风险并不是问题。只有在这样的前提下，这里才能成为风险报偿比具有吸引力的交易机会。

如果3美元的风险值过大，交易者可以等待行情反弹，利用市场接近该黄昏星形态顶部阻挡区域的机会交易（当然，不保证一定会发生反弹行情），从而改进其风险报偿比。在本例中，在黄昏星形态之后的两个时段内，得到了幅度为2美元的反弹行情，将股价带到了非常接近关键阻挡水平的34美元的位置。在这之后，股价重新开始下降，一直持续到4—5月的价格区间。一系列蜡烛线实体一蟹不如一蟹地不断收缩，预示着市场转折的机会增加了。

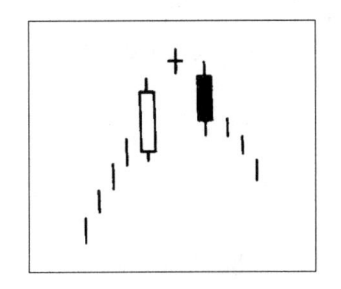

图 5.11　十字黄昏星形态

十字启明星形态和十字黄昏星形态

在常规的黄昏星形态中，第二根蜡烛线具有较小的实体，如果不是较小的实体，而是一个十字线，则称为**十字黄昏星形态**（如图5.11所示）。十字黄昏星形态是常规黄昏星形态的一种特殊形式。我们在图5.9中曾经见过一例这类形态。

在启明星形态中，如果其星线（即三根蜡烛线中的第二根蜡烛线）是一个十字线，则成为**十字启明星形态**（如图5.12所示）。这一类启明星形态能构成有意义的市场底部过程。

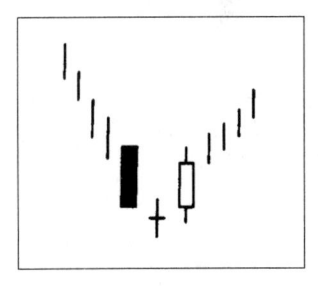

图 5.12　十字启明星形态

在十字黄昏星形态中，如果十字线的下影线既不与第一根蜡烛线的上影线重叠，也不与第三根蜡烛线的上影线重叠（即影线之间不相接触），这条十字线就构成了一个主要顶部反转信号，称为**弃婴顶部形态**（如图5.13所示）。这种形态非常

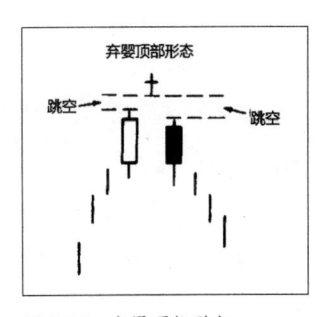

图 5.13　弃婴顶部形态

罕见！

在与上述形态对等的底部反转形态中，道理是一样的，只不过方向相反而已。具体说来，在下降趋势中，如果在一个十字星线的前后均发生了价格跳空（相关蜡烛线的上下影线互不接触），那么这条十字星线就构成了一个主要底部形态。人们将这种形态称为**弃婴底部形态**（如图5.14所示）。这种形态也是极为少见的！弃婴形态与西方的岛形顶部形态或岛形底部形态类似，不过其中的孤岛还应当是一根十字线，不难想象，这样的情形何其稀罕。

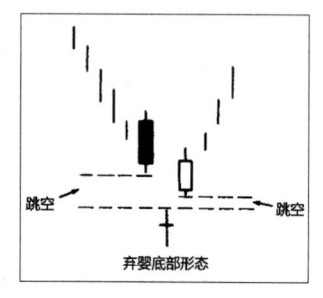

图 5.14 弃婴底部形态

在图5.15中，因为启明星形态中间那根蜡烛线为十字线，成为十字启明星形态的一个实例。从本例可以看到，第三根蜡烛线的实体与第二根线（即十字线）的实体稍有重叠。随该十字启明星形态而来的上升行情后来形成了一溜纺锤线（也就是小实体蜡烛线），渐而丧失驱动力。在这种情形下，与传统的启明星形态一样，十字启明星形态的最低点（本图中92美元附近）构成支撑水平，在行情回落时可望发挥底部支撑作用。这正是10月中旬发生的情形，该十字启明星形态坚守阵地，起到了支撑作用。该启明星形态的十字线带有长长的上、下影线。这一特征进一步反映出市场正在丧失之前的方向性倾向（在本例中就是下降倾向）。这根十字线称为**长腿十字线**，第八章再来讨论。

在图5.16中展示了一例十字黄昏星形态。在理想情况下，我希望看到该形态最后那根黑色蜡烛线的收市价更大程度地扎入第一个时段的白色实体内部。可是，这里有特别之处。首先，该形态发生在成百的整数大点位上，400美元处（按照市场惯例，成百的整数大点位有可能成为支撑或阻挡水平）；其次，之后的几天内，市场未能推升到该形态构成的阻挡区域之上（表现在带有长上影线的蜡烛线上）。这两点有助于支持这就是一个十字黄昏星形态的判断。在随后的几周里，400美元的水平始终构成行情上方的障碍，而11月30日的长黑色实体形成

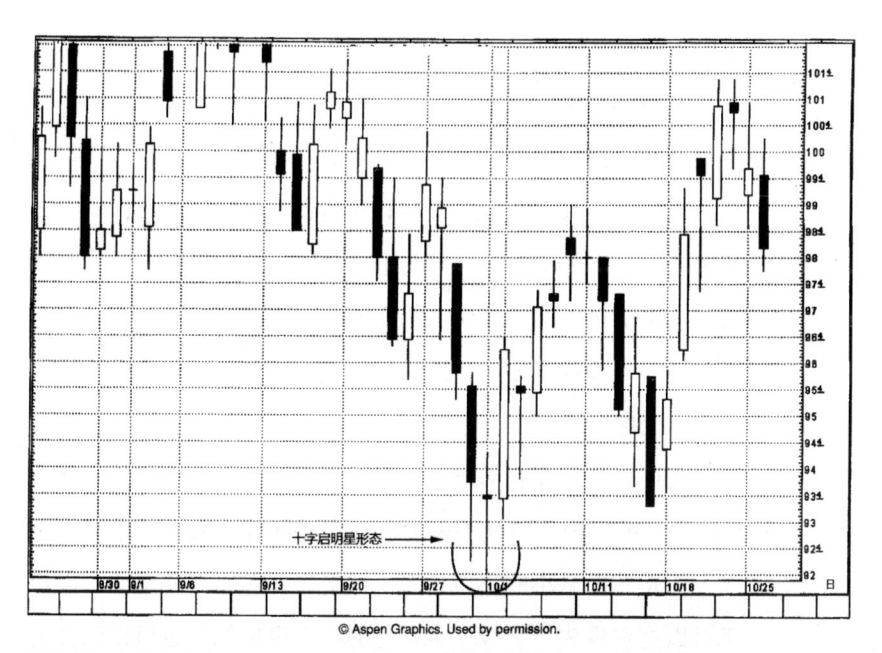

图 5.15 宝洁公司（Procter & Gamble）——日蜡烛线图（十字启明星形态）

图 5.16 药品指数——日蜡烛线图（十字黄昏星形态）

了一个看跌吞没形态，终于带来"致命的一击"。

在图5.17中，2月下旬形成了一个十字黄昏星形态。因为在十字线的前面和后面均存在价格跳空，所以这个形态属于弃婴顶部形态。不仅如此，本例还有其他令人不安之处，即第三天发生"弃婴"的地方（向下跳空）。这一动作表明，前一天市场以收市价创下的位于56美元之上的新高不可持续。多方创新高在先，失守新高于后，这种情况常常具有看跌效应。第十一章再讨论这个问题。

在理想的弃婴底部形态中，第二根蜡烛线是十字线。在图5.18中，第二根蜡烛线不是理想的弃婴底部形态所要求的十字线，而是一根微小的实体。无论如何，该实体如此细小，以至于可以把它视为十字线（本形态的第二根蜡烛线也可以归类为锤子线）。因此，这是弃婴底部形态的一种变体。从该底部反转形态开始，一轮上涨行情一直持续到一系列长长的上影线（箭头所指处），它们发出警告信号，多头现在不能完全做主

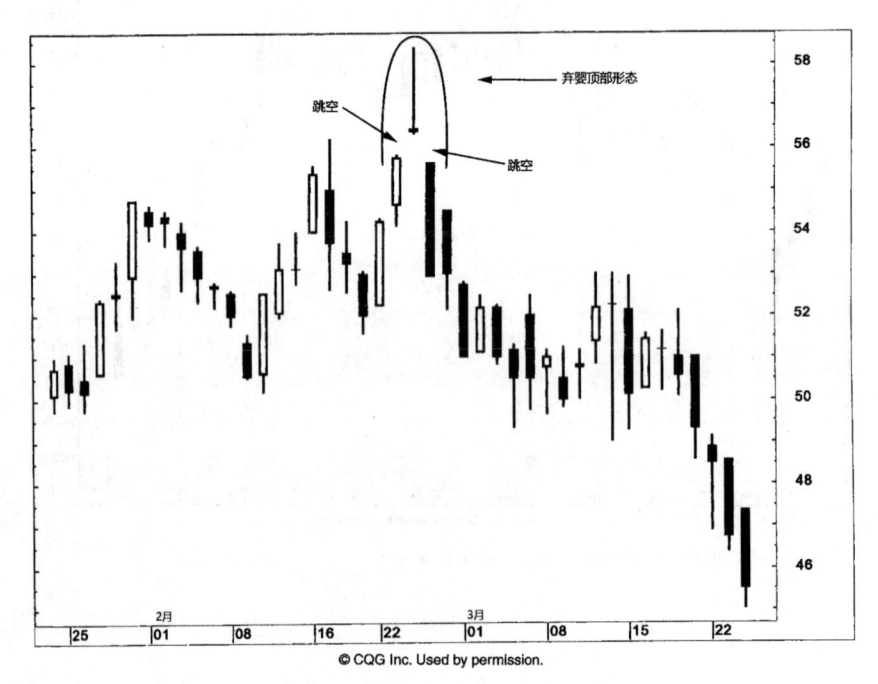

图 5.17　西维斯健康公司（CVS）——日蜡烛线图（弃婴顶部形态）

图 5.18 豆油——日蜡烛线图（弃婴底部形态）

了。这进一步增强了以下预期：市场已经碰到天花板了。4月6日和7日组成了一个看涨吞没形态，之后市场开始向上反弹。

流星形态与倒锤子形态

如图5.19所示，在**流星形态**中，**流星线**具有较小的实体，而且实体处于其价格区间的下端，同时，流星线的上影线较长。我们可以看出其名称的由来，它的外观恰如其名称，像一颗流星，带着熊熊燃烧的长尾巴划过天际。日本人贴切地描绘道，流星形态预示着前方有麻烦了。既然它只是一个时段，通常不像看跌吞没形态或黄昏星形态那样构成主要反转信号。它与上述两个形态还有一点不同，我不认为流星线构成了关键阻挡水平。

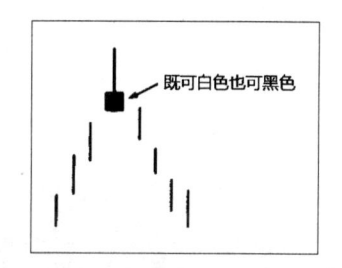

图 5.19 流星形态

与所有的星蜡烛线一样，流星线实体的颜色并不重要。流星线的形状形象地显示，当日市场开市于它的最低点附近，后来强烈地上冲，但最后却向下回落，收市于开市价附近。换句话说，这个交易时段内的上冲行情不能维持下去。

因为流星线属于看跌反转信号，它必须出现在一段上冲行情之后。在理想的流星形态中，流星线的实体与前一根蜡烛线的实体之间存在价格跳空。不过我们将从几个实例中看到，这样的价格跳空并非总是必须的。在流星形态中，没有向上跳空恰恰给它的负面意义增添了一个理由。正如第七章将介绍的，其原因在于向上跳空本身是一个正面信号。在日本术语里，向上跳空被称为"向上的窗口"。如此一来，在流星形态中没有向上跳空的情况下，我们可以更安心地判断趋势即将转入不那么牛气的状态。

在下降趋势后，如果出现了与流星线外观一致的蜡烛线，则可能构成看涨信号。这样的蜡烛线称为**倒锤子线**。本章后面的有关部分将会讨论**倒锤子形态**。

流星形态（流星线）

在图5.20中，假如不是采用蜡烛图格式，而是线图格式，那么时段A、B和C反映出的是健康的市场环境，因为每个时段都具备更高的高点、更高的低点以及更高的收市价。可是，从蜡烛图技术的角度来观察，我们从它们三者得到的是警告性的图形信号，头顶上悬着麻烦呢。具体说来，A、B和C三处看跌的上影线突出地显示该股票正处在"苦恼的上涨"过程中（日本人就是这么说的）。在时段C，关于顶部反转的最终验证信号来了，这是一根流星线。或许您注意到，墓碑十字线（第八章将讨论）的外形与流星线看起来相像。墓碑十字线是流星线的特殊形式。流星线具备小实体，而墓碑十字线——作为一个十字线——没有实体。因此，墓碑十字线比流星线来得更疲软。

在图5.21中，出现了一系列流星形态，其中第一根流星线

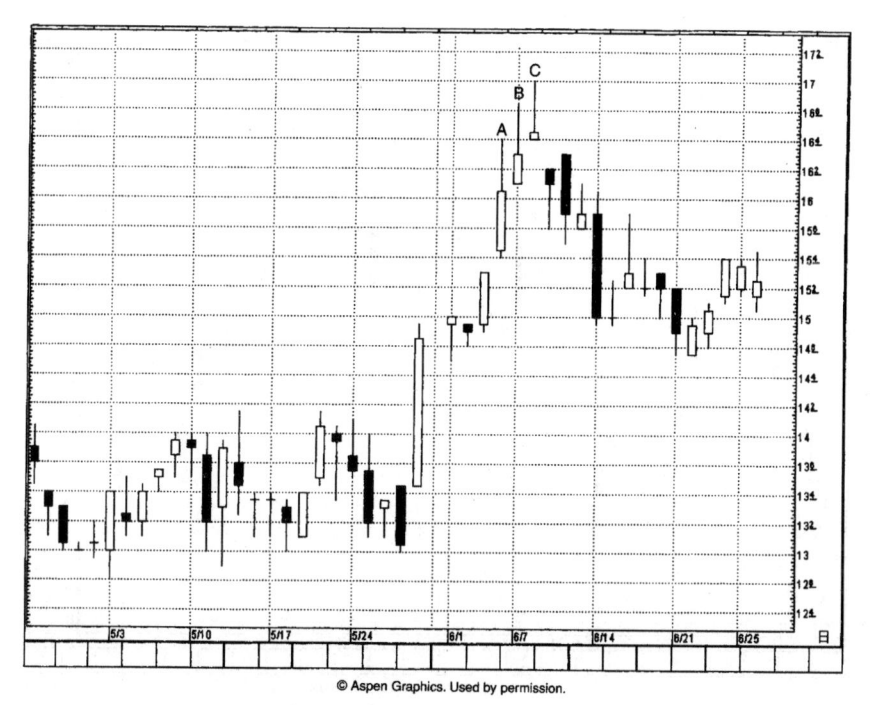

图 5.20 Mail Well——日蜡烛线图（流星线）

发生在3月10日，位于34.50美元。几周后，三根前后相续的流星线出现在同一个水平上，34.50美元。这就告诉我们，虽然多头每一次都有力气把股票推升到34.50美元，但是这些都是日内新高，多头甚至不能把日内新高维持到收市时。换言之，这些流星线发出视觉信号，揭示市场正在排斥更高的价位。正如本例所示，一旦我们在同一个价格水平得到了一个又一个信号，自然增加了这个阻挡区域的分量。在本例中，几条流星线在同一个水平相互验证，极大地提升了此处形成行情反转的可能性。当然，如果多头有足够的力量以收市价向上突破一众流星线的高点，那么任何看跌观点都需要重新推敲了。

在图5.22中，8月22日上午一根流星线再度强调304美元左右存在麻烦，因为在连续多个时段中这已经是第三次冲高回落了。紧接着在流星线之后的30分钟的时段提供了行情见顶的更

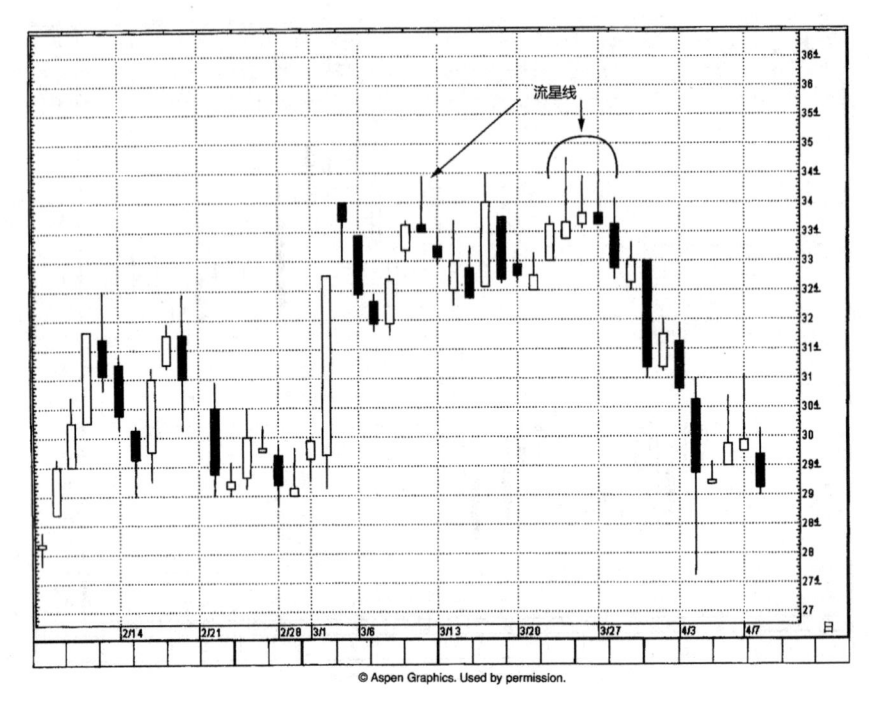

图 5.21 巴西银行联盟——日蜡烛线图（流星线）

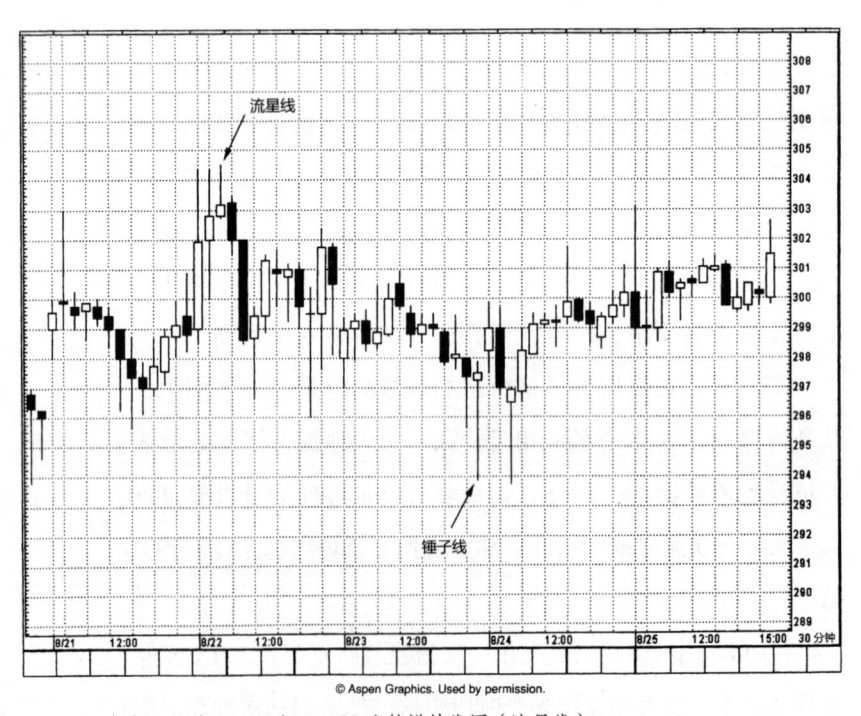

图 5.22 康宁公司（Corning）——30 分钟蜡烛线图（流星线）

多证据，因为它产生了一个看跌吞没形态。后来，康宁公司在一个箱体区间中安顿下来，区间底部由8月23日位于294美元的锤子线界定（次日上午，通过另一个锤子线表明，该底部防守成功）。从第二个锤子线的294美元开始形成上冲行情，之后在304美元附近遭遇该流星线的阻挡作用。

倒锤子形态（倒锤子线）

虽然倒锤子线不属于星线形态，但是因为它的外形与流星线相像，所以我们把它放在这个部分来讨论。如图5.23所示，**倒锤子线**看上去与流星线颇为相像，它也有较长的上影线和较小的实体，并且实体居于整个价格范围的下端。两者之间唯一不同的是，倒锤子线出现在下降行情之后。结果，流星线是一根顶部反转蜡烛线，而倒锤子线却是一根底部反转蜡烛线。倒锤子线实体的颜色无关紧要。同一种形状的蜡烛线既可以是看涨的，也可以是看跌的，取决于在其出现之前的趋势方向，在这个概念上，倒锤子线和流星线是一对，锤子线和上吊线是一对（参见第四章）。

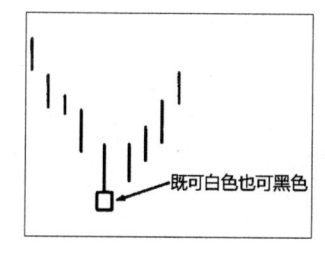

图 5.23 倒锤子线

正如上吊线需要其他看跌信号的验证，倒锤子线也需要其他看涨信号的验证。验证信号既可以是次日开市价高于倒锤子线的实体，也可以是次日收市价高于倒锤子线的实体，尤其是后者更为有力。

之所以倒锤子线需要看涨信号的验证，是因为它的长上影线给倒锤子线涂上了一层疲软的色彩。也就是说，在倒锤子蜡烛线当日，市场的开市价位于当日最低价处，或者接近最低价。后来市场上涨了，但是多头无力将上涨行情维持下去。最后，市场收市于当日最低价，或者在最低价的附近。为什么这样的蜡烛线竟然是潜在的看涨反转信号呢？其解答必须从后一天的行情中寻找。如果后一天市场开市于倒锤子线的实体之上，特别是收市于倒锤子线的实体之上，则意味着凡是在倒锤子线当日开市和收市时卖出做空的人现在通通处于亏损状态。市场维持在倒锤子线实体之上的时间愈久，则上述空头止损出市的可能性愈大。在这种情况下，首先可能引发空头平仓上涨行情，空头平仓上涨行情进而可能促使企图抄底做多的人跟风买入。这个过程自我循环，螺旋上升，结果就可能形成一段上冲行情。

在图5.24中，5月24日的一根锤子线在76美元构成了支撑水平。次日，形成了一个倒锤子线。它为当前市场变动创下了收市价的新低，如此一来，它就延续了原来向下的短期趋势方向。无论如何，锤子线的支撑水平依然保持完好。5月26日的收市价起到了一石二鸟的作用：首先，它再次确认了锤子线的支撑作用；其次，它为倒锤子线提供了验证信号，因为它的收市价高于倒锤子线的实体。如果对76美元的支撑水平还要求进一步的看涨验证信号，那么6月2日又来了另一个锤子线。

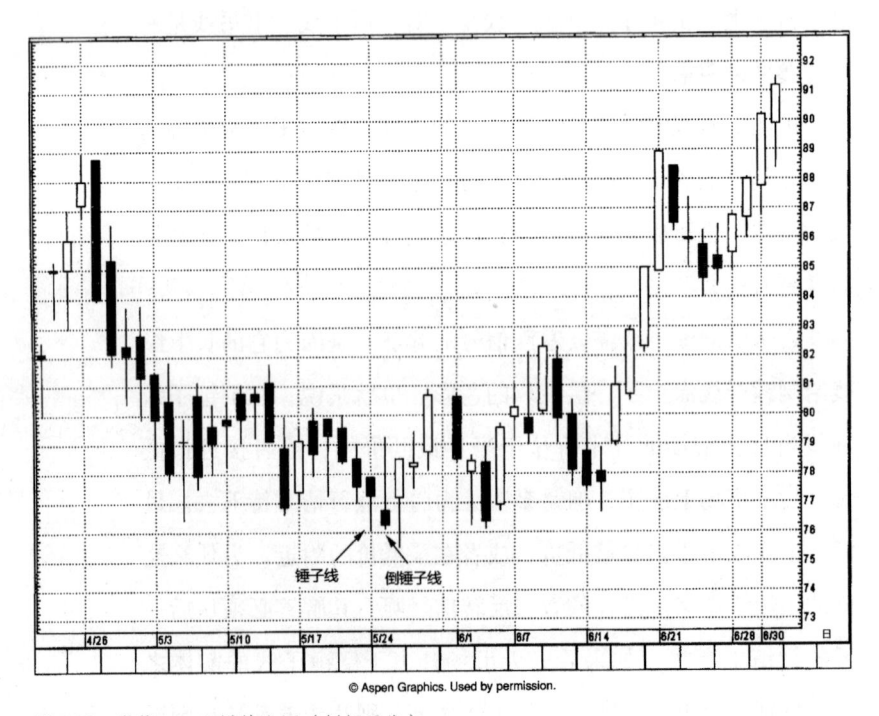

图 5.24 微软——日蜡烛线图（倒锤子线）

在图5.25中，6月中旬出现了一个看跌吞没形态，几天后演变为一个阻挡水平。市场从接近82美元的阻挡水平开始下降，遇到一根倒锤子线后方告终。倒锤子线的次日，开市价高于倒锤子线的实体，尤其是当日收市价高于倒锤子线的实体，构成了验证信号。从倒锤子线开始，行情上冲，一直持续到7月12日所在的一周。此时，出现了一根流星线，表明那个看跌吞没形态所形成的阻挡水平依然起作用。

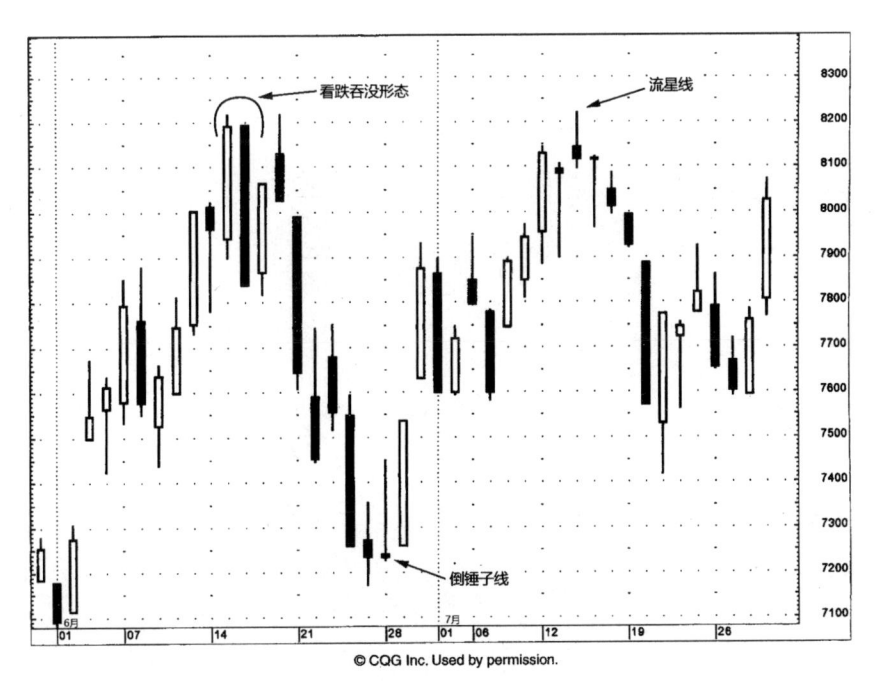

图 5.25 油服指数——日蜡烛线图（倒锤子线）

第六章　其他反转形态

"欲盖弥彰"

相比较而言，我们在第四章和第五章中所介绍的反转形态都是较强的反转信号。一旦它们出现，就表明多头已经从空头手中夺过了大权（比如说看涨吞没形态、启明星形态，或者刺透形态等），或者空头已经从多头手中抢回了主动权（比如说看跌吞没形态、黄昏星形态，或者乌云盖顶形态等）。本章要讨论更多的反转形态。其中一部分形态通常——但并不总是——构成反转信号，因此，它们是较弱的反转信号。这些形态包括**孕线形态**、**平头顶部形态**、**平头底部形态**、**捉腰带蜡烛线**、**向上跳空两只乌鸦**、**反击蜡烛线**等。此外，本章还要探讨一些强烈的反转信号，包括三只乌鸦、三山形态、三川形态、圆形顶、圆形底、塔形顶和塔形底。

孕线形态

纺锤线（即小实体的蜡烛线）是特定蜡烛线形态的组成部分。孕线形态就是这些形态中的一个例子（星线也是一个例子，这在第五章已有探讨）。如图6.1所示即**孕线形态**，其中后面一根蜡烛线的实体较小，并且被前一根的实体包进去了，日本人描述前一根蜡烛线为"非常长的黑色实体或白色实体"。本形态的名字来自一个古老的日本名词，意思就是"怀孕"。在本形态中，长的蜡烛线是"母"蜡烛线，而小的蜡烛线则是"子"或"胎"蜡烛线。孕线形态的第二根线既可以是白色的，也可以是黑色的。举例来说，如果孕线形态的第一根和第二根蜡烛线都是白色的，便称之为"白-白孕线"形态。

当遇到孕线形态时，日本人会说，市场"上气不接下气"了。孕线形态揭示了市场在本形态出现前后健康状况的明显反差。在牛市行情中，孕线形态的前一个长长的白色实体表现出市场本来充满了活力，但是后一个小小的实体却反映出市场犹疑不定。不仅如此，小实体的开市价和收市价都收缩到前一根蜡烛线的开市价到收市价的范围内，从另一个侧面表明牛方向上的推动力正在衰退。由此看来，有可能发生趋势反转。在熊市行情中，孕线形态的前一个长长的黑色蜡烛线反映了沉重的抛售压力，但是，随后的小实体却表明市场踌躇不前。第二天的小实体是个警告信号，说明熊方的力量正在减弱，因此本形态可能构成趋势反转信号。于是，有可能发生趋势反转。

孕线形态与吞没形态相比，两根蜡烛线的顺序恰好颠倒过来。在孕线形态中，前一个是非常长的实体，它将后一个小实体包起来。而在吞没形态中，后面是一根长长的实体，它将前一个小实体覆盖进去了。

孕线形态与吞没形态的另一个区别是，在吞没形态中，两根蜡烛线实体的颜色应当互不相同。而在孕线形态中，这一点倒不是必要条件。无论如何，最终您会发现，在绝大多数情况

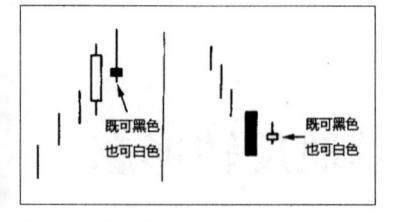

图 6.1 孕线形态

下，孕线形态的两个实体的颜色也是不同的。

孕线形态与西方技术分析理论中的**收缩日**概念有相似之处。按照西方的理论，如果某日的最高价和最低价均居于前一日价格区间的内部，则这一天就是一个收缩日（如图6.2所示）。但是，孕线形态并没有如此严格的要求。对孕线形态来说，所要求的全部条件是，第二个实体居于第一个实体内部，即使第二根蜡烛线的影线超越了第一根线的高点或低点也无所谓。请注意图6.1中左半部分看跌孕线形态的图例。其中第二个时段的上影线向上超越了第一个时段的白色实体。这依然属于孕线形态，因为第二个时段的实体被包含在第一个实体之内。

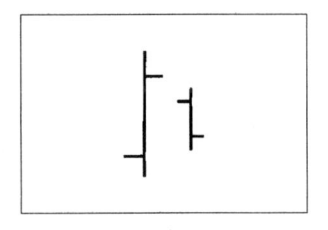

图 6.2 收缩日形态

十字孕线形态

在常规的孕线形态中，前一根为高高的实体，后一根为小小的实体。不过，到底什么样的蜡烛线算得上"小"实体，并无一定之规。这一点与其他许多图表分析技术一样，具有主观性。作为一条普遍的经验，在孕线形态中，第二根实体越小，则整个形态越有力量。这条经验通常都是成立的，因为第二个实体越小，市场的矛盾心态就越甚，所以越有可能形成趋势的反转。在极端情况下，随着第二根蜡烛线的开市价与收市价之间的距离的收窄，其实体便越来越小，最后就形成了一根十字线。在下降行情中，前面是一根长黑色实体（或者在上涨行情中前面是一根高高的白色实体），后面紧接着一根十字线，构成了一类特殊的孕线形态，**十字孕线形态**（图6.3）。

因为十字孕线形态包含了一根十字蜡烛线，所以这类形态的技术意义比常规孕线形态更强，被视为更有效的反转信号。十字孕线形态有时也称为**呆滞形态**。之所以它有这么个诨名，我最好的猜测是，它表示之前的趋势被冻结了或者被吓呆了，

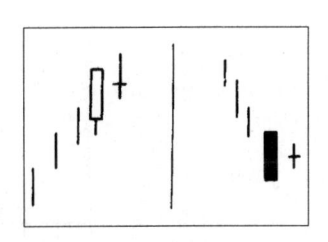

图 6.3 十字孕线形态

为趋势反转做好了准备。一旦在一根很长的白色蜡烛线之后出现了一根十字蜡烛线，如果多头交易商对这个形态视而不见的话，他就把自己推到了危险的境地。十字孕线形态也可能引发底部过程，不过，当这类形态出现在市场顶部时更有效力。

如图6.4所示，从10月26日开始，出现了一轮敏捷的上冲行情。10月31日，这轮上冲行情的第三根白色蜡烛线将指数推升到10月23日—24日的看跌吞没形态（B处）形成的阻挡水平之上。然而，无论什么原因导致多头在10月31日的乐观态度都是昙花一现，因为11月1日的蜡烛线随即完成了一个孕线形态。这个蜡烛线的实体如此短，以至于可以把上述形态归结为十字孕线形态。十字孕线形态之后出现了一系列纺锤线，进一步加强了如下结论，趋势已经从上升转为中性。11月8日，长长的黑色蜡烛线完成了一个塔形顶部形态（本章后文将讨论）。

图6.4 标准普尔500指数——日蜡烛线图（孕线形态）

在图6.5中，从上吊线开始出现了一轮跌落行情，终于在11月4日—5日通过一个孕线形态探得底部。孕线形态的第二根实体很短，因此我把它视为一根十字线。于是，这是一个十字孕线形态。这个形态尤其有意义，原因在于它的出现有助于清晰地验证位于61美元的先前定义的支撑水平（图中用水平直线标注）。如果这是一张线图，那么基于贯穿9月份始终的行情，我们也将得到同一个支撑水平。虽然我们采用的是蜡烛线图，依然可以，也应该用传统的线图支撑水平或阻挡水平。由此，这里有一个东方技术信号（孕线形态）验证了传统的西方技术信号（支撑水平线）。

在本图中，更早些的9月29日和30日组成了另一个十字孕线形态。随着这个孕线形态的出现，短线趋势从上升转为横向延伸。这个形态强调了一个要点——在第四章的引言部分曾有介绍：当趋势发生变化时，并不意味着行情必将从上升转为下

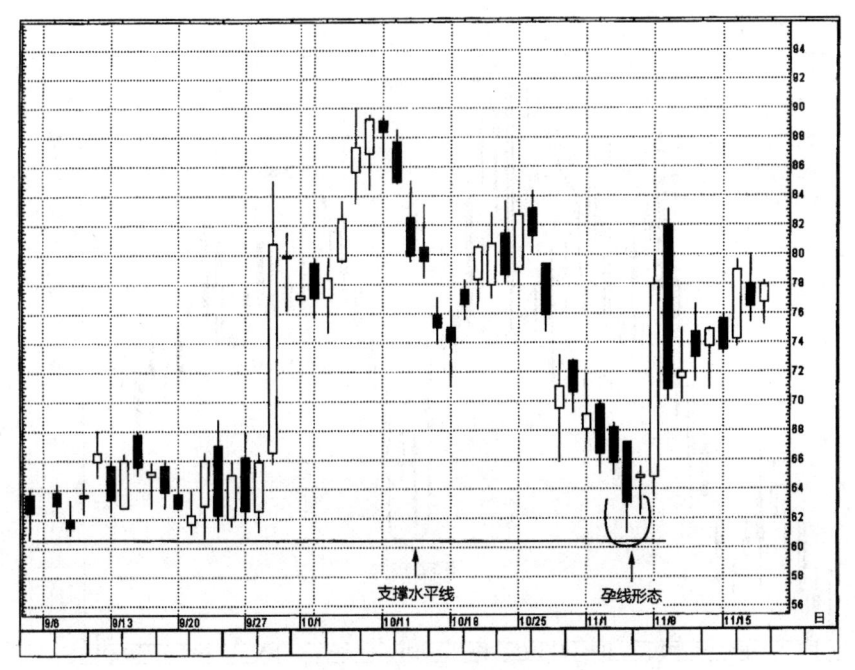

图6.5 亚马逊（Amazon）——日蜡烛线图（十字孕线形态）

降，或者从下降转为上升。在本图所示的两例孕线形态中，在前者出现后，原来的上升趋势并没有改变。具体说来，在11月的孕线形态出现后，趋势从下降转为上升，而在9月的孕线形态出现后，趋势从上升转为中性。在上述意义上，两个孕线形态都正确地预告了趋势的转变。

在市场上，我们都是侦探，力图从市场持续不断地显现的各种蛛丝马迹中察觉有用的线索。随着谜团被不断解开，我们不得不调整自己对市场的立场。图6.6可以说明这个问题。4月19日，这只股票形成了一根延长的白色蜡烛线，推升到了阻挡水平之上。根据这一看涨突破信号，行情指针向上。次日，随着孕线形态的到来，市场背景发生了变化。虽然孕线形态并没有将短线趋势立即从上升转为下降，但是它依然足以构成警告信号。如此一来，多头就会减仓，止损指令的水平就会上调，等等。孕线形态之后的十字线（4月24日）进一步增强了如下结论，趋势已经从上升转为更加中性，因为十字线表示此时多方

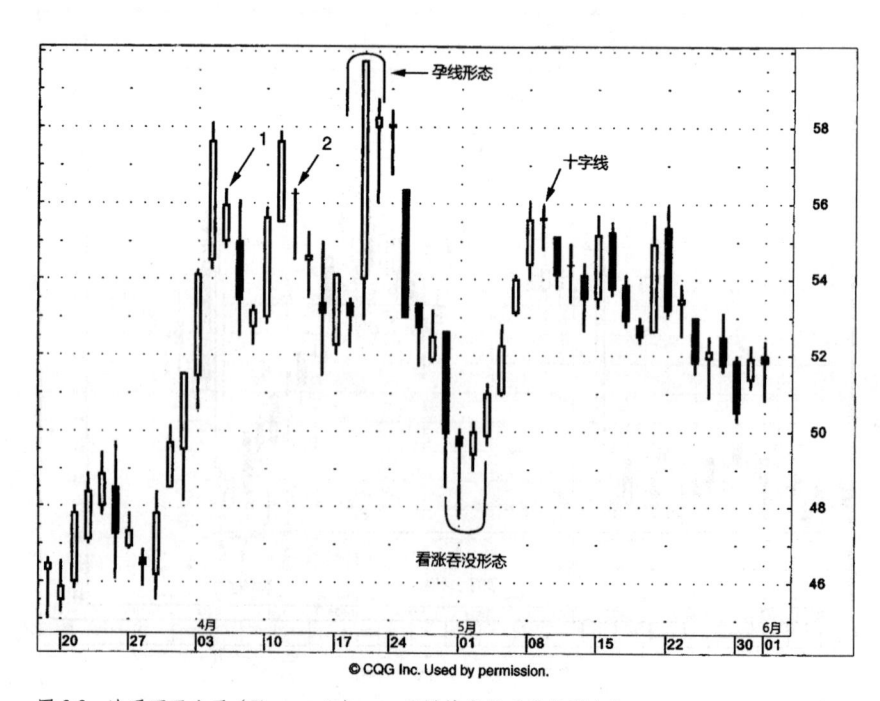

图 6.6　法玛西亚公司（Pharmacia）——日蜡烛线图（孕线形态）

和空方力量平衡。从该孕线形态开始形成下降行情，一直持续到一个看涨吞没形态（形态的第一个时段是一根锤子线）。之后，上冲行情从看涨吞没形态开始，持续到5月9日遭遇一根十字线方受到阻碍。图中标注了1和2的两根蜡烛线也都属于孕线形态。因为以2标注的蜡烛线是一根十字线，所以它形成的是十字孕线形态。

图6.7显示，我们可以轻松地将蜡烛图技术与西方图表分析技术结合在一起。连接3月15日和4月12日的高点得到了一根向上倾斜的阻挡直线。本书的第二部分（主要研究西方图表分析工具）将详细介绍，上升的阻挡直线可以构成供给区域。5月13日，市场在该直线下方冲高回落，在当日蜡烛线上留下一条看跌的上影线，且当日蜡烛线完成了一个孕线形态，由此我们得到了图形验证信号，证明此处供给压倒了需求。请观察，之前于4月12日和13日形成的波峰处，也构成一个孕线形态。标注1和2的两处锤子线是市场行情趋于稳定的信号。

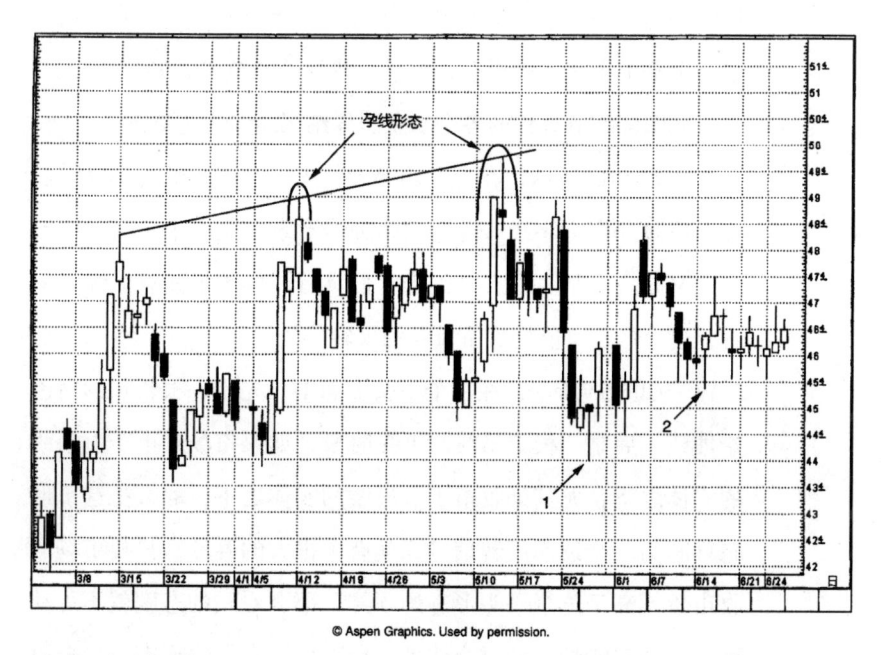

图6.7　克里斯游艇公司（Chris-Craft Industries）——日蜡烛线图（孕线形态）

平头顶部形态和平头底部形态

平头形态是由几乎具有相同水平的最高点的两根蜡烛线组成的，或者是由几乎具有相同的最低点的两根蜡烛线组成的。之所以将这种形态称为平头顶部形态和平头底部形态，是因为这些蜡烛线的端点就像镊子腿一样平齐。在上升的市场中，当几根蜡烛线的最高点的位置不相上下时，就形成了一个**平头顶部形态**。在下跌的市场中，当几根蜡烛线的最低点的位置基本一致时，就形成了一个**平头底部形态**。平头形态既可以由实体构成，也可以由影线或者十字线构成。在理想情况下，平头形态应当由前一根长实体蜡烛线与后一根小实体蜡烛线组合而成。这样就表明，无论在第一个时段市场展现了什么样的力量（如果是长白色实体，展现的便是看涨的力量；如果是长黑色实体，展现的便是看跌的力量），到了第二个时段都被瓦解了，因为第二个时段是一个小实体，且其高点与第一个时段的高点相同（在平头顶部形态中），或其低点与第一个时段的低点相同（在平头底部形态中）。如果一个看跌的（对于顶部反转）蜡烛图信号，或看涨的（对于底部反转）蜡烛图信号，同时构成了一个平头形态，该形态就多了一些额外的技术分量。

从图6.8到图6.13的各个示意图详细揭示了上述概念。

- 如图6.8所示，在上升趋势中，先是一根长长的白色蜡烛线，后是一根十字线。这个双蜡烛线形态既是一个十字孕线形态，又是一个平头形态，因为它们具有同样的最高点。综合来看，这个形态可能构成了重要的反转信号。

- 如图6.9所示，在这个平头形态中，先是一根长长的白色蜡烛线，后是一根上吊线。下一时段，如果市场开市于上吊线的实体之下，尤其是收市于上吊线的实体之下，那么把这个形态判断为一个顶部反转信号，就有了很大的胜算。只要市场的收市价不高于这个平头形态的顶部，那么看跌的态度就不可动摇。这个双蜡烛线的混合体也可以看作一个孕线形态。结合以上分析，因为这个孕线形态处于上升趋势中，所以它构成了一个顶部反转形态。

- 如图6.10所示，在这个平头顶部形态中，第二根蜡烛线同时又是一根看跌的流星线。
- 正如前文所说，在理想情况下，平头形态第二个时段不仅其高点与第一个时段的高点相同，也是一个小实体。在图6.11中，第二根蜡烛线并不是小实体。然而，这里的第二个时段完成了一个乌云盖顶形态的变体（第二天的开市价高于第一天的收市价，而不是高于第一天的最高点）。这根黑色蜡烛线在前一个时段的高点处一触即溃，之后行情回落。正因为最后这一点——两个时段的高点处在相同水平，给乌云盖顶形态的变体增添了更多的疲软味道。
- 如图6.12所示，在这里的双蜡烛线形态中，后一根为锤子线，并且它成功地向下试探了前一根长长的黑色蜡烛线的最

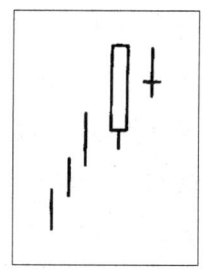

图 6.8 平头顶部形态与十字孕线形态

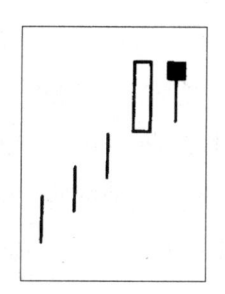

图 6.9 平头顶部形态与上吊线

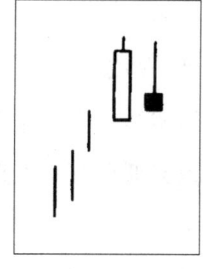

图 6.10 平头顶部形态与流星线

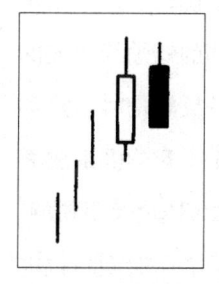

图 6.11 平头顶部形态与乌云盖顶形态

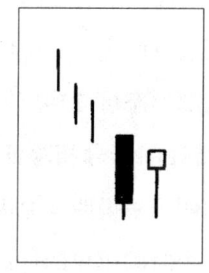

图 6.12 平头底部形态与锤子线

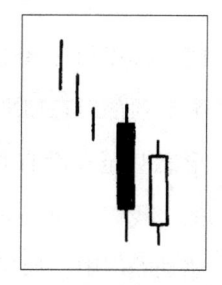

图 6.13 平头底部形态与刺透形态

低点。锤子线、市场对支撑水平的成功试探，两方面因素同时证明卖方已经丧失了对市场的控制。最后，这个双蜡烛线组合也可以视为孕线形态。这是将此处判断为一个重要支撑水平的第三条理由。

· 如图6.13所示，虽然第二根蜡烛线不是小实体，但是它的确完成了一个看涨刺透形态的变体（在理想的刺透形态中，第二天的开市价低于第一天的最低点；而这里第二天的开市价仅低于第一天的收市价）。因为这一点，我认为它同时还构成了一个平头底部形态。

上面列举的平头形态的例子并没有把所有的可能性一网打尽。我们只选择了一些具有代表意义的实例，通过它们来说明平头顶部形态和平头底部形态应当得到其他蜡烛图指标的验证，如此便能够晋升为一种很有价值的预测工具。

应当对不同时间框架下的平头形态区别对待，日蜡烛线、日内蜡烛线的短线图形不同于周蜡烛线图和月蜡烛线图等的长线图形。这是因为如果两个交易日或者两个日内时段具备相同的高点或低点，并没有什么大不了的。仅当这类形态同时具备其他蜡烛图的特征时（例如第一根蜡烛线为长实体，第二根为短实体；或者既符合其他蜡烛图形态的要领，又具备相同的高点或低点），才值得注意。由此可见，对于日线图或日内图表上的平头形态，必须牢记的一个主要方面是，在同时具备其他特定的蜡烛线组合特征的前提下，才可以根据平头形态采取行动。

对希望获得关于市场的长期看法的朋友来说，不妨选用周蜡烛线图和月蜡烛线图进行研究，其中由相邻的蜡烛线形成的平头顶部形态和平头底部形态可能构成重要的反转信号。这类形态甚至在没有其他蜡烛图信号相验证的条件下，也是成立的。我们不妨用下面的例子来说明其原因。在周蜡烛线图或月蜡烛线图中，如果前一个时间单位的低点在后一个时间单位内成功地经受了市场向下的试探，这个低点就可能构成重要的市场底部,引发上冲行情。在日蜡烛线图或日内蜡烛线图上,就不能这么说了。

如图6.14所示,这是平头底部形态的实例。请注意,平头形态的第二个实体并不处在第一个实体的范围内,如此一来,构不成孕线形态。紧随平头形态之后,6月1日是一根长白色蜡烛线;跟着是一个小实体,其高点与长白色蜡烛线差不多,接近59.50美元。于是,6月1日和2日的蜡烛线组合就可以看作平头顶部形态。但是,从总体技术图景来看,此时行情尚未过度延伸,因此不同于在超买状态下出现的平头顶部形态,这里的平头顶部形态不容易引发市场调整。退一步说,即使某人根据6月1日和2日的平头顶部形态(它也是一个孕线形态)采取行动,一旦6月3日的收市价向上超越了上述两天的最高点,该平头顶部形态任何潜在的看跌意味都不复存在了。

在图6.15中,在1、2和3处出现了一系列向下跳空(在蜡烛

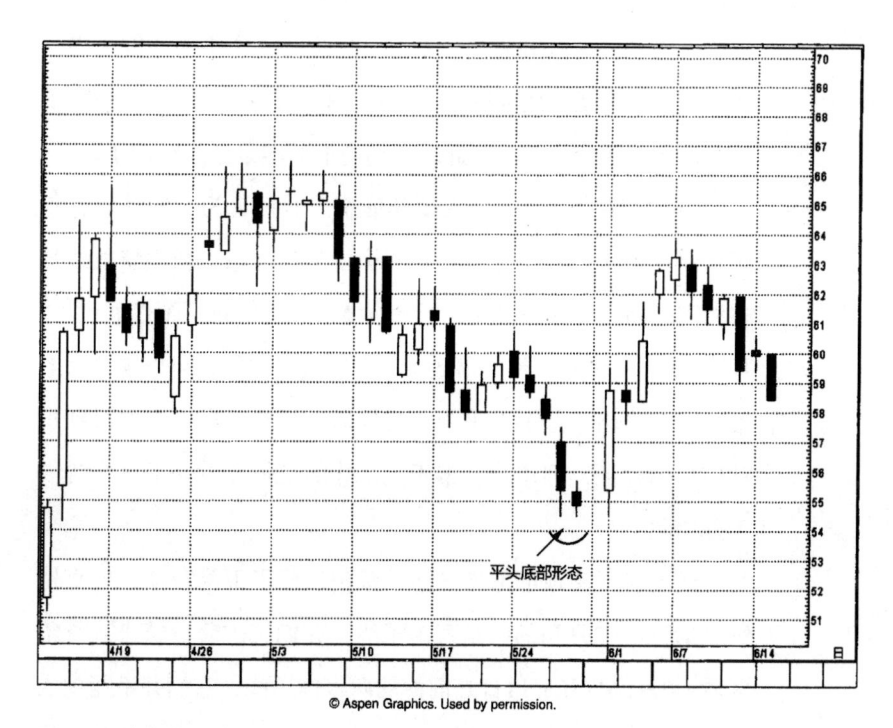

图6.14　卡特彼勒公司(Caterpillar)——日蜡烛线图(平头底部形态)

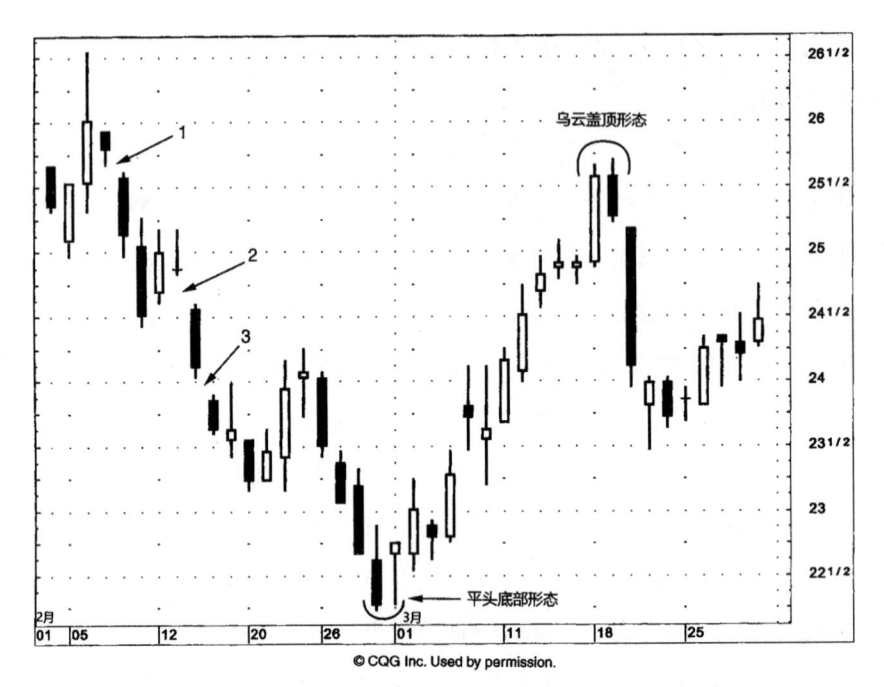

图 6.15 佐治亚－太平洋公司（Georgia-Pacific）——日蜡烛线图（平头底部形态）

图技术里，跳空被称为"窗口"。第七章详细讨论窗口），标志着下降动能正顺利施展。最终，出现了一个平头底部形态，且其中第二根蜡烛线为锤子线。3月18日所在的一周里，形成了一个乌云盖顶形态，表明此时市场向上的能量已经耗散了。

图6.16展示了一个平头顶部形态。2月2日为小实体，它不居于前一根实体范围之内，并不构成孕线形态。两根蜡烛线具有相同的高点，即55美元，因此这属于平头形态。不仅如此，2月2日的小实体是一根上吊线（其上影线足够短，可以视之为上吊线）。当然，这根上吊线（与任何上吊线一样）需要得到看跌信号的验证，即市场收市于上吊线的实体之下。下一个时段正是如此。

从上述平头顶部形态开始，戴尔形成了下降行情，一直持续到2月底—3月初的一系列锤子线，它们标志着行情进入盘整区域。2月26日和3月1日是前面的两根锤子线，它们并不能构成常规的平头底部形态。为什么？虽然两者的低点确实差不多相

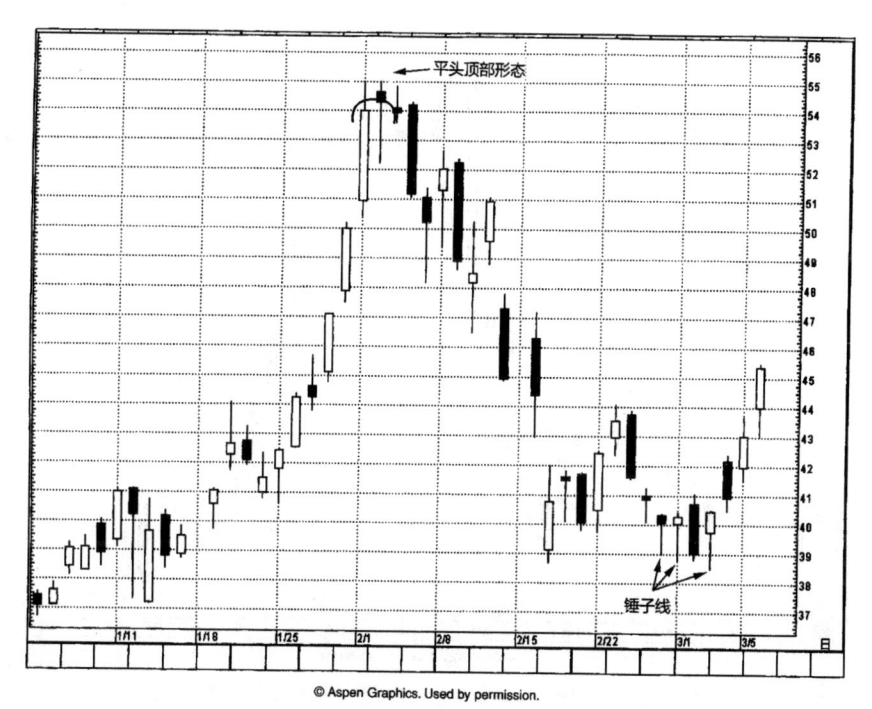

图6.16 戴尔公司（Dell）——日蜡烛线图（平头顶部形态）

同，但是两根锤子线不满足平头底部形态的一项常规要求——平头底部形态的第一根蜡烛线应为长实体。尽管2月26日和3月1日的两根锤子线不能归类为平头底部形态，但是由于两者看涨的长下影线突出显示了市场正在排斥位于39美元的低价位，我依然要强调它们的重要性。如此一来，我就把2月26日和27日的蜡烛线组合看成平头底部形态的变体。

在图6.17中，12月22日和23日的两根蜡烛线不构成乌云盖顶形态（因为黑色蜡烛线没有向下扎入长白色蜡烛线实体的中线以下），不过，它们的确足以构成平头顶部形态。尽管我认为乌云盖顶形态比平头顶部形态的信号更强（因为常规的乌云盖顶形态中后一根蜡烛线的收市价深入到前一根白色蜡烛线内部），但是这个平头顶部形态肯定也值得视为警告信号。这一点得到了下一周的几个小实体和一根十字线的呼应，它们反映出行情基调已经从看涨转为更加中性了。

图 6.17 商业银行公司（Commerce Bancorp）——日蜡烛线图（平头顶部形态）

在图6.18中，B处的看涨吞没形态为2月初开始的上冲行情奠定了基础。3月6日出现了一个向上跳空，上冲行情持续。正如第七章将要讨论的，向上跳空的下缘可能成为支撑水平。上述向上跳空的下缘接近185美元，3月8日的蜡烛线带有长长的下影线，对这个支撑水平进行了试探，后者守得非常牢靠。

3月10日，接近250美元处，是一个小实体，它与前一根蜡烛线构成孕线形态。因为组成孕线形态的这两根蜡烛线具有相同水平的高点，它们也构成了平头顶部形态。

捉腰带线

捉腰带形态是由单独一根蜡烛线构成的。<u>看涨捉腰带形态</u>是一根坚挺的白色蜡烛线，其开市价位于本时段的最低点（或

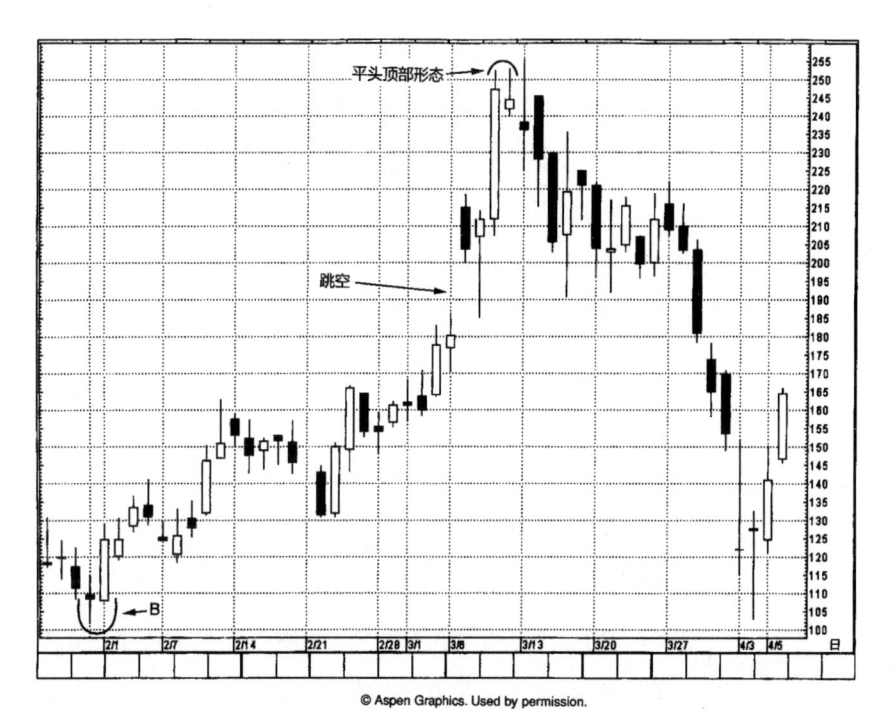

图 6.18 网络解决方案公司（Network Solutions）——日蜡烛线图（平头顶部形态）。

者，这根蜡烛线只有极短的下影线），然后市场一路上扬，收市价位于或接近本时段的最高点（如图6.19）。**看涨捉腰带线**又称为**开盘光脚阳线**。如果市场本来处于低价区域，这时出现了一根长长的看涨捉腰带线，则预示着上冲行情的到来。

看跌捉腰带形态（如图6.20所示）是一根长长的黑色蜡烛线，它的开市价位于本时段的最高点（或者距离最高价只有几个最小报价单位），然后市场一路下跌。在市场处于高价区的条件下，看跌捉腰带形态的出现，就构成了顶部反转信号。**看跌捉腰带线**有时也称为**开盘光头阴线**。

捉腰带蜡烛线的长度越长，则该形态的技术意义越重大。捉腰带形态的日文名称来自相扑运动的一个术语：yorikiri。这个术语的意思是"抓着对手的腰带，将他推出圈外"。

如果市场收市于黑色的看跌捉腰带线之上，则意味着上升趋势已经恢复。如果市场收市于白色的看涨捉腰带线之下，则

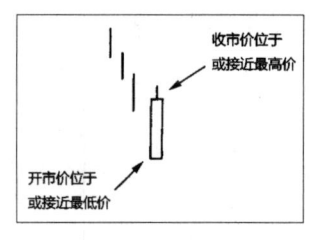

图 6.19 看涨的捉腰带线

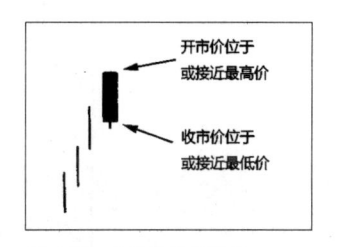

图 6.20 看跌的捉腰带线

意味着市场的抛售压力重新积聚起来了。

如果捉腰带线得到了阻挡区域的验证，或者接连出现了几根捉腰带线，或者有一阵子没有出现捉腰带线，突然来了一根，这样的捉腰带线就更加重要。在图6.21中，B处有一个看跌吞没形态，表明可能遇到麻烦了。与看跌吞没形态大致在同一个区域内，出现了双重的看跌捉腰带线，于是进一步增强了该区域为供给区的结论。虽然这里在短短一段时间里出现了许多看跌信号（看跌吞没形态、两个看跌的捉腰带线），但是并不必然预示着后来那么糟糕的情形：在第二根捉腰带线之后，市场像自由落体一样下跌。不约而同的蜡烛图信号增加了此处形成行情反转的可能性，但并不涉及之后行情的尺度。

在图6.22中，6月初出现了一个向上跳空，很快转化为支撑区域，随后在6月上半个月里多次成功地经受了试探，支撑区域得到了验证。6月13日的蜡烛线是看涨的捉腰带线。到7月底、8月初，市场再次向下试探该窗口的支撑作用，又形成了一系列

图6.21 瞻博网络公司（Juniper Networks）——5分钟蜡烛线图（看跌捉腰带线）

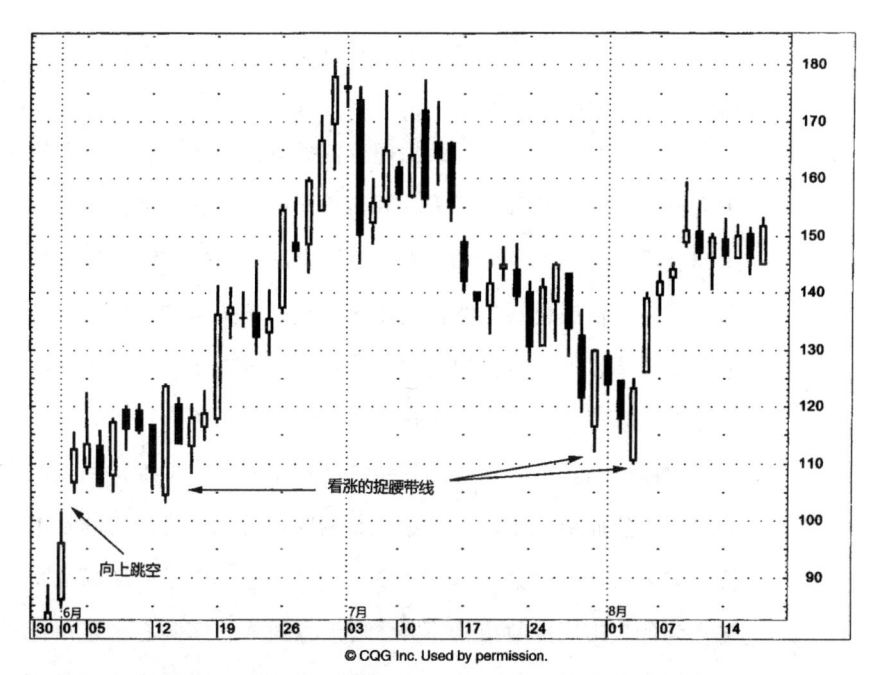

图 6.22 力博通信公司（Redback Networks）——日蜡烛线图（看涨捉腰带线）

看涨的捉腰带线。后面这两根看涨捉腰带线也分别与其前一根蜡烛线组成了两个背靠背的刺透形态。从8月初的低点开始形成上冲行情，持续到8月9日的流星线。

向上跳空两只乌鸦

如图6.23所示，为**向上跳空两只乌鸦形态**（瞧，这个名称有多拗口），它很罕见。"向上跳空"指的是图示的小黑色实体与它们之前的实体（第一个小黑色实体之前的实体，通常是一根长长的白色实体）之间的价格跳空。在图示的形态中，两个黑色的小实体自然就是"两只乌鸦"。两个黑色的小实体好像是栖立在高高的树枝上的两只乌鸦，不祥地向下凝视着。从这个形象的比喻来看，显而易见，这是一种看跌的价格形态。在理想的向上跳空两只乌鸦形态中，第二个黑色实体的开市价

图 6.23 向上跳空两只乌鸦

高于第一个黑色实体的开市价,并且它的收市价低于第一个黑色实体的收市价。

这个形态在技术上看跌的理论依据大致如下:市场本来处于上升趋势中,并且这一天的开市价同前一天的收市价相比,是向上跳空的,可是市场不能维持这个新高水平,结果当天反而形成了一根黑色蜡烛线。到此时为止,多头至少还能捞着几根救命稻草,因为这根黑色蜡烛线还能够维持在前一天的收市价之上。第三天,又为市场抹上了更深的疲软色彩:当天市场曾经再度创出新高,但是同样未能将这个新高水平维持到收市的时候。然而更糟糕的是,第三日的收市价低于第二日的收市价。如果市场果真如此坚挺,那么为什么它不能维持新高水平呢?为什么市场的收市价下降了呢?这时候,多头心中恐怕正在惴惴不安地盘算着上述两个问题。思来想去,结论往往是,市场不如他们当初指望的那样坚挺。如果次日(也就是指第四天)市场还是不能拿下前面的制高点,那么,我们可以想见,市场将会出现更低的价格。

图6.24中包含一个向上跳空两只乌鸦的实例。紧接着该形态,出现了一个很小的向下跳空,它揭示空方卷土重来。从2月20日所在的一周开始形成的一轮上冲行情,在遭遇这个跳空的阻挡作用后停步不前。

图6.25说明了把蜡烛图形态与它贴身的周边环境相结合的重要意义。7月中旬虽然出现了一个向上跳空两只乌鸦形态,但是它本身并不构成卖出信号。这是因为,正如第七章将要详细讨论的,7月17日该股票向上跳空,通常向上跳空是行情坚挺的征兆——无论是在蜡烛图上还是在线图上都是如此。因而,尽管该向上跳空两只乌鸦形态发出了警告信号,与图6.24中的向上跳空两只乌鸦形态之前没有向上跳空的情形相比,我认为它没有那样疲软。

图 6.24 德国马克——日蜡烛线图（向上跳空两只乌鸦）

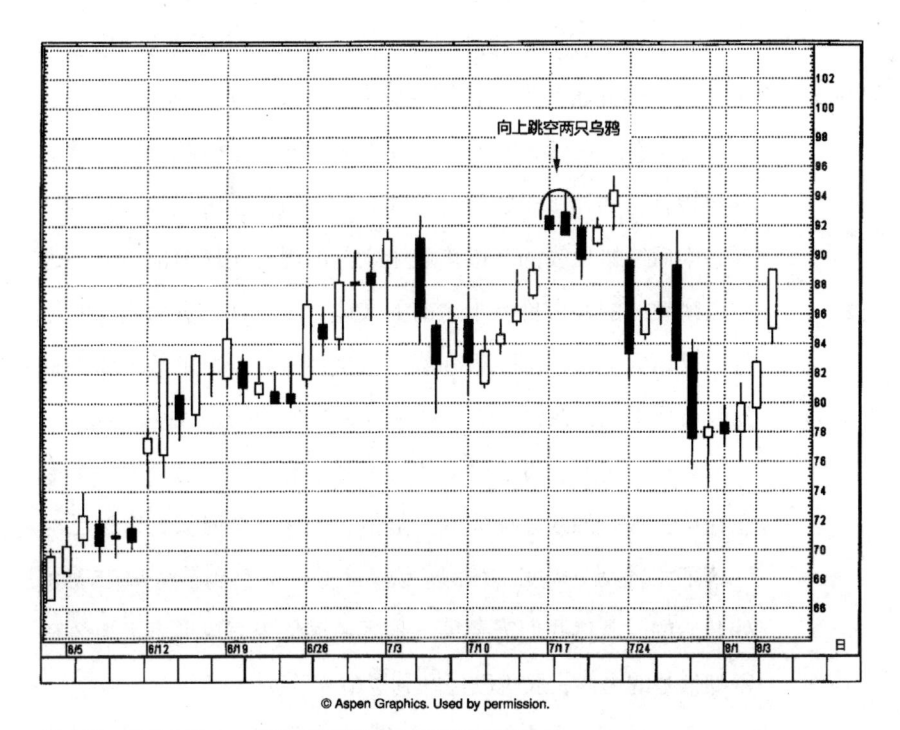

图 6.25 康宁公司——日蜡烛线图（向上跳空两只乌鸦）

三只乌鸦

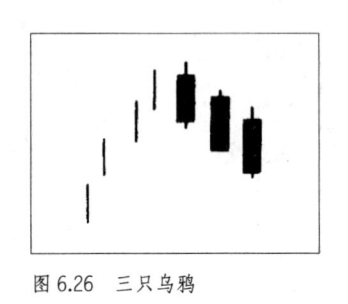

在向上跳空两只乌鸦形态中，包含了两根黑色蜡烛线。如果连续出现了三根依次下降的黑色蜡烛线，则构成了所谓的三只乌鸦形态（图6.26所示）。如果三只乌鸦形态出现在高价格水平上，或者出现在经历了充分延伸的上涨行情中，就预示着价格即将下跌。有的时候，三只乌鸦形态又称作三翅乌鸦形态。日本有句俗语："好事不出门，坏事长翅膀。"拿这句俗话来形容这种"三只翅膀"的乌鸦，那是再恰当不过了。正如该形态的名称所示，三只乌鸦指的就是这三根黑色的蜡烛线。这三根黑色蜡烛线勾勒出了这么一幅不祥的景象：一群乌鸦栖落在一棵枯朽的大树上。因此，三只乌鸦形态具有看跌的意味。从外形上说，这三根黑色蜡烛线的收市价都应当处于其最低点，或者接近其最低点。在理想的情形下，每根黑色蜡烛线的开市价也都应该处于前一个实体的范围之内。

如图6.27所示，从4月15日开始形成了一个三只乌鸦形态。从三只乌鸦开始的下降行情一路几乎不受阻碍地延续到了P处的刺透形态。三只乌鸦形态中的第二根和第三根蜡烛线（4月16日和17日）都开市于之前的实体之下。虽然在常规的三只乌鸦形态中后续蜡烛线的开市价居于之前的黑色实体内部，但是这两根蜡烛线的开市价低于之前的实体，可以视作更加疲软的信号。其原因在于，第二根和第三根黑色实体开市价低于前一日的收市价，之后在整个交易日里都无力夺得实质性的立足地。

三只乌鸦形态可能对长线交易者更有用处。这是因为本形态在第三根蜡烛线才能完成。显然，到了这个时候，市场已经回落了相当大的幅度。举例来说，上述三只乌鸦是从70.75美元处开始的。既然我们需要第三根黑色实体来完成形态，那么在得到信号的时候，股价已经跌到了67.87美元。

无论如何，在本例中，当三只乌鸦形态的第一根黑色蜡烛线出现的时候，我们就可以看出行情遇到麻烦的一点端倪了。

图6.26 三只乌鸦

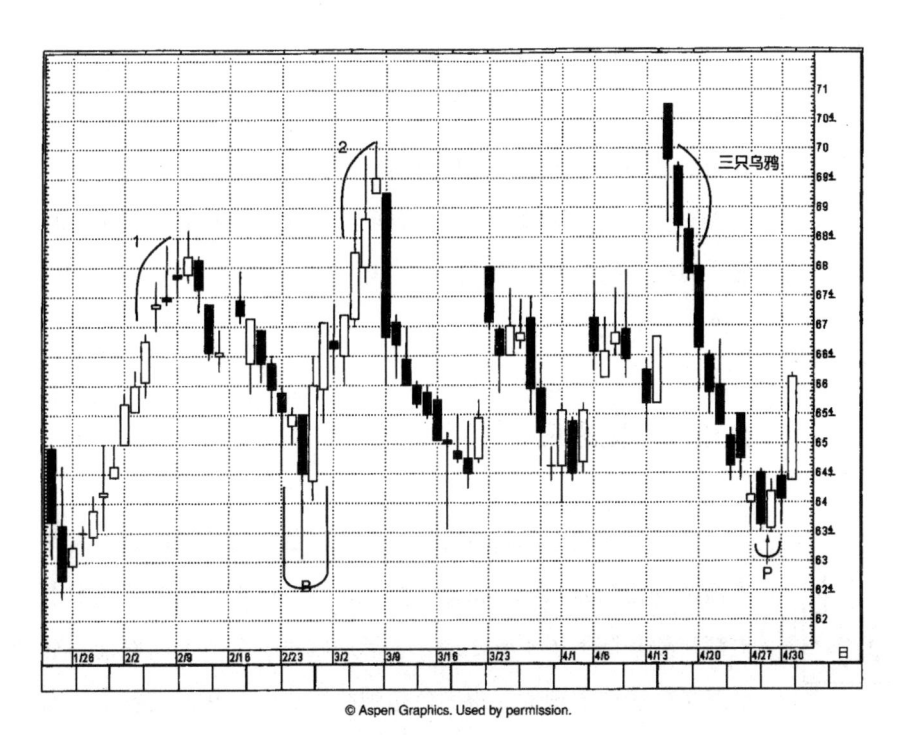

图6.27 鹏斯公司（Pennzoil）——日蜡烛线图（三只乌鸦形态）

个中缘由是，股票当日开市于之前3月份的历史高点70美元之上，然而牛方未能坚守上述新高，当日收市时，反而跌回到70美元以下。正如您将要在本书第二部分看到的，如果市场先创新高，之后却不能守住，可能带有看跌的意味。这里的情况便是这样。

我们再来看看之前1和2处的高点。在2月初的1处，鹏斯公司为当前行情创了新高，但这里的一组蜡烛线却向我们发出了强烈的"火光"警告信号，行情并不像表面上那么顺利。具体说来，在2月2日所在的一周的后几天，尽管股价不断创下更高的高点、更高的低点、更高的收市价，但是它们都是小实体，都有长长的上影线。这肯定显示出当前的行情变化其实并不是一面倒地有利于牛方。之后价格回落，直到B处的看涨吞没形态才结束。从此处开始的一轮上冲行情持续推升，持续到3月2日所在的一周，图中用2做了标记。2处的上冲行情与1处的上涨行情有异曲同工之妙，2处的行情也有更高的高点、更高的低点、更高的收市价，这样如果在线图上看起来，行情显得很健康。然而从蜡烛图的角度来看，3月4日、5日、6日的价格攀升带有长长的上影线。这一点证明多方相对强势的力量正在涣散。3月6日的蜡烛线是一根流星线。

白色三兵挺进形态

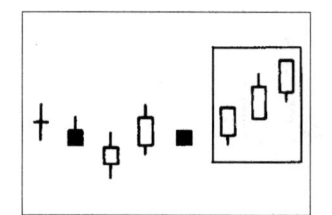

图 6.28　白色三兵挺进形态

　　与三只乌鸦形态相对的形态称为**白色三兵挺进形态**，或者更通俗的说法是**白三兵形态**（如图6.28）。很多蜡烛图技术术语都与战争结下了不解之缘，本形态就是一个典型的例证。本形态是由接连出现的三根白色蜡烛线组成的，它们的收市价依次上升。当市场在某个低价位稳定了一段时间后，如果出现了这样的形态，就标志着市场即将转强。

　　白三兵形态表现为一个逐渐而稳定的上升过程，其中每根白色蜡烛线的开市价都处于前一天的白色实体之内，或者处在其附近的位置上。每一根白色蜡烛线的收市价都应当位于当日的最高点或接近当日的最高点。这是市场的一种很稳健的攀升方式（不过，如果这些白色蜡烛线伸展得过长，那么我们也应当对市场的超买状态有所戒备）。

　　如果其中的第二根和第三根蜡烛线，或者仅仅是第三根蜡烛线，表现出上涨势头减弱的迹象，那就构成了一个**前方受阻形态**（如图6.29所示）。这就意味着这轮上涨行情碰到了麻烦，持有多头头寸者应当采取一些保护性措施。特别是在上升趋势已经处于晚期阶段时，如果出现了前方受阻形态，则更得多加小心。在前方受阻形态中，作为上涨势头减弱的具体表现，既可能是其中的白色实体一个比一个小，也可能是后两根白色蜡烛线具有相对较长的上影线。如果在后两根蜡烛线中，前一根为长长的白色实体，并且向上创出了新高，后一根只是

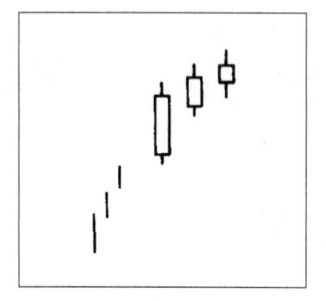

图 6.29　前方受阻形态

一个小的白色蜡烛线，那么就构成了一个**停顿形态**（如图6.30所示）。有时候，这种形态也称为**深思形态**。当这一形态出现时，说明牛方的力量至少暂时已经消耗尽了。在本形态中，最后一根小的白色蜡烛线既可能从前一根长长的白色蜡烛线向上跳空（这种情况下，该蜡烛线就变成了一根星线），或者正如日本分析师所描述的那样"骑在那根长长的白色实体的肩上"（这就是说，位于前一根长长的白色实体的上端）。这根小小的实体暴露了牛方能量的衰退。当停顿形态发生时，便构成了多头头寸平仓获利的紧要时机。

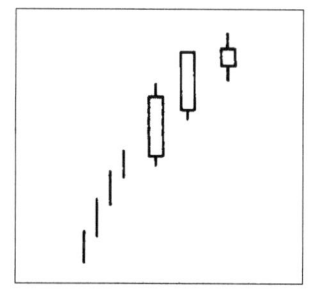

图 6.30 停顿形态

虽然前方受阻形态与停顿形态在一般情况下都不属于顶部反转形态，但是有时候，它们也能引导出不容忽视的下跌行情。我们应当利用前方受阻形态和停顿形态来平仓了结已有的多头头寸，或者为多头头寸采取保护措施，但是不可据之开立空头头寸。一般来说，如果这两类形态出现在较高的价格水平上，则更有预测意义。

如图6.28到6.30所示，上述形态可能发生在低价格区域，或者发生在上冲行情过程中。

前方受阻形态与停顿形态之间并没有太大差异。关于白三兵，需要考虑的主要因素是，如果三根蜡烛线的每一根的收市价都位于或接近本时段的最高价，则最具有建设性。如果后两根蜡烛线表现出犹豫的迹象，是小实体，或者是上影线，那么这些线索表明，上冲行情正变得衰弱。

图6.31展示了一例几乎算是经典的白三兵形态，因为其中的每根蜡烛线，尤其是后两根相对更坚挺，它们的开市价接近本时段最低点，收市价位于或接近本时段最高点。4月23日是一根十字线，并形成了一个十字孕线形态，这是行情进入犹疑状态的征兆。

图6.32是白三兵形态良好的实例。三根白色蜡烛线的收市价都非常接近本时段最高价，每一根的开市价都位于先前一根实体的内部或之上。关于白三兵形态需要考虑的一个方面是，

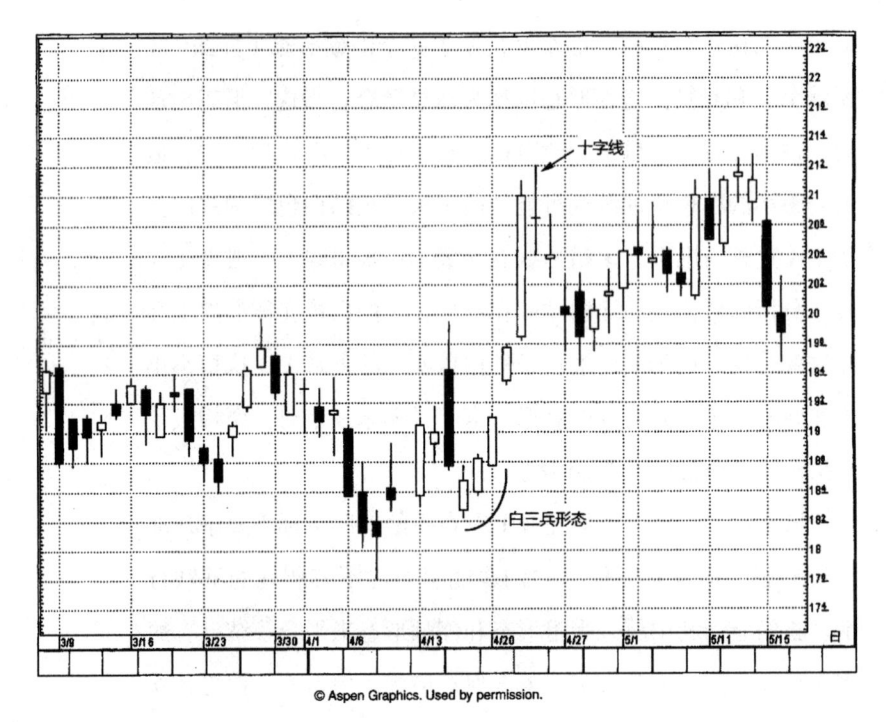

图 6.31 英特尔——日蜡烛线图（白三兵形态）

图 6.32 微软——日蜡烛线图（白三兵形态）

等到白三兵形态完成时，市场可能已经明显脱离其低位了。在本例中，微软离开其低位差不多4美元，这可是较大比例的行情变化了。因此，除非交易者长线看好，在白三兵形态完成时买进或许并不具备有吸引力的风险报偿比。

我发现，在白三兵形态出现后，一旦行情调整，则其中的第一根或第二根白色蜡烛线，即白三兵的起点处，经常构成支撑水平。在本例中，在白三兵形态出现后股票进入整理阶段，缓缓回落，直到形成一根锤子线为止。这验证了白三兵形态中第二根蜡烛线内部形成的支撑水平。

在图6.33中，6月中旬、下旬和7月初形成了一个底部，位于36.50美元上下。然后，出现了白三兵形态（虽然它们都带有非常短的上影线）。在其中的第三根白色蜡烛线之后，股票开始犹豫，回调到了7月11日的第一根白色蜡烛线的内部。本图再次说明，在白三兵形态之后有时市场或许会调整。一旦发生调

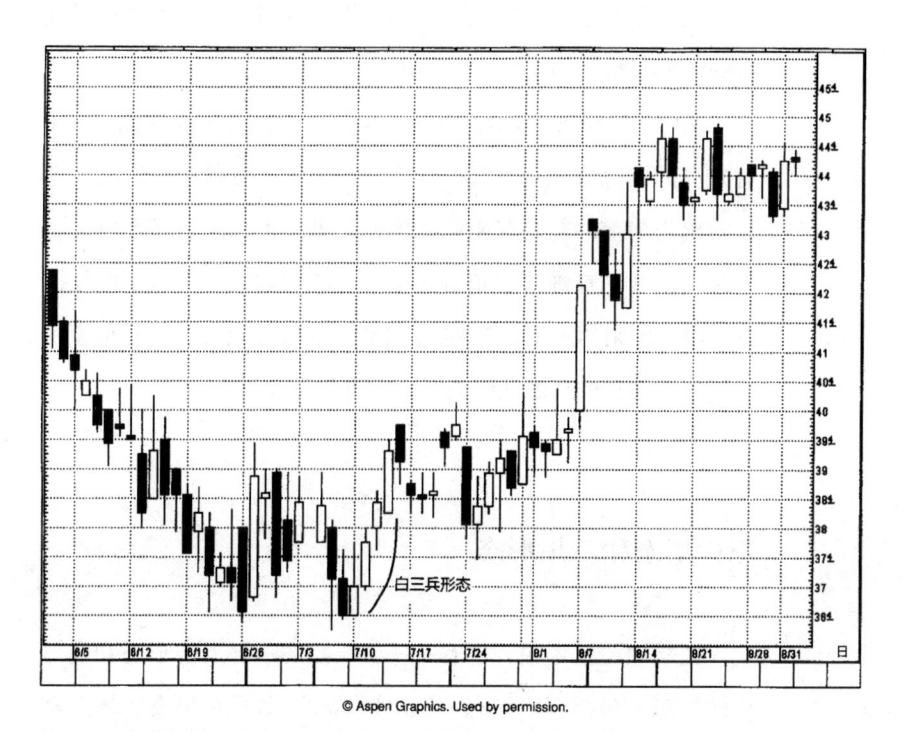

图 6.33 普莱克斯公司（Praxair）——日蜡烛线图（白三兵形态）

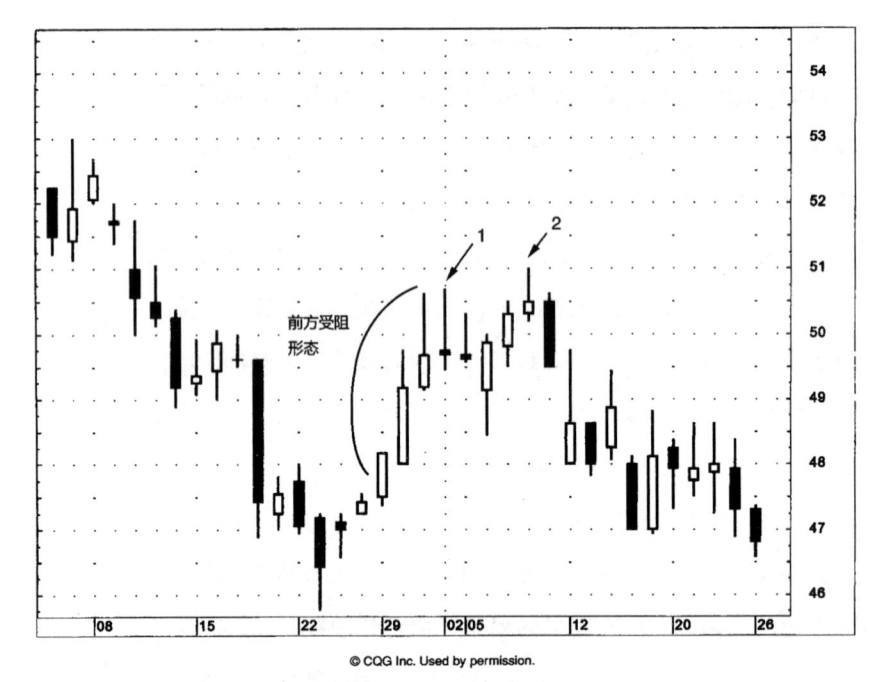

图 6.34 联合健康集团（United Health）——日蜡烛线图（前方受阻形态）

整，我们预期股票在进入其中第二根，特别是第一根白色蜡烛线的内部时将得到支撑。

图6.34展示了一例前方受阻形态的实例。虽然那是三根相对较高的白色蜡烛线，但是其中后两根带有看跌的上影线。这反映出当前上冲行情受阻陷入停顿。事实上，之后又形成了更多带上影线的蜡烛线，请看图中标注的1和2处，揭示了此处接近51美元的阻挡水平。2处那根带长上影线的蜡烛线是一根流星线，它与次日的蜡烛线组成了一个看跌吞没形态。

三山形态和三川形态

在蜡烛图技术中，还有一些较长期的顶部反转形态和底部反转形态，包括三山形态、三川形态、三尊顶部形态、倒三尊底部形态、圆形顶部形态、平底锅形态，以及塔形顶部和塔形底部形态。

与西方的三重顶形态相似，日本也有所谓的**三山顶部形态**（如图6.35所示）。一般认为，本形态构成了一种主要顶部反转过程。如果市场先后三次均从某一个高价位上回落下来，或者市场对某一个高价位向上进行了三次尝试，但都失败了，那么一个三山顶部形态就形成了。在三山顶部形态的最后一座山的最高点，还应当出现一种看跌的蜡烛图指标（比如说，一根十字线，或者一个乌云盖顶形态等），对三山顶部形态做出确认。

在三山顶部形态中，如果中间的山峰高于两侧的山峰，则构成了一种特殊的三山形态，称为**三尊顶部形态**（如图6.36所示）。采用这个名字的原因是，在佛教寺庙的大殿里，中间供奉着释迦牟尼，他的塑像最高大，两边是他的弟子，他们的塑像比较小。这个形态与头肩形形态对应得非常完美。

不过，虽然三尊顶部形态与西方的头肩形是对等的技术信号，但是日本人应用三尊形态理论的历史，比美国人了解头肩形形态早了100多年。〔据我们所知，在美国，最早提及头肩形的是理查德·夏巴克（Richard Schabacker），时间在21世纪30年代。熟悉爱德华兹（Edwards）和迈吉（Magee）的经典著作《股市趋势的技术分析》（*Technical Analysis of Stock Trends*）的朋友都知道，该书的很多材料是以夏巴克的工作为基础的。夏巴克是爱德华兹的岳父。〕

有意思的是，西方的市场观察家与东方的技术分析先驱在

图 6.35　三山形态　　　　　　　　　图 6.36　三尊顶部形态

这种价格形态上殊途同归了。环绕整个地球，市场心理都是共通的。或者我们借用一句日本的格言："小鸟的叫声，到哪儿都一样。"

三川底部形态（如图6.37所示）恰巧是三山顶部形态的反面。在市场先后三度向下试探某个底部水平后，就形成了这类形态。市场必须向上突破这个底部形态的最高水平，才能证实底部过程已经完成。与西方的头肩形底部形态（也称为倒头肩形）对等的蜡烛图形态是变体三川底部形态，或者称为<u>**倒三尊形态**</u>（如图6.38所示）。

在图6.39中，在区域A接近124美元处，市场表现得犹豫起来，特别是当11月最后两个星期造就了一个看跌的吞没形态后。从看跌吞没形态开始，市场回落，直到遇上一个看涨的吞没形态后才能稳定。市场从看涨的吞没形态开始上涨，之后不出所料，当市场在区域B接近124美元时——先前的看跌吞没形态构成的阻挡水平，上涨行情止步不前。区域B出现了另一个看跌的吞没形态。5月中旬的下一轮上冲行情，在区域C遭遇了下一个看跌吞没形态，于是A、B、C三处连成了三山顶部形态。

在图6.39中，每一个山峰几乎都处在同一个水平上。这一点并不是必需的。如果三个价格波峰并不是恰好位于同一个高度，依然可以认定为三山顶部形态。在图6.40中，行情在A、B、C三处形成波峰，其中B和C的波峰均处在略高的水平上。

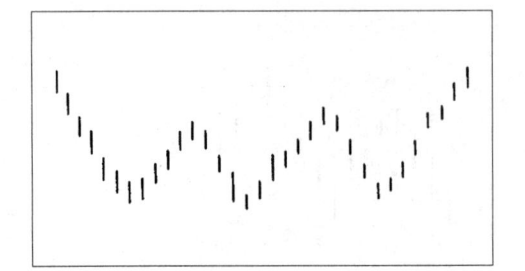

图 6.37　三川底部形态　　　　　　　　图 6.38　倒三尊底部形态

图 6.39 美元兑日元——日蜡烛线图（三山顶部形态）

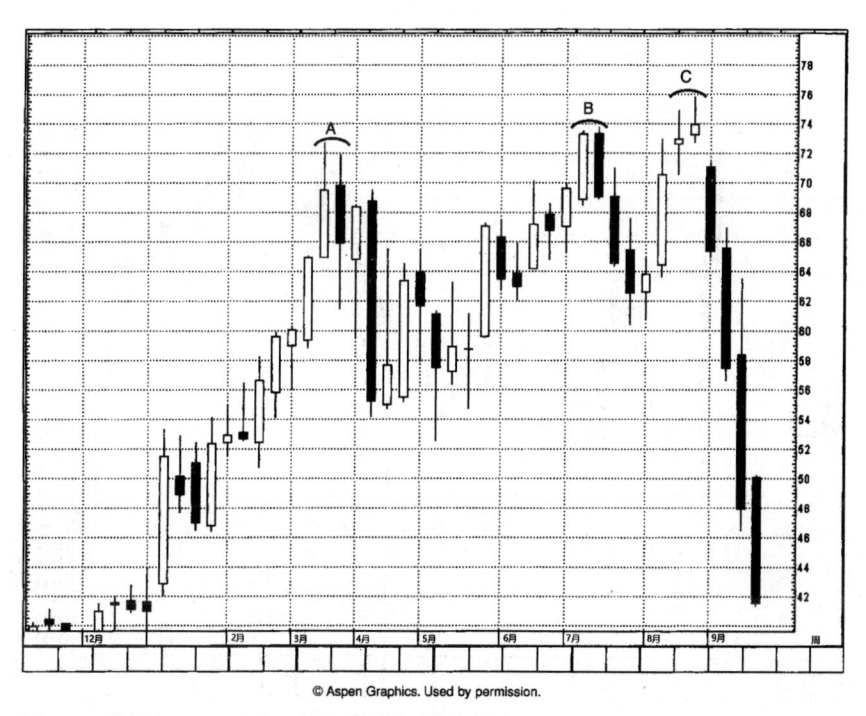

图 6.40 英特尔——周蜡烛线图（三山顶部形态）

这个组合依然可以判别为三山顶部形态。在C处的最后两个时段，英特尔的上涨行情是通过两个非常短的实体来体现的。它们便是不安的症状。股票价格在76美元见顶，留下一根流星线。真正的转折信号，以及对三山顶部形态的验证信号，是在8月底的流星线之后出现的向下跳空。

　　三山顶部形态的三个波峰具备差不多相同的高度，三尊顶部形态则是中间的波峰更高，两侧的波峰稍低。我们可以把三尊顶部形态与头肩形顶部形态（头肩顶）相提并论。在图6.41中，我们看到了一个三尊形态的实例，实际上也就是头肩形顶部形态，价格波峰1、2、3组成了本形态。图上标出了一根上升的直线，按照西方术语，应称为头肩形顶部形态的颈线。在常规情况下，头肩顶的颈线一旦被向下突破，便转化为阻挡线。这里简直是按脚本上演，自从8月19日行情向下跌破颈线后，8月21日（以及之后的三个时段）发生了微弱的向上反弹，都在

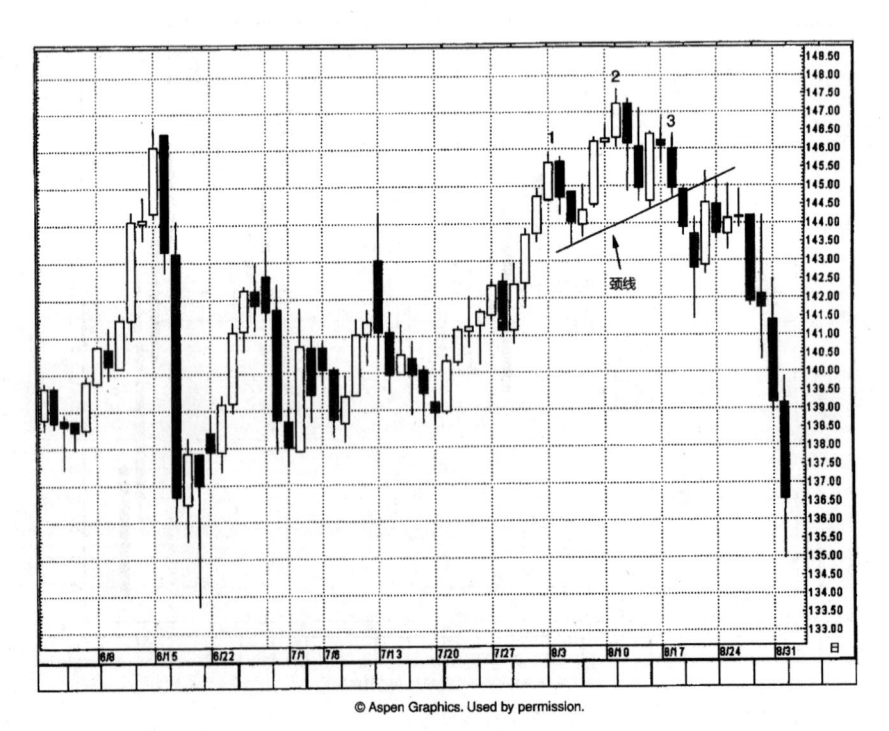

图 6.41　美元兑日元——日蜡烛线图（三尊顶部形态）

颈线下方受阻，它们看跌的长影线验证了颈线新的阻挡作用。

图6.42是三尊顶部形态的又一个例子。既然本形态与头肩顶同质而异名，我们就可以转而采用西方技术分析，正如上一个图例所讨论的，以头肩形颈线的概念为基础来分析。

具体说来，一旦头肩顶颈线被向下突破，它从支撑作用转为阻挡作用。4月10日13:30，市场力图通过一个小小的看涨吞没形态来站稳脚跟，但是市场没能突破颈线的阻挡作用，将指数推升到颈线之上，说明空方保持着控制权。这反映出，关键的一点是要弄清楚蜡烛图形态到底是在什么样的位置形成的。在本例中，看涨的吞没形态是潜在的底部反转信号，不过，如果等市场以收市价突破到颈线阻挡水平之上之后，再从容买进，岂不是更有道理——即使拿到了看涨吞没形态的这张好牌？耐心等待是值得的，因为如果行情收市到颈线之上无疑有助于增强信心，表明多头更占上风。

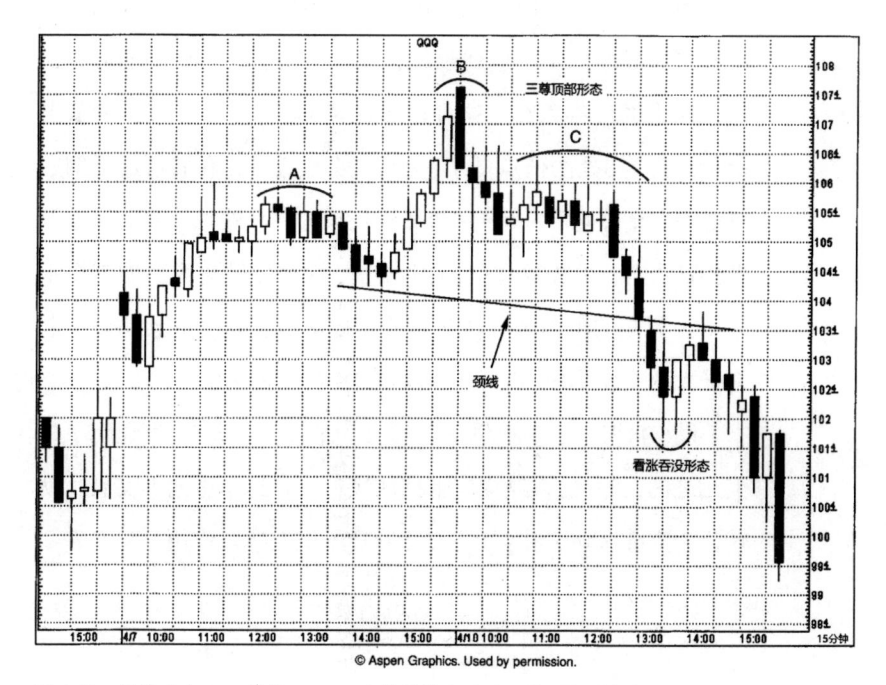

图 6.42　纳斯达克100指数——15分钟蜡烛线图（三尊顶部形态）

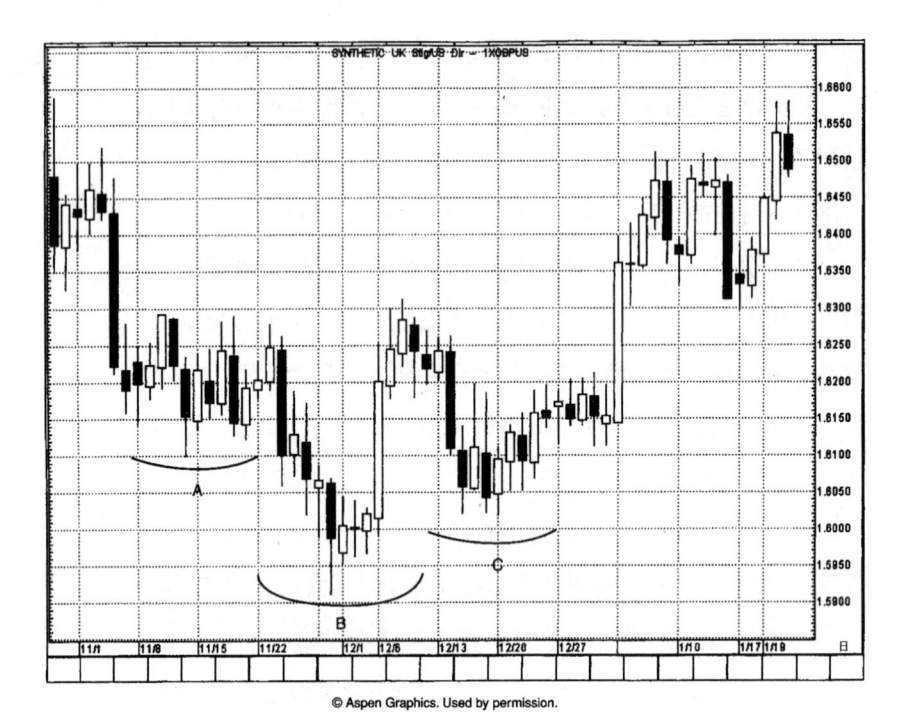

图 6.43　英镑兑美元——日蜡烛线图（倒三尊形态）

西方的倒头肩形底部反转形态（头肩底）与日本的倒三尊底部形态异曲同工。也就是说，在三个波谷中，中间的波谷最低，两边的波谷稍高。这种情形在图6.43中如A、B、C的低点所示。因为B处的低点低于A处和C处的低点，它们组成了倒三尊形态。请注意，一旦1月初那根长长的白色蜡烛线将英镑推升到1.63之上，原先这里是阻挡水平，现在便转化为新的支撑水平了。原先的阻挡区域转为新的支撑区域，这个概念构成了非常强大的交易手段。有关内容将在第十一章讨论。

图6.44展示了一例倒三尊形态。请注意，从52美元到52.50美元之间，3月份曾经构成阻挡区域，一旦这里被向上突破，就转化为支撑区域，在4月的大部分日子里发挥了作用。

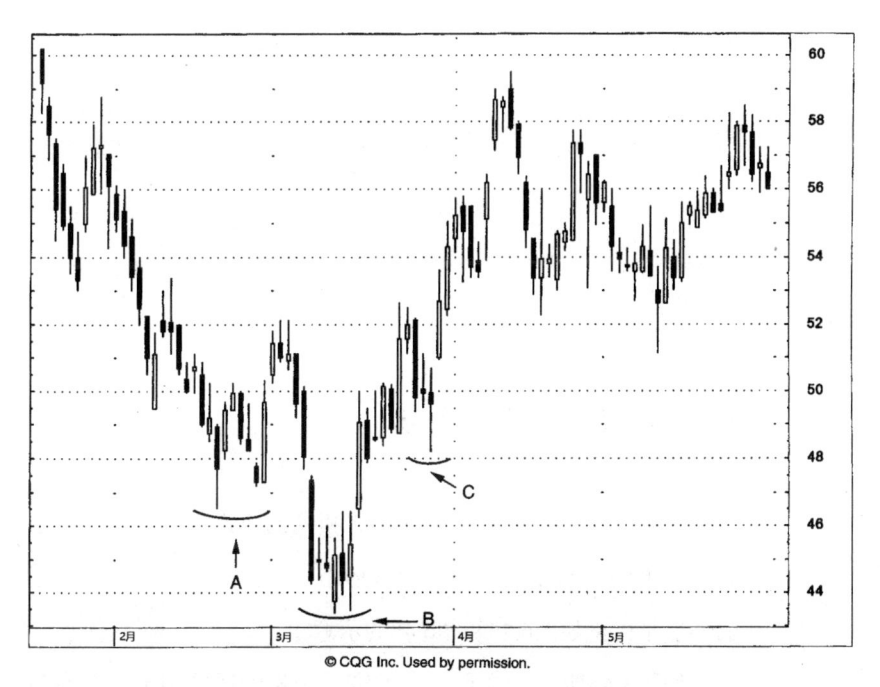

图 6.44 希悦尔公司（Sealed Air）——日蜡烛线图（倒三尊形态）

数字"3"在蜡烛图技术中的重要性

许多蜡烛图技术建筑在数字"3"的基础上。这反映了数字"3"在日本文化中具有重要意义。过去在日本，"3"这个数字差不多具备某种神秘的渊源。"好事成三"这句格言正好表达了这样的信念。下面列举了一些在蜡烛图中与"3"有关的具体例子："白三兵"形态；不祥的"三只乌鸦"；"三山顶部形态"和"三川底部形态"以及三山形态的各种变体；"三尊形态"；"上升三法"和"下降三法"；在三蜡烛线形态中，包括"启明星形态"和"黄昏星形态"。（上述的形态，有些将在后文讨论。）

顺便说一句，虽然日本人把数字"3"看作幸运的象征，但是数字"4"却被看作一个不祥的标志。产生这种想法的原因倒是不难弄清楚——在日语中，数字4的发音同"死"这个字的发音是相同的。在日本航空公司的飞机座舱里座位号"4"，酒店里的房号"304"——几乎绝迹（在医院里就更难得一见了！）"雷诺4号"是在日本发布的新车，仅仅因为其中有数字"4"而一败涂地。[1]

反击线形态（约会线形态）

当两根颜色相反的蜡烛线具有相同的收市价时，就形成了一个**反击线形态**（也称为**约会线形态**）。描述这种形态，最好的办法是讨论如图6.45和图6.46的示意图。

如图6.45所示，这是一个**看涨反击蜡烛线**的例子。本形态出现在下降行情中。在这个形态中，第一根蜡烛线是一根长长的黑色蜡烛线。在第二根蜡烛线上，市场的开市价急剧地向下跳空。到此刻为止，空头觉得信心十足。但是从这时候起，多头发动了反攻，他们把市场推了上来，使价格重新回到了前一天收市价的水平。于是，先前的下降趋势的马头就被勒住了。

图 6.45 看涨的反击线形态

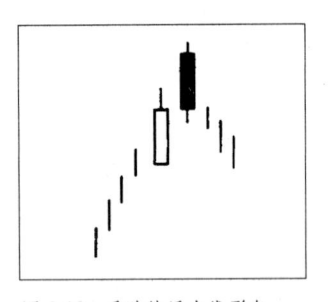

图 6.46 看跌的反击线形态

我们不妨把看涨反击线形态同看涨刺透形态做一番比较。如果您还记得的话，刺透形态与本图所示的看涨反击线形态一样，也是由两根蜡烛线组成的。它们之间的主要区别是，看涨反击线通常并不把收市价向上推进到前一天的白色实体的内部，而是仅仅回升到前一天的收市价的位置。而在刺透形态中，第二根蜡烛线深深地向上穿入了前一个黑色实体之内。因此，刺透形态与看涨反击线形态相比较，是一种更为重要的底部反转信号。尽管如此，正如我们下面列举的一些实例所显示的，对看涨反击线形态还是不可小觑的，因为它的出现表明，行情流动的方向正在改变。

如图6.46所示，这是一根**看跌反击蜡烛线**。在这种反击线形态中，第一根蜡烛线是长长的白色蜡烛线，保持了牛市一贯的上升动力。在下一根蜡烛线上，市场在开市时向上跳空，多头很高兴。但从此时起，空头挺身而出，发起反击，将价格拉回到前一天的收市价的水平。在本形态的第二天，多头在开市时的乐观劲头到了收市的时候恐怕就要变成担惊受怕了。

如果说看涨反击线形态与刺透形态有渊源的话，那么，看跌反击线形态与乌云盖顶形态也有类似的关系。在理想的看跌反击线形态中，第二天的开市价高于前一天的最高点，这一点与乌云盖顶形态是一致的。不过，与乌云盖顶形态不同的是，这一天的收市价并没有向下穿入前一天的白色蜡烛线之内。由此看来，乌云盖顶形态所发出的顶部反转信号，比看跌反击线形态更强。

在反击线形态中，一项重要的考虑因素是，第二天的开市价是否强劲地上升到较高的水平（在看跌反击线形态中），或者是否剧烈地下降到较低的水平（在看涨反击线形态中）。这里的核心思想是，在该形态第二天开市时，市场本已经顺着既有趋势向前迈了一大步，但是后来，却发生了意想不到的变故！到当日收市时，市场竟然完全返回到前一天收市价的水平！如此一来，朝夕之间竟扭转了行情基调。

如图6.47所示，3月10日开市时，相比前一天的收市价该股票跳涨了1美元。可惜好景不长，当日收市时股票的坚挺色彩改换了颜色，因为空头把价格拖低到前一个交易日，即3月7日的收市价的水平。3月10日的反击线在三根黑色蜡烛线中打头阵，三者组成了一个三只乌鸦形态。

在前面三只乌鸦形态的部分曾经提及，因为必须三根蜡烛线就位，信号才能完成，等到三只乌鸦形态的第三根蜡烛线出现后，已经错过了较大幅度的行情变化。无论如何，在本例的情况下，因为其中的第一根蜡烛线是反击线，仅需等待一个时段，就能得到更早的转折信号，然后再通过三只乌鸦来进一步验证。

在图6.48中的10月15日，展现了一例看跌的反击线形态。我们可以看出，该反击线的收市价并没有恰好处于前一时段白

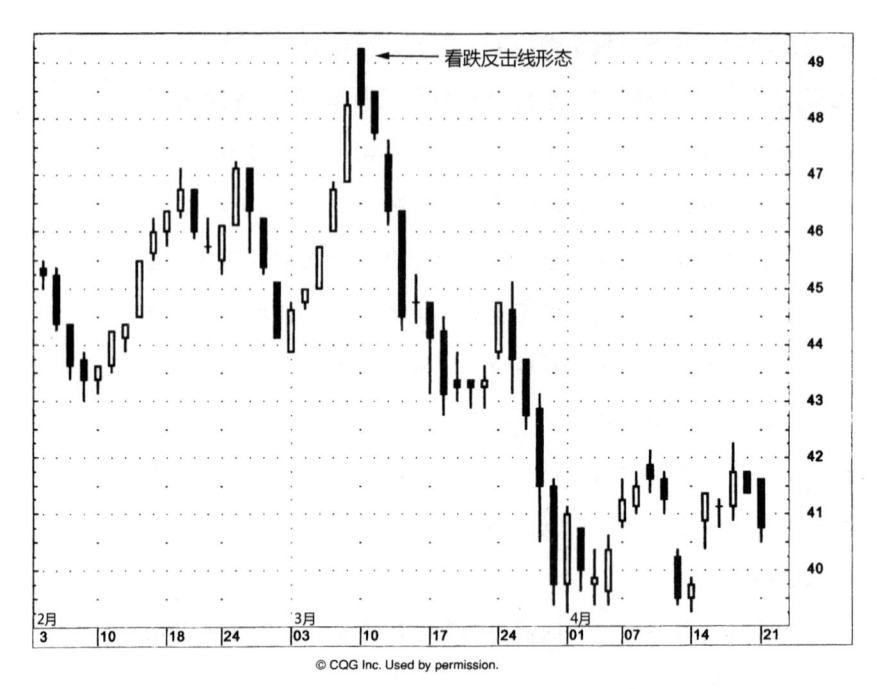

图 6.47　第一银行（Bank One）——日蜡烛线图（看跌反击线形态）

图 6.48　吉列公司（Gillette）——日蜡烛线图（看跌的和看涨的反击线形态）

色蜡烛线的收市价，而是稍稍低于后者。在判断反击线形态时，对形态的定义应该留有适当变通的余地，这对于绝大多数蜡烛图信号都适用。举例来说，12月6日有一个看涨的反击线。当日开市时，股价剧烈下跌向下跳空，当日收市时，收市价接近前一日的收市价，而不是恰好位于。即使第二天的收市价与第一天的收市价不是恰好相同，也肯定足够接近了，因此我认为这属于看涨反击线形态。判别这个看涨反击线形态的主要标准是，虽然白色蜡烛线的开市价非常疲软，却能够当日完全反弹，令人刮目相看。

在图6.49中，看跌反击线形态有助于证实138—139美元附近存在重要的阻挡水平。无独有偶，这里的两个收市价也不是恰好处在同一个水平，而是足够接近，足以判断形态有效。本图揭示了蜡烛图技术可以用来独立验证阻挡水平，做法简便易行。在线图上，虽然同样可以获得138—139美元的阻挡水平，但是并没有诸如"反击线"之类的概念。于是，采用蜡烛图替

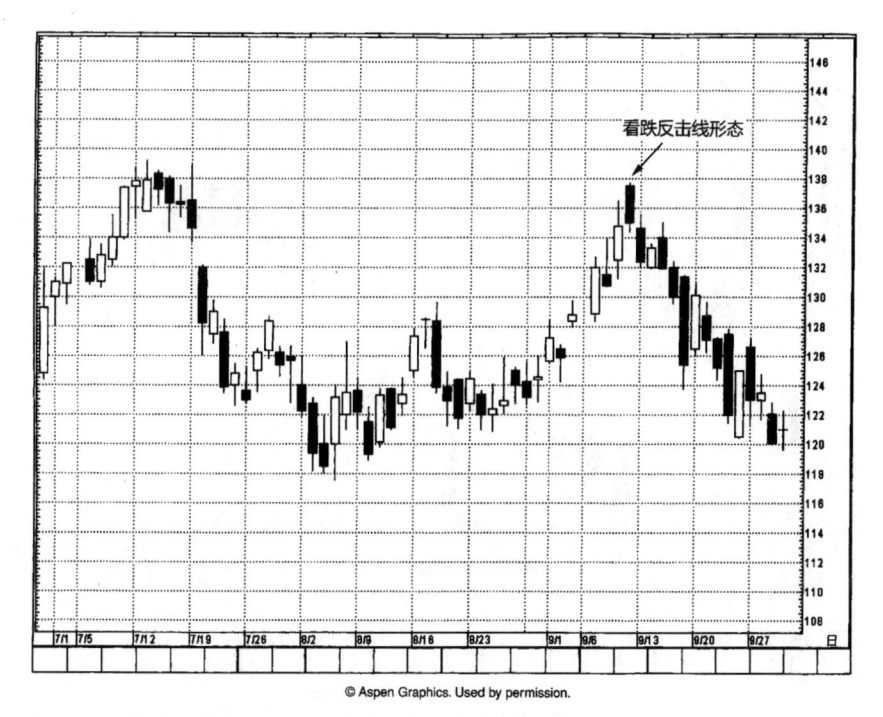

图6.49 国际商业机器公司——日蜡烛线图（看跌反击线形态）

代线图，交易者既可以如常获得线图的所有信号（例如阻挡区域等），也可以额外获得独特的蜡烛图指标。

在图6.50中，在1月12日的低点处有一个看涨反击线形态。它有助于验证12月中旬形成的位于25.50—27之间的支撑区域。

本图也说明了我称之为"蜡烛线簇"的概念。也就是说，一群蜡烛线或若干蜡烛图信号相互验证，集中加强了某个支撑区域或阻挡区域。让我们带着这样的想法，观察一群蜡烛图信号，图上用数字1—4来做了标记，看看它们如何集中强调了图示阻挡区域的作用。

1. 一根流星线。次日的蜡烛线也完成了一个看跌吞没形态。
2. 一根黑色实体深深插入前一根白色实体内部，形成了一个乌云盖顶形态。
3. 又一个乌云盖顶形态。
4. 一个看跌吞没形态。

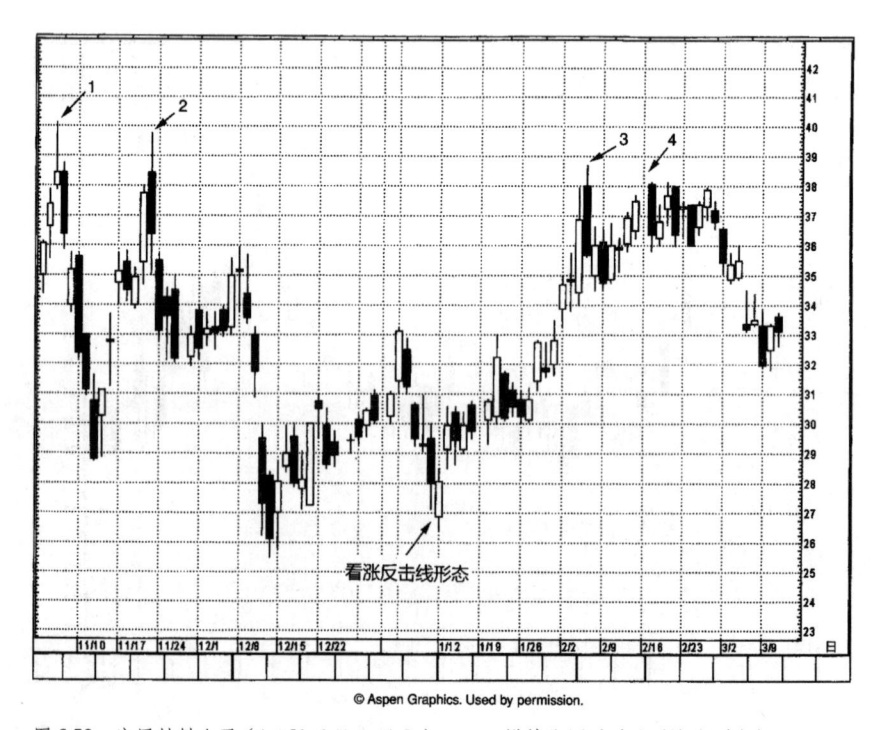

图 6.50 应用材料公司（Applied Materials）——日蜡烛线图（看涨反击线形态）

在上述数字1—4标记的一系列线索出现后,您意识到在38—39.50美元之间存在阻挡水平了吗?我那11岁的儿子要是看到这些,就会回道:"当然啦。"蜡烛线簇工具突出了同时发出一群信号的重要意义,无论蜡烛图信号还是西方信号,在某个区域相互验证,增强了该区域的重要性。相互验证是本书第二部分的关键内容。

圆形顶部形态和平底锅底部形态(圆形底部形态)

圆形顶部("饺子"顶部)和平底锅底部,听到这样的名称,肯定有人会觉得饿了。

在**圆形顶部形态**(如图6.51所示)中,市场逐步形成向上凸起的圆弧状图案,在这个过程中,通常出现的是一些较小的实体。最后,当市场向下跳空时,就证明圆形顶部形态已经完成。这一形态与西方的圆形顶部形态是相同的。不同的是,在日本的圆形顶部形态中,应当包含一个向下跳空,作为市场顶部的附加验证信号。(向下跳空在蜡烛图术语中被称为"向下的窗口",请见第七章。)

平底锅底部形态(如图6.52所示)反映出市场正处于底部反转过程中,市场逐步呈现出向下凹进的圆弧状图案,然后市场向上跳空(打开一个向上的窗口)。本形态的外观与西方的

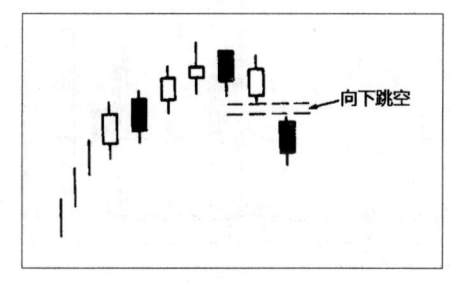

图 6.51　圆形顶部形态　　　　　图 6.52　圆形底部形态

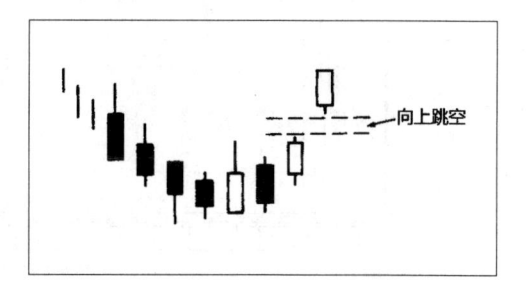

圆形底部形态是一致的，不过在日本的平底锅底部形态中，必须出现一个向上的窗口，以证实市场底部的完成。

我喜欢这些形态背后的理念。在平底锅底部形态中，市场从更低的低点转为相同的低点，再转为更高的低点。这个过程形象地证明了空头正在逐步丧失立足之地。在这之后，再添加一个向上跳空，带来进一步的证据，表明空头失去了对市场的控制权。

当平底锅底部形态出现后，日本人会说市场变得"对坏消息免疫"了。如此一来，如果行情构筑了一个平底锅底部形态，尤其在尽管坏消息继续来临的条件下，就会非常显目。正如伯纳德·巴鲁克（Bernard Baruch）曾经指出的，"事件本身并不重要，人们对事件的反应才重要"。

对圆形顶部形态来说，道理相同，而方向相反。也就是说，市场从更高的高点转为相同的的高点，再转为更低的高点。于是，上升行情的节奏松弛下来。在这之后，再来一个向下跳空，便完成了圆形顶部形态。跳空对多头行情做了进一步

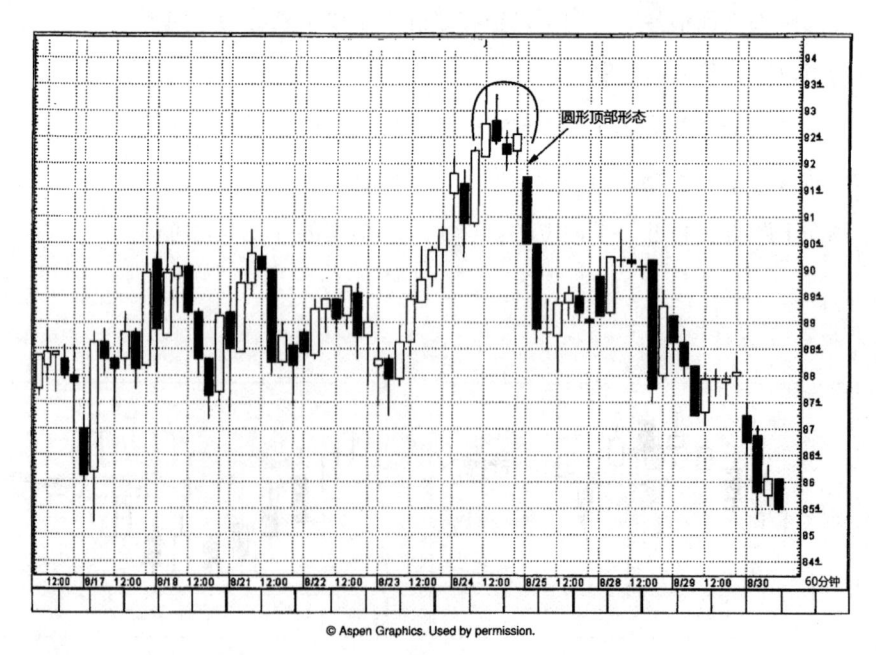

图 6.53 镁光科技（Micron）——60分钟蜡烛线图（圆形顶部形态）

的盖棺论定。

图6.53展示了一个圆形顶部形态的案例，在8月24日的早些时候，股价形成了一系列更高的高点。当日中午前后，出现了带有长长上影线的几个时段，一个乌云盖顶形态提供了较弱的线索，表明行情在93.50美元上下有些迟疑。最终的验证信号来自乌云盖顶形态之后两个时段出现的更低的低点，以及随后的向下跳空，后者完成了圆形顶部形态。

图6.54显示了IBM在7月12日所在的一周开始陷入停顿状态，它从前一周大多数蜡烛线为白色实体，转为本周主要制造更低的高点的黑色实体。向下跳空完成了圆形顶部形态。

在图6.55中，在7月中旬的时候，股票确实能够保住它在55美元的高位。可是，看一看这些高位是怎样维持的吧——这是一系列小实体，何况7月16日还是一根长腿十字线。这批纺锤线还有这根十字线表明，该股票的行情着实令人困惑。7月20日所在的一周出现了向下跳空，完成了一个经典的圆形顶部形态。

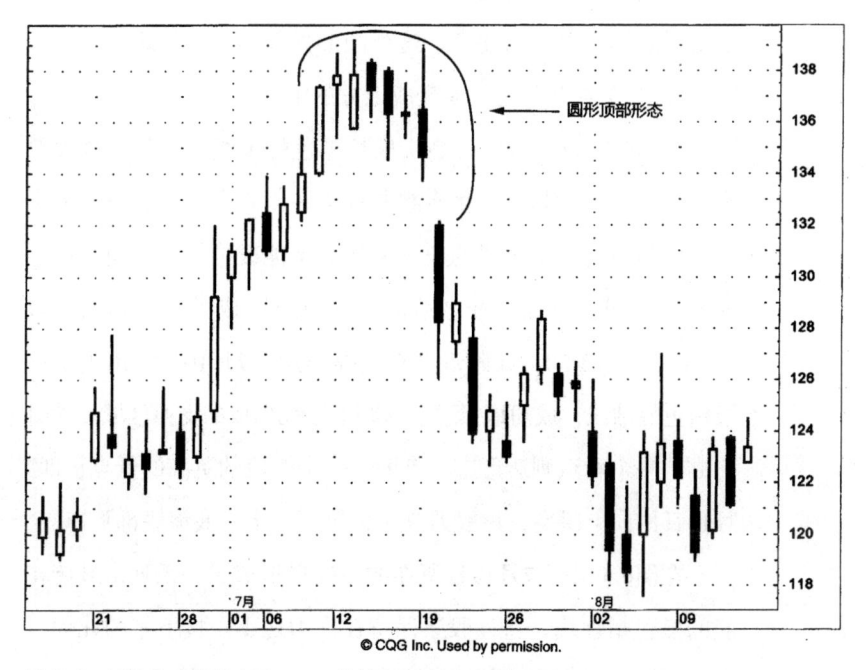

图 6.54　国际商业机器公司——日蜡烛线图（圆形顶部形态）

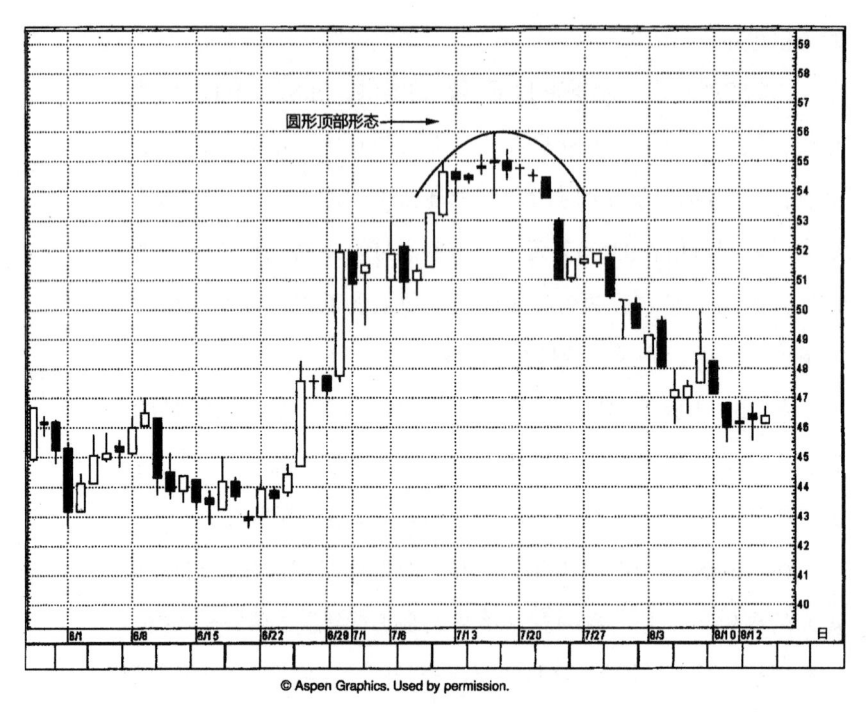

图 6.55 卡塔利娜营销公司（Catalina Marketing）——日蜡烛线图（圆形顶部形态）

正如第七章将要讨论的，只要出现了向下跳空，跳空之处往往演变成阻挡水平。请注意，这个圆形顶部形态里的跳空（形成于7月24日）在几天之后演变成上方的阻挡。

在图6.56中，7月7日是一根长黑色蜡烛线，反映出该股票遭受了多么大的打击。稍有缓和的唯一因素是这个时段的下影线。但是只有一个时段的长下影线尚不能改换趋势，使之从下降转为更积极一点。在之后的几天里，形成了一系列长下影线，显示在13.50美元附近存在支撑作用。7月10日，出现了一根白色蜡烛线，成功地捍卫了这些下影线构成的支撑区域，同时完成了一个看涨刺透形态。借助下一个时段的更高的低点，即7月14日的向上跳空，该股票终于构筑了一个平底锅底部形态。

在图6.57中，7月19日所在的一周里形成了一系列击鼓传花般的黑色蜡烛线，将该股票保持在压力之下。接下来的几周，出现了一些微小的实体和十字线，暗示该股票终于稳定下来。

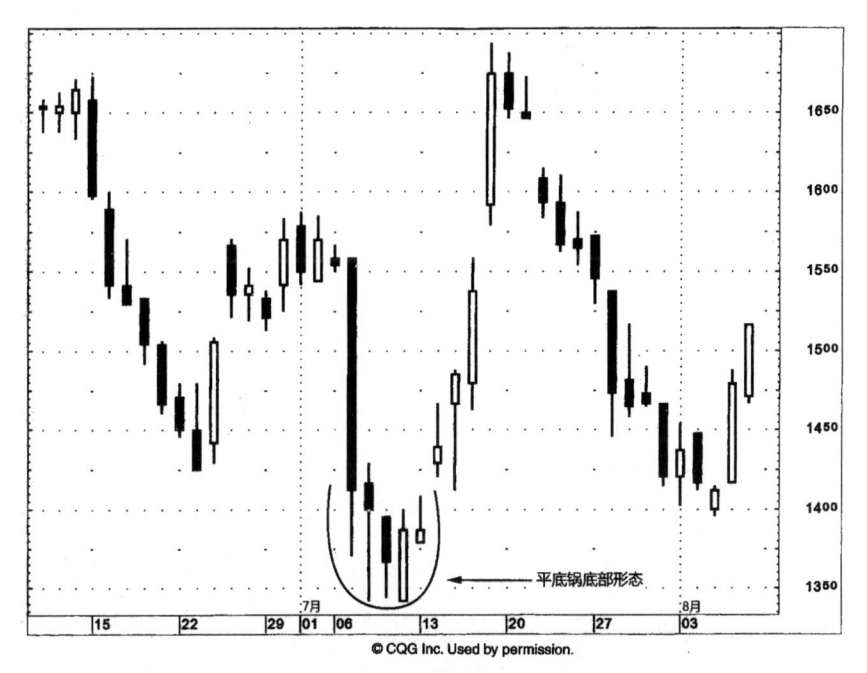

图 6.56 通用汽车（General Motors）——日蜡烛线图（平底锅底部形态）

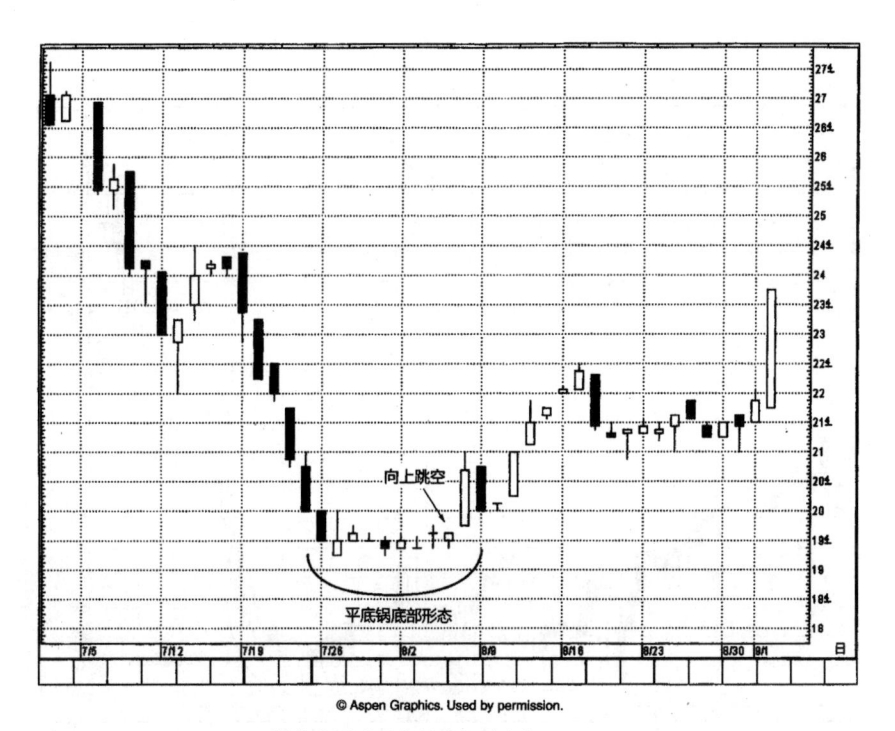

图 6.57 Tele Nort——日蜡烛线图（平底锅底部形态）

最终的看涨证据是，在8月5日与6日之间构成了一个非常小的向上跳空（即图上箭头所指处），通过这个跳空完成了从底部的向上突破。正如本图所示，即便该跳空很小（即只有几美分），依然可以判定为向上跳空，因此证实了平底锅底部形态的完成。这一点对于圆形顶部形态也是正确的。也就是说，即使向下跳空的幅度很小，不论有多小，依然足以证实圆形顶部形态的完成。

图6.58清晰地显示了西方圆形底部形态和东方平底锅底部形态的区别。从9月1日到9月14日所在的一周里，该股票构造了一个圆形底部形态（因为它从更低的低点转向相同的低点，再转向更高的低点）。然而，既然在该圆形底部形态中没有向上跳空，那么它便不是平底锅底部形态。请记住，平底锅底部形态与西方的圆形底部形态同出一辙，只不过它附加了向上跳空作为最后的一推。与上述圆形底部形态同时出现

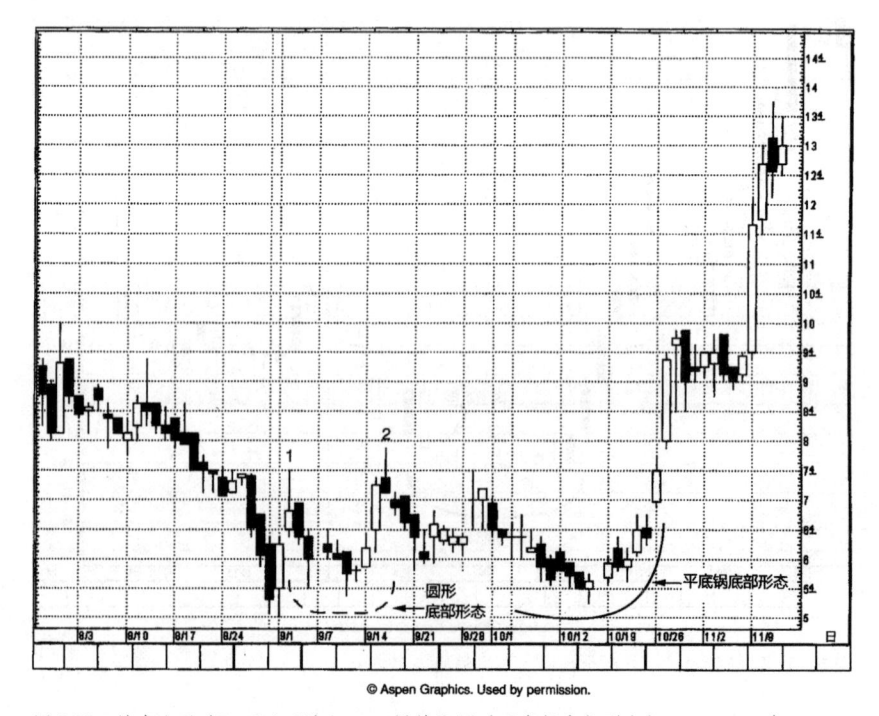

图 6.58 地壳公司（Earthshell）——日蜡烛线图（平底锅底部形态）

的是数字1和2标注的两处信号，两条长长的上影线（且2处是一根流星线）。

现在让我们把注意力转向10月从头到尾的价格变化。在这期间，该股票逐步构筑了一个圆形底部形态（也就是从更低的低点转向更高的低点）。10月26日出现了一个小幅的向上跳空，于是，这就完成了一个平底锅底部形态，带着其应有的全部看涨潜力。因为平底锅底部形态包含这个向上跳空（常规的圆形底部形态没有向上跳空），所以我认为平底锅底部形态比常规的圆形底部形态更重要。

塔形顶部形态和塔形底部形态

塔形顶部形态出现在高价格水平上。市场本来处在上升趋势中，在某一时刻，出现了一根坚挺的白色蜡烛线或者一系列白色蜡烛线，然后市场放缓了上涨的步调，接着出现了一根或者数根大的黑色蜡烛线，于是塔形顶部形态就完成了（如图6.59所示）。在本形态中，中间有若干小实体，两侧长长的白色和黑色蜡烛线形如"高塔"。也就是一边由长蜡烛线组成下跌的一侧，另一边由长蜡烛线组成上涨的一侧。

塔形底部形态发生在下降行情中（如图6.60所示）。市场形成了一根或数根长长的黑色蜡烛线，表示空方动力丝毫不减。后来出现了几根小实体，缓和了行情看跌的气氛。最后出现了一根长长的白色蜡烛线，完成了一个塔形底部形态。

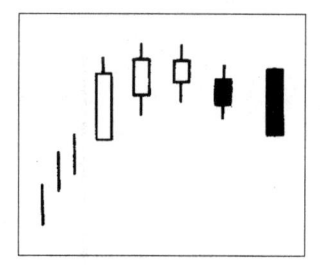

图 6.59 塔形顶部形态

在西方的技术分析术语中，与塔形反转形态最接近的对应形态，要数长钉形态，或者说V形反转形态。在长钉反转形态中，市场原先处在强劲的趋势过程中，突然，市场掉转方向，形成了方向相反的新趋势。

塔形顶部形态和塔形底部形态与其他某些蜡烛图信号也有

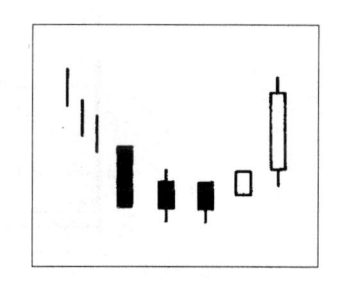

图 6.60 塔形底部形态

相似之处，比如三只乌鸦形态。因为塔形形态常常在行情变化的后期才能完成，可能对长线交易者更适用。

塔形底部形态与平底锅底部形态也有相似的地方，而塔形顶部形态则与圆形顶部形态相似。两者最主要的区别是，在塔形形态中，市场反转之前和反转之后，出现的都是长长的白色或黑色实体，但不需要跳空；而在圆形顶部形态和平底锅底部形态中，则含有窗口。

图6.61揭示了塔形顶部形态与圆形顶部形态的区别。该股票在10月的第一周上涨，形成了一系列白色实体，但之后开始踩水，留下了一系列小实体。10月15日的向下跳空完成了一个圆形顶部形态。把注意力转向12月，我们看到了一系列延长的白色蜡烛线。蜡烛线1的出现表明该股票继续上涨的机会不足了。长黑色蜡烛线2带来了第二支"塔"，完成了塔形顶部形态。

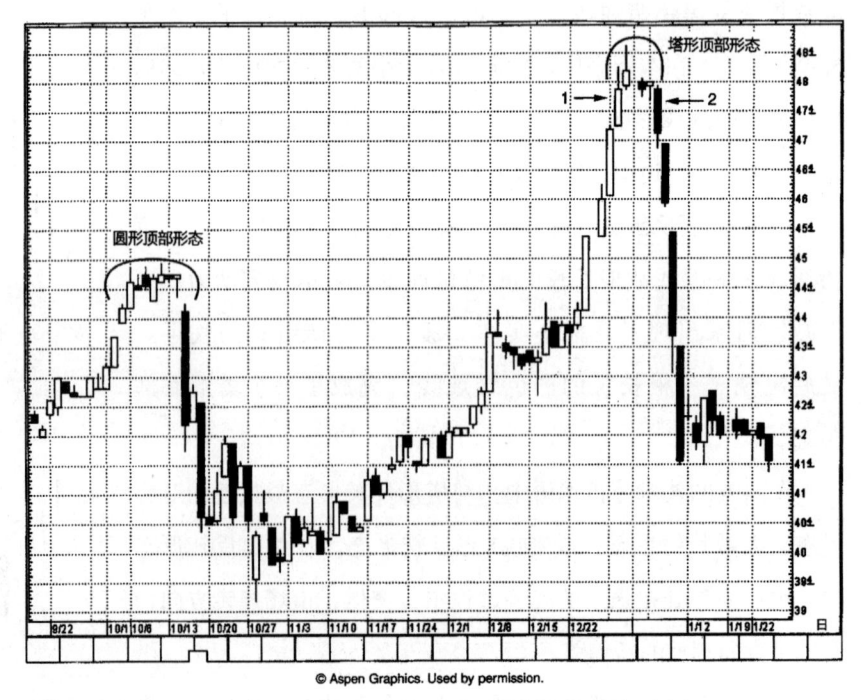

图 6.61　CNB Bancshares——日蜡烛线图（塔形顶部形态与圆形顶部形态）

在图6.62中，12月下旬有一根锤子线，暗示行情转向稳定。锤子线之后开始上冲行情，一直持续到12月29日一根长长的白色蜡烛线。无论如何，12月上旬在35.75美元附近曾经形成一个阻挡水平，随着股票进入阻挡水平的火力范围，出现了一群小实体。12月30日的蜡烛线构造了一个孕线形态。孕线形态与之后的几根纺锤线发出"小心"的信号。当1月5日的长黑色实体出现后，完成了塔形顶部反转形态，趋势转向，进入更为不祥的阶段。

正如先前曾讨论的，塔形顶部形态发出的信号有时位于行情变化的后期（因为我们不得不等待黑色蜡烛线就位）。不过在本例中，那个孕线形态来得更早，也是反转信号。事实上，12月30日的蜡烛线实体实在微不足道，因此可以视之为十字孕线形态。

图6.63展示了一例经典的塔形底部形态。它的第一支塔由7

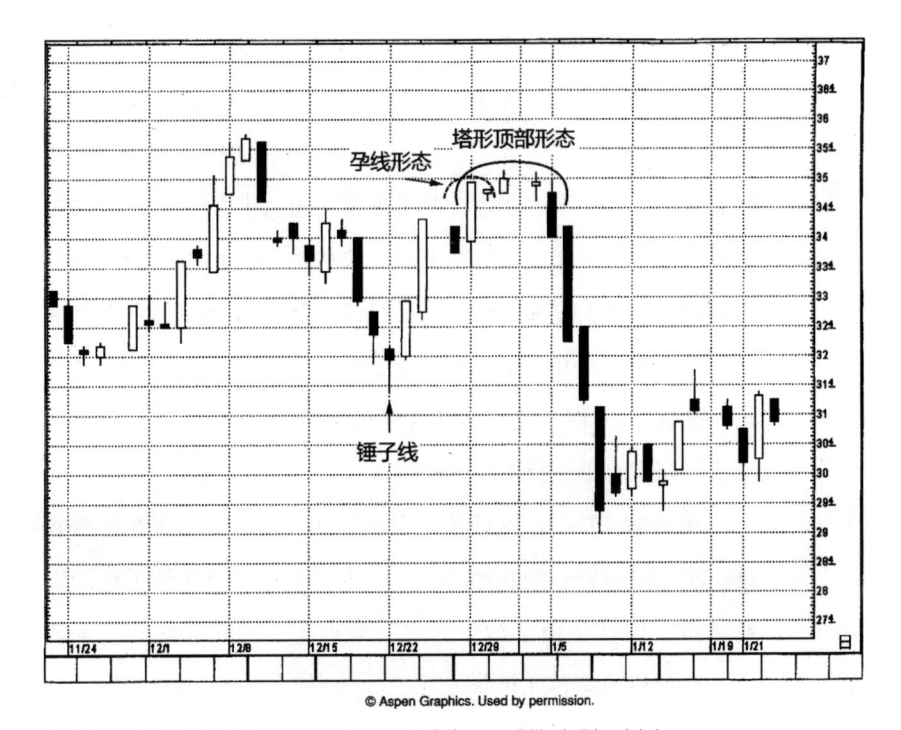

图 6.62　杜康默公司（Ducommun）——日蜡烛线图（塔形顶部形态）

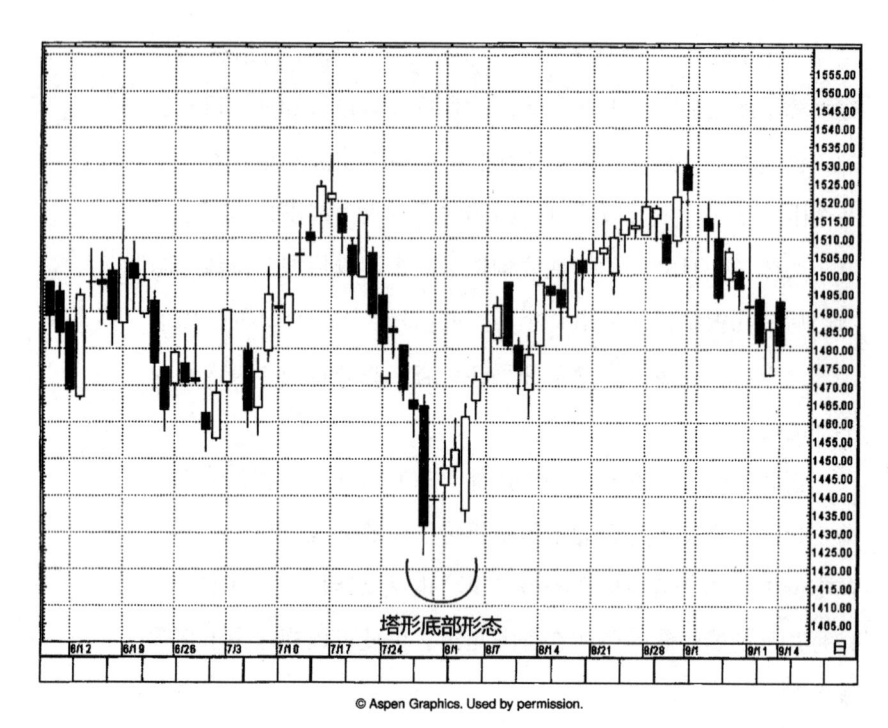

图6.63　标准普尔500指数——日蜡烛线图（塔形底部形态）

月28日的一根超长黑色实体构成。次日是一根十字线，造就了一个十字孕线形态。（请观察7月24日到25日于点H处组成的另一个十字孕线形态。不过，一旦指数行情向下突破到十字孕线形态之下，则该形态所包含的看涨意义通通化为泡影。）在7月底的十字孕线形态之后行情上涨，起初是几根小白色实体，8月3日长长的白色蜡烛线发出了长线的反转信号，因为后者完成了一个塔形底部形态。从塔形底部形态开始，出现一轮上冲行情，持续到8月底，此时标准普尔500指数遭遇7月17日的流星线形成的阻挡水平，行情陷入停顿。

在图6.64中，4月1日是一根锤子线，暗示市场正在探索底部。次日是一根长黑色蜡烛线，其收市价稍稍低于锤子线的支撑水平（即低于锤子线下影线的低点），把趋势拨回下降轨道。在这根长黑色蜡烛线之后，随即产生了一系列小实体。这么一来，上述黑色蜡烛线的看跌意义就多半被消除了。由于

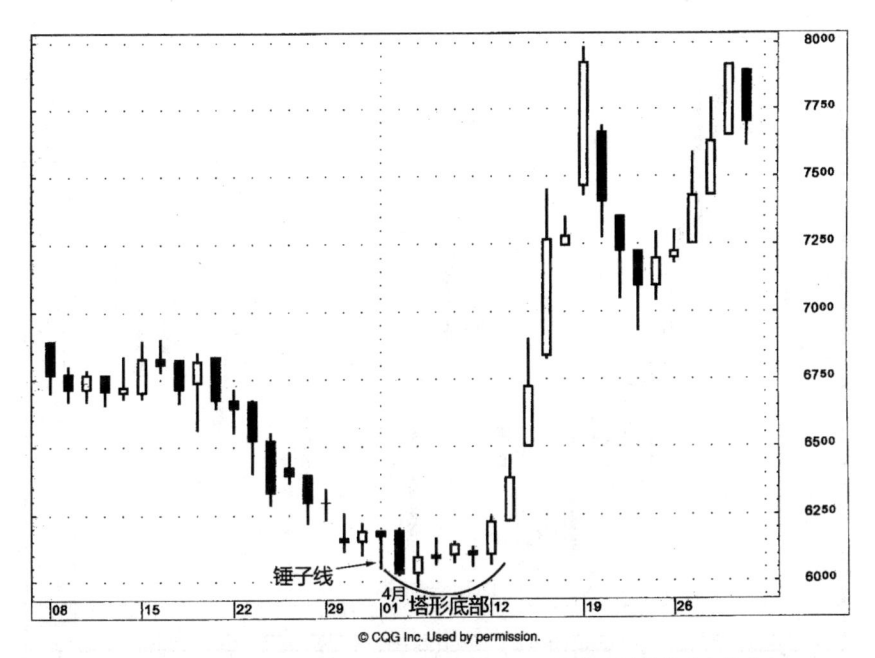

图 6.64 伊利诺斯工具公司（Illinois Tool Works）——日蜡烛线图（塔形底部形态）

4月12日的长白色蜡烛线，股票的健康状况进一步改善。这是塔形底部形态的第二支"塔"（4月2日的黑色蜡烛线是第一支"塔"）。

在塔形底部形态之后，虽然该股票被急剧推升，请记住，塔形底部形态并不带来关于后续行情变化范围的任何信息。正如之前讨论的，这里想再次强调，蜡烛线构成有效的反转信号，但不提供价格目标。

图6.65中的箭头所指为一根长黑色实体，它为当前行情推波助澜创了新低。紧随这根疲软的蜡烛线的，是一根小白色实体，两者形成了一个孕线形态。之后是6周的整固阶段，然后出现了一根超长的白色实体，于是完成一个塔形底部形态。

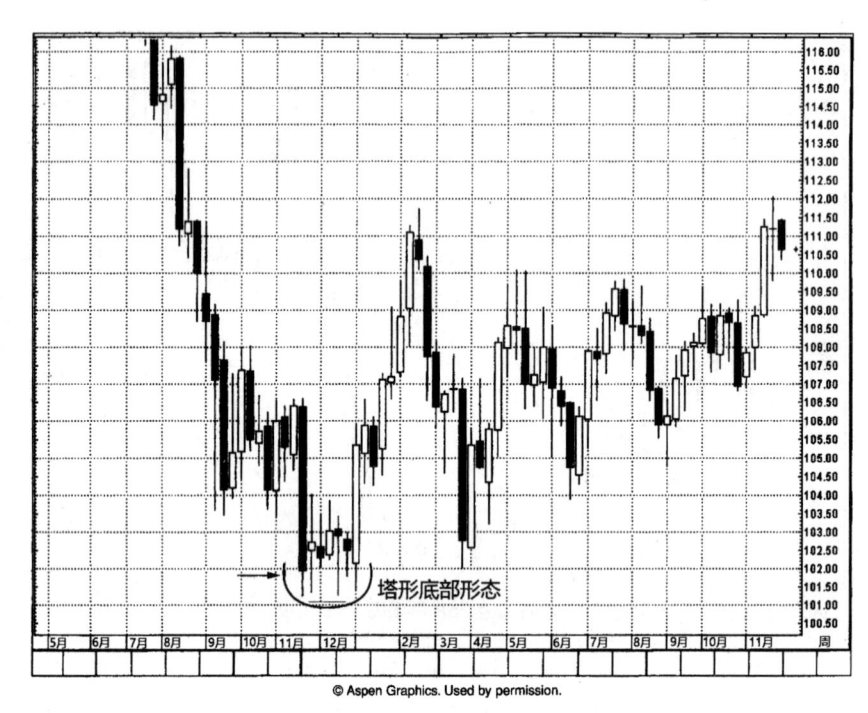

图 6.65 美元兑日元——周蜡烛线图（塔形底部形态）

注

1. 来自乔治斯·以弗拉（Georges Ifrah）所著的《世界数字历史》（*The Universal History of Numbers*）第 276 页（约翰·威利出版公司，2000 年）。

第七章 持续形态

"勇者天助"

到目前为止，我们看到的所有蜡烛图形态都属于反转信号。事实上，绝大多数蜡烛图形态都属于趋势反转信号，不过还是有一群蜡烛图形态构成了持续性的技术指标。所谓的持续性形态，意味着形态完成后，市场仍将恢复先前的趋势。举例来说，如果在上涨行情之后出现了持续形态，那么我们预期上涨行情仍在发挥作用。（当然，这一点并不排除在持续形态出现后先发生调整行情，调整之后再恢复原先的涨势。）

用日本人的话来说就是："有时当买进，有时当卖出，有时当休战。"在这类持续性形态中，大多意味着市场正处于休整阶段，需要喘息一下，然后市场仍将恢复先前的趋势。本章将要讨论的持续形态有窗口（以及含有窗口的一些蜡烛图形态）、上升三法、下降三法、分手线，以及白三兵形态。

窗口

日本技术分析师一般把西方所说的价格跳空称为窗口。按照西方的表达方式，我们说"回填跳空"；在日本，人们则说"关上窗口"。这一部分，我们先来阐述窗口的基本概念，然后还要探讨包含窗口（价格跳空）的其他一些形态。在我的讲座中以及在本书中，经常将术语"窗口"和"跳空"交换使用。

窗口有两种类别，一种是看涨的，一种是看跌的。**向上的窗口**（如图7.1所示）是看涨信号。在前一个时段最高点（也就是其上影线的顶端）与本时段最低点（也就是其下影线的底端）之间，存在价格上的真空地带。

图7.2展示了一例**向下的窗口**。它是看跌信号。在前一个时段最低点与本时段最高点之间，存在价格缺口。

根据日本技术分析师的观点，市场参与者应当顺着窗口形成的方向建立头寸。这是因为窗口属于持续性质的技术信号。因此，如果出现了向上的窗口，我们就应该利用市场回落的机会逢低买进；如果出现了向下的窗口，就应该利用市场反弹的机会逢高卖出。

日本人还认为："调整行情于窗口处终结。"这意味着窗口可能转化为支撑区域或阻挡区域。于是，如果出现了向上的

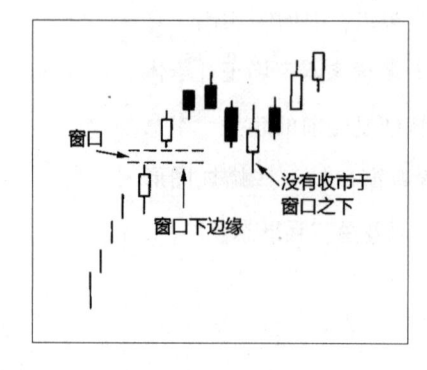

图 7.1 向上的窗口　　　　　　　　图 7.2 向下的窗口

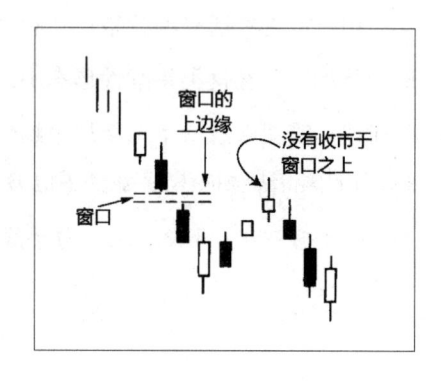

窗口，则在今后市场向下回撤时，这个窗口将形成支撑区域（我们马上会看到，这是指窗口的全部空间）。如果市场在向下回撤时收市价达到了窗口下边缘之下的水平，那么，先前的上升趋势就不复成立了。请注意，在图7.1中，市场在日内一度下跌到窗口下边缘之下，但是因为不是收市价低于该区域，所以向上的窗口所形成的支撑区域保持完好。

同样，如果出现了一个向下的窗口，则意味着市场还将进一步下降。此后形成的任何价格向上反弹，都会在这个窗口处遭遇阻挡（指窗口的全部空间）。如果多方拥有足够的推动力，将收市价推升到向下的窗口之上，那么，下降趋势就完结了。

在西方，一般认为价格跳空总要被回填。我不知道这一点是不是正确的，不过如果采用蜡烛图技术的概念"调整行情于窗口处终结"，那么当行情试图回填价格跳空时，便可以考虑买进（在向上的窗口处）或卖出（在向下的窗口处）。

根据在我的公开讲座和机构培训班中大家提问的情况，对窗口最常发生的误解是，有些人误以为如果两根蜡烛线的实体之间不相接触，那么这两根蜡烛线便组成了一个窗口。举例来说，在图7.3中，在蜡烛线A和B的实体之间存在大幅的空白。可是因为蜡烛线A和B的影线是相互重叠的，所以它们并不构成窗口。正如图7.1和7.2所示，组成窗口的蜡烛线必须是其影线之间互不重叠。无论两根蜡烛线实体之间的"缺口"有多大，除非在它们的影线之间存在缺口，否则不构成窗口。

如图7.3所示，在7月22日的最高点和次日的最低点之间仅有4美分的空白，这是一个小型向上的窗口。无论向上的窗口多么小，它都应当构成潜在的支撑区域。对于向下的窗口，同样也应当构成阻挡区域。窗口不在乎尺寸大小。在图7.3中，向上的窗口形成了支撑区域，之后当行情回落到接近其支撑区域时，留下了一些长长的下影线，突出显示此处需求强大。正如本图所示，虽然向上的窗口构成潜在的支撑区域，但是市场并

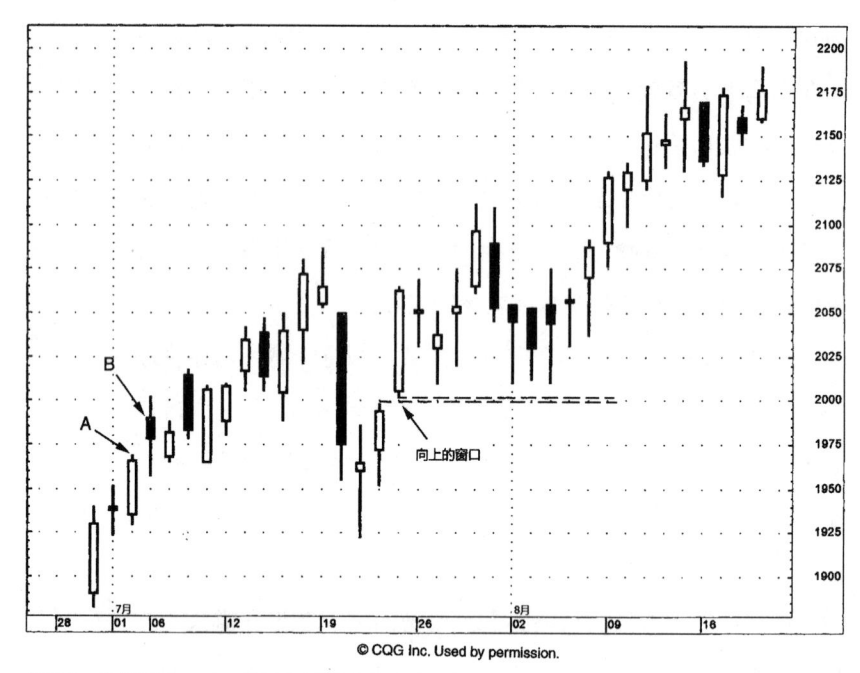

图 7.3 轻质原油——日蜡烛线图（向上的窗口）

不需要精确地回落到窗口所在的支撑区域之后才能向上反弹，有时甚至连接近它都谈不上。因此，在市场朝着向上的窗口回落的过程中，如果您积极看好，那么甚至当市场接近该窗口的上缘时，便可以考虑买进了，无须等到行情进入该窗口之内。如何运用窗口，取决于您的交易风格和交易的迫切程度。应当事先设置止损措施（做好思想准备或者其他措施），以防止行情收市于向上的窗口的下缘之下。

在图7.3中我们看到，如此微小的向上的窗口同样能够成为支撑区域。在图7.4中，在20.50美元和22.50美元之间存在一个幅度非常大的窗口。这么一来，它构成了一个幅度达2美元的支撑区域（从窗口的顶部22.50美元到窗口的底部20.50美元）。

正如之前讨论的，向上的窗口的全部空间都是潜在的支撑区域。大窗口的不利之处是，整个区域都可能构成潜在的支撑水平。在这种情况下，就享受不到很小的窗口所带来的便利——紧凑的支撑区域（向上的窗口）或紧凑的阻挡区域（向

图 7.4 网威公司（Novell）——日蜡烛线图（向上的窗口）

下的窗口）。

在窗口幅度相对较大的情况下，请记住，向上的窗口的关键支撑水平位于窗口的底部（相应地，向下的窗口的关键阻挡水平位于窗口的顶部）。因此，在向上的窗口中，其支撑作用的"最后一口气"就是图上用虚线标注的窗口的底部（即价格跳空的下边缘）。在本图上，市场向下接触到了窗口的底边，20.50美元左右，然后从4月20日的锤子线开始向上反弹。

下面再看看另外两个向上的窗口，图上分别用1和2来做了标记。窗口1的支撑作用在其出现后三周之内一直维持良好，直到4月6日的蜡烛线才向下突破了该支撑水平。窗口2的支撑作用在其出现之后的第二天便被向下突破了。在窗口2被向下突破后，窗口1发挥了支撑作用。这就是我运用窗口的具体做法。举例来说，如果某个窗口的支撑被突破，那就在被突破的窗口下方寻找另一个窗口，以后者作为下一个支撑区域。在本图中，一旦窗口2被向下突破，下一个支撑位置便是窗口1。

单一的蜡烛图信号是否值得采信，必须首先从其所处的总体技术背景来考虑。图7.5的实例充分显示了这一点的重要性。3月1日的第一根蜡烛线是看涨的锤子线。但是更重要的是，看看这根锤子线是如何形成的———个向下的窗口。一方面，锤子线本身立即构成了支撑水平；另一方面，切不可忘记，因为这个向下的窗口，窗口的整个空间现在都成为阻挡区域。果然，从锤子线开始的反弹行情到向下的窗口顶边时渐渐熄火了。

请注意在2月28日的最后一根蜡烛线与下一日（3月1日）的第一根蜡烛线之间形成了一个向下的窗口。本图揭示了在日内图表上形成窗口的场合，日内图表上绝大多数窗口出现在上一日的最后一根蜡烛线与当日的第一根蜡烛线之间。这并不奇怪，在日内图表连续两个时段之间出现价格跳空反倒是不寻常的，例如在5分钟蜡烛线图上，在一个5分钟时段与紧接着的另一个5分钟时段之间出现了价格缺口。

图7.5 亚马逊——5分钟蜡烛线图（向下的窗口）

正如图7.6所示，6月底出现了一场冲劲十足的为期两天的上冲行情。十字孕线形态告诉我们，该股票已经脱离了之前的上升趋势。（7月1日是其中的第二根蜡烛线，它局限在前一根高高的白色实体之内。它的实体实在微不足道，无论从哪个角度来说，都可以归结为十字线，因此本形态便属于十字孕线形态。）下一日（7月2日）是一根理想的十字线，再次响应了前一根蜡烛线所暗示的信号，即市场在98美元上下，已经脱离了之前的上涨趋势。7月中旬形成的看跌吞没形态提供了进一步的证据，表明大难临头。

在7月27日与28日之间打开了一个小的向下的窗口（图上标记1处），29日接着出现了另一个向下的窗口（图上标记2处）。第二个向下的窗口带来了最大的损害，因为它向下跳空到了大约95美元的支撑区域之下，这个支撑区域曾经在7月的上半个月一直维持良好（这样的跳空在西方术语里属于"突破跳空"）。毫不奇怪，接近95美元的这个窗口成了关键阻挡区域。

蜡烛图常常可以提供线图不能提供的技术信号，蜡烛图之

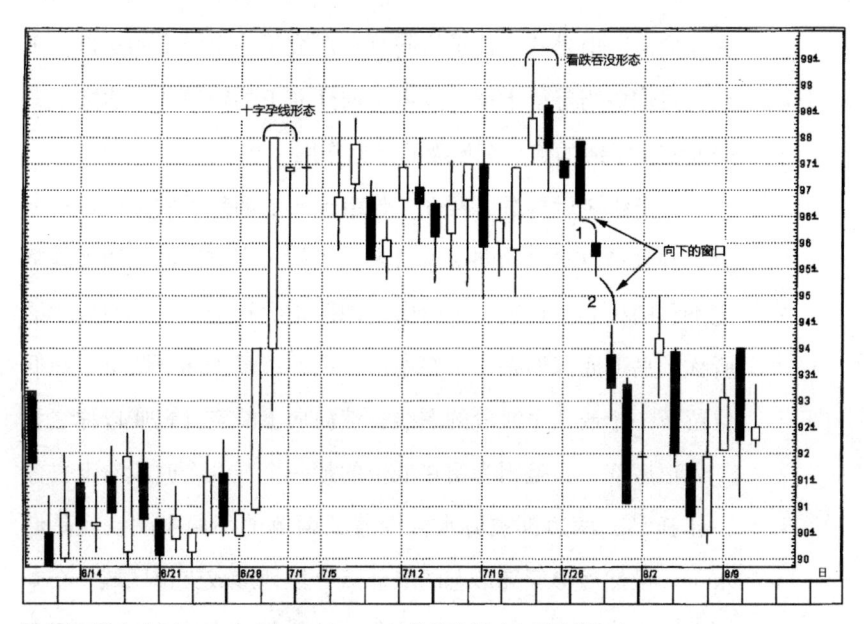

图 7.6 强生（Johnson & Johnson）——日蜡烛线图（向下的窗口）

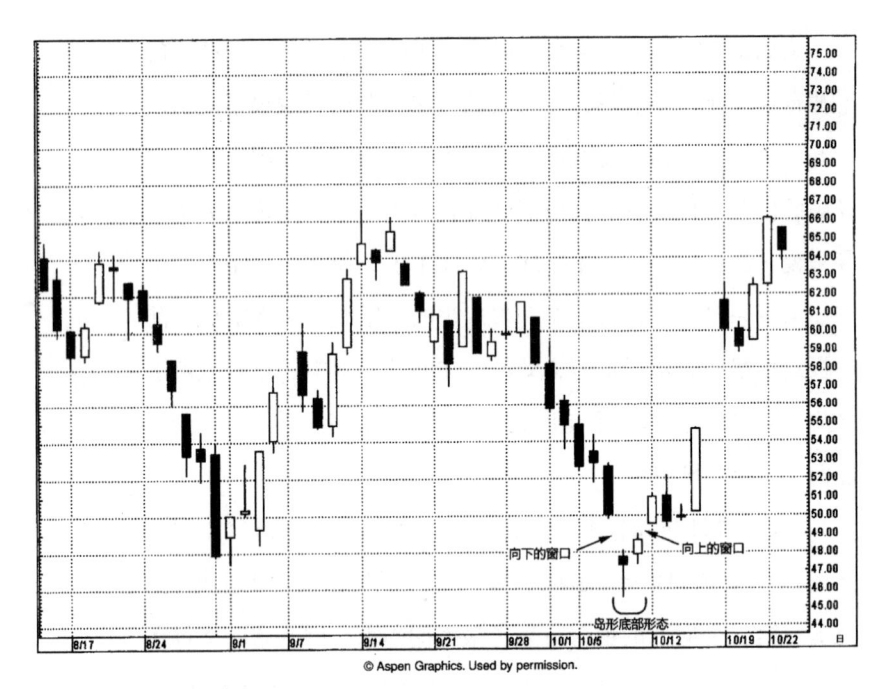

图7.7 油服指数——日蜡烛线图（窗口）

所以具有无可置疑的吸引力，这是其中最主要的因素之一。图7.7揭示了如何通过窗口来得到一个阻挡区域，但这个阻挡区域在线图上不可用。10月8日出现了一根锤子线。它可能是潜在的看涨信号，但是这根锤子线同时也形成了一个向下的窗口。于是，我们应当等待市场的收市价回到向下的窗口的顶边之上，以证实锤子线的确具有积极的指标作用。

锤子线之后再过了两天，收市价向上超越了向下窗口的顶边，并且是以看涨的向上窗口来完成的，多方以此证明了其坚定不移的决心。在这个过程中，油服指数构造了一个西方术语所称的岛形底部形态。（在本形态中，市场先向下跳空，在低位留下一个或几个时段的图线，然后向上跳空。之所以称之为"岛形底部"，是因为留在低位的那一个或几个时段看上去像一座孤岛，两边都被海水包围着，两侧的那两个跳空就是海水）。虽然岛形底部形态的最低点自然地形成支撑区域（在本图上该支撑区域接近45.50），但是借助蜡烛图技术中的窗口工具,我们可以及时获得更接近当前行情的支撑区域。

采用向上的窗口构成支撑水平的概念,一旦岛形底部形态于10月12日完成(以向上的窗口),我们得到的第一个支撑水平不是45.50(岛形底部的最低点),而是接近49.00的位置。这是受惠于该向上的窗口。正是在这个窗口的支撑区域,行情在随后的几天里站稳了脚跟,然后便一飞冲天,形成一根长长的白色实体。这又是一个实例,说明蜡烛图技术工具有助于我们取得优势,领先单纯使用线图工具的那些人,因为单纯使用线图的人以岛形底部的最低点作为第一个支撑水平(位于45.50),而不是以蜡烛图的向上的窗口作为第一个支撑水平(位于49.00)。当然,万一市场向下突破了窗口的支撑区域,我们自然要看下一个支撑水平,近乎45.50处(即岛形底部形态和锤子线的最低点)。

传统的日本技术分析理论认为,在三个向上的或向下的窗口之后,很可能市场已经处在过度超买状态,上升行情难以为继(在三个向上的窗口的情形下),或者处在过度超卖状态,下降行情无力维持(在三个向下的窗口的情形下)。这一点可能与数字"3"在日本文化中的重要性有关。不过,自本书第一版问世以来,我已经对这个概念进行了一番精心调整。

窗口的地位如此显要,我发现无论已经出现了多少个窗口,当前的趋势都不受影响,直到最后的窗口被关闭为止。在上升行情中,可以有任意数目的向上的窗口。只要市场没有以收市价向下突破最高的那个向上的窗口,则趋势依然维持向上。在图7.8中,展示了这样的一个实例。8月中旬于B处形成了一个看涨的吞没形态,由此开始形成了一轮上冲行情。最终,这轮行情总共打开了六个向上的窗口。10月5日和6日组成了一个孕线形态,这是我们得到的最早的线索,表明债券市场喘不过气来了。但是,要等到收市价向下突破了第六个向上的窗口之后,这轮上冲行情才终结。后来的结果表明,债券期货行情此处的向下反转形成了一个主要的历史高点,之后市场多年保

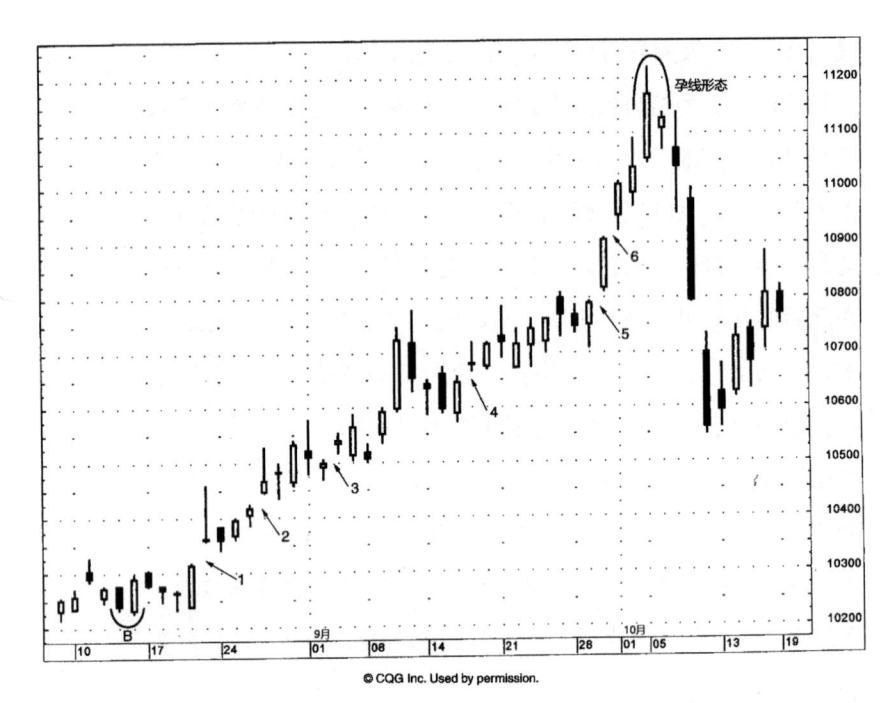

图7.8 债券期货——日蜡烛线图（向上的窗口）

持下滑态势。

图7.9是另一个实例，说明了即使出现了3个向上的窗口，上涨行情仍然可以持续下去。向上的窗口分别以数字1、2、3、4进行了标记。上述的每一个窗口都作为支撑水平维持良好。A处向下的窗口给出信号，表明行情可能遇到麻烦，该窗口在46美元的水平发挥了阻挡作用。从向下的窗口开始形成了一轮下降行情，一直持续到5月的第一个星期。

5月4日是一根黑色实体，它向下突破了窗口4的底边，即位于42.50美元的支撑水平。对微软来说，向下突破窗口4的支撑作用，具有进一步看跌的潜在意味。然而第二天，也就是5月5日，出现了一根坚挺的白色蜡烛线（一根看涨的捉腰带线，开市于最低点，收市于最高点），并且组成了一个经典的刺透形态。这么一来，便部分抵消了前一天的看跌意味。

本图的实例揭示了灵活适应不断变化的市场环境的重要性：5月4日由于行情跌破支撑水平，我们持有看跌的预期；第

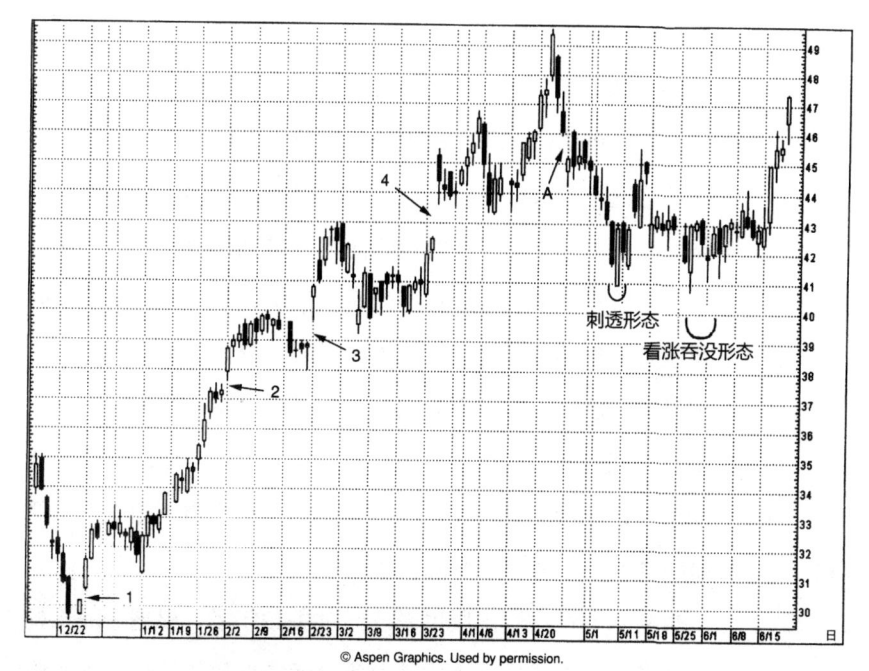

图7.9 微软公司——日蜡烛线图（向上的窗口）

二天由于刺透形态的出现，我们的观点转变为不太看跌了。

在接下来的两个交易时段中，5月11日和12日，出现了类似的情形：先是一根黑色实体，跟着是一根白色实体。关于41美元附近存在主要支撑，如果我们还需要进一步的证据，那么5月26日和27日的看涨吞没形态便是了。事实上，如果我们观察一下从5月29日到6月2日的三根蜡烛线，它们可以被视为一个启明星形态（虽然在典型情况下我们希望启明星出现在下降趋势之后，而不是像本图的情形出现在横向交易区间中）。尽管如此，本形态的确证实了41美元左右的支撑水平稳如泰山。

向上跳空和向下跳空并列阴阳线形态

如图7.10和7.11所示，**并列阴阳线形态**是由具备特定形态的两根蜡烛线组成的，两者一起向上跳空或向下跳空。图7.10为

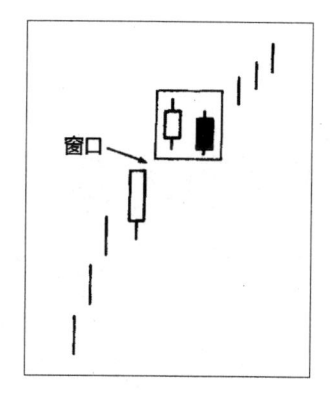

图7.10 向上跳空并列阴阳线形态

向上跳空并列阴阳线形态，其中一根白色蜡烛线和一根黑色蜡烛线共同形成了一个向上的窗口。这根黑色蜡烛线的开市价位于前一个白色实体之内，收市价位于前一个白色实体之下。在这样的情况下，这根黑色蜡烛线的收市价，就构成了买卖双方争夺的要点。如果市场以收市价向下突破到该窗口之下，那么这个向上跳空并列阴阳线形态的看涨意义就不再成立了。在**向下跳空并列阴阳线形态**（如图7.11所示）中，基本概念与上述形态是相同的，只不过方向相反。一根黑色蜡烛线和一根白色蜡烛线共同打开了一个向下的窗口。在向上跳空和向下跳空并列阴阳线形态中，两根蜡烛线的实体的大小应当不相上下。两种跳空并列阴阳线形态都很少见。

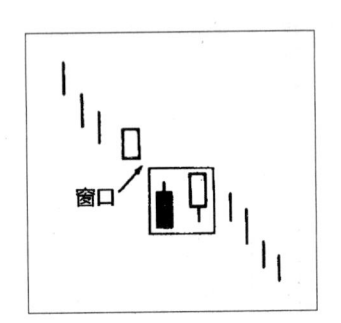

图 7.11 向下跳空并列阴阳线

自从本书第一版出版以来已经过去12年了，根据进一步积累的经验，我在讲座中通常建议听众无须费脑子记忆并列阴阳线形态。在我看来，由于该形态中的窗口如此醒目，以至于在向上的窗口之后出现什么颜色的蜡烛线或者什么样的蜡烛线组合都没什么大不了的。窗口本身才是至关重要的。我们只要记住，如果出现了向上的窗口（例如在向上跳空并列阴阳线形态中），便构成看涨的信号，并且窗口应成为支撑区域。如果市场收市于该支撑水平之下，则导致趋势方向转向下。对于向下跳空并列阴阳线，道理一样而方向相反。也就是说，既然向下跳空并列阴阳线带有一个向下的窗口，那么它将构成阻挡水平。如果市场收市于向下的窗口的顶边之上，则消除了向下跳空并列阴阳线形态的看跌意味。

在图7.12中，9月底出现了一个小型向上的窗口。在向上的窗口之后有两根蜡烛线，组成了向上跳空并列阴阳线形态。之所以称之为并列阴阳线形态，是因为在向上的窗口之后，先是一根白色蜡烛线，然后是一根黑色蜡烛线。然而上面刚刚指出，依我看来，在向上的窗口之后，到底那两根蜡烛线是什么样子并不要紧。主要的考虑是把向上的窗口视为支撑区域，并根据收市价来判断其守与破。正如图上虚线所示，

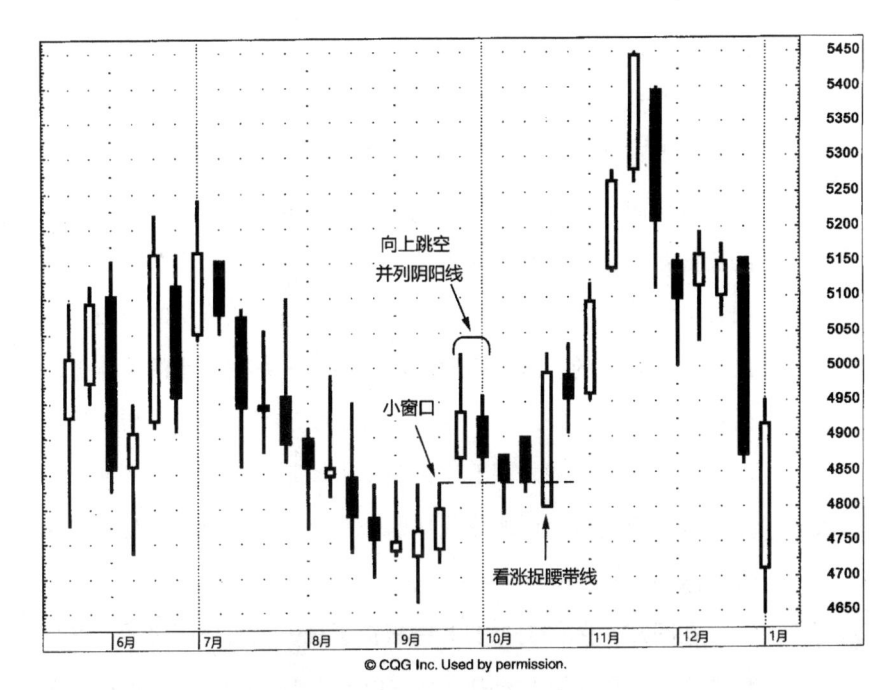

图 7.12 铂金——周蜡烛线图（向上跳空并列阴阳线）

根据收市价来判断，该支撑区域无论如何总算维护住了。后来，10月底出现了一根看涨的捉腰带线，并且它包裹了之前的三根黑色实体，从而为该窗口的支撑作用给出了最终的验证信号。

高价位和低价位跳空突破形态

在上升趋势中，当市场经历了一轮急剧的上涨后，在正常情况下都需要一个调整消化的过程。有时，这个整理过程是通过一系列小实体来完成的。如果在一根坚挺的蜡烛线之后，出现了一群小实体的蜡烛线，则表明市场已经变得犹豫不决了。虽然这群小实体表示行情趋势已经从向上转为中性，但是它们的出现在某种意义上是健康的，因为通过踩水的过程，缓解了市场所处的超买状态。一旦后来某一天的行情从这群小实体处打开了一个向上的窗口，就是看涨的信号。这就是一个**高价位**

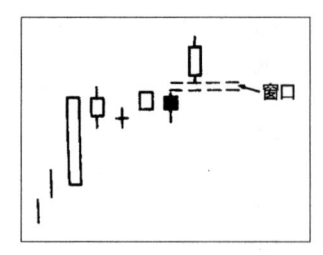

图7.13 高价位跳空突破形态

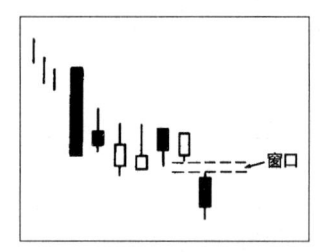

图7.14 低价位跳空突破形态

跳空突破形态（如图7.13所示）。之所以这样称呼这类形态，是因为在这类形态中，市场先是在最近形成的高价位上徘徊，后来才下定决心向上跳空。

可想而知，**低价位跳空突破形态**正是高价位跳空突破形态的反面角色，两者对等而意义相反。低价位跳空突破形态（如图7.14所示）是一个向下的窗口，是从一个低价位的横向整理区间向下打开的。这个**横向整理区间**（一系列较小的实体）发生在一轮急剧下跌之后，曾经使市场稳定了下来。当初，从这群小实体蜡烛线的外观看来，似乎市场正在构筑一个底部。但是后来，市场以窗口的形式从这个密集区向下突破，打破了这种看涨的期望。

在图7.15中，7月31日是一根锤子线，结果成了之后上涨行情的低点，在这轮上涨中，8月初曾经形成一个向上的窗口。在8月7日所在的一周里，出现了一根长黑色实体，组成了乌云盖顶形态，在这轮上涨行情的前方添加了一块临时的挡板。

在8月21日所在的一周里，先是一根长长的白色蜡烛线，后面跟着一系列小实体，显示该股票行情已经进入调整阶段。8月28日打开了一个小型向上的窗口，完成了一个高价位跳空突破形态，证明多头完全控制了市场。

在本形态中，或者在任何高价位跳空突破形态中，一旦市场收市于其中向上的窗口之下，则消除了形态的看涨意义。对低价位跳空突破形态来说，道理相同而方向相反。

在图7.16中，6月29日出现了一根高高的白色蜡烛线。紧随其后，6月30日是一根十字线。长白色实体之后的十字线，两者组成十字孕线形态，表明股票已经从坚挺转为较中性。十字线之后的几个实体呼应了上述观点。请注意图表底部，由上述四根小实体组成了一个紧凑的交易区间，结果导致与之对应的摆动指数从指示超买状态的1处回落到了指示中性状态的2处。这正是本节开头部分讨论的跳空并列阴阳线的一个方面，即并列阴阳线形态中的一系列小实体有助于缓解市场的超买状态。在

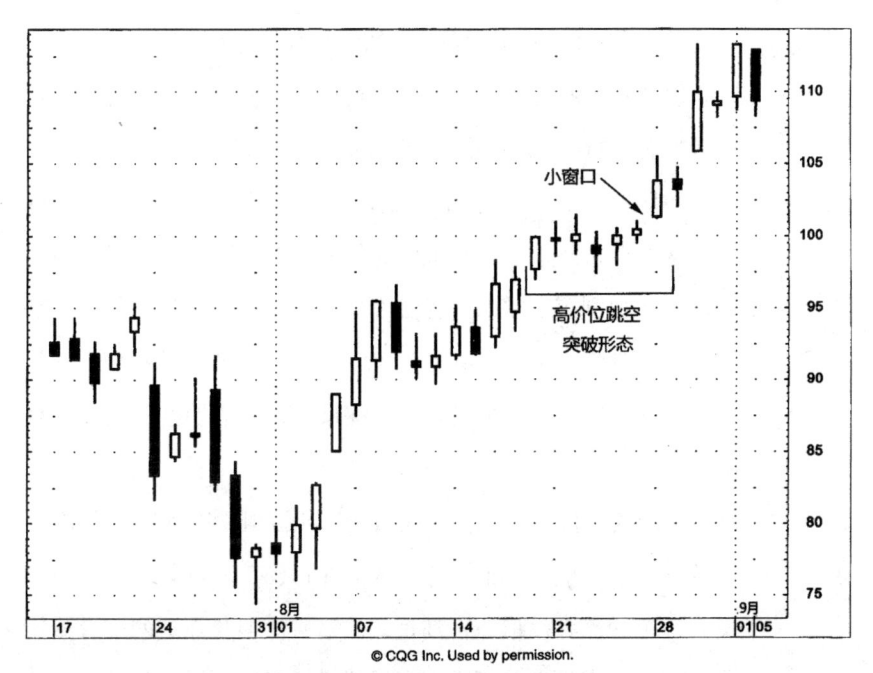

图 7.15 康宁公司——日蜡烛线图（高价位跳空突破形态）

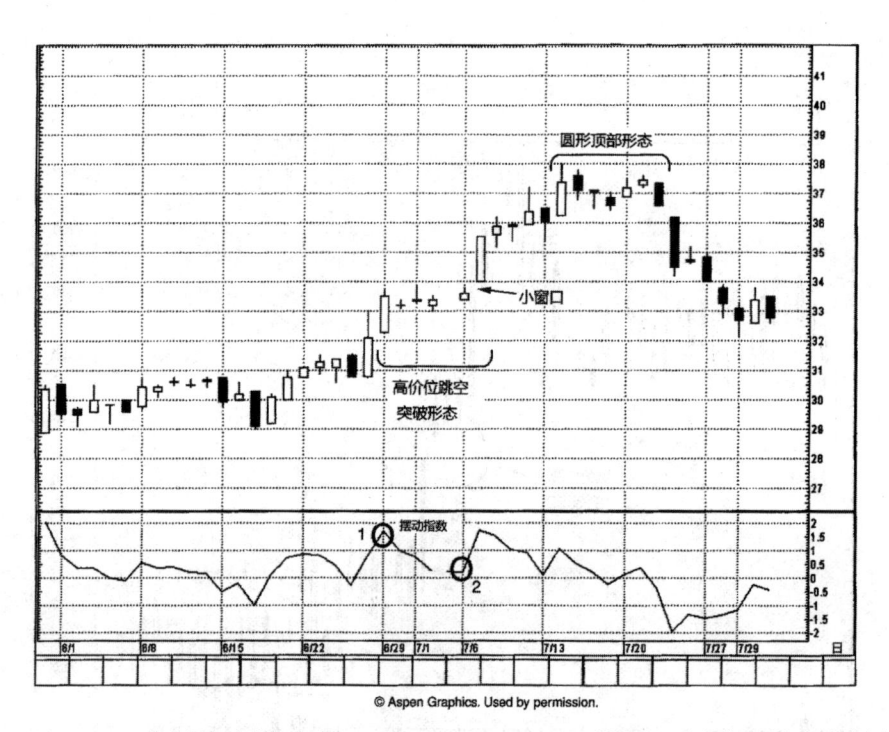

图 7.16 99美分折扣连锁商店（99 Cents Only Stores）——日蜡烛线图（高价位跳空突破形态）

2处,股票不处于超买状态,这使得行情更容易上涨。7月7日,一旦股票向上打开了一个小型的窗口后,便形成了高价位跳空突破形态。7月中旬出现了一个圆形顶部形态。

在图7.17中,4月初的孕线形态有助于终结当时的上涨行情。从本形态开始市场下降并逐步加速,特别是4月15日的超长黑色实体加剧了下跌的进程。之后的两个时段都是纺锤线,有线索显示股票正在努力稳住。然而,4月17日收市价再创新低,下一日又完成了一个低价位跳空突破形态,表明空头重新夺得全部控制权。

请观察5月初的小型窗口是如何转化为阻挡区域的。该阻挡区域很重要,值得牢记于心,因为在1处有一根锤子线,在2处又有一个看涨吞没形态,都是底部信号。但是在这两个看涨信号出现时,交易者对买进应当保持谨慎态度,因为根据该窗口的阻挡作用,潜在的利润空间有限。

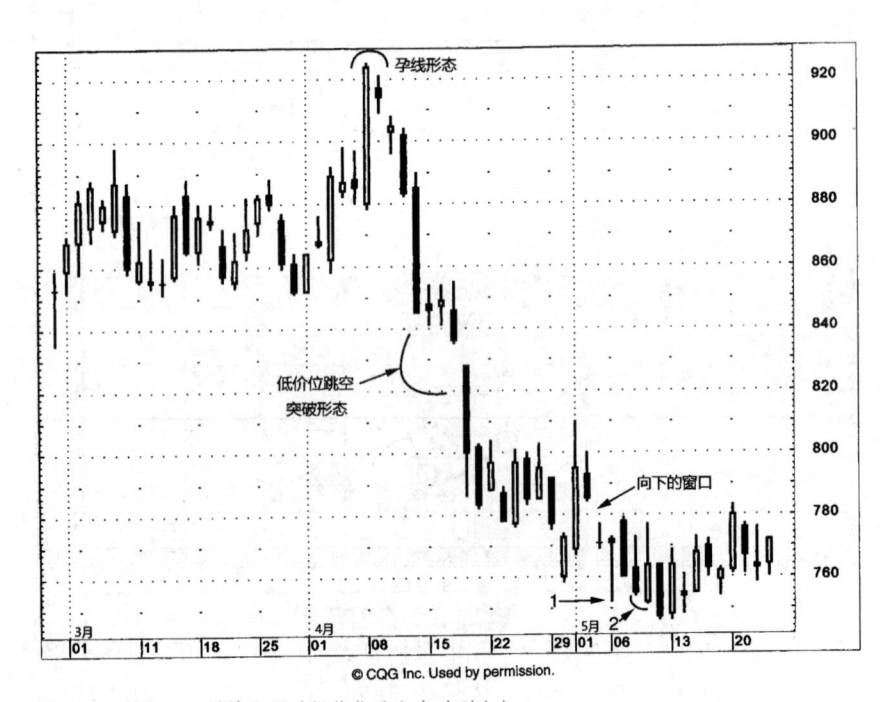

图 7.17 糖——日蜡烛线图(低价位跳空突破形态)

跳空并列白色蜡烛线形态

在上涨行情中,先出现了一根向上跳空的白色蜡烛线,随后又是一根白色蜡烛线,并且后面这根线与前一根线大小相当,两者的开市价也差不多处在同样的水平上,这样就形成了一种看涨的持续形态。这种双蜡烛线形态称为**向上跳空并列白色蜡烛线形态**(或者称为**向上跳空并列阳线形态**,如图7.18所示)。

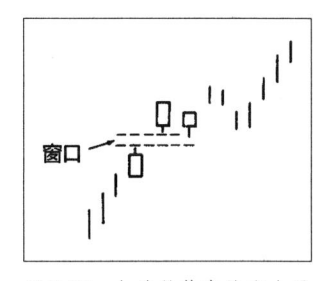

图7.18 上升趋势中的向上跳空并列白色蜡烛线形态

上面介绍的这种并列白色蜡烛线形态是很少见的。不过,更少见的还有向下跳空的两根并列白色蜡烛线。这类形态称为**向下跳空并列白色蜡烛线形态**(如图7.19所示)。在下跌行情中,尽管它们都是白色蜡烛线,因为之前向下的窗口,依然把它们归结为看跌信号。这是因为这两根白色蜡烛线被看作空头平仓的过程。一旦空头平仓的过程完成了,价格就要进一步下跌。这类向下跳空并列白色蜡烛线形态之所以特别罕见,其原因不难理解。在市场下降趋势中,当出现向下跳空时,如果形成跳空的蜡烛线是一根黑色蜡烛线,那么当然比一根白色蜡烛线自然得多。

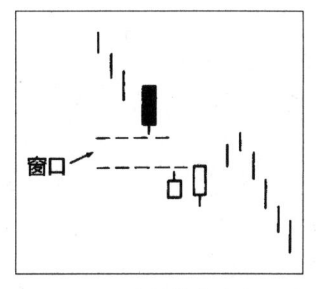

图7.19 下降趋势中的向下跳空并列白色蜡烛线形态

虽然下面也为这些形态提供了实例,但是形成跳空并列白色蜡烛线形态的蜡烛线的具体情况并不重要,无须死记硬背。重要的是形态中所包含的向上或向下的窗口。正如本章在并列跳空阴阳线形态的部分曾讨论的那样,这两根蜡烛线的样式并没有多少影响,无论窗口之后的两根蜡烛线都是白色的(在跳空并列白色蜡烛线形态下),还是一根白色一根黑色的(在跳空并列阴阳线形态下)。唯有窗口本身提供了趋势信息,以及支撑区域或阻挡区域。

举例来说,在向下跳空并列白色蜡烛线形态中,尽管这是两根白色蜡烛线,依然构成看跌信号。这并不奇怪。其原因正在于本形态包含向下的窗口,它定义了趋势方向(在本例中,趋势方向向下)。市场必须收市于向下的窗口顶边之上,才能消除向下跳空并列白色蜡烛线形态的看跌意义。

这个例子意味着：我们不必费劲记忆神秘的跳空并列阴阳线形态和跳空并列白色线形态到底是什么样式，**窗口，才是关键因素**。不论向上的窗口还是向下的窗口，窗口之后的两根蜡烛线的具体组合与颜色配合无关宏旨。向下的窗口推动趋势向下，向上的窗口推动趋势向上，并且窗口分别构成阻挡或支撑区域。

如图7.20所示，5月的头两个交易日形成了一个向上跳空并列白色线形态。前面曾经说过，在该向上跳空并列白色线形态中，两根蜡烛线的颜色并没有什么大不了的，5月1日向上打开的窗口才真正决定了该形态的积极信号。

因为本图中包括许多窗口的实例，以下逐一分别讨论。

·1处是一个向下的窗口，它维持趋势向下。尽管形成该窗口的3月26日是一根锤子线，也不影响上述判断。在窗口与其他形态之间进行取舍时，我通常选择窗口。就本例而言，是要在

图 7.20 铂金——日蜡烛线图（向上跳空并列白色线形态）

看涨的锤子线和看跌的向下的窗口之间取舍。向下的窗口所造成的看跌前景优先于锤子线。市场必须收市于窗口之上，才能确认锤子线的看涨前景。

·2处是一个小型向上的窗口。在4月4日和5日形成的乌云盖顶形态之后，行情小幅回落，该窗口此时成为支撑。4月10日的十字线（正处在该窗口的支撑水平上）反映了两个方面的情况：第一，2处的窗口发挥了支撑作用；第二，十字线之前接连出现三根黑色实体，证明行情处在下降趋势，十字线的出现表明股票行情已经挣脱了之前的下降趋势。

·经过4月10日成功捍卫窗口2的支撑作用后，行情开始上涨。上涨行情持续到4月23日，达到495美元的阻挡水平后停顿。该阻挡水平来自向下的窗口1的顶边。从该阻挡水平处引发的下降行情打开了3处向下的窗口。4月25日是一根长黑色实体，之后跟着一根小实体，后者居于长黑实体内部，形成了一个孕线形态。这表明空头正在失去动力。

·5月1日形成了向上的窗口，之后是两根小的白色实体。（这就形成了之前介绍的向上跳空并列白色线形态。）在向上跳空并列白色线形态之后，行情演变成"窗口大战"，上有3处向下的窗口的阻挡作用（大约488美元），下有4处的向上的窗口的支撑水平（大约475美元）。我们看到，在一周多的时间里，上述支撑和阻挡区域都保持完好，直到5月17日，需求才足够强大，以收市价将市场推升到了向下的窗口3的阻挡水平之上。（5月14日，市场曾经在日内的行情演变过程中推进到了该窗口之上，但是未能收市于之上——这样便维持了窗口阻挡作用完好无损。）自从突破该阻挡水平之后，市场快速上涨，直到5月18日和21日形成了孕线形态，终结了这轮上冲行情。

上升三法（上升三蜡烛线法）和下降三法（下降三蜡烛线法）形态

所谓三法形态，包括看涨的**上升三（蜡烛线）法**，以及看跌的**下降三（蜡烛线）法**。（请注意，这里我们又与数字3不期而遇了。）这两类形态均属于持续形态。也就是说，一旦看涨的上升三法形态完成后，之前的趋势应当恢复，行情继续走高。相应地，在看跌的下降三法形态完成后，之前的下降趋势继续有效。

上升三法形态（如图7.21所示）由以下几个方面组成：

1. 首先出现的是一根长长的白色蜡烛线。

2. 在这根白色蜡烛线之后，紧跟着一群依次下降的或者横向延伸的小实体蜡烛线。这群小实体蜡烛线的理想数目是3根，但是2根或者3根以上也是可以接受的，条件是：只要这群小实体蜡烛线基本上都局限在前面长长的白色蜡烛线的高点到低点的价格范围之内。我们不妨做这样的理解：由于这群较小的蜡烛线处于第一天的价格范围之内，它们与最前面的长蜡烛线一道构成了一种类似于三日孕线形态的价格形态。（在本形态中，所谓处于最前面的蜡烛线的价格范围之内，指的是这群小蜡烛线均处于该蜡烛线的上下影线的范围之内；而在真正的孕线形态中，仅仅是小蜡烛线的实体包含在前面那根蜡烛线的实体之内。）小蜡烛线既可以是白色的，也可以是黑色的，不过，黑色蜡烛线最常见。

3. 最后一天应当是一根坚挺的白色实体蜡烛线，并且它的收市价高于第一天的收市价，同时其开市价应当高于前一天的收市价。

本形态与西方技术分析理论中的看涨旗形或看涨三角旗形形态有相似之处。不过，上升三法形态的理论起源可以上溯到18世纪。一般认为，三法形态代表了买、卖之外的第三种情况——休息，也代表了牛熊之争的一次休战。用更时髦的说

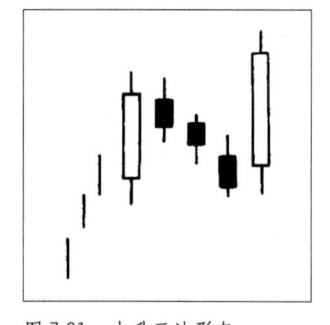

图 7.21 上升三法形态

法来形容：市场通过这一群小蜡烛线，获得了一次"喘息的机会"。

下降三法形态（如图7.22所示）与上升三法形态完全是对等的，只不过方向相反。这类形态的形成过程如下：市场应当处在下降趋势中，首先出场的是一根长长的黑色蜡烛线。在这根黑色蜡烛线之后，跟随着大约3根依次上升的小蜡烛线，并且这群蜡烛线的实体都局限在第一根蜡烛线的范围之内（包括其上、下影线）。最后一天，开市价应低于前一天的收市价，并且收市价应低于第一根黑色蜡烛线的收市价。本形态与看跌旗形或看跌三角旗形形态相似。本形态的理想情形是，在第一根长实体之后，小实体的颜色与长实体相反。也就是说，对看涨的上升三法形态来说，应当是黑色的小实体；而对看跌的下降三法形态来说，应当是白色的小实体。虽然如此，从我的经验出发，2根，至多5根小实体都可以很好地完成形态。同时，小实体可以是任意颜色的。

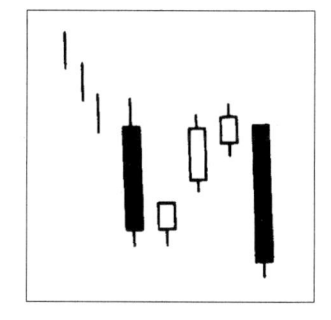

图 7.22 下降三法形态

在理想的上升三法形态中，应有3根黑色小实体，且它们都位于白色实体的全部交易范围之内。在图7.23中，8月13日出现了一根看涨的捉腰带线。在它之后跟随着4根黑色小实体（其中一根是十字线），它们都位于8月13日的高点到低点范围内。8月21日的收市价完成了上升三法形态。

上升三法形态给我们带来的挑战在于风险报偿比方面。等到上升三法形态完成之时，股票行情或许已经远远地离开它最近的低点了。在这种情况下，如果等到三法形态完成时买进，或许不能带来有吸引力的交易机会。如此一来，一旦上升三法形态完成，交易者必须首先考虑到潜在的利润空间，把它与风险权衡一下（风险从买入点算起，到上升三法形态中开始的那根白色蜡烛线的最低点为止）。

如图7.24所示，10月的第一个周，橙汁市场是一根拉长的黑色蜡烛线，将行情打到新低。下一个时段，橙汁重新回升到69美分以上，表明前一周所创的新低不能持续。正如我们将在

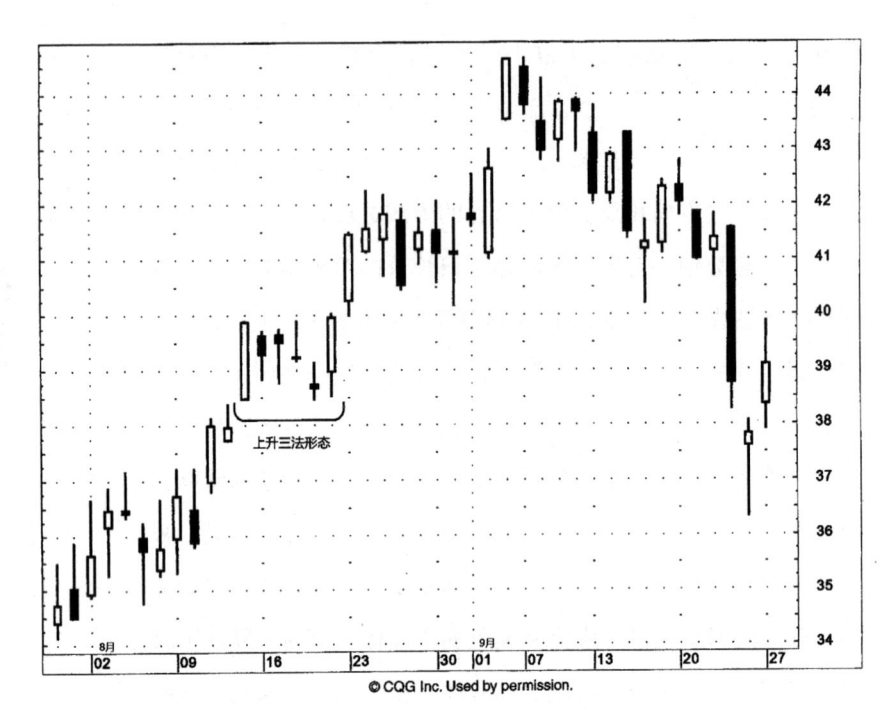

图 7.23 英特尔——日蜡烛线图（上升三法形态）

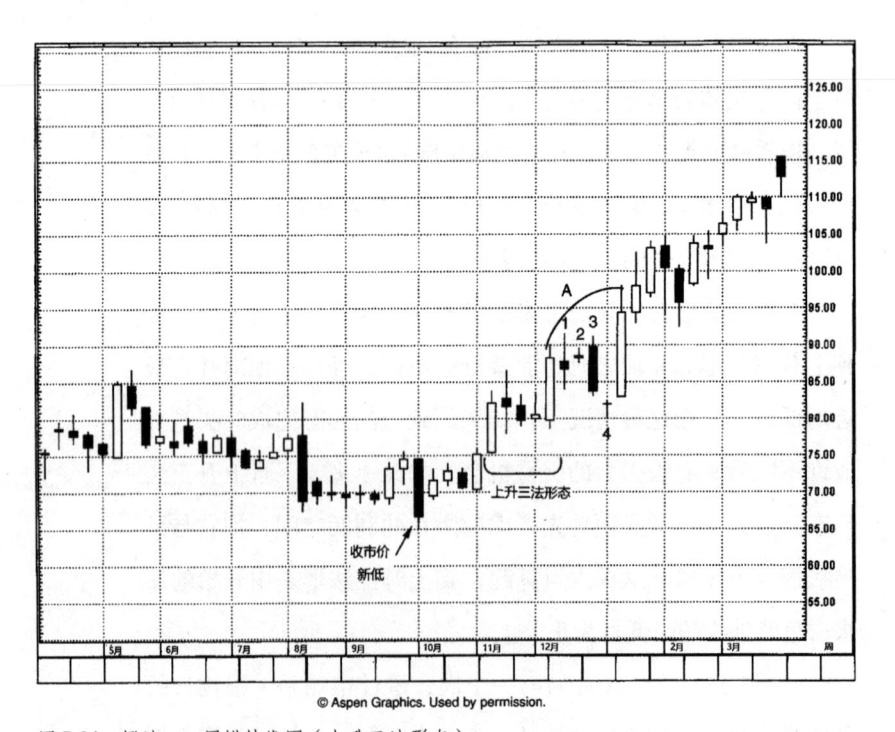

图 7.24 橙汁——周蜡烛线图（上升三法形态）

第十一章看到的，当市场向下突破重要的支撑区域（本市场向下突破了8月—9月的低点，这正是一个重要的支撑水平），后来却不能守住新低，这一现象常常具有看涨的意味。

11月的第二周是一根长长的白色蜡烛线。接下来的一周是一根小实体，这就证明市场疲软了，此时市场正面临来自5月的接近85—87美分的阻挡区域。一群小实体通通躲在11月的第二根长长的白色蜡烛线的范围内。在12月出现了一根长长的白色蜡烛线之后，我们就得到了一个上升三法形态。（请记住，只要那群小实体维持在之前白色蜡烛线的全部交易范围内，即使它们的影线冒出白色蜡烛线的范围，也是可以接受的。）

在上升三法形态之后，市场在12月剩下的时间里横向延伸，直到一根拉长的白色蜡烛线将多头行情推回正轨。这根拉长的白色蜡烛线紧随着一根十字线（图上用数字"4"标记）。有人可能已经注意到，图上标注"A"的区域看起来与上升三法形态非常相似，因为从1到4的几根实体都藏身于之前那根白色蜡烛线的范围内。由于上升三法形态要求由小实体组成，长实体3不符合要求，意味着它不属于上升三法形态。

在图7.25中，3月30日和31日股票走低，不过下跌过程是一系列非常小的实体，几乎成十字线了。这使得当前趋势不那么悲观。4月1日出现了看涨吞没形态，显示多方现在主宰行情。之后的四天，市场进行了一定程度的调整，其中黑色小实体和白色小实体交替出现。4月10日的蜡烛线完成了上升三法形态。

现在我们来观察一个实例，其中展示了交易量分析与上升三法形态相结合的具体做法。在理想的上升三法形态中，第一根蜡烛线和最后一根蜡烛线，即那两根长的白色蜡烛线，伴随着在上升三法的所有交易时段里最大的交易量。这一点为每一根白色蜡烛线都提供了验证信息，表明多方对市场的控制力更强大。在图7.26中，6月17日是一根长长的白色蜡烛线，伴随着相对强大的交易量。不仅如此，这根蜡烛线与之前的两根还组成了一个十字启明星形态。

160 · 日本蜡烛图技术

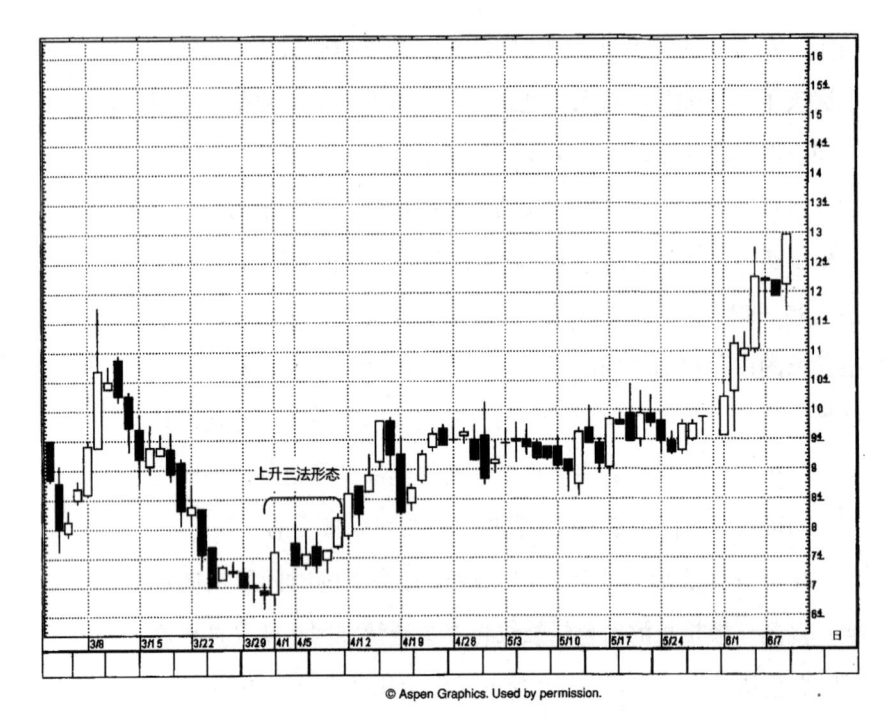

图7.25 Asyst Tech公司——日蜡烛线图（上升三法形态）

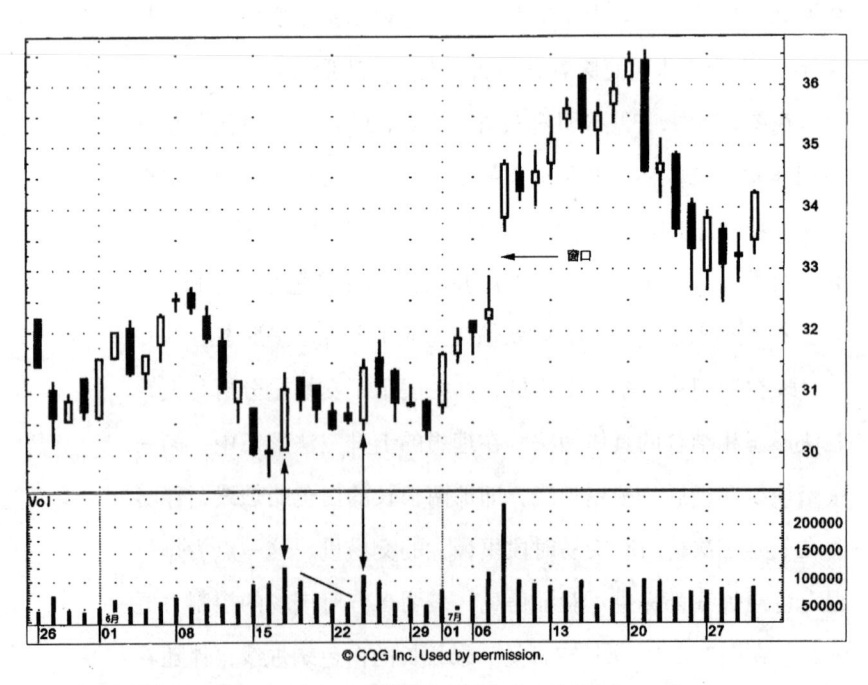

图7.26 花旗集团（Citigroup）——日蜡烛线图（上升三法形态）

在6月17日的白色实体之后，一系列小实体向下缓缓飘落，同时伴随的交易量也逐步收缩。6月24日是一根高耸的白色蜡烛线，伴随着放大的交易量，将市场推向更高处，也完成了上升三法形态。本图是一个经典实例，说明将交易量分析与蜡烛图指标结合起来，可以进一步增大蜡烛图指标的成功概率。

在6月24日的白色蜡烛线之后，出现了一根黑色实体，两者形成了一个小型的乌云盖顶形态，引发了短暂的行情犹豫，之后上涨行情恢复。请注意，7月8日当市场向上打开窗口时，也伴随着巨大的交易量。伴随发生的巨大交易量提升了窗口的成功概率，窗口，特别是窗口的底边，将成为支撑区域。（交易量在第十五章讨论。）

在绝大多数情况下，上升三法形态发生在上升趋势或横向延伸趋势中。不过，有时候本形态也有助于界定在抛售行情之后出现的转折点。图7.27给出了本形态的另一个实例。9月初的上升三法形态有助于确认7500附近的支撑水平是稳固的。不过，在这个上升三法形态出现后，市场并没有立即开始上涨。虽然蜡烛图信号经常发出市场转折的信号，但是它们并不意味着在信号出现后市场必定立即开始上涨（在上升三法形态的情况下）。取而代之的是，许多蜡烛图形态的出现，正如本图的这个实例，可能加强了某个支撑区域。这正是道琼斯指数位于7500附近的支撑水平处发生的情形。9月中旬出现了一例刺透形态，10月4日出现了一根锤子线，累次证实了该支撑水平的有效性。

蜡烛图形态或蜡烛线在更大的市场背景下到底出现在什么样的位置，常常比蜡烛图形态本身更为重要。举例来说，如果一个看涨吞没形态出现的位置接近某个阻挡水平，那么从风险报偿比的角度来看，在形态完成时买入并没有多大的吸引力，因为这是在阻挡水平处买进的。

图7.28的实例揭示了总体市场技术图像与一个上升三法形态的相互关系。12月14日和15日之间形成了一个小型窗口，在之后的下半周内成为支撑区域。从12月20日开始出现了一轮上

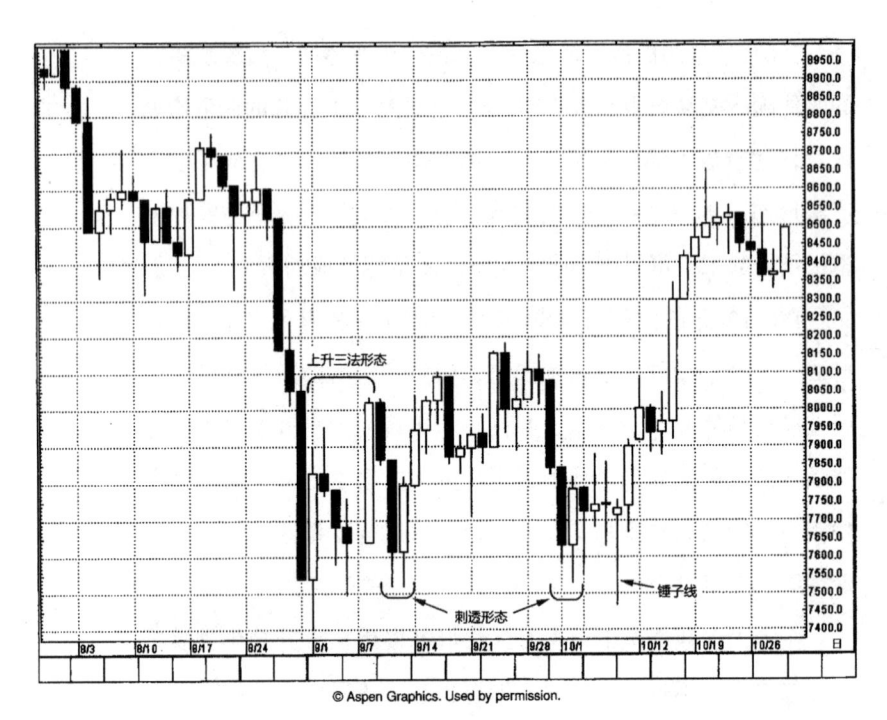

图 7.27 道琼斯工业指数——日蜡烛线图（上升三法形态）

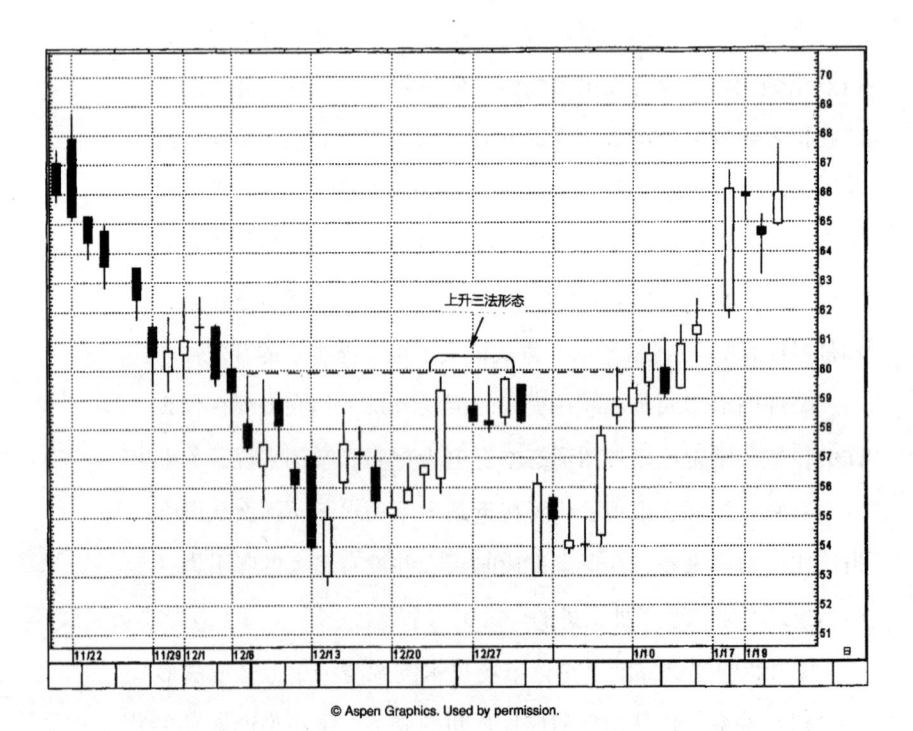

图 7.28 斯伦贝谢公司（Schlumberger）——日蜡烛线图（上升三法形态与阻挡水平）

涨行情，它在到达60美元附近时遇到了一些问题，12月23日和27日组成了一个孕线形态。12月29日收市时，股票形成了一个上升三法形态（它包含2根小实体，而不是在常规情况下的3根小实体）。但是看看这个形态所处的位置，这正是60美元的区域——这是自12月7日以来的阻挡水平。于是，尽管上升三法形态被视为看涨信号，但是我们应当牢记在心，因为它出现在阻挡区域，所以不能构成有效的买入机会。1月11日，当市场收市于60美元的阻挡区域之上时，才能为市场继续上行扫清障碍。

图7.29展示了一个下降三法形态的实例。请注意，本形态的第一根小实体出现在5月18日，它已经超出了之前那根长黑色实体的界限。不过，这一点并不妨碍这个下降三法形态的成立，因为本形态要求的是小实体应当藏身于那根长黑色实体的全部交易区间之内，而不必限定在它的实体之内。

5月21日的黑色实体收市于5月17日的黑色实体之下，满足

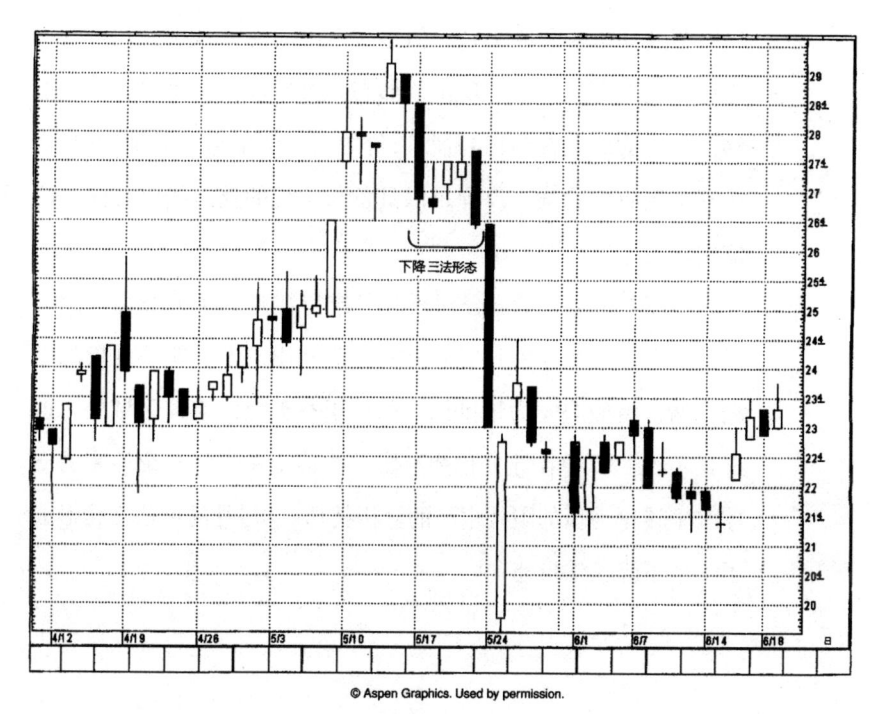

图 7.29　巴西银行联盟——日蜡烛线图（下降三法形态）

图 7.30 世通公司（WorldCom）——周蜡烛线图（下降三法形态）

了下降三法形态的条件。5月25日的反弹行情令人印象深刻，当日股票的开市价急剧下跌，但是收市价与前一日相比几乎没有变化，几乎形成了一个反击线形态。虽然该白色蜡烛线的收市价并没有恰好处在5月24日收市价的同一个水平，但是5月25日从开市到收市的强力反弹足以具备与常规的反击线形态同等的技术意义。

在图7.30中，世通公司跌破了维持数月的接近38美元的支撑区域，它发生于8月的第一周。8月初出现了一轮小规模的上涨行情，将股票吃力地推回之前位于38美元的支撑区域处。但好景不长，反弹在此处化为泡影。（第十一章将介绍原来的支撑水平转化为新的阻挡水平的分析技巧。）9月的价格变化形成了一个下降三法形态。

分手线形态

在第六章，我们曾经研究了反击蜡烛线形态。回忆一下，反击线形态是一种双蜡烛线形态，前后两根蜡烛线颜色相反，并且后一根蜡烛线的收市价与前一根的收市价处于同一水平。这一形态属于反转信号。如图7.31所示的分手线形态也是由两根颜色相反的蜡烛线组成的，但是同反击线形态不同的是，**分手线形态**的两根蜡烛线具有相同的开市价。

分手线形态属于持续信号。道理很简单。在市场上涨的过程中，如果出现了一个黑色实体（尤其是相对较长的黑色实体）时，对多头来说，可能成为他们的一块心病。他们满腹狐疑，空头或许正在争得主动权。无论如何，如果后一天市场在开市时向上跳空，开市价回到了前一根黑色蜡烛线的开市价的水平，就能有力地证明空头已经失去了对市场的控制——特别是当天能够收市在较高位置，形成了一根白色蜡烛线。上述情形就是如图7.31所示的看涨分手线形态的演变过程。在这类形态中，白色蜡烛线同时还应当是一根看涨捉腰带线（即其开市价位于或接近本时段最低点，收市价位于或接近本时段最高点）。在图7.31中，看跌的分手线形态与上述内容完全对应，但方向相反。一般认为，这类形态属于看跌的持续形态。分手线形态难得一见。

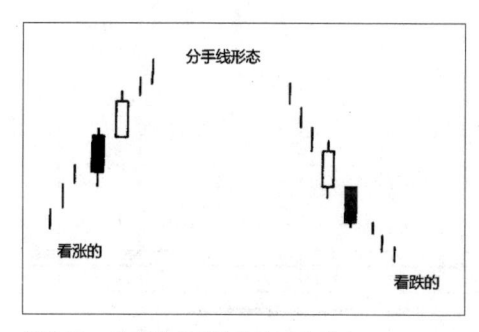

图 7.31 看涨的和看跌的分手线形态

在面对蜡烛图形态的时候,在绝大多数情况下我们希望遇到理想的版本,而不是变形的版本。不过,即使是变形的版本,结果证明也是有用的。图7.32说明了这一点。7月中旬出现了一个看跌吞没形态(B处),引领了一轮下跌。该下跌行情发展到8月3日完成的看涨吞没形态后才算罢手。紧随8月3日白色蜡烛线之后的两根蜡烛线差不多构成了一个看涨的分手线形态。这是因为8月7日的开市价几乎与前一天的开市价相同,但不处于同一水平。虽然如此,考虑到8月4日股票收市于46.25美元,而后一天(8月7日)在开市时便向上急剧跳空,几乎达到了8月4日的开市价的水平,毫无疑问,这一变化很引人注目。如果我们对这一点还不满意,还要求更多看涨的证据,8月9日它就来了——一个向上的窗口,证明此处需求压倒了供给。

在图7.33中,在8月的第二周里发生了看跌分手线形态。在该看跌分手线形态之后,股票在来自8月初的接近29美元的支撑

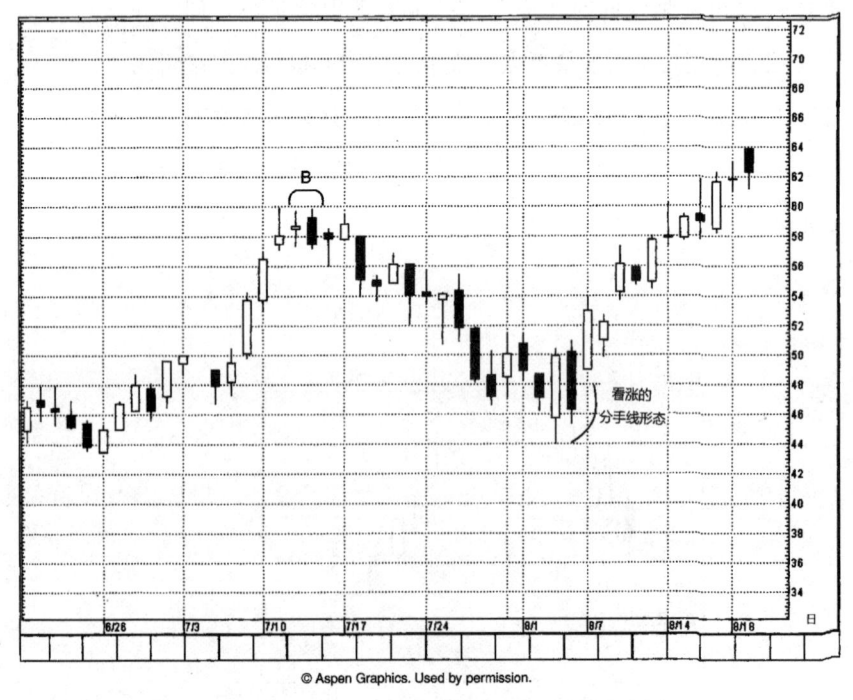

图7.32 捷普公司(Jabil Circuit)——日蜡烛线图(看涨分手线形态)

图 7.33 塔吉特公司（Target）——日蜡烛线图（看跌的和看涨的分手线形态）

区域稳住了阵脚。8月15日打开了一个向下的窗口，证实新的一轮下跌来临。

9月13日和14日组成了一个看涨的分手线形态。但是，它们发出的上涨行情持续的信号未能应验。当然，我们对这一点并不感到太大的意外，因为看涨分手线形态的白色蜡烛线处在28美元处。这里正是8月21日所在的一周里形成的阻挡水平，图上用虚线做了标记。这个例子再一次说明，在定夺是否根据蜡烛图信号来买卖的时候，蜡烛图信号发生的位置是主要考虑因素。在本例中，如果我们在看涨分手线形态完成时买入股票，就会在阻挡水平处买进。在这种情况下，稳妥的对策或许是等到股票收市于28美元以上，作为进一步的看涨验证信号。

看涨分手线形态难得一遇，它们通常出现在上涨过程中，然而也有少数例子表明看涨分手线形态有助于发出底部信号。如图7.34所示，3月24日和25日出现了一个看涨分手线形态。该形态出现后，股票行情陷入犹豫，位置接近43.50美元。4月5

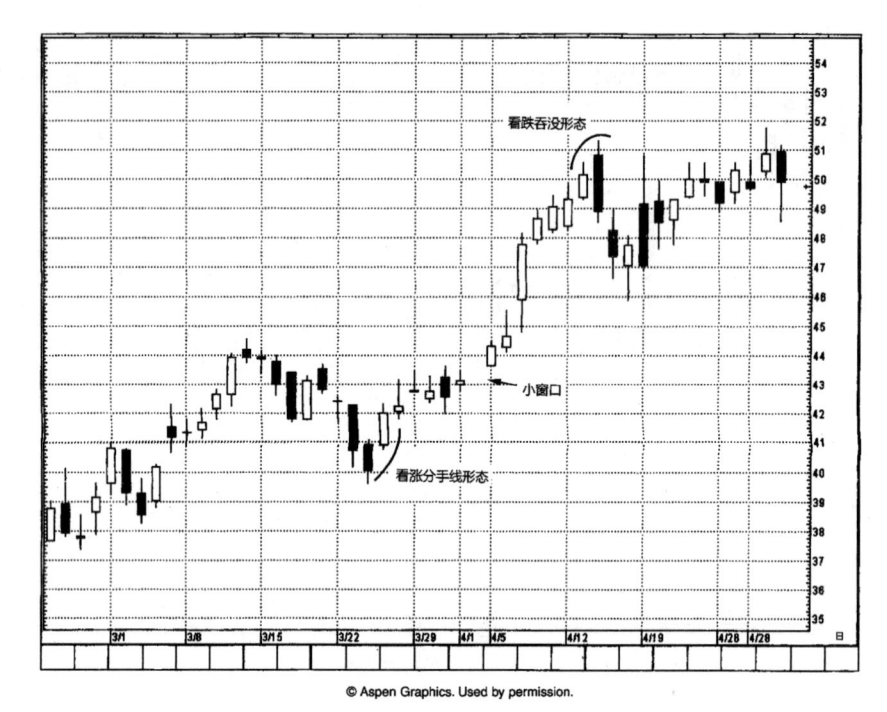

图 7.34 花旗集团——日蜡烛线图（看涨分手线形态）

日，一旦股票在43.50美元的阻挡区域之上向上打开了一个小型的窗口后，就不再犹豫了。

有趣的是，从3月25日到4月5日的向上跳空，这群蜡烛线组成了一个高价位跳空突破形态。4月的上冲行情一直持续到4月14日和15日的看跌吞没形态才罢手。

第八章　神奇的十字线

"险从天降"

正如第三章所介绍，**十字线**是一类特别的蜡烛线，其开市价与收市价处在同一个水平上。从图8.1到图8.6，显示的是十字蜡烛线的各种例子。因为十字线是一种极其重要的反转信号，所以我们专门辟出这一章来对其进行研究。在前面的各章中，我们已经看到十字线作为一些蜡烛线形态的组成部分所发挥的重要力量。这类形态包括十字星形态（参见第五章），以及十字孕线形态（参见第六章）。

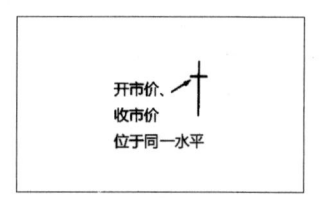

图8.1　十字线

十字线是一种独特的趋势转折信号，特别是当它处在上涨行情时。在十字线出现后，如果发生下列情形，则增加了十字线构成反转信号的可能性。

1. 后续的蜡烛线验证了十字线的反转信号。

2. 市场正处在超买状态或超卖状态。

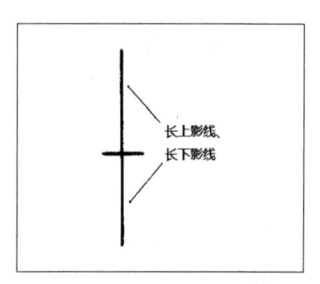

图8.2　长腿十字线(黄包车夫线)

3. 十字线在该市场出现得不多。如果在某个行情图上出现了许多十字线，则即使出现了新的十字线，也没有多大意义。

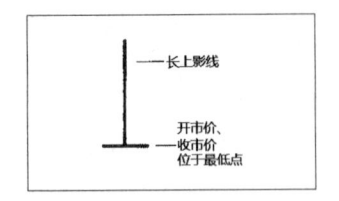

图 8.3 墓碑十字线

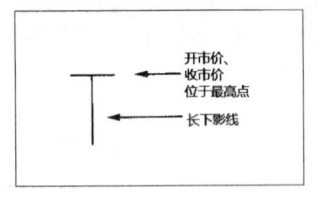

图 8.4 蜻蜓十字线

在一根完美的十字线上，开市价与收市价处于同一水平，不过，这一标准也有一定程度的灵活性。如果某根蜡烛线的开市价与收市价只有几个基本价格单位的差别（举例来讲，在股票市场上其差别仅为几美分，或者在长期国债市场上仅有几个1／32美元的差距，等等），那么依然可以把这条蜡烛线看成一根十字线。根据什么原则来认定，一根近似于十字线的蜡烛线（也就是说，它的开市价与收市价很接近，但不是严格一致）到底算不算十字线呢？这是一个带有主观色彩的问题，我们找不到严格的标准。下面列举了若干技巧，当我们遇到近似的十字线时，可以借助它们来判断，是否可以把它归结为常规十字线并采取相应的行动。

1.看这根近似的十字线与其邻近的价格变化的相互关系是怎么样的。如果在这根近似十字线的周围，还有一系列的小实体，那么就不应该认为这根蜡烛线有多大的意义，因为在它附近有这么多的小实体蜡烛线。然而，如果在若干长蜡烛线之后出现了一根近似的十字线，那么我们就可以说这个时段的变化具备与十字线相同的含义，因为本时段的变化与之前的行情显现出本质上的区别。

2.如果当时市场正处在一个重要的转折点。

3.如果市场已经处在极度超买或超卖状态。

4.如果当时已经有其他技术信号发出了警告信息。

这种做法的理论依据是，因为十字线可能构成了重要的警告信号，所以我们宁可错认也不能漏过。

本章要讨论十字线出现在顶部反转过程的情形、十字线构成阻挡水平的情形，特定形式的十字线，十字线与趋势分析，以及三星形态等。

十字线之所以很有价值，是因为它在揭示市场顶部方面有过人的能力。在上升趋势中，如果前面先出现一根长长的白色蜡烛线，后面跟着一根十字线，这种情况尤其值得注意（如图8.5所示）。为什么十字线出现在上升趋势中具有负面意义呢？

这是因为十字线代表着市场处于犹豫不决的心理状态。在上升趋势中，如果买方犹豫不决、看不准市场方向，或者不能当机立断，那么当前上升趋势是维持不下去的。只有在买方立场坚定的条件下，上涨行情才能得到有力的支撑。在市场已经经历了长期的上涨之后，或者当市场处于超买状态时，如果出现了一根十字线（在这根蜡烛线上大书着"犹疑不定"），则意味着买方搭起来的脚手架马上就要垮掉了。

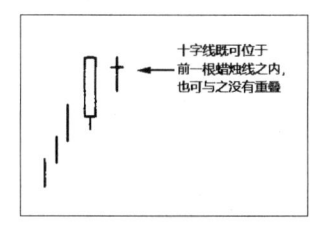

图8.5 出现长长的白色蜡烛线之后的十字线

另一方面，虽然十字线在引发市场的顶部反转方面是相当有效的，但是根据我们的经验来看，在下降趋势中十字线往往丧失了发挥反转作用的潜力。其中的原因可能是这样的：十字线反映了买方与卖方在力量对比上处于相对平衡的状态。由于市场参与者抱着骑墙的态度，市场往往会"因为自身的重力而下坠"（这是市场参与者的行话）。这一点与下述情形有异曲同工之妙：当市场向上突破时必须伴随着重大的交易量才能有效地验证向上突破信号，而在市场向下突破时，交易量是不是重大、是不是构成验证信号，就不那么重要了。

因此，当十字线出现时，在上升趋势中市场可能向下反转，而在下降趋势中市场则可能继续下跌。因为上述这个原因，十字线在构成底部反转信号时，比作为顶部反转信号需要更多的佐证。举例来说，如果十字线的出现验证了支撑水平的作用，则即使这根十字线出现在下降行情中，也得留神。

为了区分上涨行情中的十字线和下降行情中的十字线，我称前者为**北方十字线**，后者为**南方十字线**（图8.6）。本部分集中讨论北方十字线。本章后面再研究南方十字线。

请记住，根据我们的经验，十字线在揭示底部信号时不如揭示顶部信号时来得有效。借用日本人的话："市场像人脸，千人千面，从没有哪两个人是一样的。"因此，在您的市场上，十字线没准儿就能有效揭示底部信号。这就引出了关于蜡烛图技术的一个关键点。也许所有的蜡烛线或蜡烛图形态在您

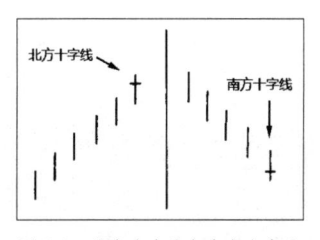

图8.6 北方十字线与南方十字线

的市场上都有效，也可能只是其中一部分有效。到底哪些用起来称心如意，需要当事人的经验。

北方十字线（上涨行情中的十字线）

如果在高高的白色蜡烛线之后，或者在行情超买的状态下，出现了一根十字线，日本人会说市场"疲惫"了。这样看待十字线，真是恰如其分。十字线的出现不一定意味着价格立即掉头向下。十字线向我们揭示了市场的脆弱状态，可能成为行情转变的起点。

在一次现场授课后，我接到了一封听课者写来的信。这位听课者写道："您的提醒真对，一知半解反倒比一无所知更危险。看到一根十字线，我们一伙人一边乱跑，一边乱喊十字线！十字线！十字线！"这个段子说的事毫不奇怪，因为十字线实在太容易识别了。当交易者看到一根十字线时，可能太兴奋了，往往不假思索立即拿它当作交易信号来下手。可是，别夸大十字线的意义。十字线本来的含义是，当前趋势可能由此进入转变的过程中。

举例来说，我从事的投顾服务为客户提供短期趋势分析。如果出现了十字线，我不会把市场的短期趋势从上升调整为下降，但是会从上升调整为上升或中性。如果这根十字线同时与另一种技术信号相验证，就把趋势方向从上升调整为中性或下降。（关于技术指标相互验证的概念是本书第二部分的重点内容。）单单凭着一根十字线就把短期趋势从上升调整为下降，我很少这么干。

在图8.7中，A和B两处的纺锤线提供了线索，表明它们之前的趋势现在陷入僵局。这类小实体代表了买卖双方正在拔河拉锯，相比之下，十字线则代表了牛熊双方达到了完全的平衡。

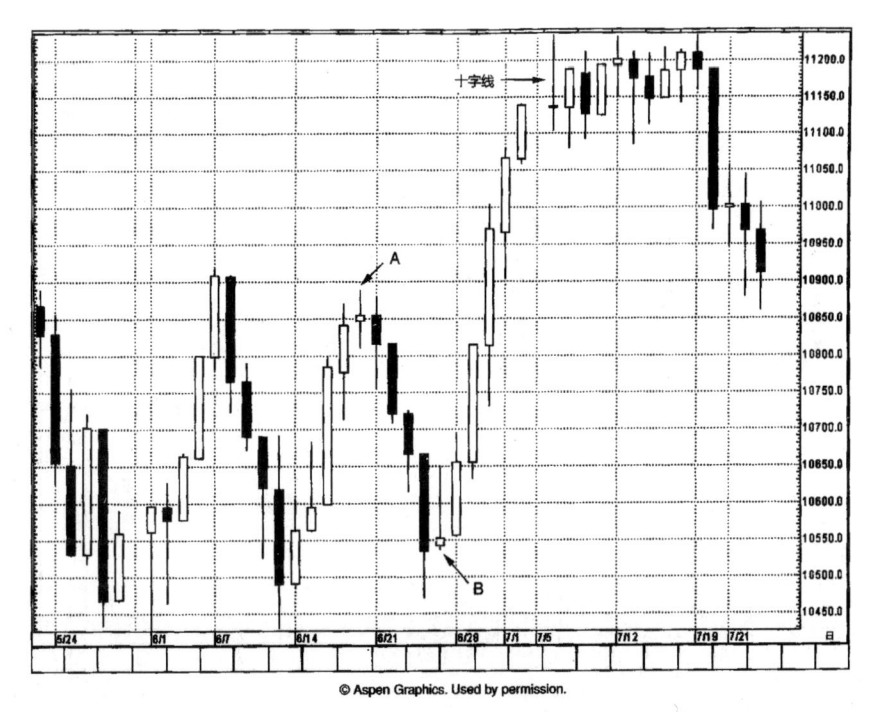

图 8.7 道琼斯工业指数——日蜡烛线图（出现在长长的白色蜡烛线之后的十字线）

从B处开始，上涨行情形成了一系列长白色实体，反映出市场生龙活虎。随着十字线的到来，虽然只是单一一个时段，显示了市场已经与先前的趋势脱钩。十字线表明，当日行情已经发生实质性转变，与之前一系列收市价明显高于开市价的白色蜡烛线大不相同。

在本例中，自从十字线出现后，指数从上涨转为横盘，再转为下降。然而，十字线的出现并不必然意味着市场即将下降。不过，十字线的出现，尤其是在本例中如此超买的市场状态下，依然有理由多加小心。轧平部分多头头寸，卖出看涨期权，上调止损指令的价位，这几招都属于应对本例十字线的对策，可供抉择。

在图8.8中，在一个看跌吞没形态（位于B处）之后股票开始回落。过了几个时段之后，出现了一根长长的白色蜡烛线，表明多头已经执掌大权，因为这根线的收市价（58.50美元）超

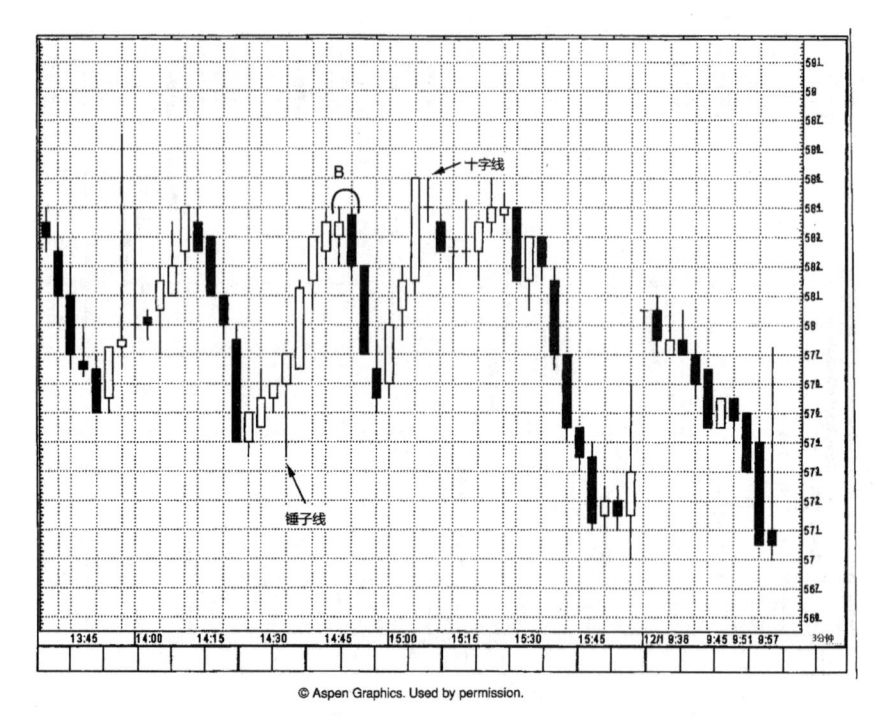

图 8.8 微软——3 分钟蜡烛线图（出现在长长的白色蜡烛线之后的十字线）

过了上述看跌吞没形态的阻挡区域。但是，下一个时段是一根十字线，它改变了市场前景。市场状态从多头掌控局面转为多空双方势均力敌，十字线表明供给和需求两方力量均衡。

请观察在十字线之后，大约58.62美元处，股票在若干个时段内陷入停顿状态。这引出了一项有用的技巧，我在遇到出现在长长的白色蜡烛线之后的十字线时经常使用这项技巧。具体说来，我在十字线和那根长长的白色蜡烛线中选择最高的高点（也就是最高的上影线顶点）。这个水平应当构成阻挡作用，以收市价作为判断是否突破的依据。在本例中，十字线的高点和那根长白色蜡烛线的高点都是58.62美元。如此一来，它就成为我们的阻挡水平。

在图8.9中，从时段1到时段6，依次具备更高的高点、更高的低点、更高的收市价。时段7是自蜡烛线1以来第一根具备更低的高点、更低的低点、更低的收市价的蜡烛线。在通常情

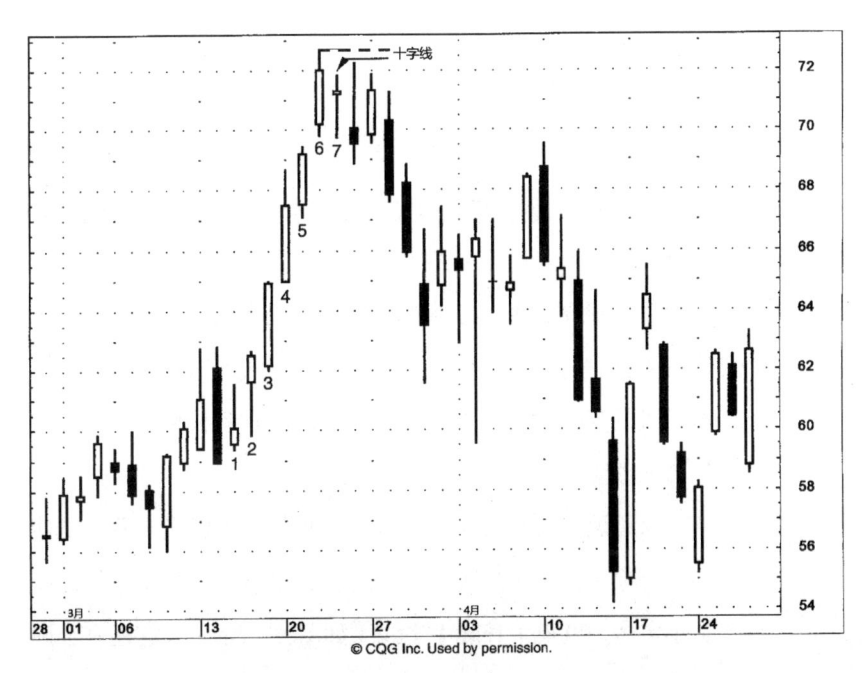

图 8.9 英特尔——日蜡烛线图（出现在长长的白色蜡烛线之后的十字线）

况下，这并不会带来严重后果，但是由于蜡烛线7也是一根十字线，在这方面进一步加强了它的技术意义。有时，一条条不起眼的技术线索叠加起来，便形成了市场重大转折的信号。正如古语所说："不积跬步，无以至千里；不积小流，无以成江海。"于是，尽管单独一个不起眼的技术线索本身并没有多少分量，但是，一旦与其他技术线索结合起来，它们的意义便陡然增加了。

在十字线形成后，我们在图上用虚线标出了相应的阻挡水平。正如对图8.8的解说，如果在高高的白色蜡烛线之后出现了十字线，我们便选取两根线的最高点作为阻挡水平，并按照收市价来判断市场是否突破了该阻挡水平。在本图中，因为白色蜡烛线的高点高于十字线的高点，所以白色线的高点成为首要的阻挡区域（图上用虚线做标记）。在十字线出现后，英特尔变得"疲惫"了。如果英特尔的收市价能向上超越该阻挡线，我们就会说，市场已经休息好了，这是向上突破、重振雄风的信号。

长腿十字线（黄包车夫）、墓碑十字线与蜻蜓十字线

如图8.2到图8.4所示，某些十字线带有色彩鲜明的绰号，主要依据来自它的开市价和收市价（即十字线上的水平横线）位于本时段的高点还是低点，或者是否同时具备长长的上影线和长长的下影线。

如果蜡烛线具有长长的上影线和长长的下影线，并且实体较小，就称为**大风大浪线**[1]。如果这类蜡烛线是一根十字线，而不是小实体，就成了**长腿十字线**（如图8.2所示）。它还有个诨名，**黄包车夫（线）**。

在长腿十字线上，十字的部分表示市场正处在过渡点上。长长的上影线则说明，市场在本时段先是猛烈上推，后是急剧下滑，最后其收市价已经远远离开本时段的最高点了。拉长的下影线揭示了市场在本时段先是剧烈出货，后是强烈反弹，最后其收市价已经收复了相当部分的失地。换句话说，市场上冲，暴跌，再上冲，不一而足，大幅动荡。这是一个混乱的市场。对日本分析师来说，非常长的上影线或非常长的下影线的形成——借用他们的话来描述——就表示市场"失去了方向感"。如此一来，长腿十字线就成为市场与之前趋势分道扬镳的标志。

还有一种非常独特的十字蜡烛线，称为**墓碑十字线**（也称为**灵位十字线**，如图8.3所示）。在某根蜡烛线上，当开市价和收市价都位于当日的最低点时，就形成了一根墓碑十字线。蜡烛线具有非常直观的视觉效果，这类蜡烛线便是很好的例子。哪怕您从未听说过墓碑十字线的含义，一看到它，您会以为这是一个看涨信号，还是看跌信号呢？当然是看跌的。由于它带有超长的上影线，并且收市价位于整个时段的最低点，我们能

够一目了然，在该时段内股票曾经大幅上冲，但是到了本时段结束时，在空方的打压下，股票的收市价跌至最低点。可以把它看成流星线的极致版本。流星线带有长长的上影线和小实体。如果流星线的小实体收缩为十字线，就得到了一根墓碑十字线。

墓碑十字线的长处在于昭示市场顶部方面。从墓碑十字线的外形看，它的名称是颇为贴切的。我们曾经指出过，日本技术分析的很多术语都建立在类似的军事术语之上，从这个意义上说，墓碑十字线恰恰标志着在市场上为捍卫自己的阵地而战死的多头的墓地。

蜻蜓十字线是墓碑十字线的反面角色，是看涨的。在蜻蜓十字线上，开市价和收市价位于本时段的最高点。这意味着，在本时段内市场曾经下跌至很低的水平，但后来力挽狂澜，收市价已经回升到或非常接近本时段的最高点。这一点与锤子线相像，但是锤子线是小实体，而蜻蜓十字线是一根十字线，没有实体。

在图8.10中，10月23日出现了一根长腿十字线。在该十字线及其之前的白色蜡烛线之间，选择其中最高的高点，立即可以得到位于88美元的阻挡水平。指数从该长腿十字线开始下降，直到三天后出现一根锤子线才收场。11月初，市场本来是上涨的，但是随着接连两根长腿十字线的到来，任何看涨的念头都打消了。11月6日和7日组成了一个看跌吞没形态，这是市场进入困境的进一步信号。请注意，在10月初的下降过程中，十字线频频出现。正如之前曾经讨论的，据我的经验，十字线适合揭示顶部反转信号，不适合底部反转信号。

图8.11中有一个墓碑十字线的实例。由于十字线的高点与之前白色蜡烛线的高点相同，它们也构成了平头形态。虽然"墓碑"听上去不祥，但请不要误会，误以为墓碑十字线意味着即将出现大幅下跌行情。尽管墓碑十字线具备拉长的上影线和收市于本时段最低点，这些因素的确增加了市场向下转折的

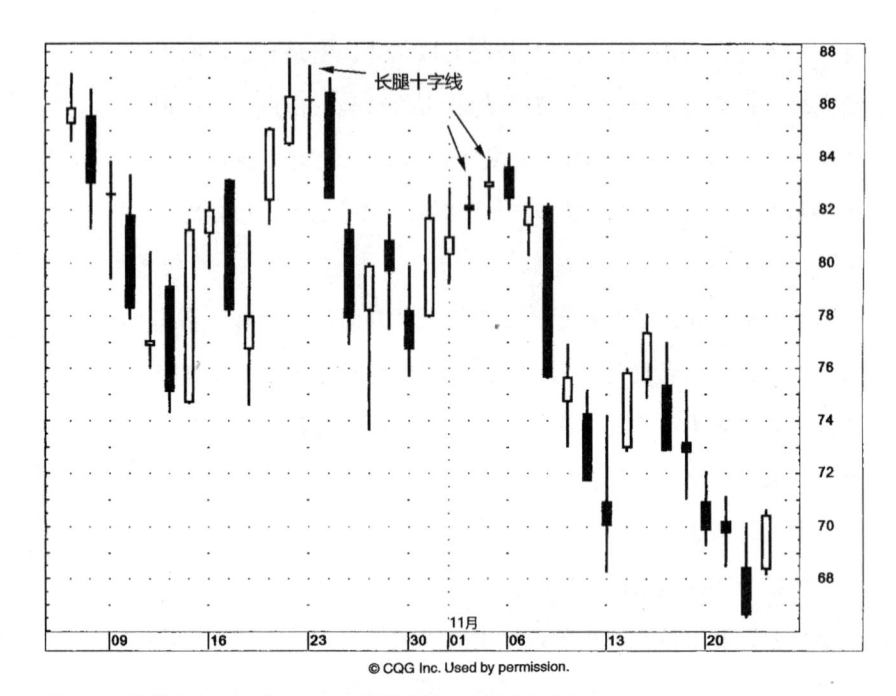

图 8.10 纳斯达克 100 基金——日蜡烛线图（长腿十字线）

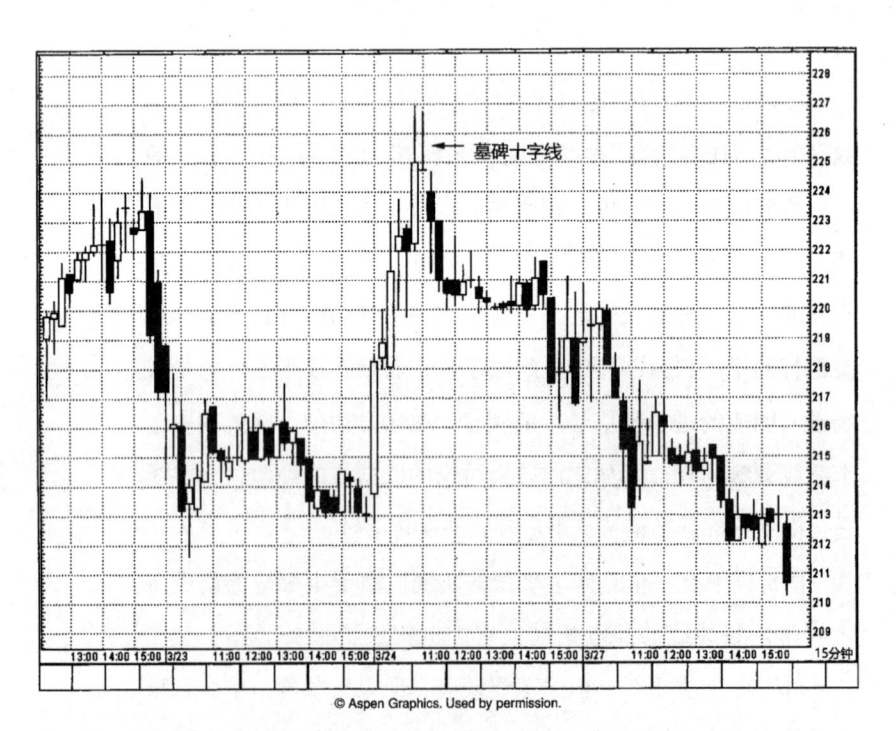

图 8.11 英克托米公司（Inktomi）——15 分钟蜡烛线图（墓碑十字线）

机会，但是它并不能预测潜在的下跌幅度。蜡烛图信号在及早提示反转信号方面无可匹敌，但是它不能预测行情变动的范围。恰如其分地运用蜡烛图，不要超出蜡烛图本来的功用。正如一句格言所说："不可缘木求鱼。"

虽然十字线的出现提醒我们多加小心，但是我也不会仅仅根据这根墓碑十字线转而看空。为什么？请注意，十字线的收市价依然高于3月22日下半天形成的阻挡水平，大约在224美元处。正是由十字线下一个时段的收市价（向下突破了该水平）决定趋势向下。在该时段，收市价回落到224美元之下，证明了十字线曾经发出的信号——新高价位不能维持。

如图8.12所示，4月中旬出现了一些长腿十字线，标志着之前下降趋势的力道正在消退，位置在6.75美元附近。5月初的上冲行情造成了一个向上的窗口。不过，5月9日的向上的窗口遇到了一个问题：这一天也是一根长腿十字线。这就说明多头还

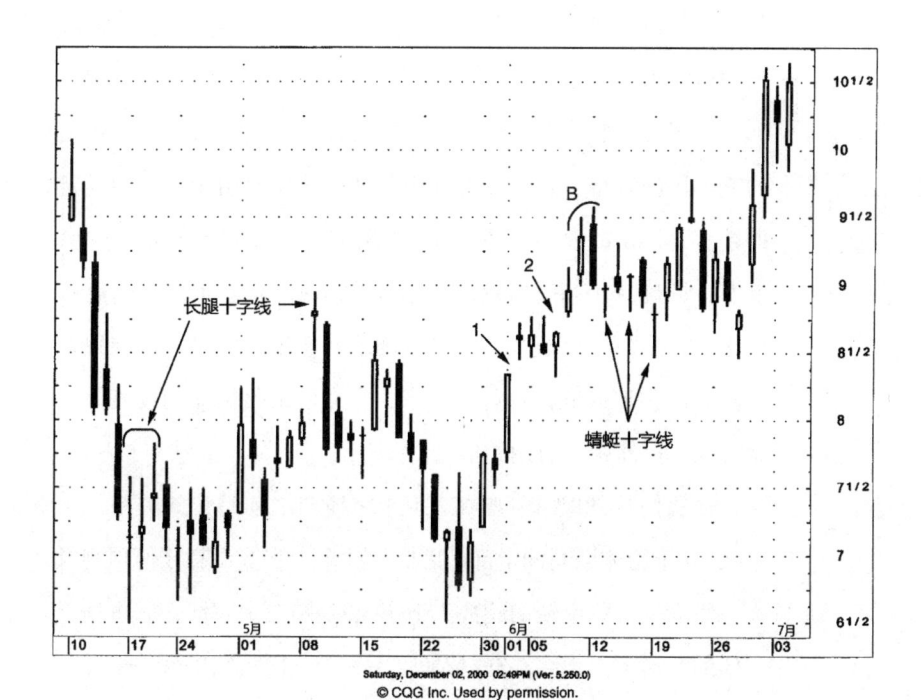

图 8.12　三康公司（3Com）——日蜡烛线图（蜻蜓十字线）

没有完全控制局面。在长腿十字线的后一天，窗口的支撑作用被打破了。这证实市场已经打好了下一轮下跌的腹稿。之后，当股票下滑到接近前述来自4月中旬和5月23日的6.75美元的支撑水平后，方能用一根锤子线成功地稳住阵脚。从这根锤子线开始的上冲行情在1和2处形成了两个窗口。B处出现了一个看跌吞没形态，股票由此开始调整。从看跌吞没形态开始的下跌行情在8.25—8.75美元之间稳定下来，形成了一系列蜻蜓十字线。由于第三根蜻蜓十字线的开市价和收市价并不恰好位于当日的最高点，而是接近最高点，我把它归结为蜻蜓十字线的变体。这群蜻蜓十字线证实了窗口1和2的支撑作用。6月28日的锤子线对上述支撑作用进行了最终的确认。

在运用十字线时，一条具有普遍意义的规则（实际上对所有蜡烛图信号都适用）是，应当首先观察信号之前的行情演变轨迹。举例来说，在行情上涨过程中出现十字线，属于潜在的反转信号。因此，首先必须有上涨行情可以反转。这意味着，如果十字线出现在交易区间的环境下，便没有什么预测意义了，因为没有可反转的趋势。日本人贴切地形容局限在横向区间的行情为"箱体"。

在图8.13中，十字线从微观层面反映了当时市场宏观层面的交易区间环境：市场正处在上下两难之中。由于没有可反转的趋势，图8.13中的十字线没有预测意义，不过它揭示了一个事实，即确认了当时所处的无趋势的市场环境。上述分析有例外情形：虽然十字线处在交易区间的环境下，但是它的位置处于区间的顶部或底部。如此一来，它在验证阻挡作用或支撑作用方面，可能带来有用的信号。

让我们从图8.14中观察三根十字线与之前趋势的关系。十字线1处于箱体区间的中部。因此，这个十字线没有任何预测意义，因为没有可反转的趋势。十字线2是蜻蜓十字线，它也处于同样的情形下。十字线3的情形很不一样，因为它出现的位置完全不同。该十字线出现在一轮上涨行情之后，这轮行情把股票

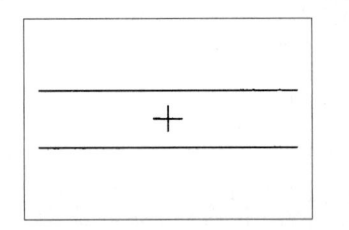

图8.13 箱体区间中的十字线

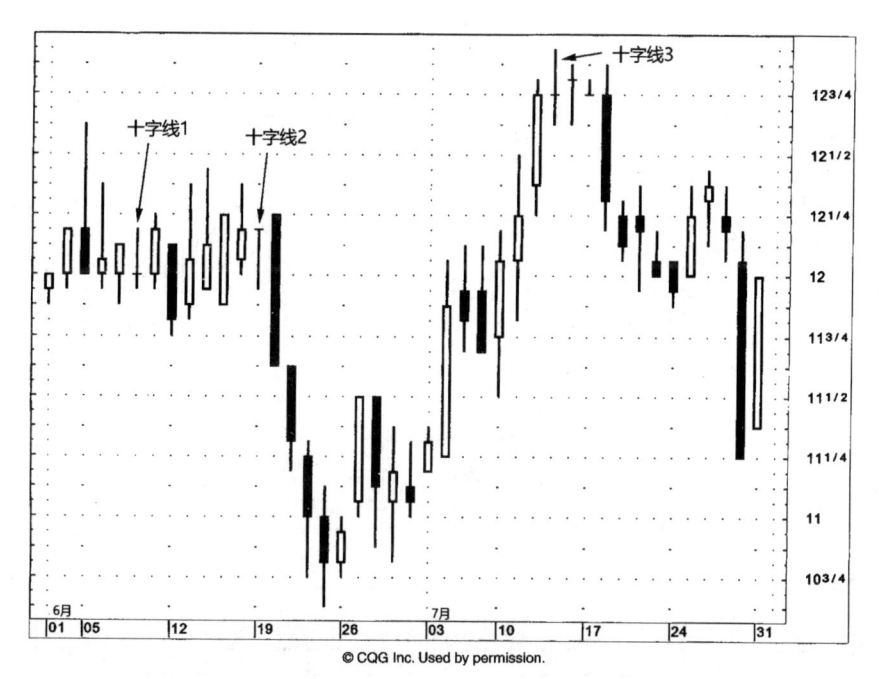

图 8.14　朗维尤纤维公司（Longview Fibre）——日蜡烛线图（箱体里的十字线）

带入了超买状态。如此一来，它就具备了反转意义。十字线3之后还有两根十字线，呼应了它们之前的十字线3，这就告诉我们——股票已经使尽了看涨的力道。综上所述，十字线与之前趋势的关系具有决定意义。

图8.15展现了本章前面或多或少已经提到的一点：处在下降行情中的十字线（我称之为南方十字线）常常起不到良好的底部反转信号的作用。在本图中，从A到F的一群十字线或近似十字线出现在市场下降过程中。但是这些南方十字线通通不构成底部反转信号。底部反转的第一个征兆来自3月3日那根长长的白色蜡烛线，它覆盖了F处的前两根十字线。这就形成了一个看涨吞没形态，构成支撑区域。（C处曾经出现小型的看涨吞没形态，但是一旦之后的黑色蜡烛线收市于形态最低点之下，则消除了底部反转的预期。）从F处的看涨吞没形态开始形成上涨行情，这轮上涨行情一直持续到1处的近似十字线才陷入停顿。

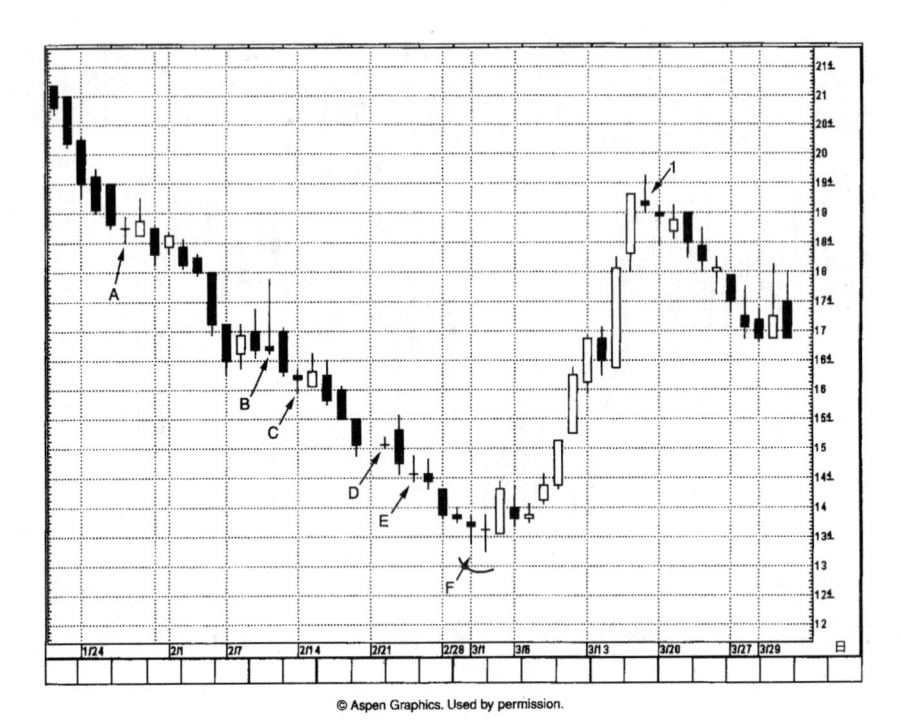

图 8.15 欧文斯伊利诺伊公司（Owens Illinois）——日蜡烛线图（南方十字线和北方十字线）

在图8.16中，有一系列十字线的实例，可以用来说明市场环境是如何影响十字线的重要性的。下面逐一分析各个十字线。

·十字线1。"八级大地震"，日本人这样形容十字线1之前的行情变化。先是两根强有力的黑色实体势如劈竹般地下跌，然后两根势均力敌的白色蜡烛线将所有的下跌幅度席卷收回。十字线1表明股票已经和之前的趋势脱离关系（由于那两根长长的白色蜡烛线的缘故，之前的趋势为上升趋势）。我们从十字线以及之前长长的白色蜡烛线中选择最高点作为阻挡水平（这里白色蜡烛线的高点为3745）。本阻挡水平在下一时段保持完好。

·十字线2。十字线2出现在一段短线下跌行情之后。（哪怕在十字线之前只有几个时段的下降行情，由于十字线紧随其后，我依然认为这属于下降趋势。）因此，作为下降趋势中的十字线，无须过多担心它会成为反转信号。

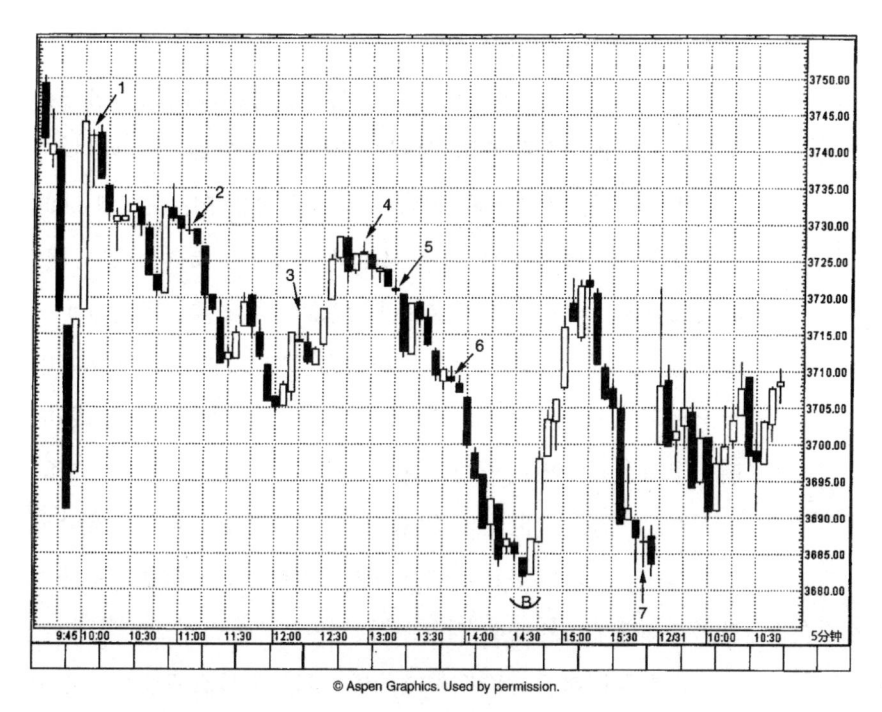

图 8.16 纳斯达克综合指数——5分钟蜡烛线图（十字线）

· 十字线3。本十字线出现在一根长长的白色蜡烛线之后。这么一来，它的确暗示着自从3705点以来的上涨行情可能失去了动力。然而当这根十字线出现时，股票处在超买状态吗？据拙见，不是超买状态（可以把这里的情形与十字线1之前几乎垂直的强力上冲行情比较一下）。因此，本十字线相比在超买状态下的十字线，意义相对较小。一旦市场收市于该十字线之上，便消除了它可能带有的任何一点看跌意味。

· 十字线4。十字线4发生在横向延伸的价格环境下。既然之前没有趋势可以反转（因为十字线处在箱体区间中），那么它作为反转信号的意义便较为淡薄。本十字线有一点有用的方面，它有助于增强来自几个时段之前的看跌吞没形态的阻挡水平的作用。

· 十字线5。一根南方十字线。既然它没有与其他任何底部信号相互验证，也就无关紧要了。

• 十字线6。与十字线5相同。

• 十字线7。本十字线充分说明了蜡烛线和蜡烛图形态必须从它们出现之前的价格变化的大背景上来观察，才能把握分寸。本十字线出现在下降趋势之后。正如分析十字线2、5和6时曾经交代的，通常情况下，我不会把南方十字线视为底部反转的警告信号。然而，根据它所处的总体市场图像，因为本十字线验证了之前的支撑水平，所以具备更重要的意义。在B处曾经出现了一个看涨吞没形态，支撑水平大约在3680。十字线7的前一个时段是一根锤子线，它告诉我们，市场正在3680—3682上下构建底部。这正是7处的南方十字线带有超越同侪的额外分量的缘故，虽然它是在下跌行情之后出现的。它验证了看涨吞没形态和锤子线的双重支撑作用。

现在我们来看一看图8.17，从中理解为什么不应该孤立地看待十字线。本十字线出现在一根长长的白色蜡烛线之后，同时，它为当前趋势创了收市价的新高。无论它是不是十字

图8.17 美国电话电报公司（AT&T）——日蜡烛线图（收市价创新高的十字线）

线，收市价的新高总是正面的。许多交易者采用"收市价单线图"，完全基于收市价来观察分析。媒体也会报道股票收市于新高的水平。许多西方技术指标（如移动平均线、摆动指数等）是根据收市价计算的。如此看来，收市价的新高维持了趋势方向向上。带着以上考虑，我通常建议，如果一根十字线为当前行情创了收市价的新高，就应该为它等待看跌的验证信号。验证信号可以是下一个时段的收市价下跌到十字线的收市价之下。在本例中，十字线下一个时段的收市价为我们提供了这样的验证信号。这根黑色蜡烛线还表明市场向上尝试冲破阻挡水平的失败，该阻挡水平来自十字线的阻挡区域，位于45.50美元附近。

三星形态

三星形态是非常罕见的反转形态。如图8.18所示，三星顶部形态是由三根十字线组成的，它们位于当前行情的新高位置。在我研究蜡烛图技术的过程中，在提出某种形态或信号之前，总是遵循一个校验规则：至少需要两个方面的独立信息来源证实同一个说法。这有助于确认那些行之有效的分析技巧，有助于避免大家都可能想象出来的成百上千似是而非的形状。（这就是为什么我警告交易者，慎重对待讲述蜡烛图技术的其他资讯来源。）

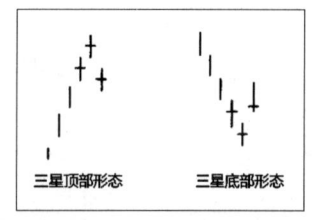

图 8.18 三星顶部形态与三星底部形态

对我的校验规则来说，三星形态是一个例外。我提出三星形态凭借的是单一的信息来源。它来自一位日本交易者，他在自己的职业生涯中始终运用蜡烛图技术。更重要的是，他曾告诉我，他的父亲于数十年前发现了这种特别的蜡烛图形态，并成功地应用在实践中。我的体会是，本形态拥有这样悠久的历史，值得放在这里介绍。

理想的三星顶部形态由三根十字线组成，中间的十字线高于前一根和后一根十字线。（这让我们回想起西方的头肩形顶部形态，其中头部高于左肩和右肩。）如图8.19所示，在1月3日所在的一周里有两根锤子线。这为之后的上涨行情打下了基础。1月10日是一根十字线，它发出信号，提示这轮上涨行情可能已经衰竭。在这根十字线之后，霍尼韦尔公司大部分时间处在横向区间中，并在这个过程中形成了一个三星顶部形态。虽然在三星顶部形态之后股票行情陡然下跌，但是我们应记住，蜡烛图技术不预测价格的变化范围。于是，尽管本形态极大地增加了顶部反转的机会，但它并不预测潜在下跌行情的目标范围。顺便说一句，在图8.14中，7月中旬也有一例三星顶部形态。

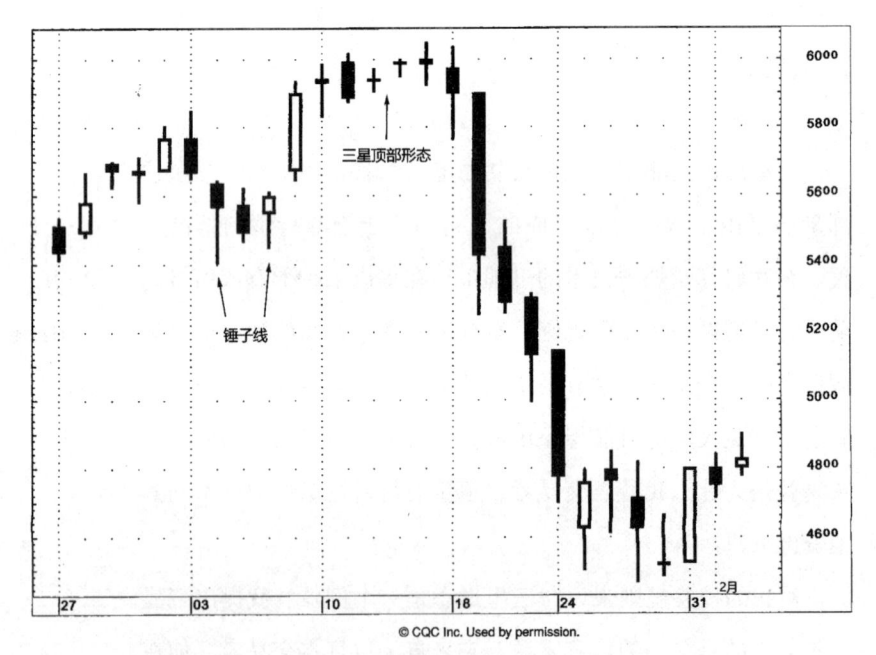

图8.19 霍尼韦尔公司（Heneywell）——日蜡烛线图（三星顶部形态）

注

1. 在我的另一本书中有详细讲解，《超越蜡烛线》（约翰·威利出版公司，1994年）。

第九章　蜡烛图技术汇总

"积土而为山，积水而为海"

在本书的第一部分，我们介绍了许多种类的蜡烛线和蜡烛图形态。这一章将从实际的图例出发，对上述内容进行一次汇总。在下面的图例中，我们用数字标出了很多蜡烛线和蜡烛图形态。在前面的各章中，所有的这些蜡烛图指标都曾经讨论过。那么，您将怎样解读这些蜡烛图形态呢？在您分析图表的过程中，如果觉得有必要，不妨参照一下本书最后附录的蜡烛图术语表，其中包括了简明的示意图。

请记住，以下进行的图表分析是带有一定主观性的。您或许会发现，有些地方我看到的是这种蜡烛图指标，但您看到的可能是另一种；有些地方您发现了某种蜡烛图信号，但我却没有。实际上，所有的图表分析技术都不例外，同样一个市场，分析者从各自不同的经验出发，看到的往往是不同的技术景象。不存在严格、具体的规则，只有一般性的指导要领。举例来说，假定市场形成了一根类似锤子线的蜡烛线，它的下影线的长度只有其实体高度的1.5倍，没有达到在理想情况下2倍于——甚至是3倍于——其实体高度的要求，如何定夺？在一个纯粹派的眼里，这根蜡烛线根本不是一根锤子线，他干脆把它忽略不计。有些人也许在这根蜡烛线出现后马上平回已有的空头头寸。还有的人或许打算等到这根蜡烛线的后一天，看看市场究竟如何演化，然后才相机行事。

日本老话说："听说不等于经验。"我可以把基本的蜡烛图技术工具展示给您，但是只有您在自己的市场上，通过亲身经验，才能发掘出这些蜡烛图工具的全部潜能。

图9.1说明了以下的各种形态和蜡烛线。

1.一根长上影线的蜡烛线。这是一条线索，表明多方有些犹豫，不过这条线索微不足道，因为一个时段的长上影线不足以改变市场方向的基调。此处也没有足够长的历史行情帮助我们判断市场是否处于超买状态。

2.流星线的出现证实了之前蜡烛线1的长上影线构成的潜在阻挡水平。

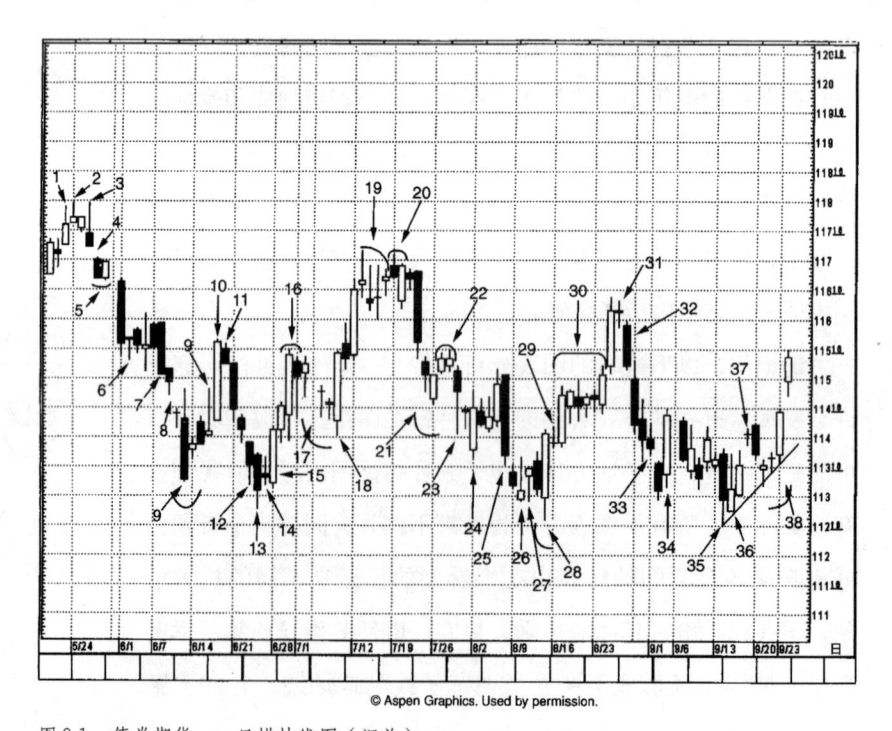

图9.1 债券期货——日蜡烛线图（汇总）

3.又一根长上影线的蜡烛线。三根看跌的长上影线的高点差不多在同一个水平,确实足以构成理由警醒我们,要加强注意。该蜡烛线与流星线的轮廓相同(即具有长上影线和位于整个交易区间下端的小实体),然而,流星线应当出现在上涨行情之后。在这里,市场正在横向延伸。如此一来,我们不把它视为流星线,这根蜡烛线的上影线是令人担心的原因,因为它证实了流星线2揭示的麻烦。

4.向下的窗口进一步加强了1、2、3三处的长上影线的看跌意味。

5.这是一个小型的刺透形态,或许会引发一点乐观的情绪。然而,从市场总体的技术图像来观察,该刺透形态形成于窗口4定义的阻挡区域之下。于是,如果我们缘于刺透形态来买进,就买在了阻挡水平之下。刺透形态之后,出现了一根拉长的黑色实体,使得空方重新执掌大权。

6.这根锤子线暗示空方的动力正在松懈。之后的几天里,市场稳定下来,以锤子线的低点作为支撑水平——直到下一个蜡烛图信号出现。

7.长黑色实体的收市价位于6处锤子线的低点之下。这导致趋势方向恢复向下。这一天同时还完成了一个看跌的下降三法形态。

8.向下的窗口为空方的势头雪上加霜。6月10日是一根十字线,一方面它打开了这个窗口,另一方面它也发出了一个微弱的暗示,显示空方可能后继乏力。但是,十字线在下降趋势中一般作用不大,不如在上升趋势中的作用。另外,现在窗口已经成为阻挡区域,要改变趋势首先必须克服这个障碍。

9.另一个长黑色实体,其上影线证实了前一日向下的窗口的阻挡作用。6月14日,市场大幅向上跳空(与前一个时段的收市价相比),令人印象深刻,而且在整个时段内费尽力气守住了开市时的价位,最后收市于较高水平。6月11日和6月14日两个时段组成了孕线形态。这样在一定程度上中和了6月11日蜡烛线的看跌力量。然而，8处向下的窗口依然发挥作用，6月16日的长上影线揭示了这一点，它的高点处于该窗口阻挡区域的范围内，接近114 3/4。

10.6月17日长长的白色蜡烛线最终把市场推进到了该窗口的阻挡区域之上，把趋势转向了更积极的方向。还请注意，自从6月11日的长黑色蜡烛线以来，每个时段的蜡烛线都带有更高的高点和更高的低点。

11.一根小实体是许多时段以来第一次出现更低的高点。此外，这根微小的黑色实体局限在之前拉长的白色蜡烛线范围之内，组成了一个孕线形态。这意味着多方已经喘不过气来了。从此处开始，市场稳步下降。

12.蜡烛线的下影线维持了6月11日的低点构成的113.25附近的支撑水平，因此带来了一点点好消息，市场正在力图站稳脚跟。

13.不幸的是（或者幸运的是，取决于您是多头还是空头），这根蜡烛线为当前行情创了新低，日内创了新低，收市价也创了新低。看起来，空头似乎又杀回来了。

14.十字线带来了双倍的利好。首先，这根十字线位于前一根黑色实体内部，两者形成了一个十字孕线形态。更重要的是，其收市价重新回到了113.25，显示前一天出现的低点不能维持。这一点可能促使空头立场动摇，而鼓舞那些寻机买进的人。

15.这根白色蜡烛线把市场向看好的方向再推了一把，因为它包裹了前一根小实体，形成了一个看涨吞没形态。

16.从15处开始的上涨行情一帆风顺，直到7月1日的小实体构成了一个孕线形态。有趣的是，本孕线形态具备一根超长的白色蜡烛线和一根小黑色实体，它出现的位置和它的轮廓与几个星期之前由蜡烛线10和11构成的孕线形态如出一辙。

17.行情从16处的孕线形态开始下降，不过图形显示空方并不能完全控制局面，因为在这轮小规模的下跌行情中包括了一系列看涨的长下影线。这些蜡烛线也都具有小实体。

18.另一根长白色蜡烛线（也是一根看涨的捉腰带线），位于与6月30日长长的白色蜡烛线相同的位置，为行情上涨奠定了基础。在这根长长的白色蜡烛线之后，下一个时段又是一根小实体。小黑色实体紧随高高的白色实体，让我们想起了蜡烛线10和11以及16处的孕线形态。其间的区别在于，这里的小黑色实体（7月9日）并没有局限在之前长长的白色实体的内部。如此一来，它并不构成孕线形态，与蜡烛线10和11的组合以及16处的形态不同。另一方面，既然7月9日的黑色实体没有深深地扎入之前的白色实体内部，它也不构成乌云盖顶形态。

19.在这个时间范围内，市场在当前上涨行情的最高位置附近波动。但是，这些小实体蜡烛线以及它们看跌的长上影线传递了一种感觉，市场正在与之前的上升趋势分道扬镳。这里的行情表现出的犹豫状态并不令人吃惊，因为117是一个阻挡水平，由5月底向下的窗口所构成，这在4处曾经讨论过。

20.白色蜡烛线包裹了黑色实体，这是组成看涨吞没形态的正确的蜡烛线组合。然而，这并不是一个看涨吞没形态，因为这种形态属于底部反转信号，必须出现在价格下跌之后。

21.7月26日的白色蜡烛线开市价走低，后来的收市价却回升到与前一个时段收市价同样的水平上。这是一根看涨的反击线。这将趋势转向了不那么疲软的方面。

22.两根小的白色实体从7月26日的蜡烛线出发，稍稍向上跳空，形成了向上跳空并列白色线形态。这是另一个正面指标。

23.8月2日的蜡烛线向下打破了在7月26日和27日之间打开的小型向上的窗口构成的支撑水平。尽管这里跌破了支撑水平，但是8月2日的蜡烛线构成了锤子线。这就在114上下（锤子线的低点）提供了潜在的支撑作用，第二天就得到了接踵而至的蜻蜓十字线的验证。

24.虽然8月2日的蜡烛线在日内变化中一度向下突破锤子线的支撑水平，但市场挣扎着回升，到本时段结束时，收市价达到该支撑区域之上，并形成了一个看涨吞没形态。

25.一根拉长的黑色实体夺去了市场的勇气，但市场好歹维持了来自24处看涨吞没形态的低点的支撑水平。接下来一个时段，8月9日，支撑水平终于被跌破。无论如何，现在市场已经接近主要支撑区域了，这是在6月下旬于112.75—113处形成的。于是市场接近支撑区域，不过尚且没有看到反转信号。

26.倒锤子线发出了很有试探意味的线索，接近113的支撑水平或许能守得住。虽然如此，因为倒锤子线的形状是疲软的，我们必须等待下一个时段看涨的验证信号，其收市价向上越过了倒锤子线的实体，变得稍稍积极一点。验证信号来自27处。

27.锤子线构成验证信号。

28.8月13日的白色实体完成了一个看涨的吞没形态。相应地，由于26处的倒锤子线、27处的锤子线，以及本看涨吞没形态，我们得到了有力的图形信号，表明来自6月的接近113的支撑水平稳如泰山。

29.出现在长长的白色蜡烛线之后的十字线可能构成值得戒惧的信号。但是正如第八章分析的，面对长白色蜡烛线之后的十字线（或面对任何蜡烛图信号），首要的考虑是市场是否处在超买状态或超卖状态。由于这根十字线出现之处刚刚脱离了最近的低点，显然，我认为这里谈不上超买状态。因此，这根十字线并不带有太多的反转意义。

30.在8月16日所在一周的下半周，冒出了一群纺锤线，使得趋势方向从向上转为中性。到8月24日白色蜡烛线收市时，完成了一个上升三法形态。本形态由8月17日到8月24日的蜡烛线组成。

31.本十字线（它的实体如此之小，以至于在我看来它与经典的十字线具有同等效力）充分说明了观察市场总体技术环境的重要性。与29处的十字线相比，本十字线处在更为超买的市场环境下。因此，我们可以认为31处的十字线比29处的十字线更有预测意义。

32.因为31处的十字线尚且位于最高点附近上下波动，我更倾向于等待进一步的看跌验证信号，以支持该十字线潜在的反转信息。验证信号来自此处的黑色实体，其收市价居于十字线的收市价之下。这根黑色实体完成了一个黄昏星形态。

33.这个小型向下的窗口维持了看跌动力的继续。不过，此处也有一项小小的正面因素。9月2日的蜡烛线依然保住了关键支撑水平的有效性，该支撑水平来自6月下旬，位于接近112.75—113处。

34.一根长长的白色蜡烛线的开市价与前一根蜡烛线的开市价几乎处在同一个水平。如此一来，就可以把它归结为分手线。既然113附近的支撑水平继续维持坚固，就为乐观态度提供了一点由头。然而，下一日是一根黑色蜡烛线，未能延续上述势头，断送了任何看好的乐观苗头。

35.一根相对长的黑色实体保持了疲软的市场基调，但是多头依然存有希望，因为112.75—113的支撑区域还是完好无缺的。

36.一根小的白色实体，其收市价向上超越了前一根黑色实体，有助于巩固接近113处的支撑水平。不过，这不是一个刺透形态，因为刺透形态要求白色实体的收市价向上推进到之前黑色实体的中点之上。

37.9月16日的十字线向上打开了一个很小的窗口。因为市场并没有上涨得多么长远，我倾向于不把这根十字线归结为警告信号，特别是考虑到在十字线处向上打开的窗口具有潜在的支撑作用。然而，下一个时段，向上的窗口所形成的支撑区域被跌破了。

38.通过从9月14日到23日的蜡烛线的低点，我们可以绘制一根上升支撑线。将趋势线的力量与蜡烛图结合起来，实际上也就是要把其他许多西方技术工具和蜡烛图结合起来，这是一个重要方面，是本书第二部分的重点。

第二部分　多技术方法共同参照原则

"千里之行，始于足下"

单单从蜡烛图技术本身来看，它已经称得上是一门极有价值的交易工具了。如果我们把蜡烛图技术与西方的技术分析信号相互印证，那么蜡烛图技术将锦上添花，变得更为得力。这一点正是本书第二部分关注的重点。在这种情况下，蜡烛图指标验证了西方的指标，或者反过来说，后者验证了前者，这便是"相互验证"原则。

我们对相互验证的定义是"在同一个价位或接近同一个价位上，出现了一群相互验证的技术信号"。相互验证是一个关键概念。其原因在于，在某个支撑区域或阻挡区域，越多的信号汇集在一起，则出现反转的可能性越大。我们可以通过一系列蜡烛图形态来相互验证，也可以通过一系列西方技术信号来相互验证，还可以通过上述两方面的信号来相互验证。

回想一下，孩提时代我们都有为着色书涂颜色的经历，我们抓起蜡笔，高兴疯了。每页都是黑白草图，画着海滩或外太空的景象。您可以选择自己中意的颜色，为图画添加自己的色彩。与此类似，根据自己的交易风格和性格特点，您一样可以选择自己偏爱的工具和技巧。不过，无论您选用哪种西方工具，蜡烛图都可以成为您的交易武器库里的一个组成部分。

一方面我坚信蜡烛图一定会取代线图，成为普遍的图表形式；另一方面，这并不意味着我建议大家忽视应用在线图上的那些工具，如趋势线、移动平均线、摆动指数等。事实上，我强烈建议在蜡烛图上运用常规的西方技术分析工具。以下开列了若干条理由。

1.蜡烛图技术是分析工具，但不是一个完整的系统。如此一来，蜡烛图总是应该与其他技术指标联手工作。这正是蜡烛图的主要优势：既然它们采用的数据与线图相同——也就是开市价、最高价、最低价、收市价——您可以在蜡烛图上运用所有自己喜欢的西方分析工具。其中包括最基础的分析工具，如趋势线和移动平均线，也包括更深奥的艾略特波浪理论。如果某个蜡烛图信号，例如一根锤子线，与某个西方技术工具相互验证，例如趋势线，那么两者之间的相互验证将增加行情反转的可能性。因此，当蜡烛图信号与西方技术信号相互验证时，蜡烛图信号甚至变得更为重要。

2.价格目标：蜡烛图提供了许多有用的交易信号，特别是早期反转信号。无论如何，它不提供价格目标。这时，我们必须寻求之前的支撑或阻挡区域、百分比回撤水平、趋势线，以及其他西方技术分析线索，以评估价格运动的幅度。

3.知己知彼，对竞争者使用的工具保持敏感：因为如此众多的交易者和分析者应用技术分析，技术分析对市场也就经常发生重要影响。如此一来，对技术信号保持警觉是很重要的，因为其他人可能采用技术信号，包括西方技术指标。

第十章讲述了"一群蜡烛线"有可能显著放大某个支撑区域或阻挡区域的重要性。第二部分其余的各章集中讨论了各种西方技术工具，特别是如何把它们与蜡烛图技术信号结合起来。第十一章研究可以应用在趋势线方面的许多分析手段。举例来说，如果一条阻挡线已经被向上突破，但市场不能守住高位，或者如果一条支撑线已经被向下突破，但市场不能保持低位，那么这就可能提供了重要的市场信号。第十二章谈一谈百分比回撤水平，以及耐心等待市场通过蜡烛图信号验证百分比回撤水平的重要性。第十三章介绍移动平均线为我们带来的额外价值，特别是把它们与蜡烛图信号结合起来时。第十四章讨论摆动指数，包括随机指数、相对力度指数和其他指标，把它们与蜡烛图信号相结合大有用处。第十五章聚焦于交易量，在交易者武器库中这属于最重要的工具之一（除了蜡烛图之外）。第十六章的重点内容是价格目标和对等运动。这个特别重要，因为蜡烛图虽然能够提供反转信号，但不提供价格目标。最后，第十七章以纳斯达克指数为例，综合运用上述全部工具，大量运用东方和西方技术工具的相互验证，展示了许多行情反转的警告信号。

既然本书的核心不是西方技术分析，而是蜡烛图技术，意在运用蜡烛图来补充西方技术分析工具，我只是触及了西方技术工具的基础知识。如果您需要详细了解西方技术工具，可以找到许多好书，它们的介绍详尽得多了。向您推荐一个出色的阅读资料来源，www.TradersLibrary.com。

我运用西方技术工具已经有25年的经验了，主要使用常规的西方指标。我没有讨论一些情绪指标，比如涨跌比例线、ARMS／TRZN指数、专家做市商卖空比率等。这只是因为我的知识不足，而不是因为这些工具不可以应用到蜡烛图上。举例来说，虽然我没有涉及点数图，但是曾有擅长这类图表方法的交易者告诉我，他们可以采用蜡烛图来获得反转信号，再转到点数图上获得价格目标。话说回来，无论您处在哪一种市场领域，无论您擅长哪一类西方研究方法，以蜡烛图技术作为他山之石，都是可行的，都有取长补短之效。西方的技术分析技巧一旦与蜡烛图技术结合起来，如虎添翼。两者能够成为一个强有力的组合。

市场永远不会错

在我讲授的西方技术分析讲座中，讨论了严守纪律的交易方式的重要意义。为了简明扼要地表达这一思想，我做了一个拼字游戏，把有关文字的首字母组合成一个词，"DISCIPLINE"。在"DISCIPLINE"中，我为每一个字母提出了一条交易守则。举例来说，我为字母"N"提出的守则是"Never trade in the belief the market is wrong."（绝不可带着"市场错了"的成见从事交易。）[1]。我说"市场永远不会错"这句话到底是什么用意呢？我的意思是，千万不要企图将自己的主观臆断强加于市场。举例来说，即便您坚定地判断纳斯达克指数即将上涨，也必须等到市场趋势果真向上出头的时候才能买进。假定纳斯达克指数本来正处于熊市状态，在这种情况下，如果您根据自己的预期"牛市即将形成"来买进，那么，您就是将自己的主观愿望和期待强加于市场了。您正在与当前的趋势为敌。其结局可能是灾难性的。或许最终看来，您看涨的观点是正确的，但是这个时候很可能已经来得太迟了。

不妨打个比方，想象一下您正在一条单向行驶的街道上驱车前进。这时您注意到，在这条单行道上，迎面开来一台压路机，它的方向是错误的。于是，您停下车，拿出一块标志牌（您总随身携带着这块标志牌），上面写着"停车，方向错了！"把这块牌子举到压路机前面。您知道这台压路机走错了方向。但是，压路机的驾驶员也许没能及时地注意到您。等到压路机终于掉过头来的时候，或许已经太晚了。这时候，您可能已经变成一块柏油路面了。这就是个体相对于市场的真实处境。如果您与趋势对着干，那么即使后来的结果也许证明您的预见是正确的，但是到了那个时候，一切可能已经太晚了。在期货市场上，由于追加保证金的要求，可能在您预期的市场变化到来之前，已经迫使您把敞口头寸止损了结了。甚至还可能出现更悲惨的结局。或许您的看法的确是正确的，但是到了这个时候，您可能已经破产了。

绝不可企图将自己的意愿强加于市场。一定要做一个趋势追随者，不要做一个趋势预测者。如果您怀着看涨的预期，那么就在上升趋势中入市，如果您持有看跌的预期，那么就在下降趋势中入市。

我曾经翻译过一本日文书，在这本书中，几乎用诗一样的语言表述了上述思想。"如果在入市之前茫然不知市场的特征，就譬如对武事一窍不通的文人大谈用兵之道，纯属纸上谈兵。当他们面临着大规模的牛市或熊市行情时，必定会丢城失地；他们以为是安全妥当的，其实危险无穷……等待恰当的时机入市，是至关紧要的，是雄才大略的表现。"[2]

注

1. 如果读者朋友对我的交易守则的首字母组合"DISCIPLINE"（意为'纪律或守则'）有兴趣，下面就是其中各项的内容：
Don't forget old support and resistance levels.——不要忘记过去的支撑水平和阻挡水平（过去的支撑水平可能演化为新的阻挡水平，反之亦然）。
If...then system.——如果……那么系统（如果市场的演变符合预期，那么继续实施预定的交易方案——否则，平仓出市）。
Stops——始终采用止损指令作为保护措施。
Consider options.——将期权市场纳入考虑的范围。
Intraday technicals are important even if you are not a day or swing trader.——日内图表的技术因素也是重要的方面，即使您不做日内交易或短线交易。
Pace trades to market environment.——调整交易的节奏，以适应不同的市场环境（根据市场的具体条件，改变自己的交易风格）。
Locals——自营交易商。绝不可以忽视自营交易商的动向。
Indicators——技术分析信号，越多越好（多技术方法共同参照原则）。
Never trade in the belief the market is wrong.——绝不可带着"市场错了"的成见从事交易。
Examine the market's reaction to news.——注意研究市场对基本面信息的反应。

2. 《酒田五法：风林火山》（*Sakata's Five Rules Are Wind, Forest, Fire, and Mountain*），日本证券新闻社，1969年，第46页（本部分是理查德·索尔伯格翻译的）。

第十章　蜡烛图信号的汇聚

"慎之又慎"

本章将要研究，如果在同一个价格区内汇聚了一群蜡烛线，或者蜡烛图形态，那么此处作为支撑区域或阻挡区域的重要性将被放大，形成重要的市场转折点的可能性将上升。

如图10.1所示，分头出现的一群蜡烛图信号汇聚在75美元附近，这样一来，便突出显示了该区域支撑作用的稳固性。下面对这群信号逐一讲解。

1.4月17日是一根极长的白色蜡烛线，它包裹了前一根黑色实体，形成了看涨吞没形态。由于这个看涨吞没形态中的白色蜡烛线如此巨大，意味着等到该形态最终完成时，股票已经离开其低点近25美元之遥了。于是，虽然看涨吞没形态为我们提供了反转信号，但当形态完成时，从风险报偿比的角度来考虑，并没有为我们带来有吸引力的买入机会。

2.请记住一个重要概念，看涨吞没形态的低点将转化为支撑水平。我们把注意力转向本形态的低点，大约73美元处，以此作为潜在的支撑水平。从4月17日所在的一周开始的下降行情

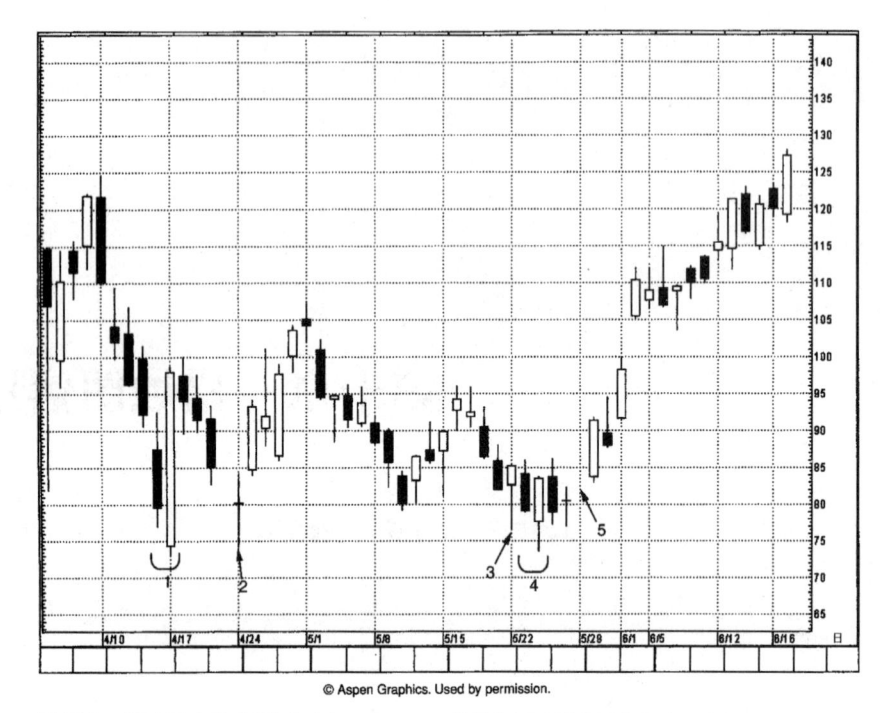

图10.1 捷迪讯公司（JDS Uniphase）——日蜡烛线图（蜡烛图信号的汇聚）

在接近这个预期中的支撑水平时终于稳定下来，形成了一根长腿十字线。

3.5月22日的锤子线进一步加强了上述支撑水平。

4.在3处的锤子线之后的两个时段里，完成了一个经典的刺透形态。该形态的低点从来自1处的看涨吞没形态的支撑水平附近向上反弹。

5.如果我们还希望看到更多的底部证据，那么它出现在5处。这是5月底的一个小型向上的窗口。另外，如果您观察一下从5月15日所在的一周到5月29日所在的一周的行情变化，会注意到股票正在构筑一个圆形底。在这个圆形底的基础上增添上述窗口（位于5处），就得到了一个平底锅底部形态。

图10.2展示了一群蜡烛图信号汇聚起来，有助于确认支撑水平或阻挡水平。

·一群蜡烛图信号汇聚起来作为支撑水平。12月11日是一

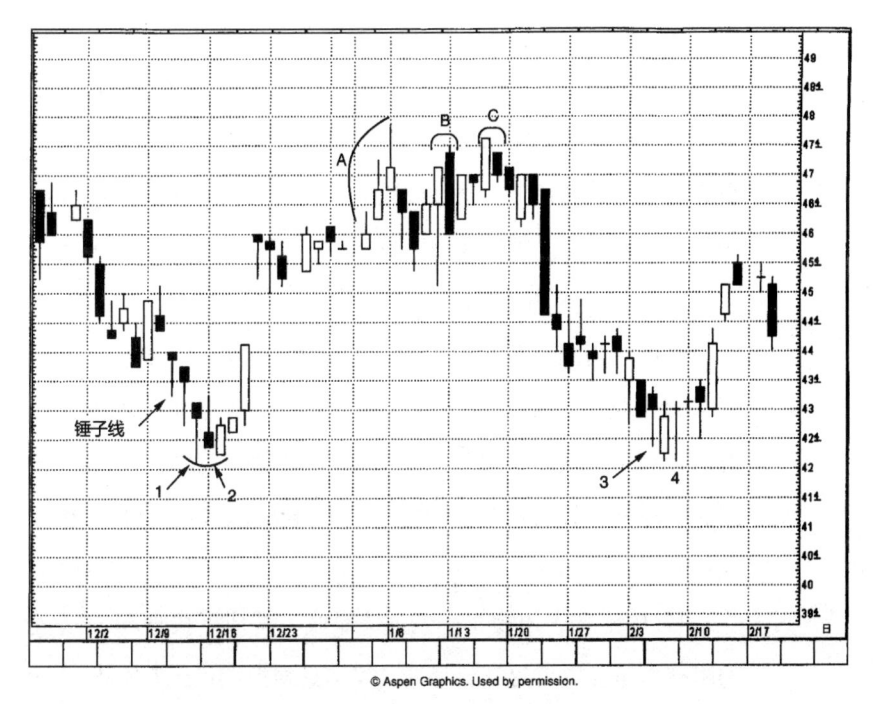

图 10.2 百富门公司（Brown Forman）——日蜡烛线图（蜡烛图信号的汇聚）

根锤子线。尽管这根锤子线带有潜在的看涨意味，但是在出现锤子线的同时打开了一个向下的窗口，使得趋势维持向下。当市场从这根锤子线开始上涨时，上涨过程通过三根带有长下影线的蜡烛线组成的一个系列来完成。这些长下影线在一定程度上抵消了看跌的氛围。1处的蜡烛线也是一根锤子线，但是与上面讨论的第一根锤子线不同，在之后的两天里，即12月16日和17日，这根锤子线成功地发挥了支撑作用。2处的两根蜡烛线构成了一个看涨吞没形态。在3处，2月初又出现了一根锤子线。这里是1和2处形成的支撑水平。4处的蜻蜓十字线进一步证实了大约42美元的支撑水平。

· 一群蜡烛图信号汇聚起来作为阻挡水平。在A处股票上涨，上涨过程是通过一系列带有长上影线的蜡烛线形成的。因为这群蜡烛线具备更高的高点、更高的低点、更高的收市价，所以短期趋势保持向上。但是，那些长上影线构成了警告信号,多方并没有完全站稳立场。最后那根带有长上影线的蜡烛线出现在1月6日,这是一根流星线。几天后,在B处,股票形成了一个看跌吞没形态。在C处,小黑色实体出现在长长的白色实体之后,组成了一个孕线形态。于是,A处的流星线、B处的看跌吞没形态、C处的孕线形态,三者汇聚起来,强调了位于47.50—48美元的天花板。

蜡烛图为图形分析提供了十分有效的工具。这是因为我们可以运用蜡烛图很便捷地观察图形线索,评估市场的健康状态,识别不健康的市场状态。只要简单地看一眼某根蜡烛线的形状,就能立即看出当前的需求或供给状况。带着这些考虑,我们来观察图10.3。

3月中下旬,出现了一系列流星线,构成了接近34.50美元的阻挡水平。看看这群流星线,难道您对股票已经在34.50美元上下遇到了麻烦还有任何怀疑吗?当然不会,因为这群流星线

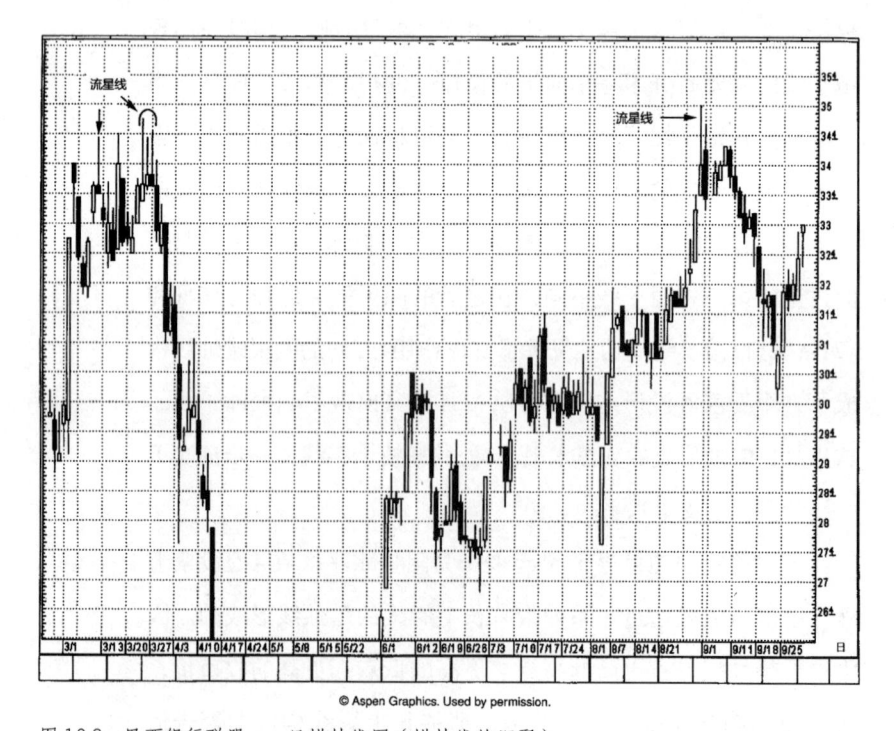

图10.3 巴西银行联盟——日蜡烛线图(蜡烛线的汇聚)

通过其图形突出地显示，每当股票接近本时段的最高点时，空方就会跳出来打压股价，最终使股价收市于本时段的最低点，或接近本时段的最低点。到了8月底，对这群流星线构成的阻挡水平，市场向上发起了又一次冲击。无独有偶，在8月的上冲行情里也出现了一根高悬头顶的流星线。除了这根流星线带来的负面意味之外，下一日的黑色实体雪上加霜，完成了一个看跌吞没形态。

第十一章 蜡烛图与趋势线

"有备而无患"

本章将把蜡烛图技术与趋势线、市场对趋势线的突破和假突破，以及突破支撑区域和阻挡区域等方面放到一起，进行综合研究。

如图11.1所示，是一条向上倾斜的支撑线。至少需要两个向上反弹的低点才能连接出这样一条直线，如果通过三个或者更多向上反弹的低点，那就更好。在蜡烛图上绘制上升的支撑线时，把蜡烛线下影线的低点作为连接点。这根支撑线表明，在这段时间里，买方比卖方更为主动、积极，因为在逐渐提升的新低点处，还能够引来新的需求。一般说来，这根线标志着市场上买方多于卖方。既然每一笔交易都同时需要一位买方和一位卖方，我更愿意认为，不是买方比卖方多，而是买方比卖方更为积极进取。

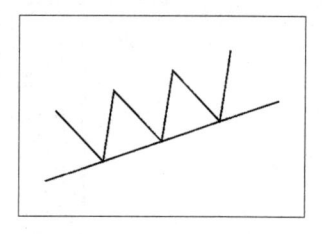

图11.1 上升（向上倾斜）的支撑线

如图11.2所示，是一根向下倾斜的支撑线。正如在讨论图11.1时所说的，传统的支撑线是通过连接越来越高的低点得来的。不过，图11.2中的支撑线连接的则是越来越低的低点。下

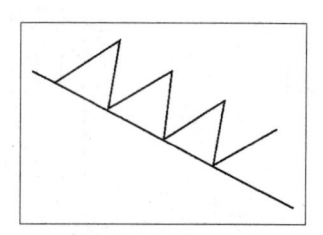

图11.2 下降（向下倾斜）的支撑线

降的支撑线之所以有用武之地，是因为在市场上发生了许多实例，其价格是从下降的直线处向上反弹的。在缺少其他关于支撑水平的线索时，这样的直线给我们提供了潜在的支撑区域。在什么样的情形下不存在明显的支撑水平呢？当市场为当前行情创新低，特别是创纪录的新低的时候。

常规的上升支撑线因为向上倾斜，被视为具有看涨意义。下降的支撑线因为市场正在创造更低的低点，可被当作具有看跌意义的支撑线。如此一来，从这类支撑线上引发的向上反弹可能只是有限幅度的、不持久的。虽然如此，它可能构成了考虑买进的区域，特别是在若干技术指标在这类直线上汇聚起来的时候。

在图11.3中，11月22日的早晨出现了一个刺透形态。从这个刺透形态开始出现了一轮小规模的上涨行情，之后在12：30—13：00左右，市场回落到了62.50美元的区域。连接刺透形态的低点与几个小时后形成的接近62.50美元的低点，我们得到了一

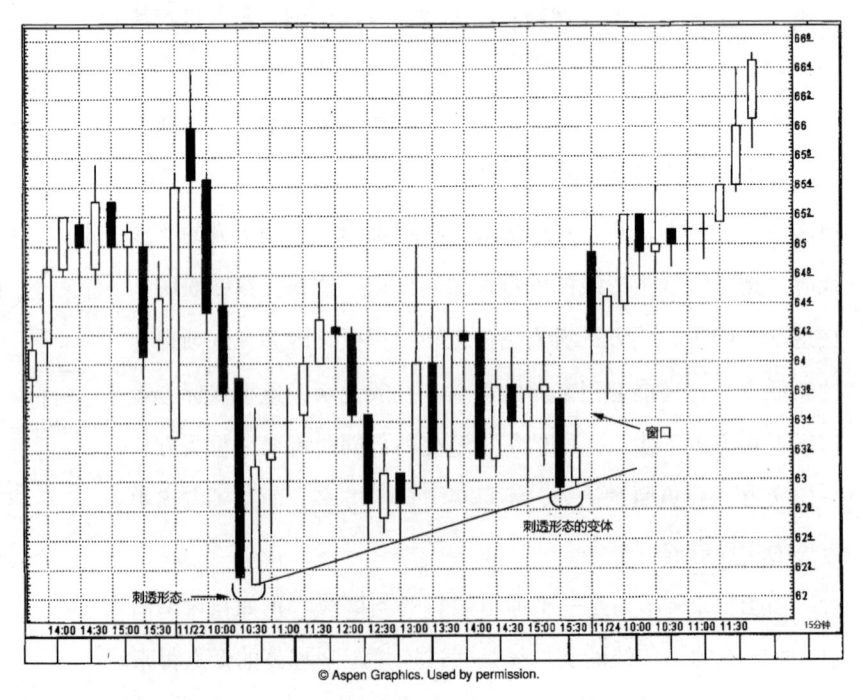

图11.3 康宁公司——15分钟蜡烛线图（上升的支撑线）

条上升的支撑线。这根线与11月22日晚间的某个时段相交,在相交处我们看到了一个刺透形态的变体(之所以说它是变体,是因为其中的白色蜡烛线的收市价没有向上超越之前黑色蜡烛线的中点)。本例说明,即便蜡烛图形态不太理想,但它依然可能提供行情反转信号。具体来说,虽然这不是一个理想的刺透形态,但是它来自那条上升的支撑线,因此其重要性得到了加持。对于多头已经控制市场,马上出现了进一步的增强信号,一个向上的窗口成功地测试了这条支撑线。该窗口在11月24日早间成为支撑区域。

在图11.4中,整个1月,根据图中一系列更低的低点来评估,亚马逊始终处在下降趋势中。连接低点L1和L2,提供了一条尝试性的支撑线。在L3处,当市场防守成功后,这条下降的支撑线的重要性得到了确认。于L4的低点处,市场对这条向下倾斜的支撑线试探成功了,并且形成了一个看涨的刺透形态。

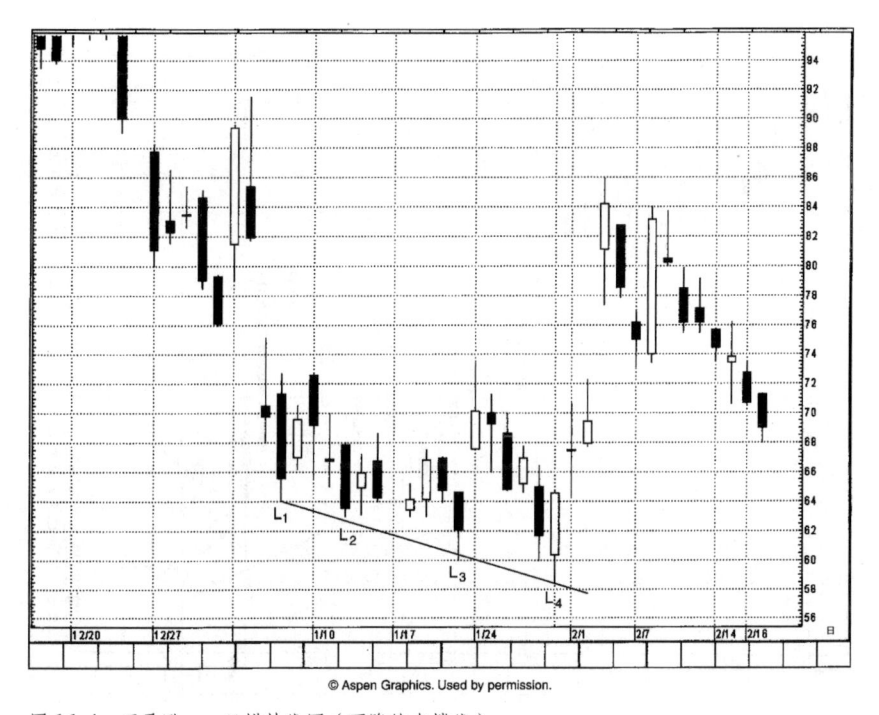

图11.4 亚马逊——日蜡烛线图(下降的支撑线)

从本刺透形态开始的上冲行情在2月2日和3日之间打开了一个向上的窗口。一方面，在2月9日长长的白色蜡烛线之前，窗口的底边作为支撑水平保持完好；另一方面，在2月9日长长的白色蜡烛线之后，当前上冲行情遭遇了一根十字线（它也是一根流星线），被短路了。

如图11.5所示，通过A和B两处的低点连接成一条下降的支撑线，再加上C处的看涨吞没形态的低点。对该直线最终的试探来自D处，之后跟着出现了一根倒锤子线。倒锤子线的后一天是一根白色蜡烛线，两者组成了一个看涨吞没形态。事实上，如果看涨吞没形态的白色蜡烛线的收市价更高一些，就会形成一个启明星形态。尽管如此，由于倒锤子线、看涨吞没形态，以及下降的支撑线汇聚在一起，宛如一声"空头平仓！"的大吼。

图11.6展示了一条典型的下降的阻挡线。至少需要两个向下反弹的高点才能连接出这样一条直线。当然，如果有三个或

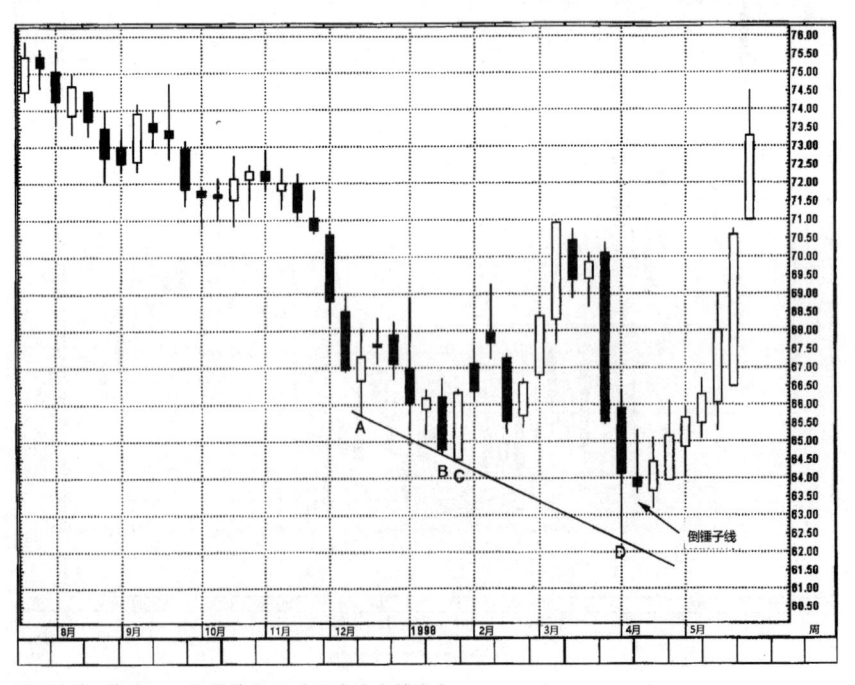

图11.5 棉花——周蜡烛线图（下降的支撑线）

更多个高点，直线就更有影响力。它表示卖方比买方更为积极进取，因为卖方愿意在更低的高点上卖出。这条阻挡线表明，在这段时间中，卖方比买方更为大胆、积极，因为在逐渐降低的新高点处，依然吸引了卖方的卖出意愿。这根直线反映出市场正处于下降趋势中。在蜡烛图上绘制阻挡线时，方法是连接蜡烛线上影线的顶点。

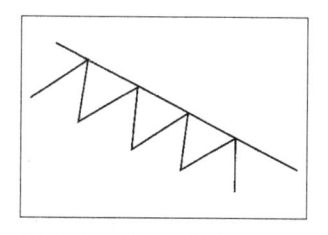

图 11.6 下降的阻挡线

常规的阻挡线是由一系列越来越低的高点连接而成的。但是，如果市场正处在历史的新高位置，不存在更早的高点可用来连成潜在的阻挡线，那怎么办呢？在这种情况下，我常常绘制上升的阻挡线。如图11.7所示，这是连接一系列更高的高点得来的（不同于下降的阻挡线通过连接更低的高点得来）。

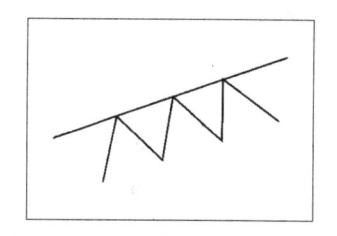

图 11.7 上升的阻挡线

在图11.8中，我们连接区域1、2和3，得到了一条经典的阻挡线。白银从区域2的孕线形态开始形成一轮下降行情，下降行情的底部形成了两根大风大浪蜡烛线。这是第一个征兆，表明

图 11.8 白银——日蜡烛线图（下降的阻挡线）

市场向下的力量正在消散。在3月6日和7日之间，打开了一个向上的窗口，驱使趋势转而向上。窗口立即转化为支撑区域，随后几天的变化证明了这一点。

现在，蜡烛图上已经出现了反转信号，我们可以转向西方技术分析——这条阻挡线，来寻求价格目标。这构成了潜在的阻挡区域，3月13日所在的一周，市场陷于停顿，正说明了这一点。本图强调了我们离不开西方技术分析工具的原因，哪怕我们的注意力依然主要放在蜡烛图分析上。蜡烛图能够给出早期的反转信号，而西方工具能够提供价格目标和止损区域。

在图11.9中，4月12日（在2处）有一根长长的白色蜡烛线，其收市价创了新高，从而维持了多头趋势的力道。次日，一根小黑色实体成为组成2处的孕线形态的第二根蜡烛线，因而整个市场的基调都发生了转变。连接1和2两处的高点，得到了

图11.9 克里斯游艇公司——日蜡烛线图（上升的阻挡线）

一条上升的阻挡线。该线5月中旬时在50美元左右与行情发生接触。接触点在区域3处，接近50美元的水平，另一个孕线形态与上升的阻挡线接触。（事实上，5月13日的上影线向上超过了前一天的价格区间，但是这一点并不否定此处的孕线形态，因为孕线形态只讲究实体的部分。）于是，蜡烛线为我们提供额外的证据（通过这个孕线形态和孕线形态第二根蜡烛线的长上影线），表明这条上升的阻挡线可能成为阻挡区域，即将发生防守性的行情。

看看图11.10，其中有一根向上倾斜的阻挡线。从5月中旬开始的价格变化表现为一系列越来越高的高点。然而，6月30日若干技术因素汇聚起来，在上升的阻挡线处，形成了一根近似十字线的蜡烛线（它同时组成了一个十字孕线形态），发出信号指示多头采取保护措施。请注意，在近似十字线的蜡烛线的后一天，在31美元和30美元之间打开了一个巨大的向下的窗口。市场持续下跌，直到7月初找到支撑区域才罢休。从

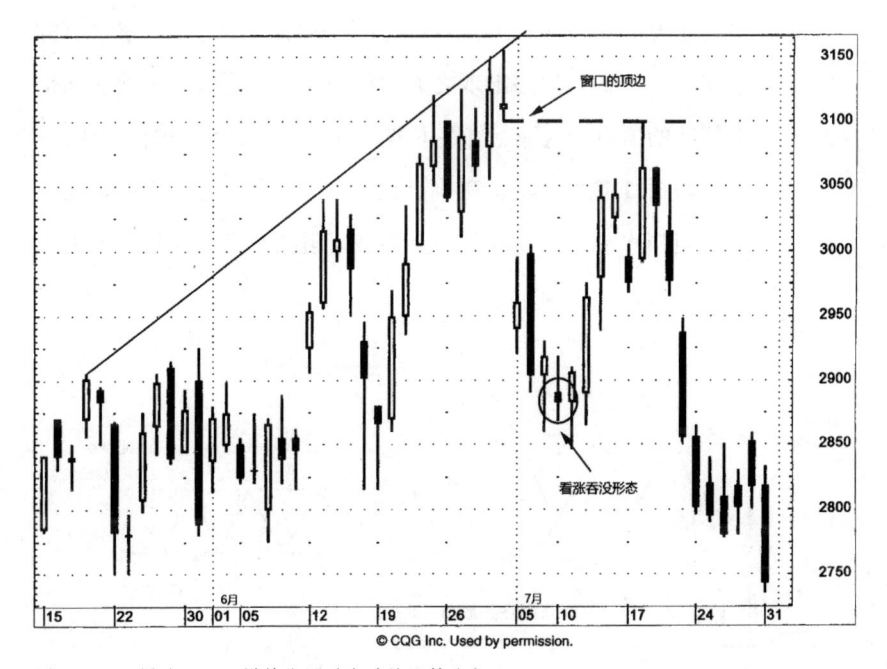

图 11.10　原油——日蜡烛线图（上升的阻挡线）

该支撑区域而来的上涨行情杀了一个回马枪，到达上述窗口的顶边。

破低反涨形态与破高反跌形态

破高反跌形态与破低反涨形态的概念最初是根据理查德·威科夫（Richard Wyckoff）的有关思想发展起来的。他是20世纪初的一位很成功的交易者，也是一个行情通迅的出版商。

如图11.11所示，破低反涨形态发生在横向波动区间的支撑区域，起先市场向下突破了支撑区域，后来返回到曾经被跌破的支撑区域之上。换句话说，新低价格水平是不能维持的。一旦破低反涨形态形成，我们就能获得一个止损退出的区域，还有一个价格目标。如图11.11所示，如果某支撑区域最近被向下突破，但市场不能维持，很快回升到支撑区域之上，就可以考虑买进。如果市场坚挺，就不应当跌回最近的低点。最近的低点可以作为止损水平（最好以收市价为标准）。该破低反涨形态的价格目标要么是形态出现之前的行情高点，要么是之前横向交易区间的顶边。这一点将在本节后面的一些示例中进行说明。

如图11.12所示的为破高反跌形态。这种形态发生在横向区间的阻挡水平，市场起先向上突破了阻挡水平，但是多方无力

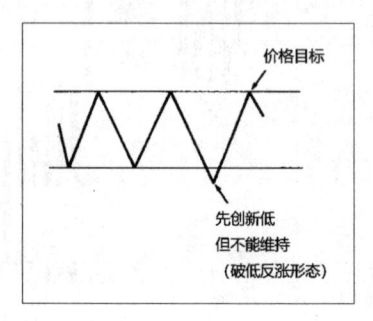

图11.11　破低反涨形态　　　　图11.12　破高反跌形态

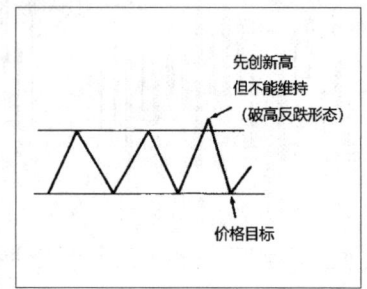

维持新高价位。这其实是假突破现象换了一种说法。为了利用破高反跌形态来交易，当市场从先前的阻挡水平之上回落到其下方时，可以考虑卖出。如果市场果真疲软，它就不应该再涨回到最近的高点。下方的价格目标是市场最近的新低，或者是横向交易区间的底边。

虽然交易量并不是这里的主要议题，但是在破低反涨形态中，如果向下突破支撑水平的时候交易量较轻，随后向上反弹至最近跌破的支撑水平之上时交易量较重，就进一步增强了本形态的看涨意义。与之类似，在破高反跌形态中，如果向上突破阻挡水平时交易量较轻，随后回落至最近向上突破的阻挡水平之下时交易量较重，那么破高反跌形态成功的可能性也将进一步增加。

为什么破低反涨形态与破高反跌形态具有如此神奇的效用？要回答这个问题，就得谈到拿破仑的一段话。有人问他，他认为什么样的军队是最好的军队。他的回答简明扼要，"获胜的军队"。我们不妨把市场看作两支部队——牛方和熊方——拼杀的战场。当市场处于水平的交易区间时，双方拼力争夺的地盘特别明确，就是这块水平区间。其上方的水平阻挡线是熊方必守的最后防线，下方的水平支撑线是牛方必守的最后防线。如果空头不能守住在向下突破支撑水平后所创的新低价位，或者多头不能维护在向上突破阻挡水平后所创的新高价位，这一方就不能取得胜利。

在图11.13中，通过A、B和C三处揭示了一个阻挡区域，C处的十字线确认市场在1.7100—1.7150的区域犹豫不决。在C处十字线的下一时段，突然涌出一股需求，将英镑推升到阻挡线之上，冲击到1.74的水平。然而，多方的胜利昙花一现，很快市场便回落到了之前已经被冲破的位于A、B、C三处的阻挡区域之下。这就形成了破高反跌形态。如此一来，我们就得到了下方的价格目标：之前的上冲行情把我们带到了这个破高反跌形态，追本溯源，上冲行情的起点便成了现在的价格目标。这

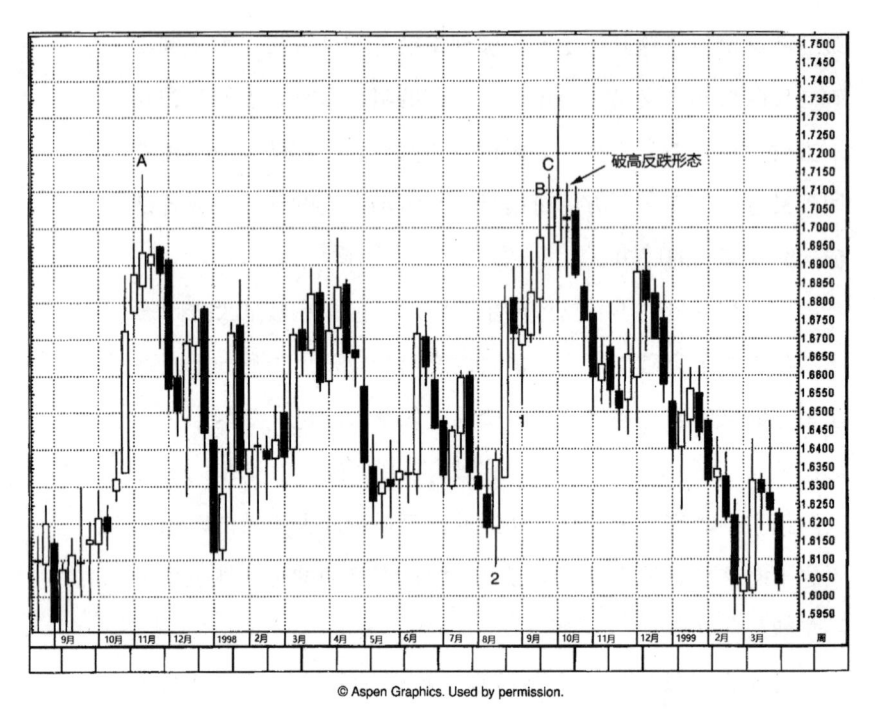

图 11.13 英镑——周蜡烛线图（破高反跌形态）

里涉及一定程度的主观取舍。在我看来，这轮上冲行情起始于1处；不过，或许有人认为这一段上涨行情的起始点应该在2处的看涨吞没形态。在这样的情形下，我建议首先选用一个保守的价格目标（1处），然后再自由发挥一下，选择2处作为备用价格目标。有意思的是，本例的1处成为市场暂时进入稳定状态的区域，经过一番曲折之后，市场也到达了自由发挥的价格目标（2处）。

本例在破高反跌形态之后形成了陡峭的下跌行情，让我想起了日本的一句老话："把人送到百尺高楼上，却扛起梯子走了。"[1]

有时候，交战的一方，比如大户交易商、商业账户经理，甚至可能是自营交易商，会派出小股的"侦察兵"（这是我的说法，不是蜡烛图的术语），前去试探对方部队的决心。举例来说，牛方可能向上推一推，企图使价格上升到一条阻挡线之上。在这样的交火中，我们就得密切关注牛方表现出的坚定程度。如果牛方这支侦察部队能够在敌方的土地上安营扎寨（也就是说，在数日内，市场的收市价都处于该阻挡线的上方），那么牛方的向上突破就成功了。牛方的新生力军将要增援这支先头部队，市场就将向上运动。只要这块滩头阵地掌握在牛方的手中（就是说，市场已经把这个旧的阻挡区转化为新的支撑区，并维持其支撑作用），那么牛方的部队就会控制着市场的局势。然而，一旦市场被打退到先前已经被向上突破的阻挡区域之下，那么牛方便失去了控制权。

在图11.14中，显示了这种"火力侦察兵"现象，让我们从这个角度来观察这里的破高反跌形态。9月底形成了一个阻挡区域，图中用两根水平线来做了标记。10月16日是一根拉长的白色蜡烛线，将股价推升到了阻挡区域之上。因为瞻博网络以收市价创新高，向上突破了这块明显的阻挡区，所以多方的"火力侦察兵"至少此时已经夺得了一块立足地。后一天，是一

图11.14 瞻博网络公司——日蜡烛线图（破高反跌形态）

根黑色蜡烛线，其收市价证明牛方底气不足，不能守住新高价位，于是整个市场的基调为之一变。如此一来，破高反跌形态就形成了。破高反跌形态的高点在下一周发挥了阻挡作用，在10月23日完成看跌吞没形态之后，市场崩溃了。

我们为这个破高反跌形态设定的价格目标是前一个低点，即之前带领我们到达破高反跌形态的上涨行情的起始点。有人可能选择区域1，也有人可能选择区域2——正如我们在分析图11.13的英镑行情时所说的，这存在一定的主观性。我会选择1作为保守的价格目标，2作为备用目标。这个破高反跌形态案例还说明了，在采用这种技术手段的时候，并不需要清晰定义的阻挡水平。

在前面几个示例中，市场都是在一个时段以收市价向上超越阻挡区域，下一个时段再以收市价回落到先前被向上突破的阻挡区域之下。图11.15则说明，破高反跌形态也可以在单独一个时段之内完成。在4月初的A处，接近30美元，出现了两根小

图11.15 思科公司——日蜡烛线图（破高反跌形态）

实体（其中一根是流星线），显示市场犹豫。在4月23日、26日和27日的B处，市场再度向上冲击该区域，形成了一个十字黄昏星形态。5月13日是一根流星线，日内行情一度将股票推升到超越30美元阻挡区域的地步。到本时段结束时，股票表现后继乏力，不能维持上述新高价位，收市价重新回到了上述阻挡区域之下。如此一来，一个破高反跌形态就竣工了，其价格目标为之前紧邻的低点26.25美元附近。5月24日和25日，该目标已经达到了。

在图11.16中，蜡烛线1、2和3维持了一个位于308.50上下的支撑水平。3月1日，空方打压市场到新低，稍稍低于306，试图建立滩头阵地。到本时段结束时，空方已经失去了控制权，指数收市于先前已经被向下突破的支撑水平308.50之上。于是，空方不能保住滩头阵地，由此形成了一个破低反涨形态。形成破低反涨形态的当日同时形成了一根锤子线。既然我们有了破低反涨形态，就有了价格目标。具体地说，这就是破低反涨形态的前一个高点，接近326。请注意，在A处和B处，指数已经上升到距离该目标几个点的范围内。这一现象揭示了技术工具具有一定的主观性。如果有人一定要等行情准确地到达价格目标，免不了大失所望，因为虽然市场很接近该目标，却没有触及它。

图11.16揭示了在单独一个时段内完成破低反涨形态的案例（在一个时段之内，市场起初创新低，再向上反弹，收市于先前被跌破的支撑水平之上）。图11.17则是在几个时段内形成破低反涨形态的案例。2月1日的收市价创了新低，向下突破了20美元处明显的支撑水平。后一天，多方卷土重来，正如日本人形容的，"神风突袭"，把股票推升到之前被向下突破的支撑区域之上。如此一来，该股票造就了一个破低反涨形态。价格目标是最近的高点，在1月底形成的，位于23.75美元处。在该高点处，一根十字线紧随在一根高高的白色蜡烛线之后。有趣的是，当股票回升到这里的时候，再次表现出犹豫，并且形成

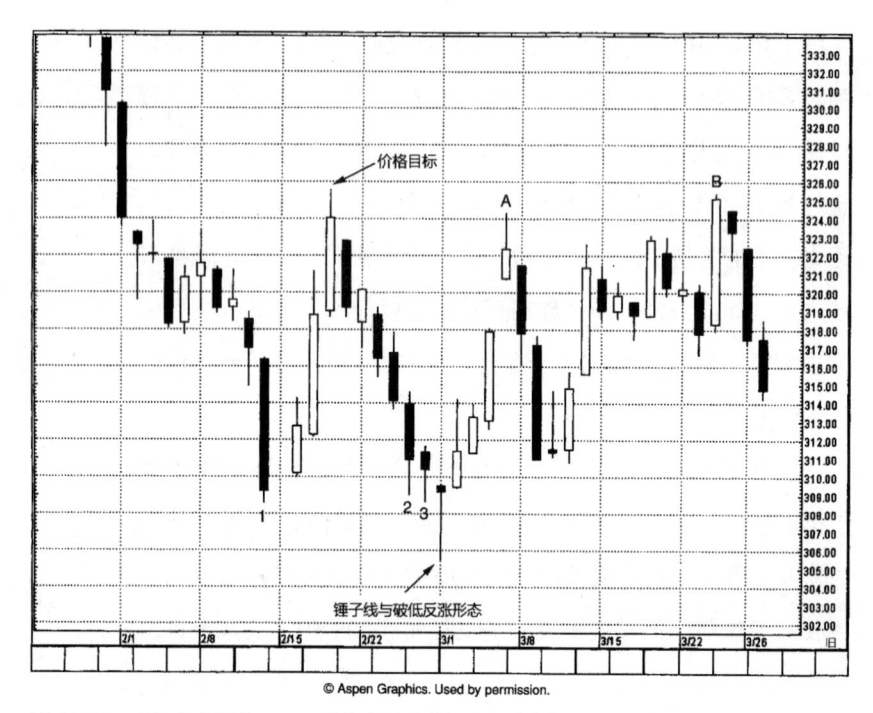

图 11.16 公用事业指数——日蜡烛线图（破低反涨形态）

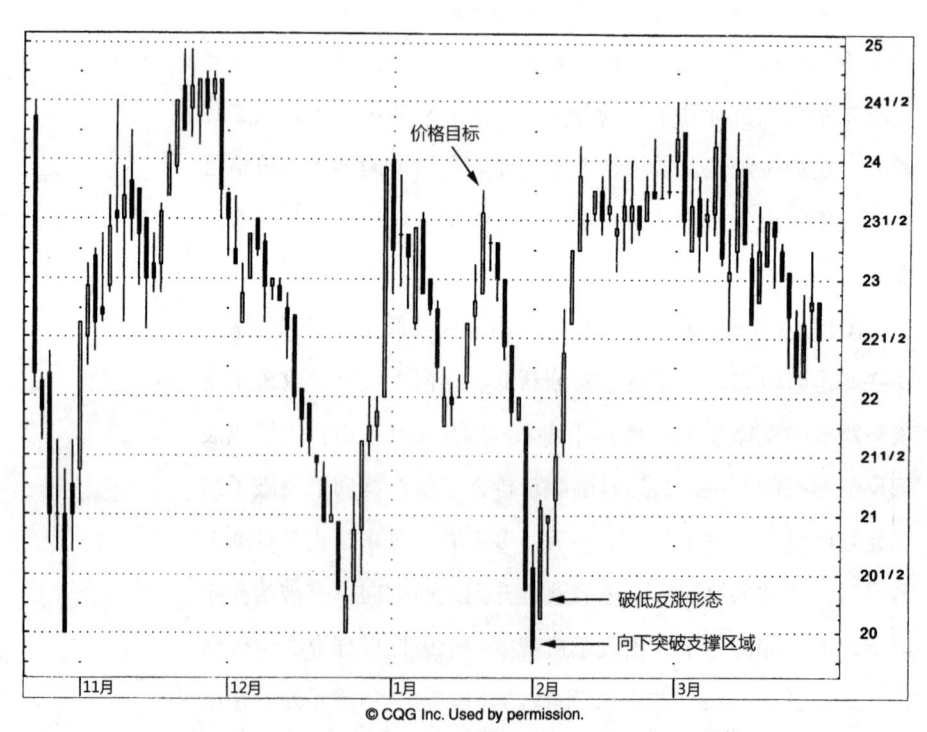

图 11.17 鸿海集团（Hon Industries）——日蜡烛线图（破低反涨形态）

了相似的蜡烛线组合：2月9日和10日，前一根是长长的白色实体，后一根是十字线。

技术分析最强大的方面之一，是它有助于培养风险管理和资金管理的良好能力。因为在技术分析手段中，总是存在特定价格，证明我们的预测是错误的。在本例中，在2月2日的破低反涨形态之后，如果市场下跌到2月1日的低点之下，那么上述价格目标便不再有效，同时，这是应当重新推敲多头头寸的信号。

极性转换原则

日本人有句谚语："大红的漆盘无须另外的装饰。"这种"简单的就是美好的"的概念，道破了市场技术分析理论的真谛。在蜡烛图分析的实践中，我常常对这一原则身体力行。这一原则既简单明白，又强大有力——过去的支撑水平演化为新的阻挡水平，过去的阻挡水平演化为新的支撑水平。这就是我所说的"极性转换原则"。如图11.18所示，就是过去的支撑水平转化为阻挡水平的情形。如图11.19所示，是过去的阻挡水平转化为新的支撑水平的情形。

关于极性转换原则（在传统的用语中，这个概念不是这样描述的），在各种介绍技术分析基础知识的书中，都是作为一条基本原理来讨论的。虽然如此，这块技术分析的瑰宝并没有得到充分利用。为了讲清楚这条规则如何具有普遍适用性、如何发挥其良好的功效，下面我们简要地研究一些实例。这些实例既包括不同的市场，也照顾到不同的时间范围。

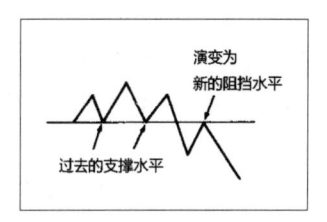

图11.18 极性转换原则：过去的支撑水平转化为新的阻挡水平

在图11.20中，12月下旬，一场陡峭的抛售行情结束于5.35美元的水平（在A处）。当市场再一次向下试探这个水平的时候，至少有三类市场参与者可能要考虑买进。

第一群市场参与者可能是那些在12月下旬的抛售行情中一

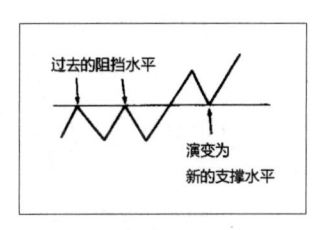

图11.19 极性转换原则：过去的阻挡水平转化为新的支撑水平

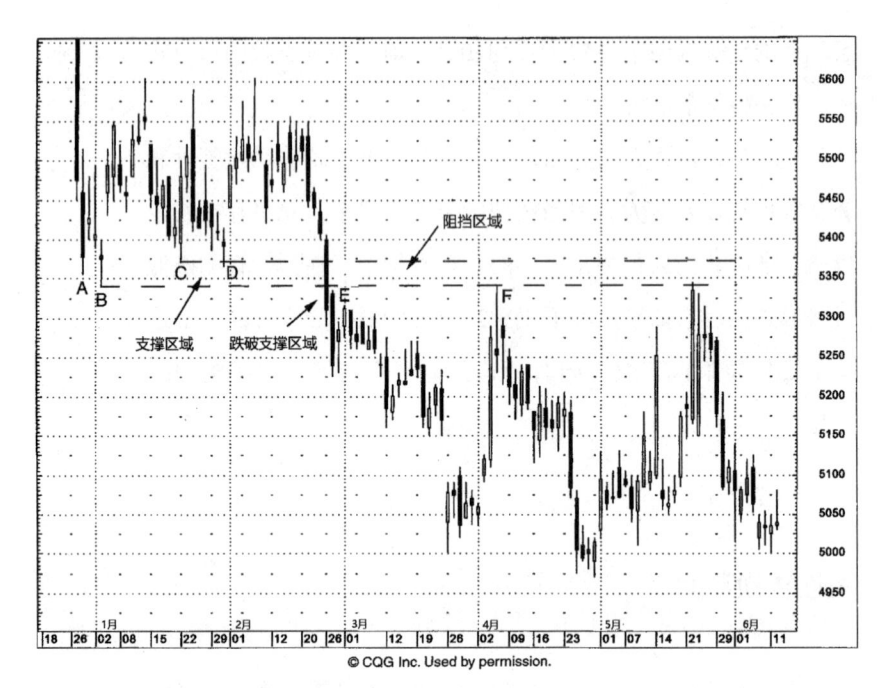

图11.20 白银——日蜡烛线图（极性转换原则）

直等待市场稳定下来的人。现在，他们发现市场在这里受到了支撑，于是得到了一个入市参考点——5.35美元的水平（点A所示的低点）。几天以后，该支撑水平成功地经受住市场的试探（点B处），在这个过程中，很可能市场已经吸引了新的多头加盟。

第二群市场参与者可能是那些原来持有多头头寸，但是在12月下旬的抛售行情中被止损平仓的人。在这些被止损出市的老多头中，当他们看到1月中旬从点B到5.60美元的上涨行情时，可能有一部分人会觉得当初判断白银市场为牛市是正确的，只不过买进的时机没有选择好。现在，是买进的时候了。他们希望借此机会，证明自己当初的看法是有道理的。于是，等到市场再度向下回落到点C的时候，他们便重新买进，建立多头头寸。

第三群市场参与者可能是那些曾经在A处和B处买进的人。他们也注意到了从B开始的上涨行情，因此，如果有"合适的"价位，他们就可能为已有的头寸加码。在C处，市场返回了支撑水平，他们自然就得到了一个合适的价位。于是在C处，又出现了更多的买进者。依此类推，当市场再度向下撤回到D处的时候，自然还能吸引更多的看多者入市。

但是不久，问题就开始了。在2月下旬，价格向下突破了A、B、C和D处形成的支撑水平。2月28日是一根锤子线，有理由感到一点乐观。但是，曾经在这些旧的支撑区域买进的人，现在无一例外地处于亏损状态。

请您自问一下，在您的市场图表上，什么样的价格最重要？是当前趋势的最高价吗？是当前趋势的最低价吗？还是昨日的收市价？都不是。**在任何图表上，最重要的价格是您开立头寸时的交易水平。人们与自己曾经买进或卖出过的价格水平结下了强烈的、切身的、情绪化的不解之缘。**那些在5.35美元支撑区买进的多头现在"临时抱佛脚""病急乱投医"，一心祈祷市场回到他们的盈亏平衡点。

于是，一旦市场上冲到这些多头者买进的区域（在5.35美元附近）附近，他们谢天谢地，赶紧乘机平回手上的多头头寸。这么一来，当初在A、B、C、D处买进的市场参与者，也许现在就变成了卖出者。这一点，正是过去的支撑水平演化成新的阻挡水平的主要缘由，如图上E和F处所示。

图11.21提供了一个经典的案例，突出显示了各种技术指标相互验证的过程。从9月中到10月初形成了一个支撑区域，在1435左右。10月初，这里被向下突破。10月12日和13日出现了一个刺透形态（其中的白色蜡烛线如此坚挺，几乎要形成看涨吞没形态了），标志着行情开始反弹。从本刺透形态开始的上涨行情将标准普尔指数推送到1425的区域，在这里我们遇到了一系列技术信号，它们相互验证。以下逐一介绍。

1. 10月23日和24日组成了看跌吞没形态。

2. 一条下降的阻挡线（图中虚线所示），通过连接9月底以来的高点而得。

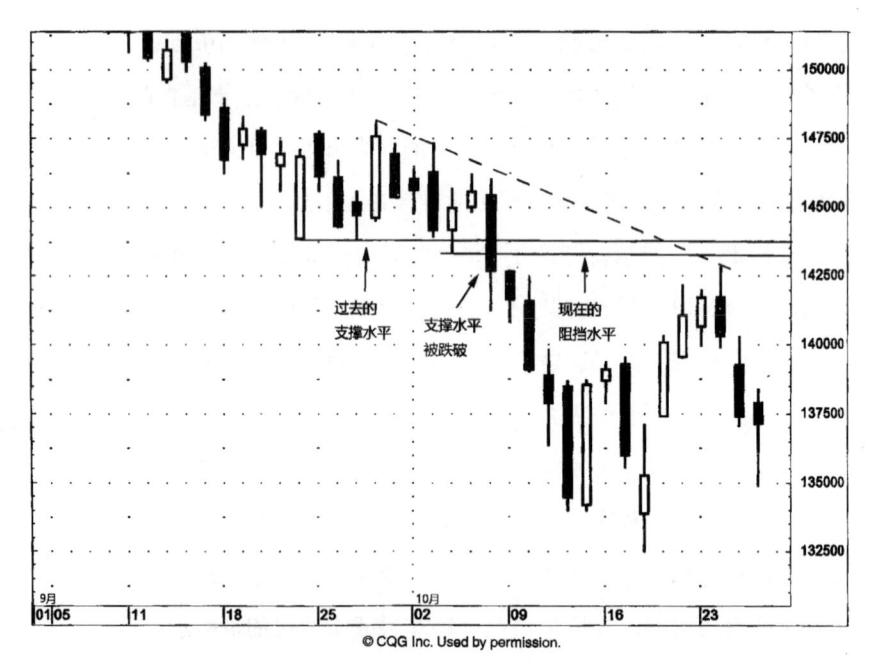

图 11.21 标准普尔 500 指数——日蜡烛线图（极性转换原则）

3.先前位于1435上下的支撑区域，现在转化为阻挡区域。

在关于相互验证的本案例中，通过蜡烛图信号（看跌吞没形态）确认了两种西方技术指标（一条阻挡线和极性转换原则）。

极性转换原则不只是适用于确定的支撑水平，也可以应用于某个支撑区域。在图11.22中，有一个支撑区域（图上用两条水平线来表示），从116美元到117.50美元。4月3日，一旦该支撑区域的下边缘被向下突破，就可以应用极性转换原则。这么一来，上述116.00—117.50美元的区域原先是支撑区域，现在是阻挡区域。4月3日晚间，股票持续下跌，直到出现了一对锤子线，暗示行情已经进入稳定期。从锤子线开始出现上升行情，与一个乌云盖顶形态和4月4日早晨的极性转换现象不期而遇，两者相互验证，于是上升行情宣告结束。

在图11.23中，我们看到111.25美元左右有一个阻挡水平。一旦多头将宝洁捧到这个水平之上，我们则预期该水平转化为潜在的支撑水平。虽然12月14日从中午起到晚间形成了一系列

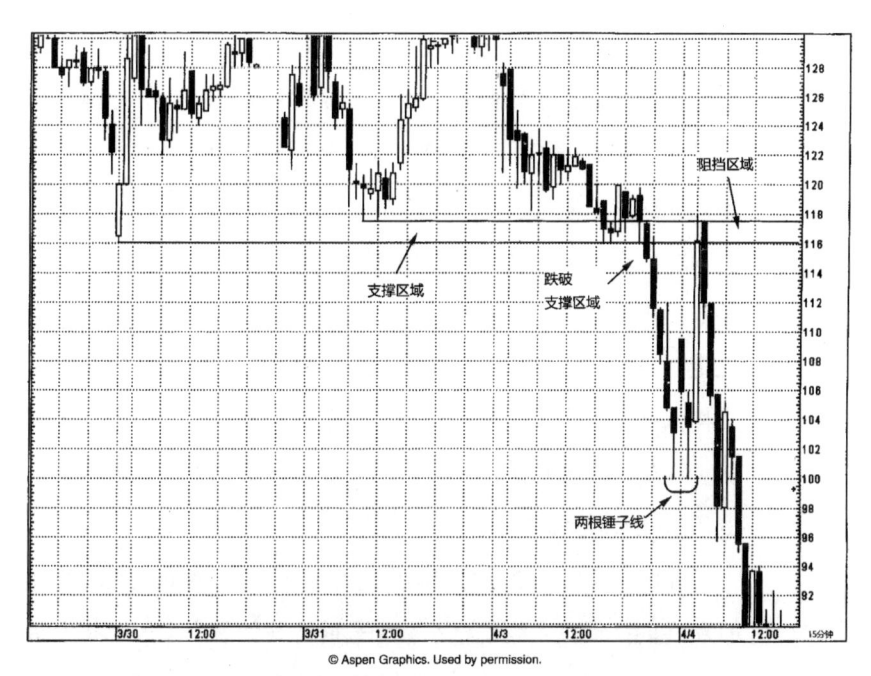

图 11.22　QLogic 公司——15 分钟蜡烛线图（极性转换现象）

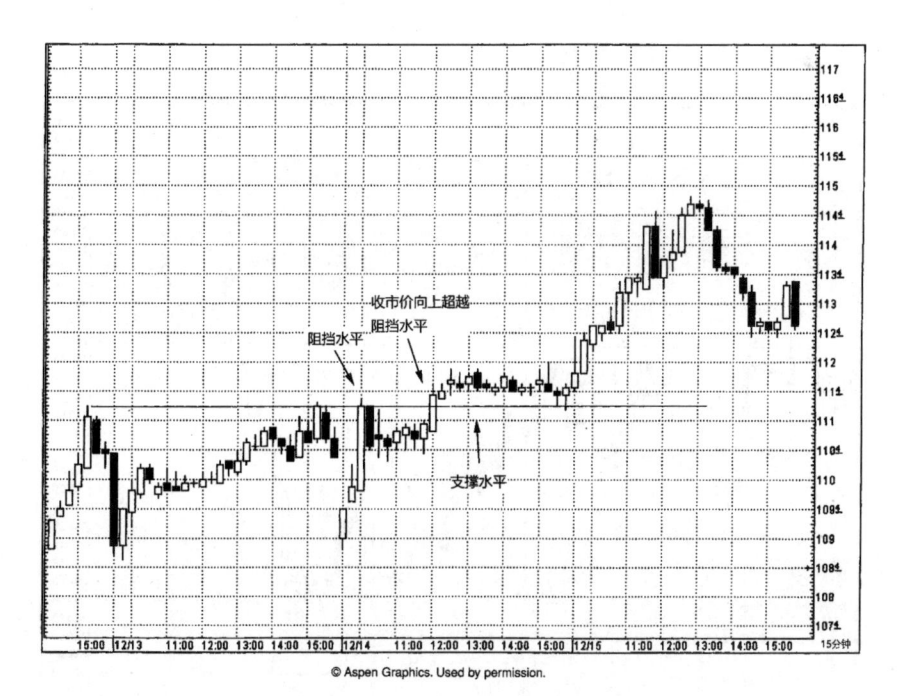

图 11.23　宝洁公司——15 分钟蜡烛线图（极性转换现象）

小实体，使得当前趋势表现为中性，但是111.25美元作为支撑水平保持完好，市场前景依然维持在有利的一边。12月14日最后是两根带有长下影线的蜡烛线，从图形上验证了接近111.25美元的支撑水平。

图11.24中有一个明显的阻挡水平，3月17日出现了一根十字线，再度加强了这个水平。一旦指数向上突进到该阻挡水平之上，这个接近775的曾经屡次经受检验的阻挡水平便转化为支撑水平。这个案例为我们揭示了极性转换原则的一个重要方面：在应用本技巧之前，通常需要相应的支撑水平或阻挡水平经历过几次验证。

在图11.25中，2月初市场向上穿越了一条阻挡线。在2月16日所在的一周里，当价格小幅回落时，我们看到了若干技术指标汇聚在这里，其中2月20日的锤子线验证了上述支撑水平，后者是根据极性转换原则转变而来的。无独有偶，在另一场下降

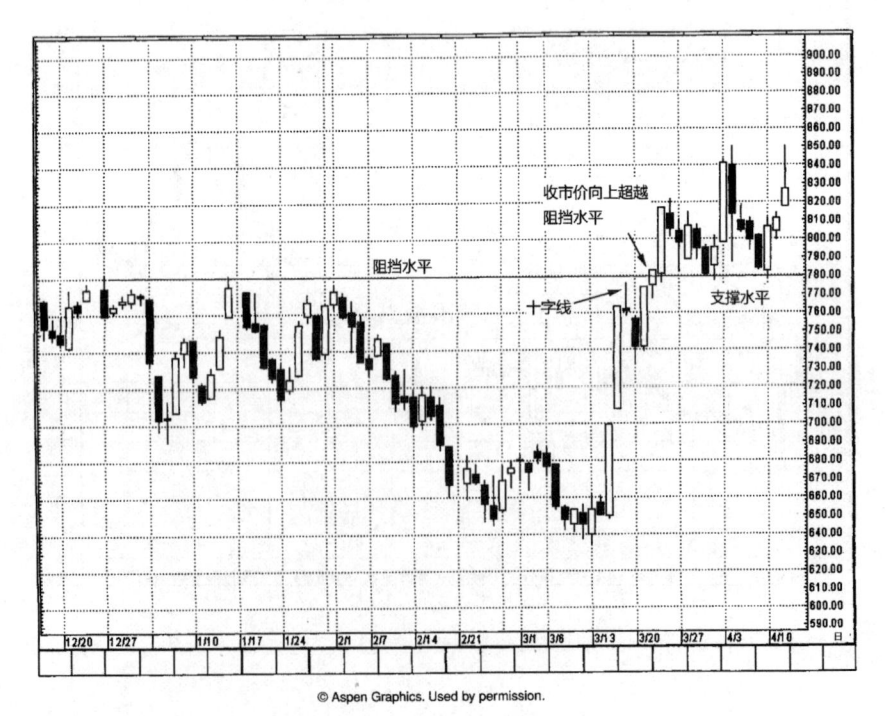

图11.24 银行业指数——日蜡烛线图（极性转换原则）

图 11.25 李氏新闻出版集团（Lee Enterprises）——日蜡烛线图（极性转换原则）

行情中，在同一个支撑水平处，接近29.75美元，又出现了一根锤子线，终结了下降行情。虽然这根锤子线确认了支撑水平，但是它并不提供价格目标。这里就要由西方技术分析工具大展拳脚了。通过从4月初到4月中的几个高点，可以绘制一条阻挡线。以这条直线作为潜在的阻挡水平，如果我们在锤子线出现后按照约31.50美元的水平买进，则可以把这条线作为价格目标。本图说明了将西方技术工具和蜡烛图技术相结合，两者相辅相成的实用性，及其带来的优势。既可以将西方技术指标与蜡烛图信号相互验证（在本图中，锤子线验证了极性转换而来的支撑水平），也可以用西方技术工具来获得潜在的价格目标（图中下降的阻挡线）。

注

1. 三十六计的上屋抽梯计。——译者注

第十二章　蜡烛图与百分比回撤水平

"功到自然成"

　　通常，市场既不会直线式地上升，也不会竖直地跌落，而是进两步、退一步。在当前趋势继续发展之前，市场通常首先要对已经形成的上涨进程或下跌进程做出一定程度的回撤。在这类回撤水平中，较为常用的是50%回撤水平，以及38%和62%的斐波那契回撤水平（如图12.1和12.2所示）。斐波那契是13世纪的一位数学家，他推导出了一组特殊的数列。用不着深入

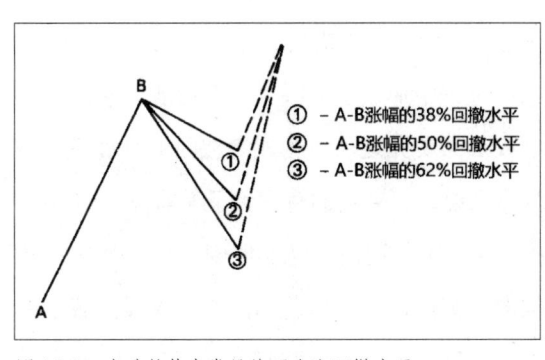

图 12.1　上升趋势中常见的百分比回撤水平 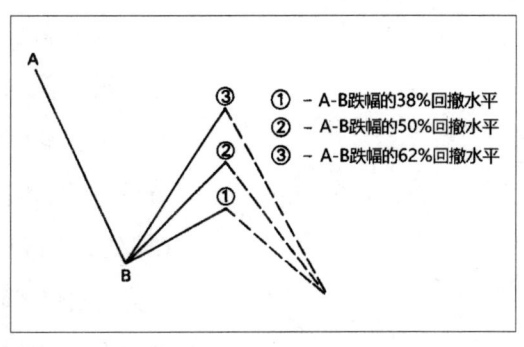　　　图 12.2　下降趋势中常见的百分比回撤水平

地研究，我们只要把这些数字相互除一下，就能够推算出一组比率，这就是**斐波那契比率**。在这组比率中，包括61.8%（或者它的倒数，1.618）和38.2%（或者它的倒数2.618）。这正是62%（61.8%取整）回撤水平和38%（38.2%取整）回撤水平广为流行的原因。常见的50%回撤水平也属于斐波那契比率。50%回撤水平可能是一个最受人关注的价格水平。这是因为，不论是信奉江恩理论者，还是奉行艾略特波浪理论者，或者道氏理论的拥护者，通通应用了50%回撤水平。

下面我们就来看一些实例。在这些例子中，百分比回撤水平同蜡烛图技术融为一体，为我们提供了重要的反转信号。

在图12.3中，B处的看涨吞没形态构成支撑水平，11月21日出现了一根看涨的长下影线蜡烛线，表明该支撑水平保持良好。从1处到2处的上涨行情推升股价的幅度达到8美元。如此一来，这段上涨行情的50%回撤水平便在从高点向下4美元的位置。这意味着期望的支撑水平在62.50美元上下（8美元涨幅的50%是4美元，4美元+58.50美元=62.50美元）。11月22日，股票回落到接近该水平处，形成了一个刺透形态。于是，蜡烛图形态发生在50%回撤水平，两者相互验证。虽然百分比回撤水平可能演变成支撑或阻挡水平，但我并不建议在百分比回撤水平的位置买进或卖出，除非它还得到了蜡烛图信号的验证，正如本例的情形。

如图12.4所示，从1处到2处的上冲行情将股价从25美元提升到了33.50美元。该上冲行情的50%回撤水平位于29美元左右，可能提供潜在的支撑作用。股票从2处开始，逐步向潜在支撑区域回落，在这一过程中形成了一系列长下影线，它们暗示空头正在丧失控制权。29美元之所以构成潜在的支撑水平，还有另一个原因。具体来说，如果我们注意到了先前位于A、B和C三处的价格波峰，就可以采用极性转换原则，当这个29—30美元的阻挡区域被向上突破后，便转化为潜在的支撑区域。因此，在本例的情形下，随着股票逐步接近29美元，50%回撤水

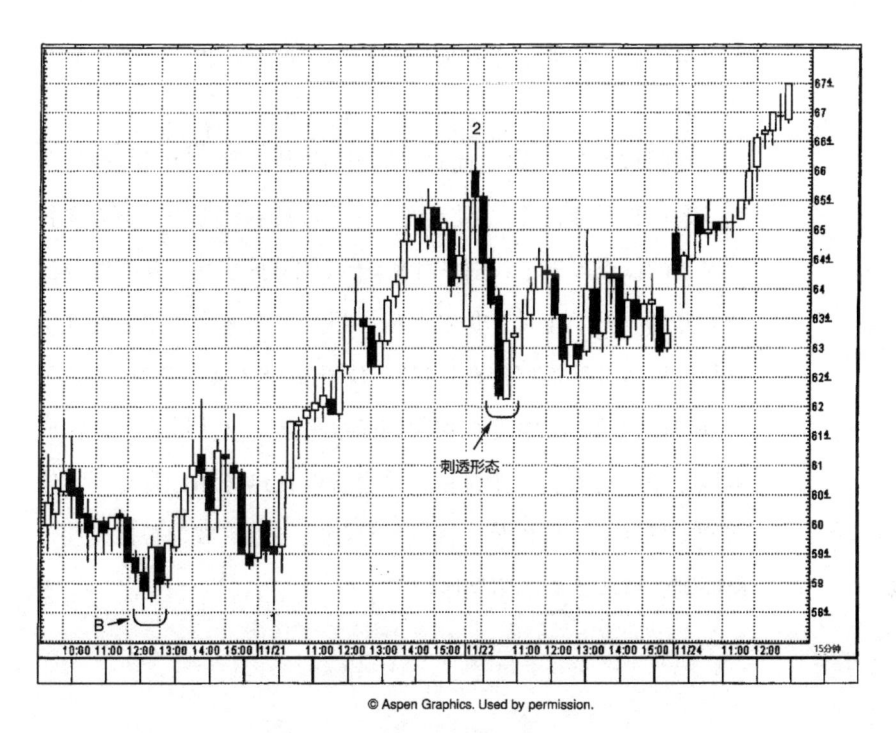

图 12.3 康宁公司——15分钟蜡烛线图（百分比回撤水平）

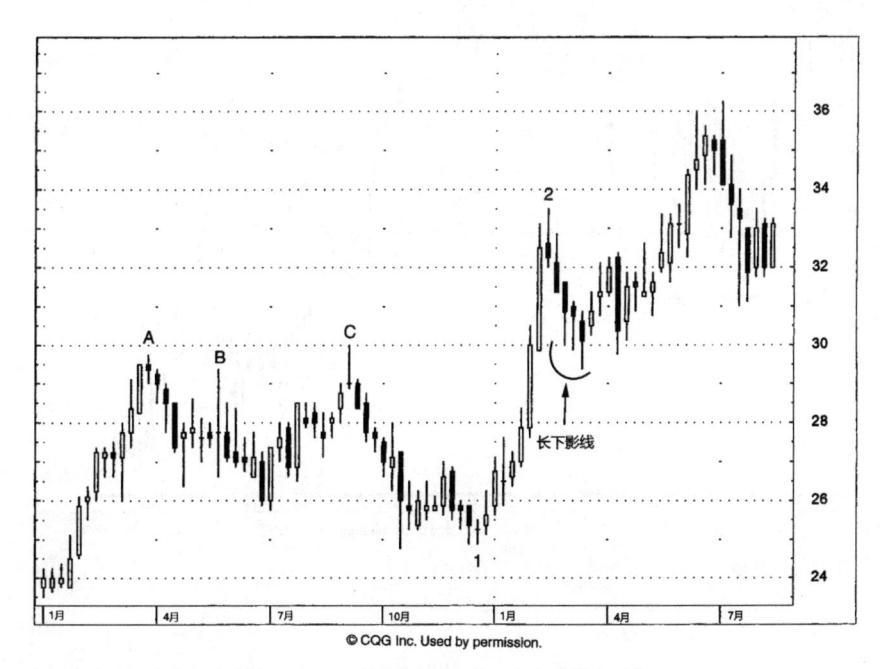

图 12.4 毕玛时公司（Bemis）——周蜡烛线图（百分比回撤水平）

平、极性转换原则、不约而同的一系列长下影线，三者汇聚，相互验证。

在图12.5中，从1月间1处的价格高点，到3月中旬2处的低点，是一轮下降行情，2处出现了一个看涨吞没形态。该看涨吞没形态的低点验证了2月底一根锤子线的支撑水平。从看涨吞没形态开始，行情上冲，但在遭遇一根大风大浪蜡烛线后便寸步难行，后者几乎恰好处在从1处（位于26.65美元）到2处（位于19.97美元）的38.2%斐波那契回撤水平上。该区域之所以构成阻挡作用，还有另一个理由，这里曾经在11月和12月充当了先前的支撑区域。既然该支撑区域已经被向下突破，根据极性转换原则，就成为新的阻挡区域了。

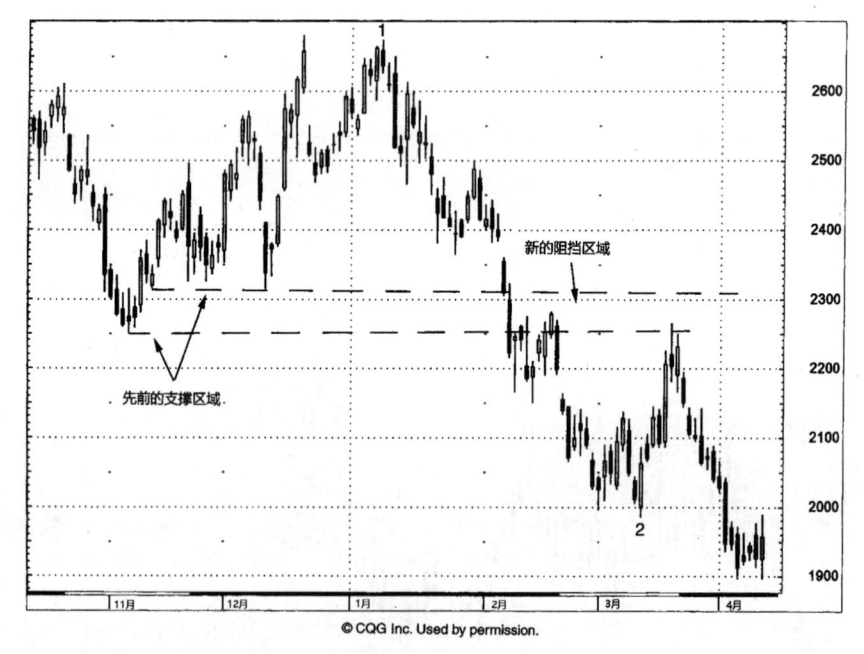

图12.5 原油——日蜡烛线图（百分比回撤水平）

第十三章 蜡烛图与移动平均线

"十个人十个口味"

移动平均线是最早采用的,也是最流行的技术分析工具之一。这种工具的长处就在于它构成了一套追踪趋势的机制,使得技术分析者有能力捕获主要的市场运动。因此,当市场处在明显的趋势状态下,这种工具最能发挥效能。

简单移动平均线

名副其实,最基本的移动平均线是所谓**简单移动平均线**。计算出有关价格数据的算术平均值,就得到了这样的平均线。举例来说,假定某股票最近的5个收市价格分别为38美元、41美元、36美元、41美元、38美元,那么,上述收市价的5日移动平均值就是:

$$\frac{38+41+36+41+38}{5}=38.80美元$$

其一般公式为：

$$\frac{P_1+P_2+P_3+P_4+P_5}{n}$$

其中P_1=最近的收市价；

P_2=最近的收市价的前一个收市价，余者依此类推；

n=移动平均的数据点数。

在"移动平均线"的术语中，"移动"的意思是，当我们计算新的平均值时，一般先从前一个移动平均值中减去最早的那个价格数据，然后再把最新的价格数据加到这个数值上。如此一来，随着新的数据不断加入，平均值也就向前移动了。

从上述关于简单移动平均线的例子中我们可以看到，每一天的股票价格在总的移动平均值中占有1／5的份额（因为这是5天移动平均线的例子）。在9天移动平均值中，每一天的价格在总的移动平均值中仅占1／9的份额。由此可见，移动平均线的时间参数越大，则单个的价格数据对平均值的影响就越小。

移动平均线的时间参数越短，则移动平均线越是"贴近"价格图线。这类平均线对当前的价格变化更为敏感，从这个意义说，这是其有利的一面。它也有不利的一面，那就是引发"拉锯现象"的可能性也同时加大了。长期的移动平均线提供了较强的平滑效果，但是它们对当前的价格变化较为迟钝。

在比较流行的移动平均线中，包括5天、9天、30天、50天等移动平均线。可能适用范围最广泛的是200天移动平均线。

使用移动平均线的市场参与者范围极广，其中既有日内交易商，也有保值交易商。前者对实时的交易数据应用移动平均线方法，而后者眼里的移动平均线可能是按月乃至按年来计算的。

在移动平均线的研究方法中，除了选择不同的时间参数之外，还有可能选择不同的价格数据来计算平均值。正如我们在前面的例子中所介绍的，绝大多数移动平均线系统采用收市价格进行计算。不过，利用最高价、最低价，以及最高价与最低价之间的中间价来计算移动平均线的也大有人在。有时候，人们甚至用上了移动平均线的移动平均线。

加权移动平均线

在**加权移动平均线**的计算方法中，先对每一个有关的价格数据分配一个不同的权重，再计算它们的平均值。几乎所有的加权移动平均线都属于前沿加重的方式。这就是说，最近价格数据的权重显著大于先前价格数据的权重。分配权重的具体做法，取决于研究者的个人偏好。

指数加权移动平均线

指数加权移动平均线是一种特殊的加权移动平均线。与一般的加权移动平均线一样，指数加权移动平均线也采取前沿加重的方式。不过，与其他的移动平均方法不同的是，在指数加权移动平均值的计算方法中，包括的不是一段数据，而是所有的历史数据。在这种移动平均方法中，对过去的价格数据分配了逐步减少的权重。每一个价格数据的权重都比后来的一个价格数据的权重按照指数形式递减，因此，我们称之为指数加权移动平均线。

指数加权移动平均线最常见的用处之一，是应用在MACD方法（移动平均线相互验证或相互背离交易法）中。我们在第十四章再探讨MACD方法。

移动平均线的用法

移动平均线能为我们提供客观的交易策略，其中包括界定明确的交易规则。许多计算机化的技术分析交易系统主要构建在移动平均线的基础之上。怎样应用移动平均线呢？这个问题的答案多种多样，不同的交易风格和交易哲学就有不同的取舍。以下，我们列出了移动平均线的一些常见的用法。

1.通过比较价格与移动平均线的相对位置，构成一个趋势指标。举例来说，如果我们判断市场正处于中线的上升趋势中，那么一个很好的衡量标准就是，价格必须居于65天移动平均线的上方。而对更长期的上升趋势来说，价格必须高于40周移动平均线。

2.利用移动平均线构成支撑水平或阻挡水平。当收市价向上超越某一条特定的移动平均线时，可能是看涨的信号；而当收市价向下低于某个移动平均线时，构成看跌的信号。

3.跟踪**移动平均线波幅带**（也称为**包络线**）。这些波幅带是将移动平均线向上或向下平移一定的百分比后形成的，它们也起到支撑或阻挡作用。

4.观察移动平均线的斜率。举例来讲，如果移动平均线在一段持续稳步的上升之后转向水平发展，乃至开始下降，那么可能构成了一个看跌信号。在移动平均线上做趋势线，是监测其斜率变化的一个简单易行的办法。

5.利用双移动平均线系统来交易。我们可以把一条短期移动平均线和一条长期移动平均线相互比较，通过观察短期移动平均线与长期移动平均线的交叉，获得交易信号。如果短期的移动平均线向下穿越了长期移动平均线，可能就是趋势向下变化的信号。在日本，这样的移动平均线交叉信号称为"**死亡交叉**"。如果短期的移动平均线向上穿越了长期移动平均线，在日本的术语中称作"**黄金交叉**"，因为它被视为潜在的看涨信号。有些交易者对双移动平均线方法做了进一步的改进，他们认为，如果要判断趋势向上，除了要求短期移动平均线向上穿越长期移动平均线之外，还要求两条移动平均线都向上倾斜。第十四章将进一步讨论双移动平均线的应用方法。

在下面介绍的实例中，我们采用了各种移动平均线。我发现，在股票市场上，一般说来30天移动平均线和短期的5天移动平均线是一对良好的组合。在期货市场上，40天和65天移动平均线较为实用。它们的时间参数并不是按照最优化的要求选择的。今天最优的移动平均线，明天未必还是最优的。具体应当采用什么样的移动平均线，并不是我们这里的核心问题。我们真正关心的是，如何将移动平均线与蜡烛图技术综合起来。

如图13.1所示，一条移动平均线成为表现精彩的支撑区域。8月以前（本图开始的时间），这条移动平均线的表现有时不如本图中那样有效。不过，一旦我们确认了这条移动平均线值得参考，正如8月底和9月底的情形所示，我们就可以将注意力转向这条特定的移动平均线，当市场回落的时候，脑子里就有了基本的预期，行情应当在这条移动平均线上得到支撑。从10月11日所在一周的看跌吞没形态开始，市场向下飘落，此

图13.1　农标公司（Agribrands）——日蜡烛线图（移动平均线作为支撑线）

时我们将这条移动平均线视为潜在的支撑区域。10月15日，股票回落接近了这条移动平均线，先形成了一根锤子线，跟着是一根白色蜡烛线，两者组成了一个看涨吞没形态。几方面的要素相互验证（移动平均线发挥支撑作用，锤子线，看涨吞没形态），限定了行情回落的低点，在48.75美元附近。尽管移动平均线很有用处，但是我们不建议单纯从移动平均线——无论这条移动平均线曾经多么频繁地成功发挥支撑作用——出发，完全根据移动平均线信号来交易。借助蜡烛图信号验证移动平均线的支撑作用或阻挡作用，然后再采纳其信号来动手建仓或平仓，这是极为重要的考虑，不可轻忽。

在图13.2中，我们看到了一条短期移动平均线。之所以能分辨它是短期移动平均线，是因为它如此贴近价格图线。这是一条9天指数加权移动平均线，这类移动平均线在外汇交易人群中比较受欢迎。我们看到，在从1月中旬开始的下跌行情中，这条移动平均线很好地发挥了上方阻挡线的作用。从2月初到2月

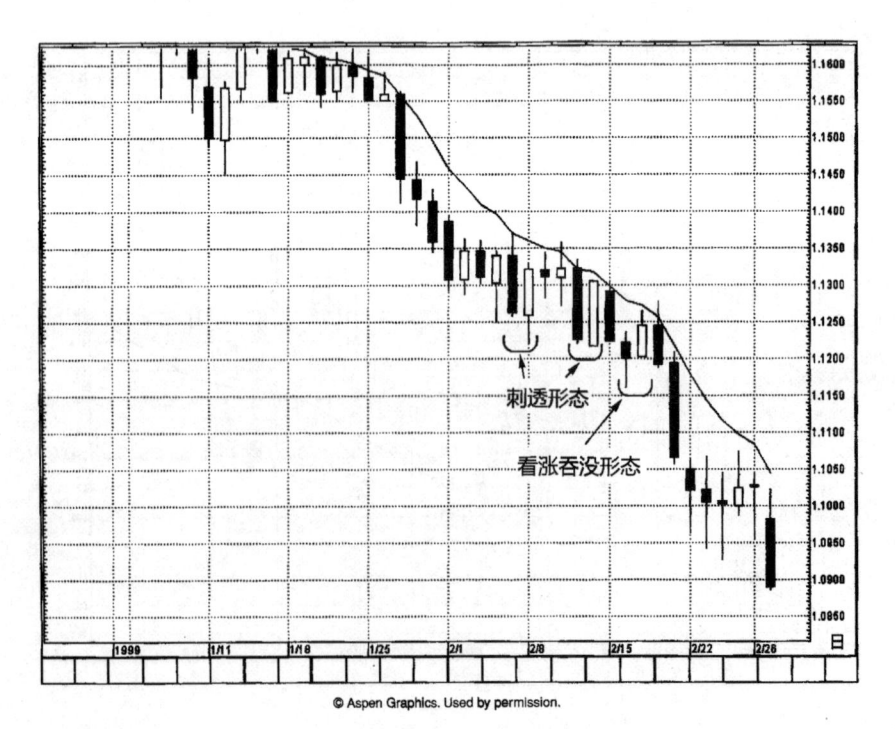

图13.2 欧元兑美元——日蜡烛线图（移动平均线作为阻挡线）

中旬，曾经出现了不少蜡烛图底部信号，包括两个刺透形态、一个看涨吞没形态等。然而，移动平均线的阻挡作用始终发挥良好。相应地，为了确认这些潜在的蜡烛图信号的看涨意义，我们应当等待行情向上突破由这条移动平均线定义的阻挡区域。既然突破的情形没有发生，我们就不应当买进。

图13.3展示了一条短期移动平均线，它在从8月中旬开始的下降行情中发挥了阻挡线的作用。8月30日和31日，股票曾经在日内行情中一度向上推进到这条阻挡线之上，却未能收市于之上，因此趋势方向保持向下。9月7日和8日，发生了小小的拉锯现象，股票先是收市于移动平均线之上，后来又跌回其下。一般说来，我们应当重视这条移动平均线（它是5日移动平均线）的阻挡作用，因为它曾经发挥了良好的功效。从9月20日开始，股票构筑了一系列看涨的长下影线，其中9月24日的长下影线蜡烛线属于锤子线。虽然这些蜡烛线发出了图形信号，市场正在寻求底部，但是直到9月25日收市时，才能得到最终的看涨验证

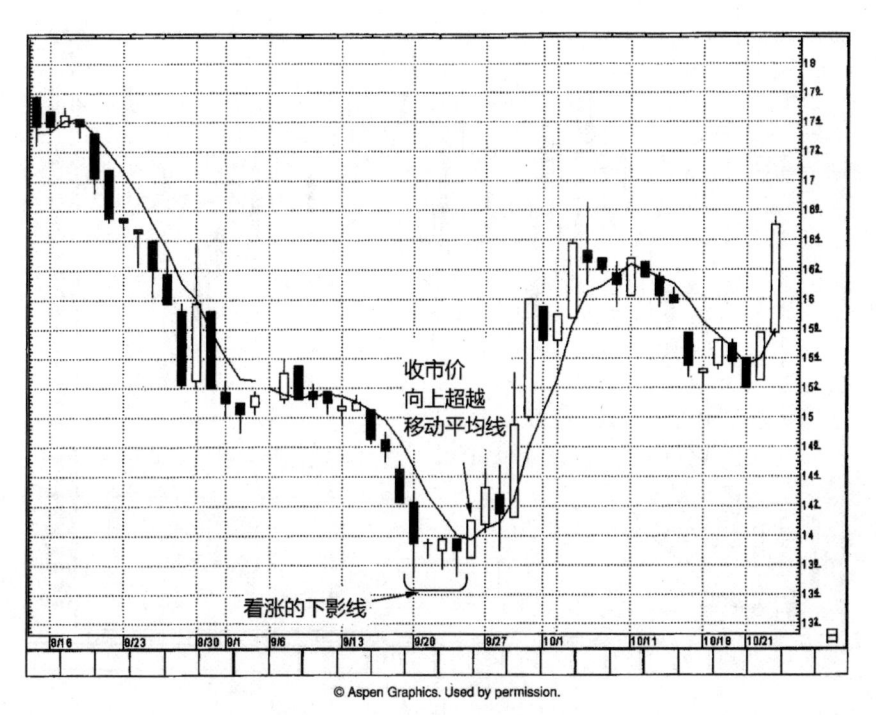

图 13.3 伊顿万斯公司（Eaton Vance）——日蜡烛线图（移动平均线作为阻挡线）

信号，因为这里完成了一个看涨吞没形态，并且收市价向上超越了这条移动平均线。请注意，在9月底的上冲行情中，这条移动平均线发挥了支撑作用，而在10月初的下降行情中，它发挥了阻挡作用。

移动平均线既可以充当支撑线，也可以充当阻挡线，图13.4显示了它的角色是如何转化的。在5月8日所在的一周里，天然气的上涨行情开始起步，之后随着行情上涨，移动平均线一直发挥着支撑作用（图上用箭头指出）。7月5日，移动平均线的支撑作用被一个向下的窗口所打破。于是，我们现在有了两方面的线索来寻求阻挡水平。首先是这条移动平均线。既然这条移动平均线曾经作为支撑线作用良好，那么现在有理由预期它将作为阻挡线，同样作用良好。其次，介于4.29美元和4.41美元之间的向下的窗口应当构成阻挡区域。7月初，天然气回升到了接近这条移动平均线的阻挡水平处，但未能收市于其上。7月初的上涨行情也没能向上克服该窗口的阻挡区域。

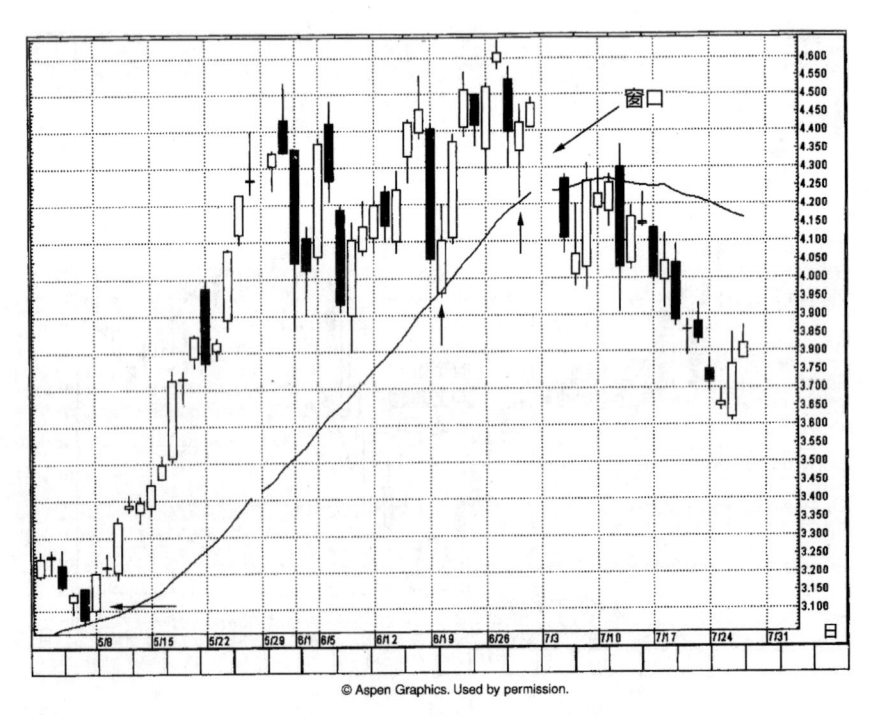

图13.4 天然气——日蜡烛线图（移动平均线作为支撑线和阻挡线）

第十四章 蜡烛图与摆动指数

"尺有所短，寸有所长"

图表形态识别技术常常带有主观色彩（这当然也包括蜡烛图技术）。不过，摆动指数是经过数学运算产生的一种技术工具，利用它来分析市场，能够得出更加客观的结论。人们广泛地应用这类工具，它们也成为很多计算机化交易系统的基础。

所谓摆动指数，包括下列各种技术分析工具：**相对力度指数**、**随机指数**以及**动力指数**等。摆动指数能够从以下三个方面为交易者提供帮助。

1.摆动指数可以用作相互背离指标。摆动指数与价格有两种相互背离的情况。一种是**负面相互背离**，或者说**看跌相互背离（简称"顶背离"）**，即当价格创出新高的时候，相应的摆动指数却没有达到新高。这意味着市场在本质上是疲弱的。另一种是**正面相互背离**，或者说**看涨相互背离（简称"底背离"）**，指当价格处于新低的时候，相应的摆动指数却没有形成新低。这意味着当前市场的抛售压力正在衰退。

2.摆动指数也可以用作超买或超卖指标。摆动指数能够告诉交易者，当前市场行情是不是向某一方向扩张得太过分了，因而容易引起行情调整。

3.摆动指数还能用来衡量市场运动的力度。因此，可以利用它们检验在一轮趋势性运动背后市场力量的大小。例如，动力指数通过对价格变化幅度的比较，显示了价格运动的速度。从理论上说，随着趋势的发展，价格变化速度也应当逐步加快。如果在趋势发展过程中，动力指数变成水平伸展，可能就构成了一个早期的警告信号，说明当前价格运动正在减速。

日本有句谚语："不晓得哪片云彩能下雨。"我把摆动指数看成是会下雨的云彩，它是潜在的下雨信号。然而，要说清楚到底下不下雨，唯一的方法是，要么看见下雨，要么雨点打在头上。面对摆动指数，也是同样的道理。摆动指数好似积雨云，但是我们需要从蜡烛图技术得到最终的确认信号才能下结论。于是，我们仅仅把摆动指数的超买或超卖状态看作警告信号，这是一条线索，此外还要观察是否出现了蜡烛图形态提供的最终验证。

相对力度指数

相对力度指数（RSI）是最流行的技术工具之一。实际上，相对力度指数和通常理解的相对力度的概念并不是一回事。通常的相对力度概念指的是，某只股票或者若干股票的组合，与某一个行业指数或宽基市场指数相比较的相对表现，如道琼斯指数或标准普尔500指数等。

如何计算RSI

RSI计算的是，在一段时间内，同一个对象价格上涨的力度与下跌的力度对比。9天和14天，是最常用的两种时间参数。RSI的计算方法是，首先分别累加出一定时间之内上涨的价格幅度之和与下跌的价格幅度之和，然后再求得两者的比值。在其计算过程中，一般仅采用收市价作为价格数据。它的计算公式是：

$$RSI = 100 - \frac{100}{1+RS}$$

其中RS=该时段上涨价格累计幅度的平均值/该时段下跌价格累计幅度的平均值。

因此，当我们计算14天的RSI的时候，首先将这14天内上涨的收市价的上涨幅度相加（按照收市价对收市价的方式），再将所得的和除以14。然后，对其中下跌的日子进行同样的计算。从这两个数值就得到了相对力度的值，即RS。最后，我们把RS的值代入RSI的公式中去。RSI公式将RS的值转化为指数形式，并且使得该指数的取值范围在0到100之间。

如何运用RSI

RSI的两个主要用途是，构成超买或超卖指标、作为监测相互背离现象的工具。

·RSI作为超买或超卖指标的使用方法是，当RSI向上趋近其取值范围的上边界时（即当它高于70%时），表明市场处于超买状态。在这样的情况下，市场也许变得比较脆弱，容易引发向下调整的过程，或者即将转入横向调整阶段。与此相反，当RSI处于其取值范围的下边界时（通常低于30%），则认为RSI反映了超卖状态。在这样的环境下，市场有可能形成空头买入平仓行情。

·利用RSI揭示相互背离现象的具体方法是，当价格向上创出当前趋势的新高时，RSI却没有形成新高，未能与之配合，这就构成了一个负面相互背离信号，可能是一个看跌信号。当价格向下跌出当前趋势的新低时，RSI却没有形成新低，则构成了正面的相互背离现象。在相互背离现象出现时，如果RSI摆动指数的数值正处在超买区或超卖区，则相互背离现象具有更强的技术意义。

在图14.1中，11月下旬市场始终处于58美元附近的阻挡水平的作用下。一旦艾伯森公司在12月1日以一根长长的白色蜡烛线推升到该水平之上，我们便可以采用极性转换原则，将原先的阻挡水平转化为新的支撑水平。12月14日所在的一周，市场摇摆不定，但一系列看涨的长下影线表明，该股票在62美元处有牢靠的基础。12月21日，上涨行情恢复。之后，上涨行情遭遇乌云盖顶形态，陷入停顿。当股票形成该乌云盖顶形态时，价格处于新高位置。与此同时，RSI的读数为超买状态。不仅如此，RSI还形成了一个负面相互背离信号。具体地说，2处的股

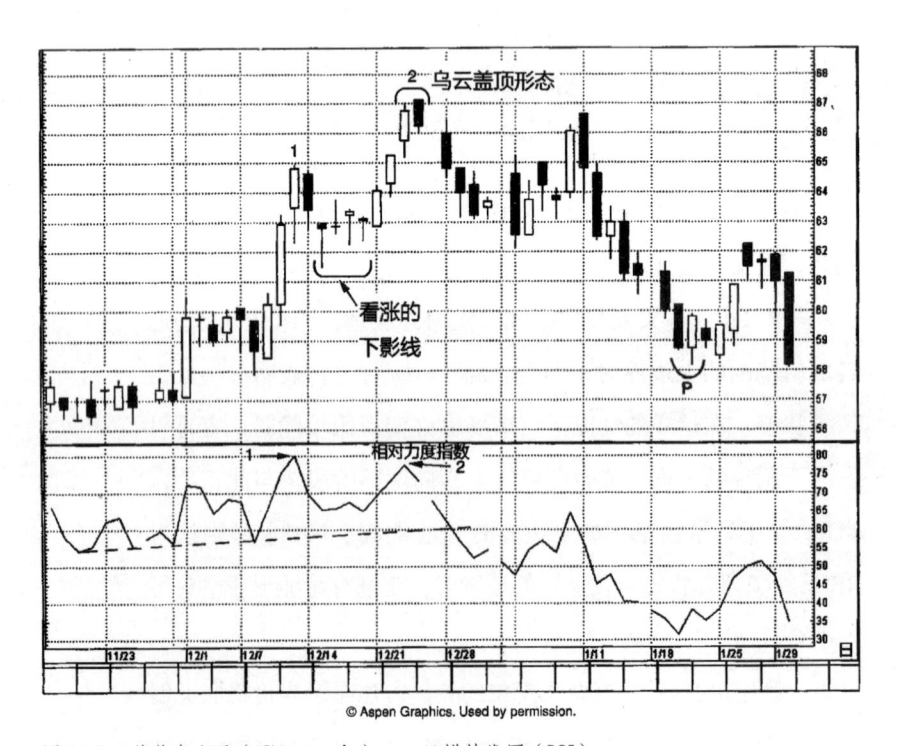

图14.1　艾伯森公司（Albertson's）——日蜡烛线图（RSI）

票价格高于1处，但是2处的RSI却低于1处。上述乌云盖顶形态构成阻挡水平，而1月10日和11日组成了另一个乌云盖顶形态，后者验证了前者的阻挡作用。1月中旬P处出现了一个刺透形态，它发生在超卖的市场环境下（根据RSI判断）。

负面相互背离信号与乌云盖顶形态不期而遇、相互验证，进一步增强了乌云盖顶形态潜在的看跌意义。我们还可以采用趋势线对RSI进行分析。图上用虚线表示了趋势线分析的情形。请注意，当这条上升趋势线被跌破时，构成了另一个负面信号。

分析蜡烛图必须心存一个关键概念，即市场的总体技术图像比单根蜡烛线重要得多。我们必须始终将蜡烛线或蜡烛图形态放到它所处的市场环境大格局中进行分析。

在图14.2中，1处和2处标出了两个看涨吞没形态。（虽然两个形态中的白色蜡烛线的开市价与前一根黑色蜡烛线的收市

图 14.2　英镑——日蜡烛线图（RSI）

价处在同一个水平，但是我们仍然可以把它们视为看涨吞没形态，因为在外汇市场上下一个时段的开市价和上一个时段的收市价相同。）看涨吞没形态2比看涨吞没形态1更为重要，因为看涨吞没形态2得到了正面相互背离信号的验证。在第一个看涨吞没形态处，当股票价格创新低时，RSI也处在持续下降的过程中。如此一来，便表明看跌势头维持完好。

移动平均线摆动指数

如何计算移动平均线摆动指数

以短期移动平均线的数值减去长期移动平均线的数值，得到**移动平均线摆动指数**的数值。该数值可以是正值，也可以是负值。当它的数值大于0时，就意味着短期移动平均线处在长期移动平均线之上；当它的数值小于0时，就意味着短期移动平均线位于长期移动平均线之下。

如何运用移动平均线摆动指数

既然这个摆动指数采用了短期和长期的一对移动平均线，那么该指数的实质是，将短期的市场力度同长期的市场力度进行比较。这是因为短期移动平均线对最近的价格变化更加敏感，如果短期移动平均线相对来说较大幅度地高于（或低于）长期移动平均线，那么我们就认为市场处于超买状态（或超卖状态）。与其他摆动指数一样，移动平均线摆动指数也可以用作揭示相互背离现象的工具。

随着行情价格上升，技术分析者期望看到短期移动平均线相对于长期移动平均线更快地上升。这么一来，两条移动平均线的差值（即移动平均线摆动指数）将转为正值，且数值增大。如果价格上升，而短期和长期移动平均线的差值却收缩，便指明市场上涨的短期动力正在衰减。

在图14.3中，在5月的第一周，欧元兑美元汇率于B处构造了一个看涨吞没形态。从本形态开始，出现了一轮小规模的上涨行情。之后市场回落，得到了支撑。支撑水平位于该看涨吞没形态的低点，符合常规的预期。5月19日的锤子线一箭双雕，不仅表明市场把守住了上述支撑水平，而且发出了正面相互背离信号，因为欧元兑美元汇率在锤子线上稍稍创了新低，可是同一时刻的移动平均线摆动指数则处在更高的低点上。在锤子线之后，一旦市场向上推进到了0.9200之上，便确认了由看涨吞没形态和锤子线共同组成的双重底形态。第十六章将要讨论，交易区间的幅度为0.0350（即从0.8550到0.9200的距离），我们可以利用该幅度得到突破之后的价格目标，即0.9550（向上突破的位置为0.9200，交易区间的幅度为0.0350，两者相加便得到价格目标0.9550）。

在图14.4中，卡塔利娜公司正沿着一根向上倾斜的阻挡线上升。在7月13日所在的一周里，虽然股票正在当前趋势的最高点附近波动，但是一系列小实体透露了多头的进攻遭到了空头的制约。考虑到来自4月下旬的位于56美元附近的阻挡水平，行情在这里发生犹豫并不令人吃惊。

现在我们把注意力转向移动平均线摆动指数。就在7月中旬出现上述一系列小实体的同时，这里也出现了负面相互背离信号。于是，我们在56美元的水平附近得到了一个技术信号相互验证的经典案例。具体情况如下：（1）股票处在阻挡水平处，阻挡水平既来自那条上升的阻挡线，也来自4月底的价格高点；（2）一系列小实体表明市场的上升趋势已经脱轨；（3）负面相互背离信号。关于市场出了问题的判断，如果我们还需要进一步的证据，那么当向下的窗口（图上箭头所指的地方）出现时便能如愿以偿。该窗口将成为阻挡区域。

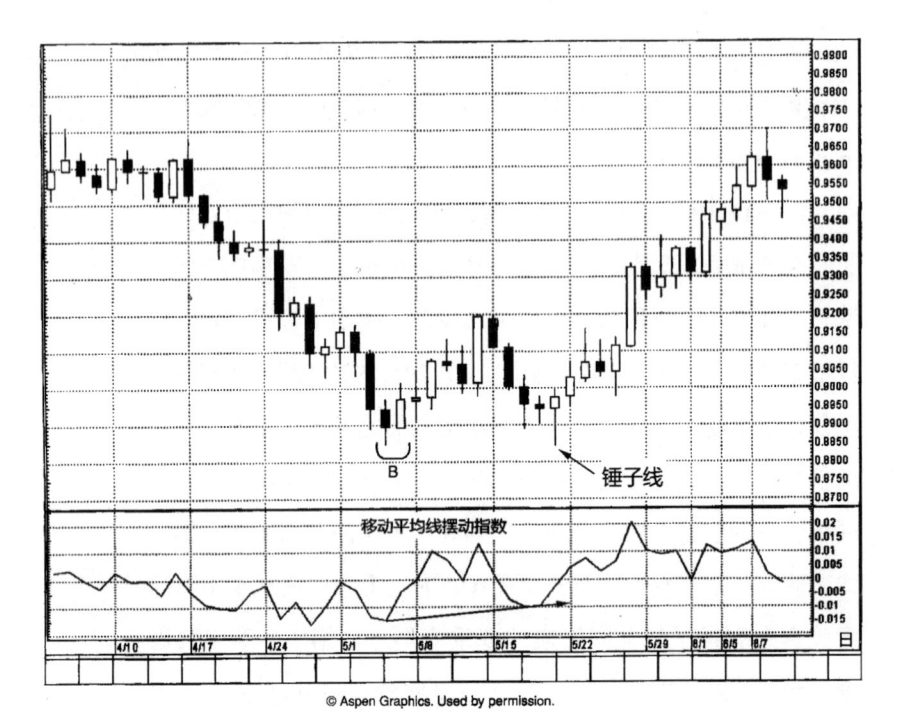

图 14.3　欧元兑美元——日蜡烛线图（移动平均线摆动指数）

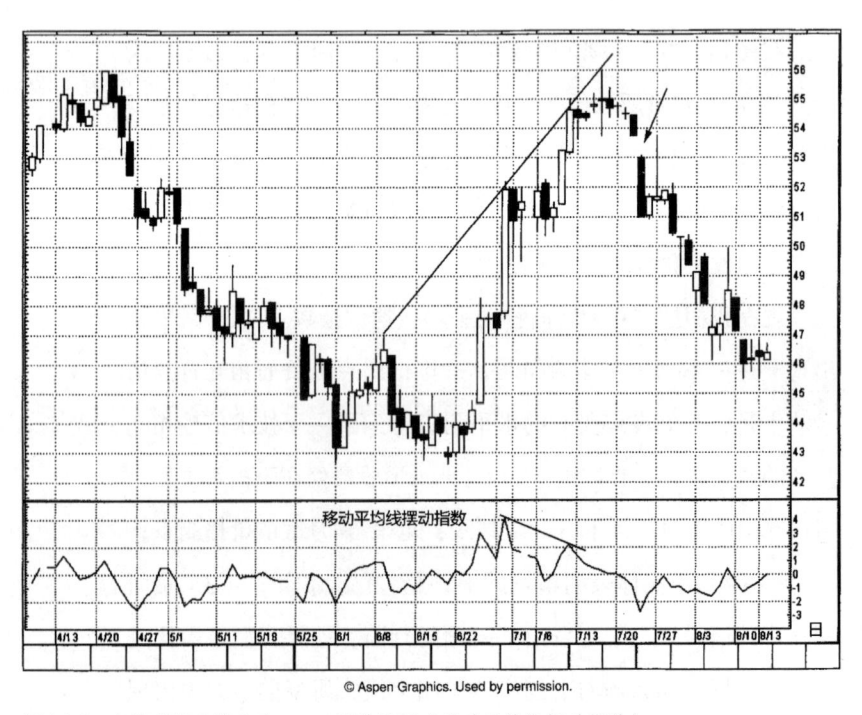

图 14.4　卡塔利娜营销公司——日蜡烛线图（移动平均线摆动指数）

关于蜡烛图和摆动指数的结合运用，图14.5展示了一项关键之处。在权益市场上，绝大部分交易者都是多头，相对而言，卖空者为数极少。弄清何时应当平仓退出，是多头面对的一大挑战。这正是摆动指数可以发挥作用的地方，尤其是当它得到了蜡烛线或蜡烛图形态验证时。正如我们在图14.4中所见，当股票行情过度拉长的时候，并且也具备蜡烛线转折信号的验证，那么此处就是要么平仓退出、要么平仓减磅的一个好地方了。带着上述考虑，我们来逐一分析超买状态下的各种现象。

1. 3月的第一个星期，H处有两根上吊线。它们出现在超买的市场状态下（根据摆动指数来判断），但是它们没有得到验证信号，即市场以收市价跌破它们的实体。请记住，看跌的上吊线得到验证后才有效。在上吊线之后，需要以收市价向下突破上吊线的实体才能确认上吊线潜在的看跌意义。不仅如此，

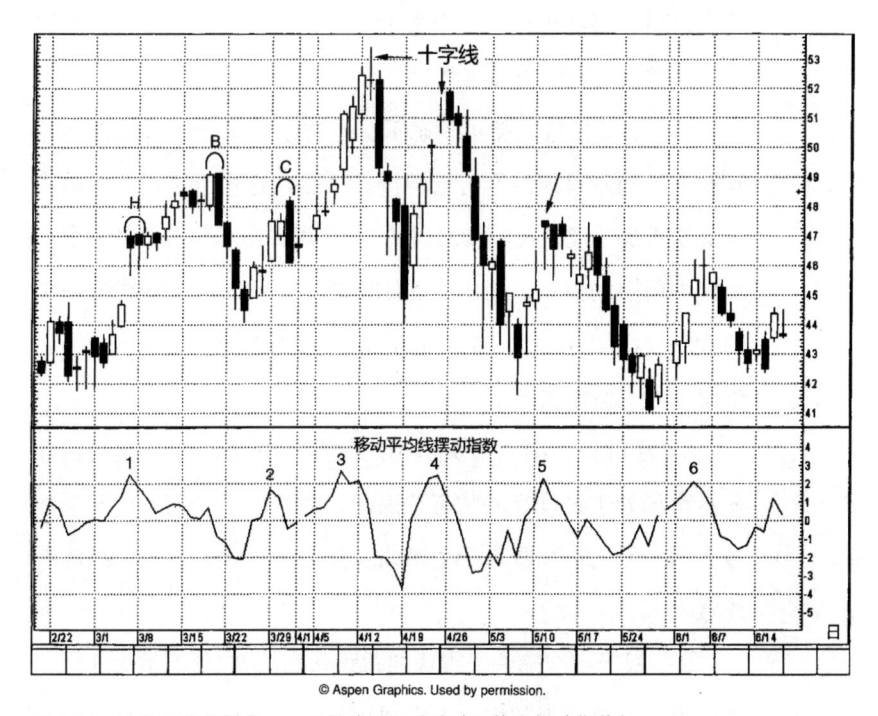

图14.5　沃尔玛连锁超市——日蜡烛线图（移动平均线摆动指数）

出现第一根上吊线的那天同时打开了一个向上的窗口。如此一来，窗口成了支撑区域。因此，一方面市场已经向上过度延展；另一方面，虽然摆动指数在1处表明市场上涨速度已经形成了向下的拐点，但是根据上述蜡烛线，并不具备看跌的验证信号来确认。在B处，3月18日和19日组成了一个看跌吞没形态，这是一个反转信号，不仅因为该看跌吞没形态本身，而且因为在该形态出现的同时，虽然股票价格已经创了新高，但是其移动平均线摆动指数出现了更低的低点。这就形成了看跌的或负面的相互背离现象。

2.摆动指数的读数显示超买状态，但在蜡烛图上没有反转信号，因为在此处的超买状态下出现的是一根长长的白色实体。在这根白色实体的几天后，我们看到了一个看跌吞没形态（位于C处），后来转化为阻挡水平。

3.4月7日，沃尔玛向上超越了上面讨论的看跌吞没形态。如此一来，可以把它视为看涨的突破信号。在区域3，摆动指数处于超买状态，但是蜡烛线上没有反转信号，我们不能卖出。几天之后，可能出现了一个警示信号：一根长腿十字线，紧跟在一根长长的白色蜡烛线之后。

4.在摆动指数的超买状态下，出现了一根十字线，两者相互验证，揭示可能发生行情转折。虽然在这个十字线处股票表现犹豫不决，但是在4月22日和23日之间，市场又打开了一个小规模的向上的窗口，构成了支撑区域。于是，我们需要进一步的看跌验证信号，即收市价低于窗口。4月28日，市场向下突破了窗口的支撑作用。

5.5月11日，图上箭头所指之处是一根上吊线，摆动指数显示市场处于过度延展状态，因此，两者带给我们一个转折信号。后一天，市场收市于上吊线实体之下，验证了上吊线的看跌意义。

6.一根十字线确认了市场的踌躇状态。与4处的情形相似，这里也有一个向上的窗口，需要市场以收市价关闭窗口之后，才能认为当前趋势已经遭到毁坏。6月8日，市场收市于窗口的支撑水平之下。

随机指数

随机摆动指数也是一种常用工具。作为一种摆动指数，它也提供了超买和超卖状态的读数指示；也能揭示相互背离现象；还提供了一套比较短期趋势与长期趋势的机制。随机指数把最近的收市价格同一定时间范围内市场的总体价格范围进行比较，计算其相对位置。随机指数的数值处在0到100之间。当随机指数的读数较高时，意味着当前的收市价格在一定时期的整个价格范围中接近其上端的水平；当随机指数读数较低时，意味着当前的收市价在一定时期的整个价格范围中接近其下端的水平。随机指数的设计思想是，当市场向上运动时，收市价格倾向于接近上述价格区间的高点；当市场向下运动时，价格往往集中在上述价格区间的低点附近。

如何计算随机指数

随机指数的图表由两根曲线组成，它们分别是%K线和%D线。其中，%K线称为**原始随机线**，或者称为**快%K线**。这条曲线最为灵敏。%K线值的计算公式是：

$$\frac{收市价 - N天内的最低价}{N天内的最高价 - N天内的最低价} \times 100 = \%K$$

其中，收市价=当前收市价；
N天内的最低价=N天内总体价格范围的最低价；
N天内的最高价=N天内总体价格范围的最高价。
公式中的数值"100"将公式的数值转化为一个百分数值。

因此，如果今天的收市价与我们所研究的时间范围内的最高价一致，那么快%K值就等于100。上述的时间范围既可以选择为若干天，也可以选择为若干周，甚至可以选择为若干个日内时间单位（比如若干小时）。14、19、21个时间单位是几个较为常见的时间参数。

因为快%K线十分起伏不定，所以我们通常以这条线为基础，每三个数值计算出一个移动平均值，得出一条较为平滑的三时间单位移动平均线。这条%K线的三时间单位移动平均线就称为**慢%K线**。绝大多数技术分析师用这条慢%K线代替那条变化无常的快%K线。下一步，我们对这条慢%K线再进行一次三时间单位的移动平均，得到了慢%K线的三时间单位移动平均线，称为**%D线**。实质上，这条%D线是移动平均线的移动平均线。如果想要弄清楚上述%K线与%D线之间的区别，那么我们不妨把它们设想为一个双移动平均线组合，其中慢%K线相当于一条较短期的移动平均线，而%D线相当于一条较长期的移动平均线。

如何运用随机指数

前面曾经说过，我们可以按照几种不同的方式来使用随机指数。其中最为常见的用法是将它用来揭示相互背离现象。绝大多数技术分析师在应用随机指数时，既从相互背离这一方面来跟踪随机指数的变化，也注意其读数是否显示了市场的超买或超卖状态。

有些技术分析师还采用了另一种研读随机指数的方法。这种方法约定，当慢%K线向下穿过%D线时，构成卖出信号；当慢%K线向上穿过%D线时，构成买入信号。这一点与双移动平均线的用法有相似之处。在双移动平均线系统中，当较快的移动平均线向上穿越（或向下穿越）较慢的移动平均线时，就形成了买入或卖出信号。

随机指数也可以用来评估市场是否处于超买或超卖状态。绝大多数交易者认为，80%或更高的读数表示超买状态，20%或更低的读数表示超卖状态。举例来说，为了构成一个买入信号，需要满足以下三个条件：首先，市场必须处在超卖状态（随机指数的%D值为20%或更低）；其次，市场已经发生了正面相互背离现象；最后，慢%K线向上穿越了%D线。

如图14.6所示，10月23日一大早，在B处出现了一个小规模的看跌吞没形态。通常，这样的小型看跌吞没形态是不太重要的，但是一旦与随机指数相结合——我们看到随机指数正处在过度延展的市场状态，同时发生了看跌的交叉信号（这里较快的%K线向下穿越了较慢的%D线），这就给看跌吞没形态增加了更大的影响力。我们预期该形态在105美元的高点构成阻挡水平。后一天早晨，股票一度回升到104美元，但后继乏力，表明该阻挡水平维持完好。

10月25日，打开了一个大幅的向下的窗口。10月26日早晨，出现了一根中规中矩的锤子线。在锤子线之前的几个时段，我们曾经在随机指数方面看到一条试探性的筑底线索。具体说来，在10月26日早间，随机指数已经处于超卖区域（也就是低于20%）。同时，我们看到了随机指数发生看涨的交叉信号，较快的%K线向上穿越了较慢的%D线。就在随机指数的反转信号出现之后，我们很快得到了一个看涨的蜡烛图信号，也就是前面所说的锤子线。该锤子线作为支撑水平维持稳固。如果股票回落到锤子线的低点之下，那么尽管随机指数出现了正面的相互背离现象，我们也应当考虑降低多头仓位。

在图14.7中，10月初出现了一系列带有长下影线的蜡烛线。在10月12日所在的一周里，我们看到随机指数显示了超卖读数，接近20%，并且发生了看涨的交叉信号。这就增强了看涨的长下影线的意义，即股票行情正在趋于稳定。

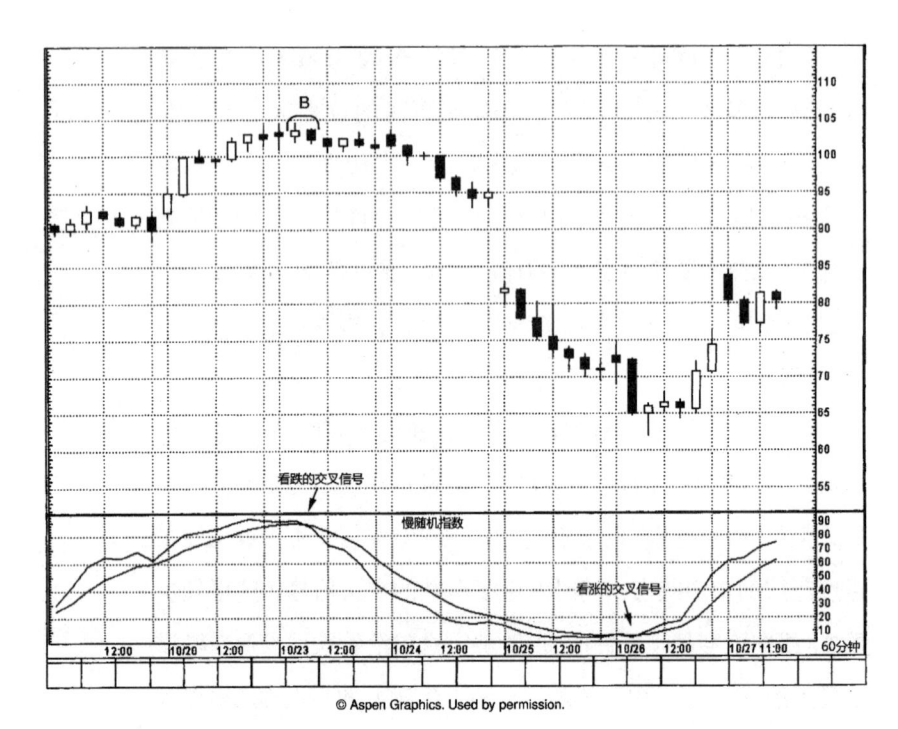

图14.6 捷迪讯公司——60分钟蜡烛线图（随机指数）

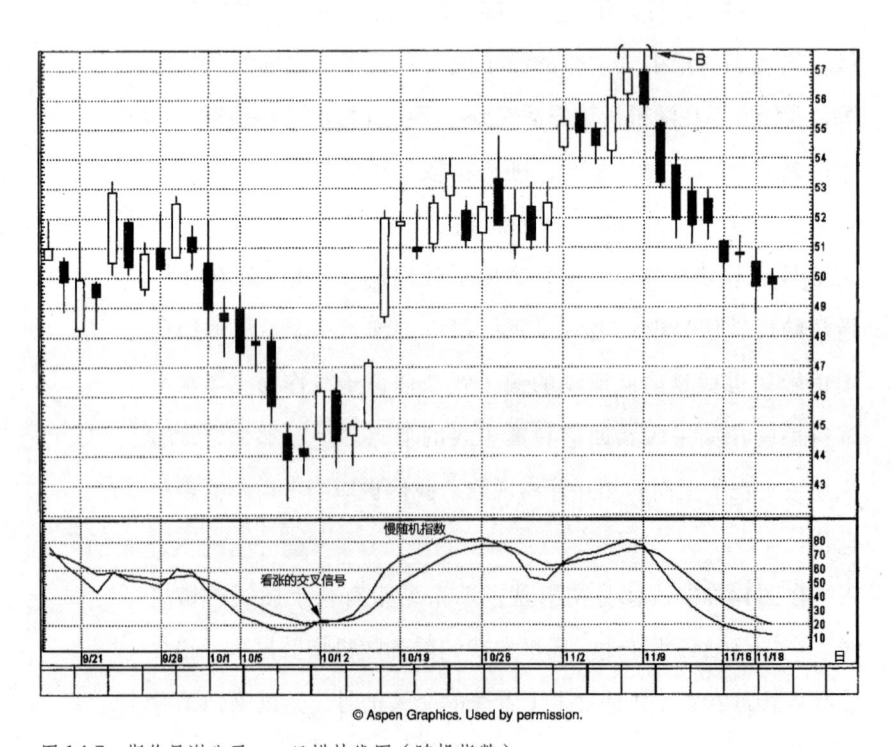

图14.7 斯伦贝谢公司——日蜡烛线图（随机指数）

10月19日出现了一根近似十字线的蜡烛线，紧随在一根长长的白色蜡烛线之后。这将市场趋势从上升转为更加中性，因为这根十字线暗示市场已经"疲惫"了。在十字线之后，市场踩水了一阵子。后来，随着11月2日向上的窗口的到来，市场继续向高位推进。该窗口在11月2日所在的一周里发挥了支撑作用。在B处，11月6日和9日组成了一个看跌吞没形态，将当前趋势转向不那么坚挺。在该看跌吞没形态中，两根蜡烛线实体的尺寸差不多。通常，我们更希望看到看跌吞没形态中黑色实体的长度明显超过白色实体。这样才能表明空方从多方手中夺得了主导权。不过，在本例中，当看跌吞没形态出现的时候，随机指数同时出现了看跌的交叉信号。如此一来，将该看跌吞没形态与随机指数相结合，它便具备了额外的重要性。

移动平均线验证背离指数（MACD）

如何计算MACD

从图线来看，**移动平均线验证背离指数（MACD）**由两条曲线组成，实际上，它是由三条指数加权移动平均线构成的。MACD图线中，第一条线是两条指数加权移动平均线的差值（通常采取12和26作为时间参数的两条指数加权移动平均线来计算）；第二条线是第一条差值线的指数加权移动平均线（通常用9作为时间参数），用来平滑第一条线。显然，第一条线变化较快。第二条线称为信号线。

如何运用MACD

当变化较快的第一条线向上穿越变化较慢的第二条线（信号线）时，构成看涨的交叉信号；当较快的第一条线向下穿越较慢的第二条线时，构成看跌的交叉信号。MACD同样可以用来揭示市场处于超买状态或超卖状态的区域。因为MACD天生变化较慢，所以一般不会用作短线交易工具。

在图14.8中，3月16日是一根高高的白色蜡烛线，也打开了一个向上的窗口。后一天是一根小实体，收缩在这根白色蜡烛线的内部，两者组成了一个孕线形态。从这个孕线形态开始，市场回落。回落的过程得到了前述窗口的支撑，于是行情稳定下来。D处，3月31日和4月1日组成了一个乌云盖顶形态，提前发出信号，正如日本人所说，表明市场"上涨的机会不大"。从之后两天的行情变化可见，这个乌云盖顶形态构成了阻挡水平。后来，虽然在日内行情中股票一度推进到乌云盖顶形态的阻挡水平之上，但是收市价却不能维持在其上，于是阻挡水平保持完好。

在乌云盖顶形态之后的一周里，我们从MACD曲线上得到了看跌的验证信号，其中较快的曲线向下穿越了较慢的信号线。

请注意，从上述乌云盖顶形态开始的下降行情一直持续到市场在4月中旬形成的看涨吞没形态。该看涨吞没形态验证了3月15日和16日之间向上的窗口所形成的支撑区域。

本图是一个很有说服力的实例，说明蜡烛图带来了附加价值。蜡烛图所发出的转折信号，经常领先于西方技术分析信号。在本图的情形下，我们看到乌云盖顶形态发出的顶部信号，比MACD发出的反转信号几乎提前了一周。

在图14.9中，7月中旬标准普尔500指数创了新高。但是，B处的看跌吞没形态发出了前方出现问题的信号。MACD发出的看跌线索进一步压抑了市场的看涨前景，其中较快的曲线向下穿越了较慢的信号线。看跌吞没形态的次日，市场向下打开了

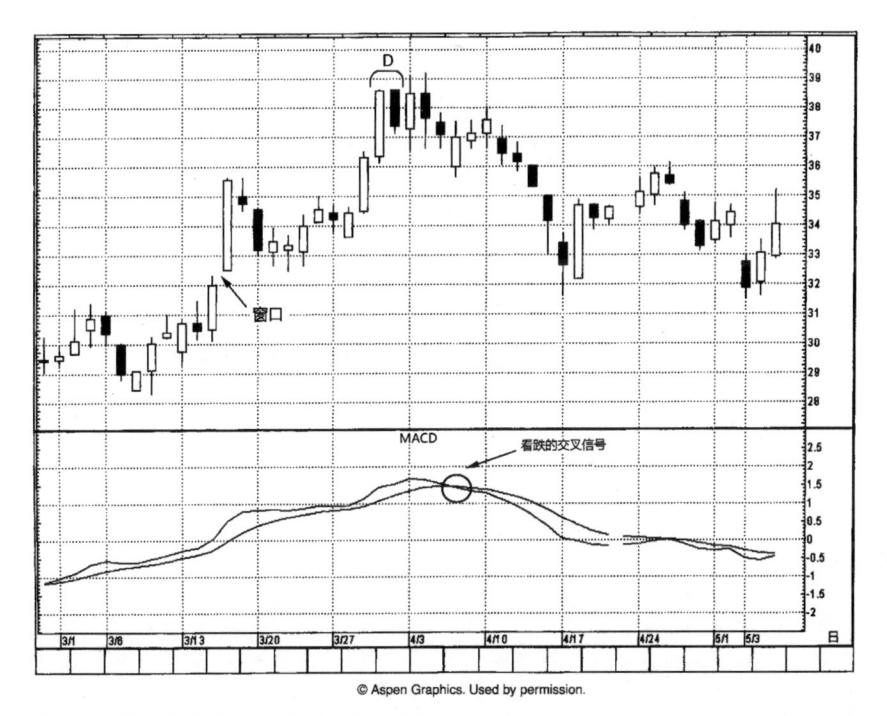

图 14.8 塔吉特公司——日蜡烛线图（MACD）

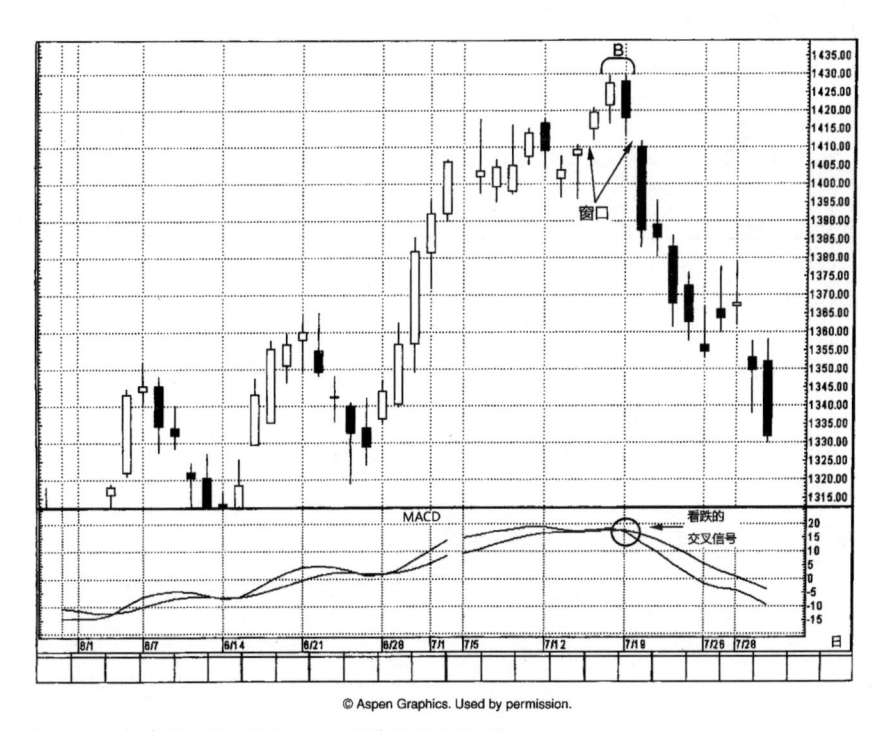

图 14.9 标准普尔 500 指数——日蜡烛线图（MACD）

一个窗口。因为市场在前面的一周里曾经出现了向上的窗口，向下的窗口与之一道构成了一个岛形反转顶。这么一来，雪上加霜，进一步增添了市场潜在的看跌前景。

如图14.10所示，8月3日完成了一个尺寸颇大的看涨吞没形态。过了几天后，MACD形成了看涨的交叉信号（这又是一个实例，蜡烛图信号领先于西方工具的反转信号）。从看涨吞没形态开始了一轮上涨行情，一直持续到图示的黄昏星形态。（黄昏星形态的中间蜡烛线也形成了一根大风大浪线。）与该黄昏星形态相隔一天后，MACD发出看跌的交叉信号，这是致命一击，给棺材盖钉上了最后一根钉。

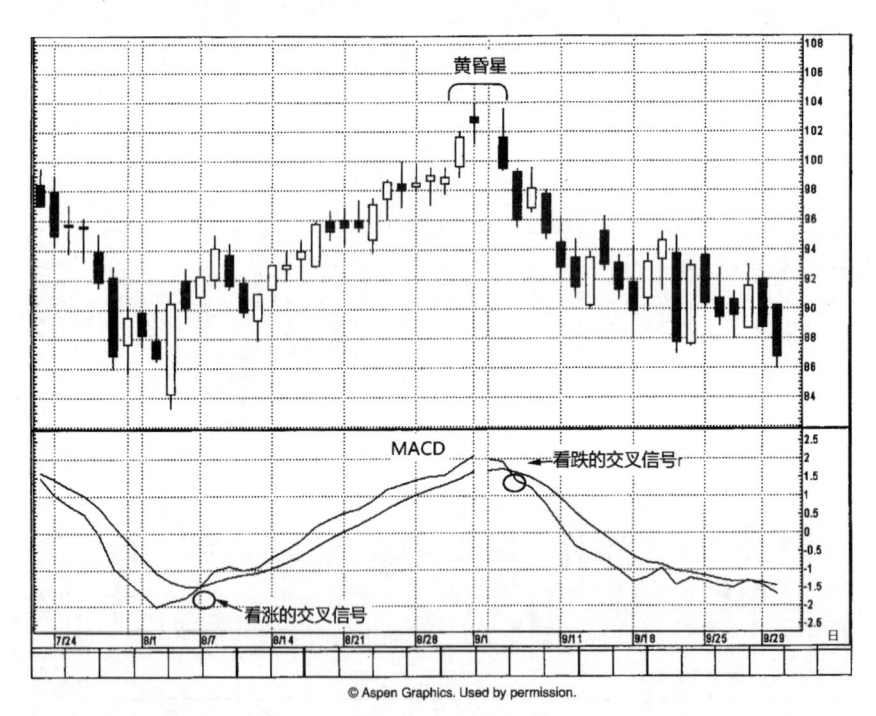

图14.10 纳斯达克100指数——日蜡烛线图（MACD）

第十五章　蜡烛图与交易量

"一根筷子容易折，一把筷子难折断"

交易量是市场发出的最重要的行情线索之一。交易量就像自来水管里的水压。水压越大，则水流越有力量。相应地，一段行情的交易量越大，则这段行情背后的市场力量越强大。

只要交易量按照趋势方向保持增长的态势，那么当前的价格趋势就将以更大的可能性持续下去。但是，如果在价格趋势发展时，交易量不增反降，那么判断当前趋势仍将继续发展的理由就不充分了。另外，我们还可以通过交易量来验证市场的顶部或底部过程。

本章并不探讨具体的交易量度量工具，例如权衡交易量、持仓量等。不过，无论您采取哪一种形式的交易量分析工具，都有助于提升蜡烛图技术的有效性。

在我的讲座中，听众经常问起将交易量与蜡烛图结合起来的一种绘图方法，即按照交易量的大小改变蜡烛线实体的宽度。也就是说，交易量越大，则蜡烛线实体的宽度越大。我个人的看法是，按照常规方法来查阅交易量同样简便易行——在常规图表中，交易量以竖直线段单独绘制在图表底部。按照交易量调整蜡烛线实体的宽度有其不利之处，假如一时间出现了许多个交易量较大的时段，那么电脑屏幕上就绘制不了太多的蜡烛线了。交易量的确十分重要，但是采用何种方式来显示它并不重要，重要的是，只要能够得到交易量数据，就一定要把它包括在我们的分析中。

因为不同市场的交易量数值各有其特点，差异较大，我们不采用绝对的交易量数值，而是采用相对的交易量。换句话说，在某只股票上，一个时段内成交5万股可能是一个不同寻常的超大交易量——与此同时，在另一只股票上，一个时段内成交1000万股可能还是较轻的交易量。如此一来，不论在哪个市场，我们观察的都是交易量的相对增减，尤其是交易量井喷的情况。

在图15.1中，5月3日晚间该股票的交易量发生了井喷现象。我们看到，相比之前的各个时段，这一时段的交易量之大超乎寻常。如此一来，我们就应当对它多加小心了。这个时段不仅交易量异常大，而且是一根锤子线。这种情况我们喜闻乐见——交易量验证了价格变化。

本图还引出了另一个方面。如果锤子线带有非常长的下影线，就意味着等到锤子线完成时（我们需要等到收市时才能确定锤子线已经形成），市场已经处在远离低点的位置了。遇到这样的锤子线，如果在收市时买进，其风险与报偿之比或许并不具有吸引力，因为市场可能一波三折，再次回落到锤子线的低点，然后才恢复上升的征途。不过正如本图所示，一根带有巨额交易量的锤子线，降低了市场回落到锤子线低点的可能性。因此，如果锤子线带有异常高的交易量，那么我们的态度可以更积极，更愿意在收市时买进；相比之下，如果锤子线的交易量没有发出相同力度的验证信号，那么我们的态度可能更为保守，倾向于等待更好的机会。

在图15.2中，11月初出现了一轮自由落体般的俯冲下跌行

图15.1 康宁公司——60分钟蜡烛线图（锤子线的交易量）

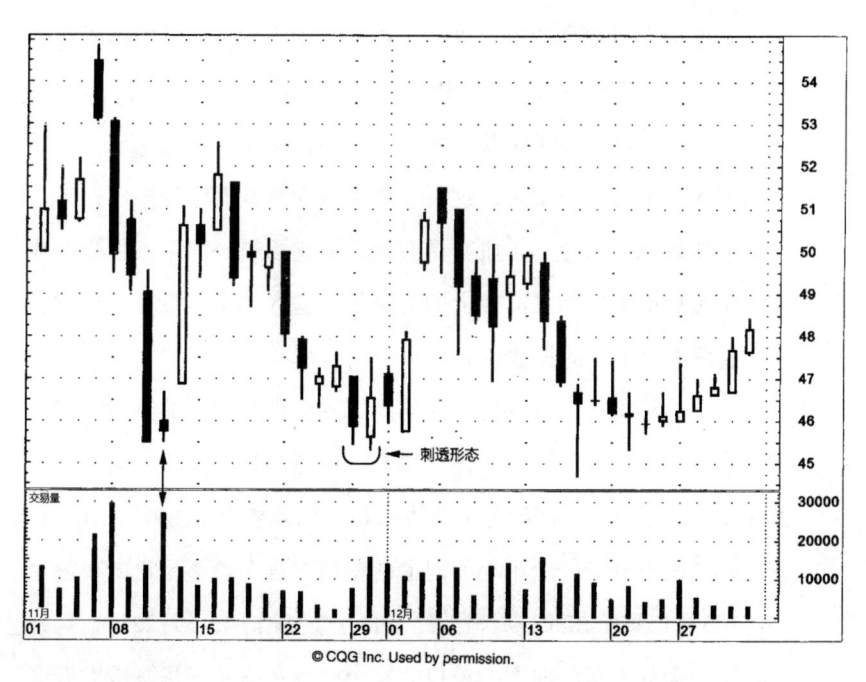

图15.2 第一资本金融公司（Capital One Financial）——日蜡烛线图（交易量与孕线形态、刺透形态）

情，由一群长黑色实体构成，它们触目惊心，在图形上大大助长了空头的气势。11月11日，单枪匹马的一个交易日，如中流砥柱一般，扭转了技术图像的乾坤。这一天属于纺锤线，它同时作为孕线形态的第二根蜡烛线完成了形态。然而，真正带来巨大影响力的是纺锤线这一天的超级交易量。这就表明了，尽管此处供给量极大（从当天的巨额交易量可以得知当天的供给量极大），但是需求量与之不相上下，足以抵挡空方气势汹汹的打压——因此，形成了当天的小实体。

市场从该孕线形态开始上冲。11月下旬，又是一轮抛售行情。11月底，遇到一个刺透形态，行情稳定下来。在看涨的刺透形态中，我们一般预期其中黑色蜡烛线的交易量较轻，而白色蜡烛线的交易量较重。这样有助于加强其技术意义，即空头已经失去力量，而多头已经站稳了脚跟。在本图中，第一资本金融公司上演的正是这一出戏码，黑色蜡烛线交易量较小，白色蜡烛线交易量较大。这样的交易量格局进一步增强了刺透形态作为支撑水平的成功概率。在本例中，12月15日的锤子线表明，本刺透形态的支撑作用得到了坚强的捍卫。

交易量可以用来验证蜡烛图形态，这个概念适用于任何蜡烛图信号。举例来说，这一点意味着在看跌吞没形态中，第一根蜡烛线（白色的）应当具有较小的交易量，而第二根蜡烛线（黑色的）应当具有较大的交易量，这样的交易量分布加重了看跌吞没形态的技术意义。

如果将交易量分析添加到向下的窗口或向上的窗口，那简直是"如虎添翼"。在图15.3中，在5月8日所在的一周里，市场形成了一个看涨的十字孕线形态。几天之后，在5月13日和15日之间打开了一个小小的向上的窗口。这个微不足道的小窗口在5月15日所在的一周里始终发挥了支撑作用。5月22日，打开了一个放大了的向上的窗口。这个窗口还得到了进一步的看涨助力，即，它带有格外重大的交易量。向上的窗口被看作潜在的支撑区域，而巨大的交易量则提升了它作为支撑区域的有效

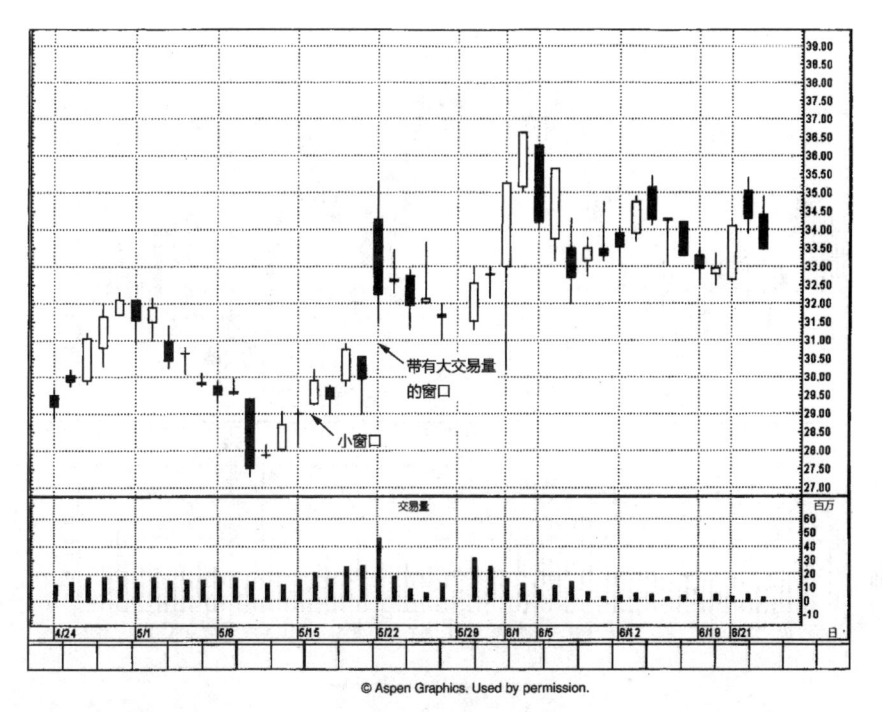

图 15.3 通用汽车公司——日蜡烛线图（交易量与窗口）

性（或者在向下的窗口的情况下，提升了窗口作为阻挡区域的有效性）。6月1日，一根看涨的长下影线确认了多头的力量，股票的收市价维持在30美元的支撑水平之上（这个支撑水平是根据5月22日的窗口的底边来确定的）。

小实体的出现可能是一条有用的线索，表明下跌行情或上涨行情或许已经是强弩之末。如果我们把交易量分析添加到小实体方面，就能得到更扎实的反转信号。让我们看一看图15.4，体会其中的缘故。在本图中，戴尔公司在8月18日交易量巨大，我们用"1"做了标记。另外，这一天还形成了一个向上的窗口。正如我们在图15.3中所介绍的，带有大额交易量的向上的窗口应当成为坚实的支撑区域。这正是戴尔公司在窗口之后的几天里所表现的情形。

10月19日，发生了另一个超大交易量的时段（图上用"2"做了标记）。这一天还是一根十字线。这根大交易量的十字线

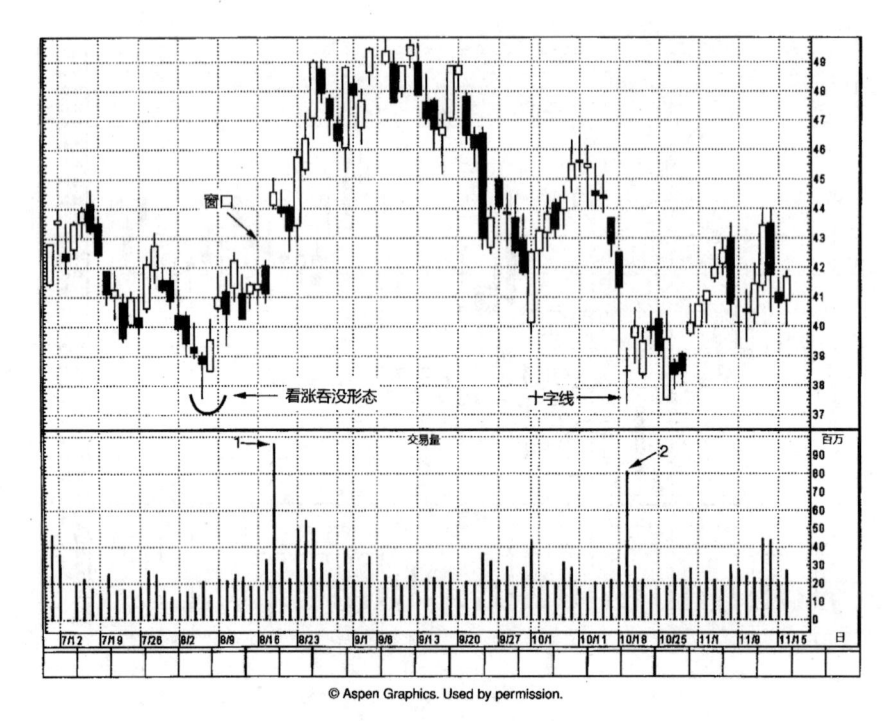

图15.4 戴尔公司——日蜡烛线图（交易量与十字线和窗口）

很有意义，因为它出现在一轮陡峭的下跌行情之后，这轮行情将戴尔带到了由8月初的看涨吞没形态（其中第一根蜡烛线是锤子线）所形成的支撑水平。在第八章曾经讨论过，我们对下降行情中的十字线通常不像对上涨行情中的十字线那么在意。然而，因为这根十字线与支撑区域发生了协同作用，又带有巨大交易量，见到它，我肯定是坐不住的，必然会盯住它。这是一根巨额交易量的十字线，一方面，它揭示了此处曾经涌出沉重的供给压力（通过巨额交易量可以证明这一点）；另一方面，该股票在这里形成的是一根十字线，也就证明了此处的需求压力毫不逊色，也强大到足以吸纳所有的供给。于是，在10月19日，我们得到了相互验证的数个技术要素，突出地显示了37.25美元支撑水平的重要作用：

1.由8月的看涨吞没形态形成的支撑水平；

2.十字线；

3.十字线当天放大的交易量,表明全部沉重抛压都已经被吸纳。

请注意,在十字线之后的一周里,市场用一根高高的白色蜡烛线再次成功地守护了这个支撑水平。

发生在下降行情中的十字线,如果带有巨大交易量,那么与常规交易量的十字线相比,能增加市场反转的机会。在这种情况下,即使不是十字线,而是一根小实体,上述理论也依然是成立的。(我们在图15.2中曾经领教了巨额交易量的纺锤线的厉害。)我们用下列几点来为带有巨大交易量的纺锤线或十字线做一个小结。

1.在过度延伸的上涨行情之后,如果出现了一根带有不寻常的巨大交易量的十字线或纺锤线,则表明多头的驱动力被足够强大的供给所压制,上涨行情已经陷入停顿。这可能构成顶部反转。

2.在陡峭的下降行情中,如果出现了一根带有超大交易量的十字线或纺锤线,则显示沉重的卖压已经被分庭抗礼的积极买压所抵消。

无论是单根蜡烛线构成的反转信号,还是由一群蜡烛线构成的反转信号,只要交易量配合,从而验证了蜡烛图信号,那么蜡烛图信号促成市场反转的机会便得到了加持。图15.5展示了一例看涨吞没形态,发生在10月5日晚间。该看涨吞没形态的前一个时段是一根纺锤线,透露出之前的下降行情失去了一些势头。该形态的第二个时段是一根长白色蜡烛线,表明多头已经夺得主宰权。不仅如此,在本看涨吞没形态中,前一根纺锤线交易量较轻,后一根长白色蜡烛线交易量较重,这就加大了本形态看多的马力。交易量和看涨吞没形态相互验证、相互加强,因此增加了此处发生市场反转的可能性。从该看涨吞没形态开始,市场上升。直至10月7日,在72.50美元附近,上升行情遇到了一个看跌吞没形态,以及一连串带有疲软的上影线的蜡烛线,才就此止步不前。这里还验证了之前的长上影线所形

图15.5 家得宝公司（Home Depot）——30分钟蜡烛线图（交易量验证看涨吞没形态）

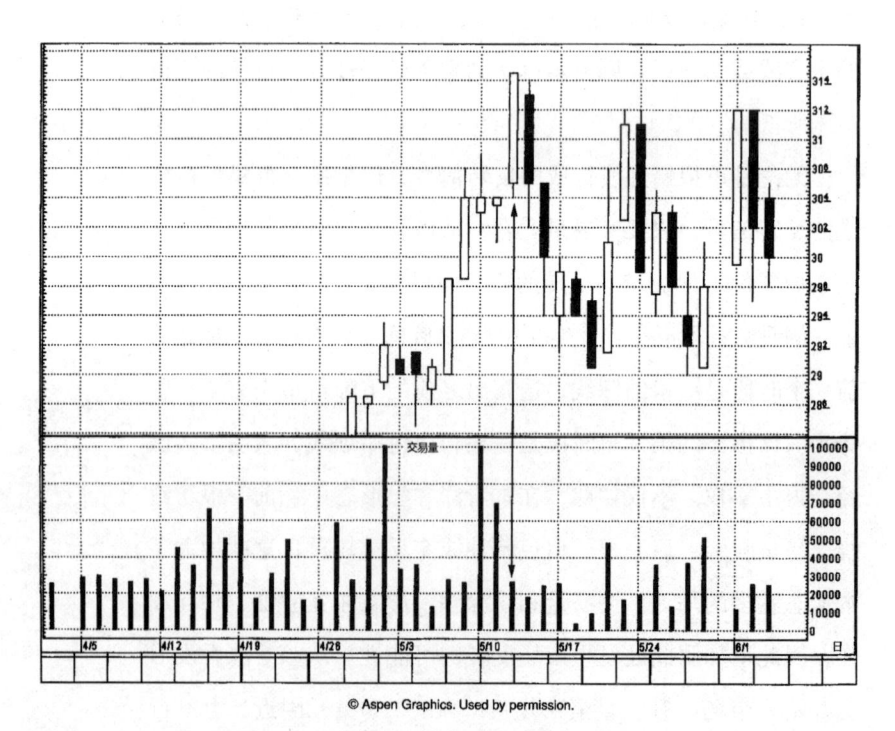

图15.6 Technitrol公司——日蜡烛线图（交易量验证突破信号）

成的阻挡作用，该长上影线的高点位于同一个水平。

作为一条普遍性的经验法则，我们可以认为白色蜡烛线的实体越长，则上冲行情持续的可能性越大。但是，交易量给上述法则增添了另一个重要的维度。如图15.6所示，5月12日是一根超长的白色蜡烛线，将股票推上了新高水平。然而，虽然蜡烛线表现得牛气十足，但是其交易量太轻，将它的牛气打了折扣。当市场创新高的时候，我们更乐于看到交易量放大，从而验证价格变化。在本例中，交易量与突破信号背道而驰。虽然在市场向上突破时，仅凭缺少交易量这一条并不足以说服我们从看多转向看空，但是它足以构成理由令我们多加小心。这是因为以这样的低交易量形成的上冲行情很可能后继乏力。正因为交易量的缘故，这种前景发生的可能性增加了。就本股票来说，在5月12日的长白色蜡烛线之后紧随着一根长黑色蜡烛线，进一步增强了我们对多头控制力不足的判断。

第十六章　测算价格目标

"机不可失，时不再来"

　　蜡烛图就像X光，帮我们透视出市场供给和需求双方的力量对比，因此有能力及早地提供市场反转信号。假定某位交易者已经按照蜡烛图信号入市（最好得到了其他蜡烛图信号或者西方技术信号的验证），那么下一步的挑战就是弄清楚何时应当出市。

　　我的公司的网址是www.candlecharts.com。我们用多种出市策略，根据客户的交易风格，因人而异地提供服务。运用常规的西方技术形态来预测价格目标，是我们的方法之一。之所以要把价格目标测算与蜡烛图技术相结合，还有另一个原因。无论蜡烛图形态多么理想，无论在某个区域发生了多少反转信号，蜡烛图技术都不提供对反转之后价格范围的预测。正是在这种情况下，我们转向西方技术工具，以寻求价格目标。

　　本章介绍了测算价格目标的手段，从前面介绍的许多形态中选择少数典型的案例来加以应用，包括箱体区间的突破信号、对等运动、旗形、尖旗形，以及上升三角形与下降三角形等。

价格目标并不等同于支撑水平或阻挡水平。举例来说，如果上方的价格目标为42美元，这并不意味着上涨行情将在到达42美元后戛然而止（当然，市场也可能甚至到不了42美元）。据我个人的看法，我们不应当根据价格目标来建立新头寸，而是应当把已经持有的敞口头寸适当平仓。在前面讨论的例子中，当市场上冲到42美元区域时，我会轧平多头头寸，但不会开立新的空头头寸。当然，如果除此之外还有看跌的蜡烛图信号，或者有其他技术分析信号与价格目标不谋而合，显示42美元是一个阻挡区域，我们就可以更进取一点，考虑卖出做空。

箱体区间的突破信号

在绝大多数时间里，市场并不处在趋势状态，而是处在横向的波动区间中。日本人称之为"**箱体区间**"。在这样的情况下，市场就达到了某种相对和谐的状态，牛方和熊方相安无事、平分秋色。在日文中，用来描述安宁和平静的词是"和"。当市场处于横向的交易区间中时，我喜欢将这种状态看成一种"和"的状态。

当市场处在横向的波动区间时，就像一根压缩了的弹簧，随时准备在周边压力撤除后立刻弹开。我们可以利用该形态储蓄的能量。当市场从横向波动区间突破时，往往具备充足的能量储备，能按照突破方向持续推进。

如图16.1所示，当行情突破到箱体之外时，意味着接下来行情运动的幅度至少等于箱体的垂直高度。具体说来，当行情推进到箱体顶部之上（属于看涨的突破信号）后，我们测量箱体区间的底部（支撑水平）到箱体区间的顶部（原先的阻挡水平）两者之间的竖直距离。该距离即为箱体的高度，图上用

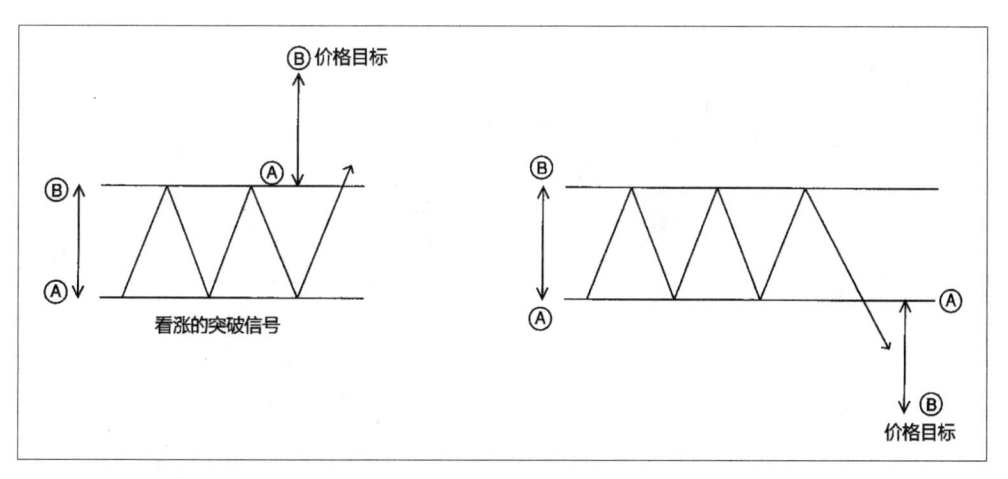

图16.1 从箱形区间发生的突破信号

A—B做了标记。将A—B的箱体高度加到原先的阻挡水平上，推算突破后的价格目标。举例来说，假定箱体区间处于50—53美元之间，那么向上突破后的价格目标便为56美元。

向下突破箱体区间的支撑水平属于相反的情形（在图16.1中显示为看跌突破信号的情况）。如果还是以处于50—53美元的箱体区间为例，那么在50美元的支撑水平处发生看跌的突破信号之后，价格目标为47美元。

在图16.2中有一处箱体区间，其中区域1和2构成了其区间的顶部。箱体的底部（支撑区域）用两条水平直线勾勒出来，它们分别位于3600和3500（一会儿再讨论区域A处的情况）。

位于1处的顶部没有任何蜡烛线反转信号。这说明了不是所有的反转过程都具备蜡烛图反转信号。位于2处的顶部是一个理想的反转过程，一个黄昏星形态，因为其中的三根蜡烛线互不接触。此外，2处的高点是一根上吊线，并且它得到了次日行情的验证。

一旦纳斯达克综合指数从2处折戟回落，因为这是从先前的高点1处发生的，我们就可以判断行情将进一步下降到高点1和2之间的低点处。该低点是位于A处的一个看涨吞没形态。如此

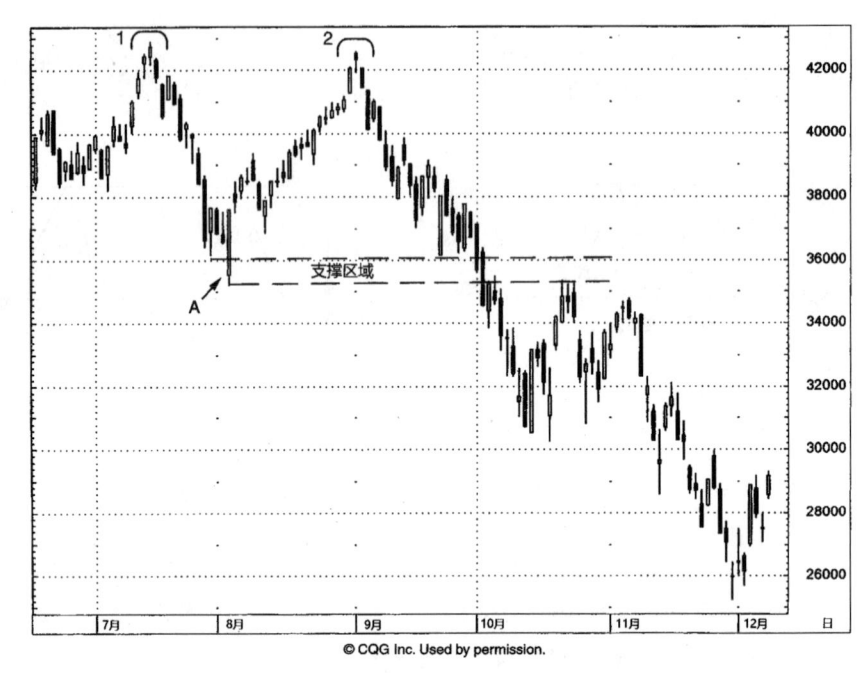

图16.2 纳斯达克综合指数——日蜡烛线图（从箱体区间向下突破）

一来，我们就得到了大致位于3500—3600之间的价格目标。在9月的下半月里，该区域得到了良好的守护，在3600附近形成了几根高高的白色蜡烛线。

10月初，市场向下突破了该支撑区域，带来了双倍的破坏效应。首先，10月2日的长黑色实体向下击穿了位于A处的看涨吞没形态低点所构成的支撑水平。其次，可能更严重的是，上述巨大箱体的底部位于3500—4250，一旦底部被向下突破，则价格目标指向了2750。其测算过程如下：箱体高度为750点（从箱体的高点到低点的垂直距离），箱体底部接近3500，从箱体底部减去箱体高度得到了价格目标。几个月之后，市场到达了上述价格目标。

我们可以看到，后来的价格运动低于2750的价格目标，因此价格目标并不必然构成支撑水平。这一点非常重要，值得仔细推敲。尽管纳斯达克综合指数跌到了2750，但是绝不能仅凭行情达到了价格目标便买入做多。

本图还揭示了我喜欢箱体突破信号的原因。一旦某个支撑水平被跌破，我们便可以根据极性转换原则（请参见第十一章）来判断，该水平将转为阻挡水平。根据这项技巧，原先的支撑区域（在本例中位于3500—3600）应当转化为阻挡水平。这正是这里按部就班上演的情形。如果指数以收市价的方式回升到3600以上，那么我们对下方的价格目标设定为2750的判断便无效了。

图16.3展示了一例清晰定义的横向波动区间，其范围从66.25美元到67.75美元。A处的蜡烛线一度向下穿越了该支撑线，但是既然它的收市价并不低于支撑线，支撑水平依然保持完好。到了B处，市场终于以收市价形式向下突破了箱体区间的下边界。这是一个看跌的信号。在行情于B处向下跌破之前，我们曾更早得到线索，表明股票陷入了麻烦。线索来自图示的向下倾斜的阻挡线。这增加了位于66.25美元的支撑水平终将被向下突破的可能性。

一旦在B处的蜡烛线表明支撑水平已经失守，我们便得知（根据极性转换原则），原先的支撑水平66.25美元，现在转变为阻挡水平了。于是，我们就有了一个阻挡水平，不过下方的价格目标在哪里呢？为了达到这个目的，我们采用了箱体区间的垂直距离，即从66.25—67.75美元的距离是1.50美元。从交易区间的下边缘减去上述距离，得到下方的价格目标为64.75美元。

如图16.4所示，标准普尔500指数曾经处在交易区间中横向波动，其低点大致位于1090（B处），高点大致位于1140（A处）。多头在6月24日将本指数推升到了1140的阻挡水平之上。箱体的A—B的垂直距离为50点，加到1140上，我们得到了上方的价格目标为1190。股票沿着一条向上倾斜的阻挡线（请参见第十一章）上升，向上稍稍超越了上述价格目标。在1200附近出现了几根大风大浪蜡烛线（所谓大风大浪线，指同时具备长长的上、下影线和小实体的蜡烛线。这类蜡烛线与长腿十字线

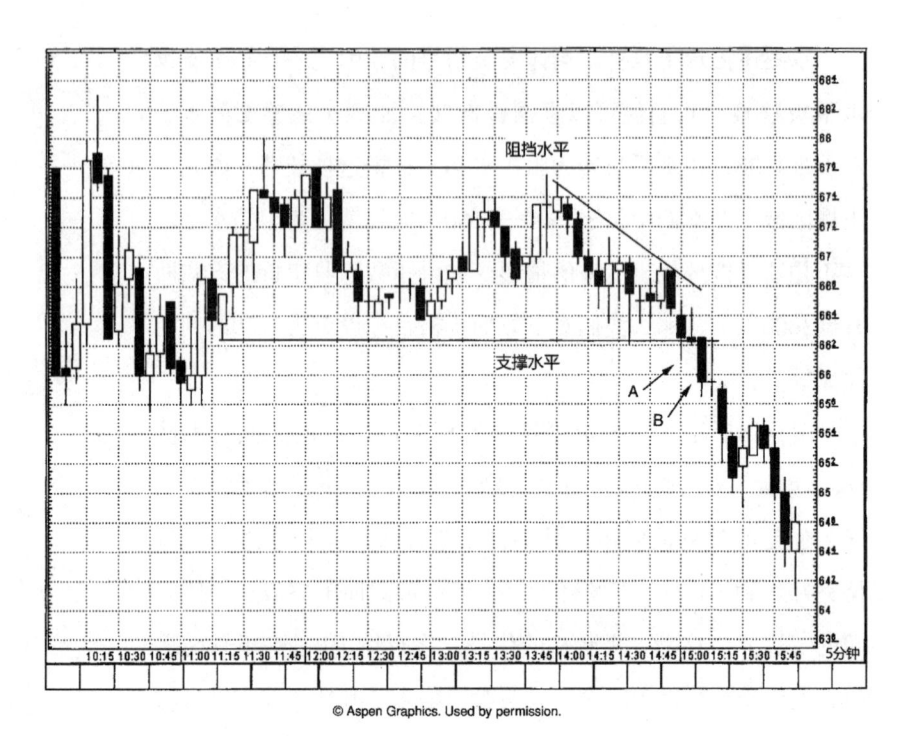

图 16.3　捷迪讯公司——5分钟蜡烛线图（从箱体区间向下突破）

图 16.4　标准普尔500指数——日蜡烛线图（从箱体区间向上突破）

有一定的相似性，其区别是长腿十字线是一根十字线，而不是一个小实体。第八章曾有介绍）。这些大风大浪线给我们带来了一种直观的感受：市场失去了方向感（而在这之前原本是向上的）。

如图16.5所示，得克萨斯仪器公司一度局限在130—145美元的箱体区间中波动。2月17日和18日，当它向上接近该区间的顶部时，形成了一个看跌吞没形态。本形态应当构成阻挡水平。然而，下一个时段（2月22日）市场向上超越了这个阻挡水平。这构成了看涨的突破信号，既向上突破了看跌吞没形态的阻挡水平，也向上突破了箱体区间的顶部边缘。这意味着上方的价格目标接近160美元（根据波动区间15美元的垂直距离测算）。

借助什么样的证据可以表明我们对上述价格目标的判断是错误的呢？市场在2月22日已经向上突破了145美元的水平，如果此后再以收市价形式跌回145美元之下，那么这种情形将打消上述价格目标的前景。换句话说，一旦市场已经创了新高，那

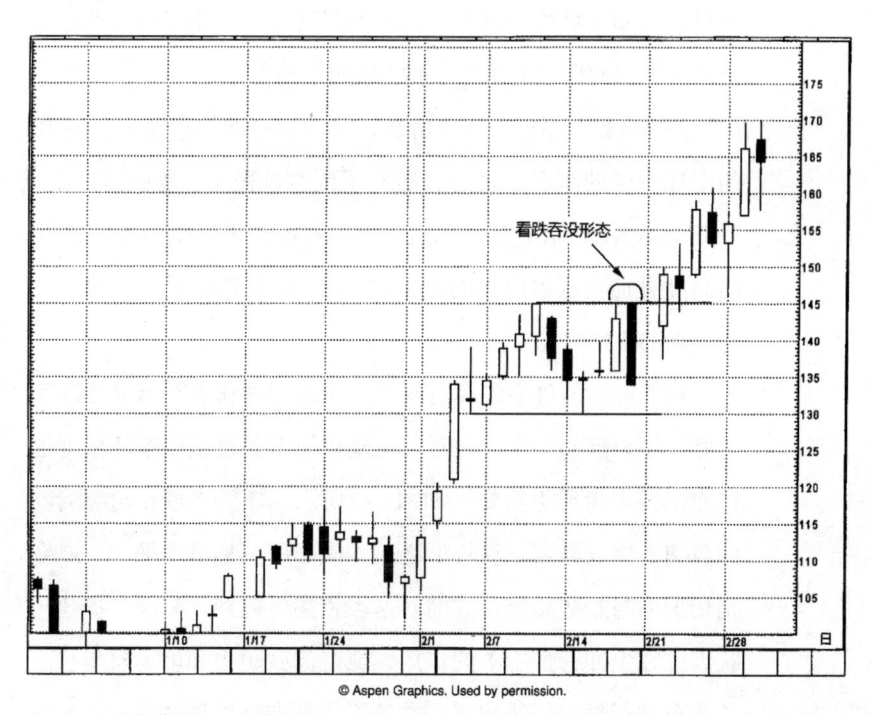

图 16.5　得克萨斯仪器公司（Texas Instruments）——日蜡烛线图（从箱体区间向上突破信号）

么重要的一点是，牛方就必须维持上述新高，以此证明己方真正掌控大局。

对等运动、旗形与尖旗形（三角旗形）

对等运动、旗形与尖旗形都是由以下三个部分组成的。
1.起初，发生了一轮轮廓清晰的快速运动（第一波）；
2.在上述运动后，市场进入调整过程；
3.调整结束，市场按照最初的方向恢复本来的趋势运动（第二波）。

首先，我们来看对等运动的价格目标，然后讨论旗形和尖旗形的情况。

所谓对等运动的价格目标（如图16.6所示），道理是这样的：如果市场先是猛力地上涨或下跌，继而对上述运动展开调整行情，那么最终当原先的行情恢复后，下一波行情运动至少应当与起初的猛力运动所形成的轨迹不相上下。

图16.6对上述过程做了解析，其中第一波的高度是从A到B的上冲行情的高度。之后，出现了调整过程，市场回落到C。一旦市场从C开始上升，我们就可以将起初第一波行情从A到B的高度叠加在调整阶段的低点C之上。由此得到了所谓的"对等运动的价格目标"。

对等运动的价格目标与旗形、尖旗形的概念颇有异曲同工之妙。主要区别在于，在对等运动中，调整过程回落的幅度远比旗形或尖旗形更重要。如图16.7所示，旗形出现在轮廓清晰的急速上涨或剧烈下跌行情之后，旗形的图形呈水平状，或者稍稍偏向与趋势相反的方向。这段密集区起到了减缓市场超买状态（在上冲行情中）的作用，或者起到了中和市场超卖状态（在急跌行情中）的作用。在这段短期调整过程之后，如果市场恢复了之前的趋势，我们就得到了旗形或尖旗形价格形态。

旗形与尖旗形的区别在于，在旗形中，"旗帜"的部分是一个水平的箱体区间；而在尖旗形形态中，"旗帜"的部分（也就是调整过程的密集区）看起来像一面三角旗，因为它带有更低的高点和更高的低点。

图16.7和图16.8分别展示了看涨的旗形、尖旗形，以及看跌的旗形、尖旗形的价格目标测算过程。它们的测算依据构建在与对等运动共同的理论基础之上。就旗形与尖旗形而言，我们采用的是起初的上冲行情或急跌行情的高度——其外号是"旗杆"。

在图16.7中我们看到，看涨的旗形和尖旗形的价格目标计算方式是：先计算起初的急剧上涨行情（旗杆）从A到B的高度，然后把它加到密集区（旗形或者尖旗形均可）的底边上。

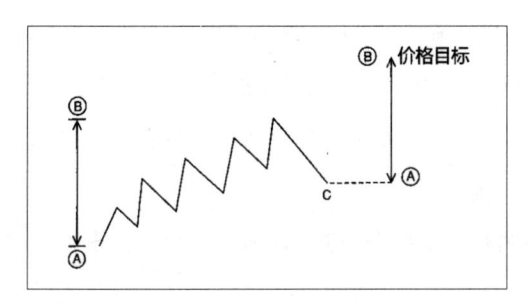

图 16.6 对等运动的价格目标

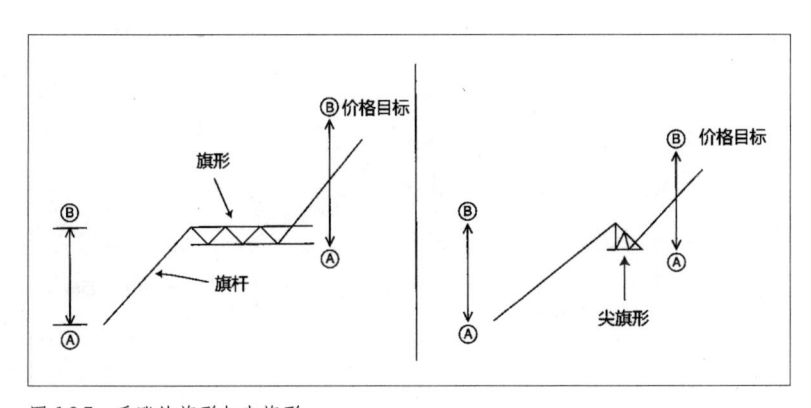

图 16.7 看涨的旗形与尖旗形

更传统的做法是，把旗杆的高度加到旗形或尖旗形的顶边上。我宁愿错在过早地平仓退出，也不愿意错在精确追求最后那一哆嗦行情。因此，我的测算方法是从旗形或尖旗形的底边起算，而不是传统的从顶边起算。

正如图16.8所示，看跌的旗形和尖旗形的价格目标计算方式是：先计算起初的急速下跌行情（旗杆）从A到B的高度，然后从密集区（旗形或者尖旗形均可）的顶边减去上述高度。（重申一下，这样的做法也出自我的主观选择，为的是保守起见。其他人或许采用更传统的做法，即把旗杆的高度从旗形或尖旗形的底边处减去。）

在图16.9中，从1处到2处形成了一波几乎垂直的上冲行情，把股票从22.50美元推升到27.50美元。从2处开始到A处的回落行情，几乎恰巧落在上冲行情的斐波那契比例61.8%的回撤水平上（请参见第十二章对百分比回撤水平的讨论）。从A处开始，股票开始了新一波上冲行情。

用1处到2处的上冲行情，以及随后发生的调整过程，我们可以得到对等运动的价格目标：从1处到2处的垂直距离为5美元，调整过程的低点A为24.50美元，把前者加到后者上，得到潜在的价格目标为29.50美元。

虽然测算的价格目标通常不会成为阻挡水平或支撑水平，

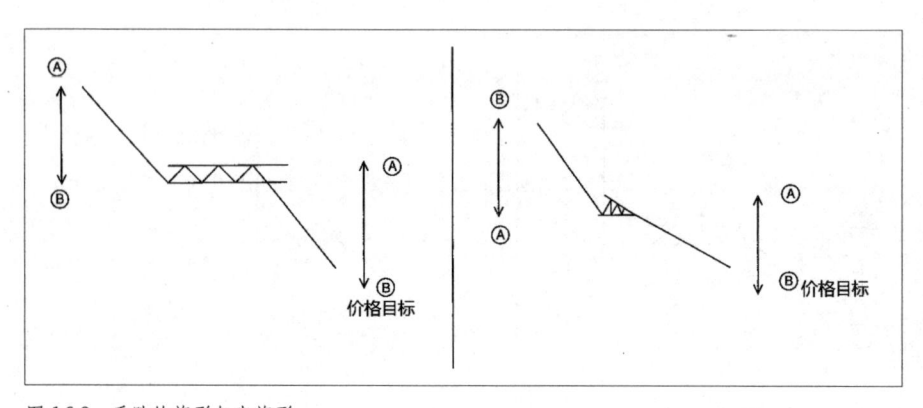

图16.8 看跌的旗形与尖旗形

图 16.9 思科公司——日蜡烛线图（对等运动的价格目标）

但是在本例中我们看到，在B处，2月1日和2日组成了一个看跌吞没形态，正是出现在预测的价格目标29.50美元处。

在图16.10中，我们看到在从A到B的上升行情之后，股票大概花了一周的时间用来喘息。在这期间，市场进入了箱体区间，介于36.50美元到37.75美元。7月11日打开了一个向上的窗口（在蜡烛线C之后），将股票推升到前述横向交易区间之上。

从蜡烛线的角度来观察，向上的窗口可谓一举两得：首先，它驱使趋势方向向上；其次，该窗口现在已经成为潜在的支撑区域。不过，虽然该窗口给我们提供了看多的基调，但是它并不提供上方的价格目标。为了解决这个问题，我们转向西方技术工具。仔细打量从A到B的上冲行情，以及回落到C处的调整过程，我们发现了一个看涨的旗形形态。现在，我们就能够得到一个价格目标了：将"旗杆"的部分（A到B的垂直高

图16.10 越洋公司（Transocean Sedco Forex）——日蜡烛线图（看涨的旗形）

度）加到"旗帜"底部（C处）上。从A到B的上冲行情大约是5.50美元。把这个数值加到C处的低点之上，得到上方的价格目标为42美元。（前面曾经提到，在绝大多数讲授西方技术分析的书中，会将这里5.50美元的高度加到旗帜部分的顶边，接近38美元。但是，我们采取更为保守的测算方法，将之加到旗帜部分的底边，36.50美元处。）

在股票向上接近我们保守的价格目标42美元时，出现了一根流星线，使得价格目标成为阻挡水平。流星线之后的黑色蜡烛线完成了一个黄昏星形态，它是黄昏星形态的第三根线。由此开始，市场进入下降行情，持续到7月底，在接近37.75美元处找到支撑。这里是7月14日向上的窗口所形成的支撑区域。市场在此处形成了几根倒锤子线。从7月28日所在的一周开始，形成了一轮上冲行情，回升到前面讨论的黄昏星形态的高点，到大约42美元时，市场举棋不定。正如我们在黄昏星形态的部分所讨论的（还有其他许多蜡烛图形态），我一般根据收市价来观察市场在阻挡水平处的表现。股票在日内行情中一度向上推进到黄昏星的阻挡水平之上，但是在收市时却未能维持在其上，由此看来，该阻挡水平依然维持良好。

图16.11突出显示了A处的两根流星线。这标志着市场在925—950的区域陷入彷徨状态。从A到B的陡峭下跌遇到了B处的一根长腿十字线，从而转入徘徊。从这里开始，该指数稍稍有所回升。这有助于减缓之前市场的超卖状态。仔细看一下，从A到B的急剧下跌可以充当旗杆，从B到C的三角形波动区间可以作为尖旗形，于是，我们得到了一个看跌的尖旗形形态。

一旦尖旗形的底边被向下突破，我们就可以推算下方的价格目标，先算出从A到B的下降幅度，再从调整区间的高点C，接近775处，减去上述幅度。于是，下方的价格目标为525。后来，行情下跌超过了这个目标。

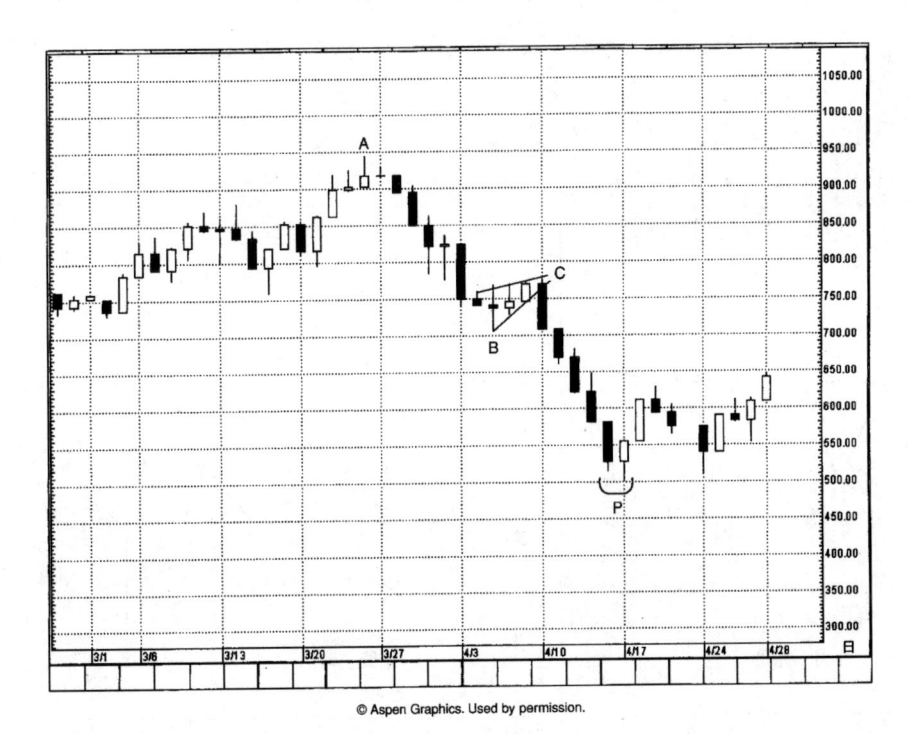

图16.11 互联网指数——日蜡烛线图（看跌的尖旗形）

在P处，接近500的水平，出现了一个变形的刺透形态。之所以说这是一个变形，是因为其中的白色蜡烛线没有向上超越前一根黑色实体的中线。不过，在从C处开始的下降行情中，这是第一根白色蜡烛线，第一根收市价更高的蜡烛线，因此，我依然认为这个变体与常规的刺透形态同等重要。下一周，市场成功地捍卫了由该刺透形态形成的支撑水平，从而证实了上述判断。

在西方技术分析工具中，有多种三角形形态：对称三角形、楔形等。如图16.12所示，这里一个是上升三角形，一个是下降三角形。

上升三角形的上边为水平的阻挡线，在形成形态的过程中被市场试探过多次。市场多次从该阻挡水平回落，形成的若干低点依次抬升。这种情形说明，虽然在阻挡线处存在供给压力，但是随着市场每次从阻挡线回落，需求逐渐增强。如果牛方能够推动市场向上超越水平的阻挡线，我们就得到了一个上升三角形形态。其测算方法是：从水平的阻挡线（A处）出

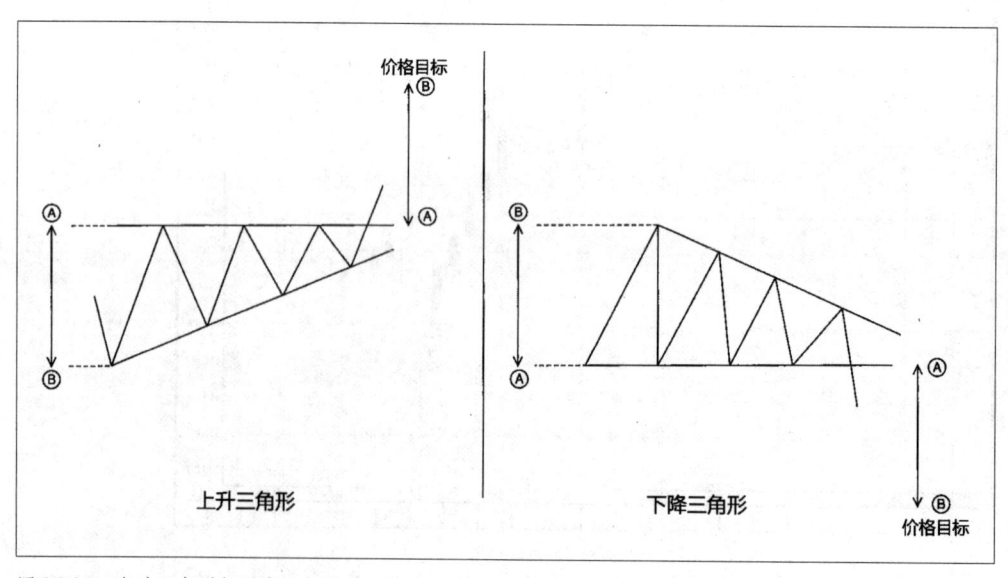

图16.12　上升三角形与下降三角形

发，算出三角形最宽处（B处）的垂直高度，加到刚刚被突破的阻挡水平上。

下降三角形的下边为水平的支撑线，曾经多次防守成功，但是每当市场从此处回升后，所形成的若干高点依次降低。这些依次降低的高点反映了熊方有能力控制牛方。一旦市场向下突破支撑水平，我们便算出下降三角形最宽处的垂直高度，从支撑水平处减去上述高度，得出下方的价格目标。

图16.13展示了一例经典的下降三角形。其水平线位于137，这条线定义清晰，曾经多次经受市场测试。这是下降三角形的底边。下降三角形的顶边是一条向下倾斜的阻挡线。

一旦空头一锤定音地将市场压低到137的支撑水平之下（图上箭头所指之处），我们就可以运用下降三角形的价格目标测算方法。三角形的最高点是从138.25开始的，三角形的底边位于137，于是我们得到了下方的价格目标是135.75。

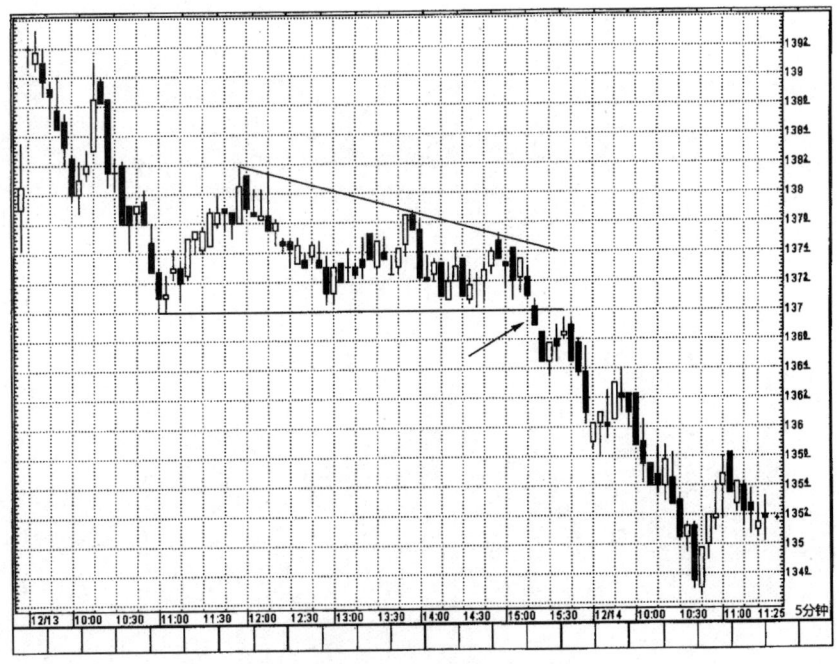

图 16.13　标准普尔存托凭证——5分钟蜡烛线图（下降三角形）

下降三角形有一个方面很有吸引力，即我们可以运用之前的支撑水平作为新的阻挡水平（极性转换原则）。因此一旦空头将价格压低到137之下（箭头处），如果市场果真是疲软的，我们就有把握得知137将成为阻挡水平。

在本例中，关于行情陷入泥潭还有进一步的验证线索，当价格移动到137之下后，后一日打开了一个向下的窗口。相应地，就137成为阻挡水平的判断，我们得到了相互验证的双重技术要素：先前的支撑水平，以及向下的窗口。

第十七章　东西方技术珠联璧合：
相互验证的力量

"自助者，天助之"

　　本章介绍了一个经典的案例，看看我如何将相互验证原则应用到纳斯达克指数，预测了一场即将到来的重大危机。

　　图17.1和图17.1a展示了我们采用的各种手段——既包括东方的，也包括西方的——以揭示纳斯达克综合指数即将形成一个主要高点。在同一个区域，集中了如此多的信号，这是十分难得的案例。我们将看到，尽管许多蜡烛图信号和西方技术信号相互验证，大大增加了出现顶部反转的可能性，但是这些工具并不能预测市场向下反转之后即将发生的调整过程的范围。

　　让我们逐一分析上述技术信号（本书前面各章已经对这些工具分别进行了研究）。以下讨论都是关于图17.1的，只有其中的第三点讲的是图17.1a。

　　1.一根向上倾斜的阻挡线，通过连接2月14日所在的一周的高点与3月初的高点得来（第十一章讨论了相关技巧）。因为纳斯达克综合指数正处在过去从未涉足的新高区域，绘制这条上

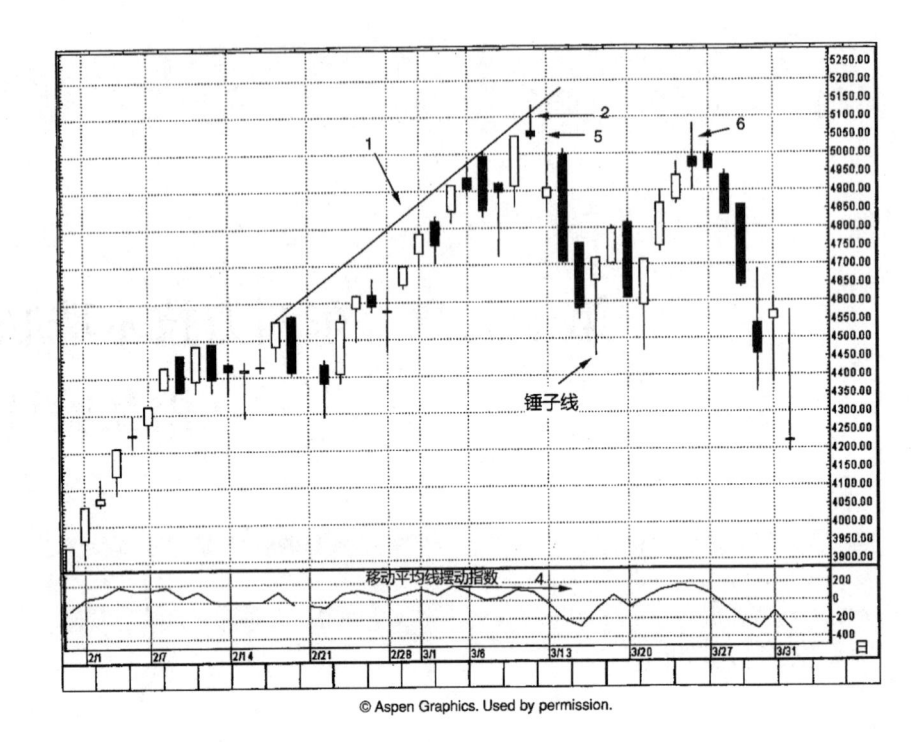

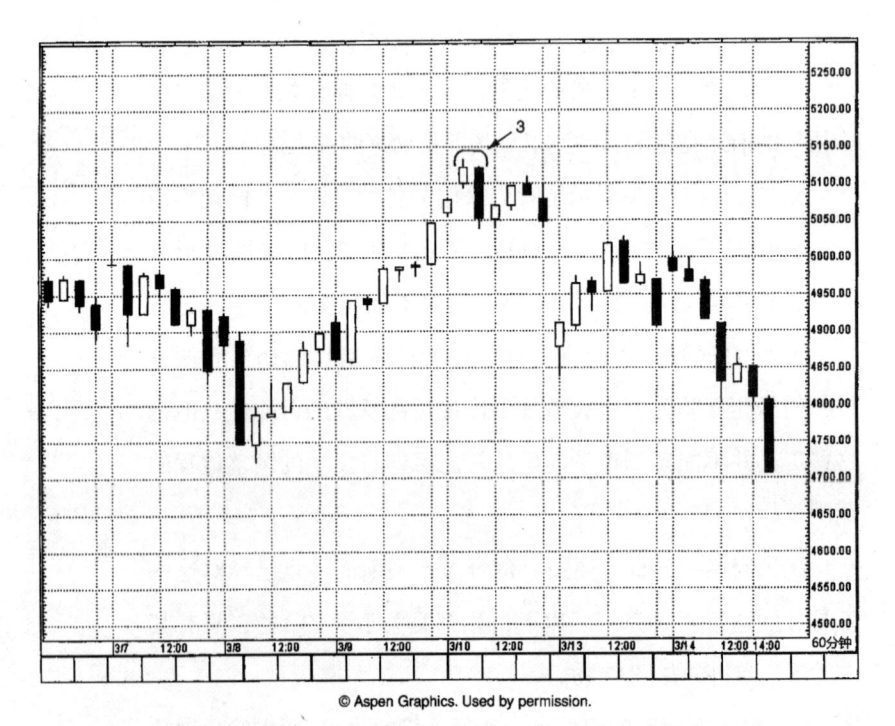

图 17.1 和图 17.1a　纳斯达克综合指数——日蜡烛线图（相互验证）

升的阻挡线是一项有用的技巧，在市场上涨过程中，这条线为我们提供了一个潜在的供给区域。

2. 3月10日，是一根流星线（第五章），这是蜡烛图信号，验证了上文讨论的上升阻挡线的作用。

3. 请参见图17.1a。这是一张60分钟的蜡烛线图，3月10日有一个看跌吞没形态（位于3处。第四章）。该看跌吞没形态出现在当日早间，而这一天在日线图上形成了一根流星线（上文第二点已经讨论了）。

4. 回到图17.1，就在纳斯达克综合指数于2处的流星线向上创新高的时候，摆动指数（第十四章）却是一个更低的高点。这属于看跌的相互背离现象。

5. 3月10日和13日的两根蜡烛线之间打开了一个很小的向下的窗口（第七章）。该向下的窗口在图17.1a的60分钟线图上更明显。一旦打开了向下的窗口，趋势便转为下跌。之后，此处成为潜在的阻挡水平。从该窗口开始形成下跌行情，下跌行情从3月16日的锤子线（第四章）处找到了立足地，稳住了阵脚。几天后，这根锤子线转为支撑水平，引发了一场上冲行情。

6. 这轮上冲行情始于3月21日，终结于上述窗口的阻挡水平（标记在5处），在阻挡水平处留下了一根大风大浪线（第八章）。在6处，虽然该蜡烛线的上影线一度向上超越窗口的阻挡水平，但是未能收市于窗口之上，这进一步增强了介于5050与5150之间的主要阻挡水平的分量。

根据上述分析，我们得到了多重重要的相互验证信号，既有蜡烛图信号，包括流星线、看跌吞没形态、向下的窗口、大风大浪蜡烛线，也有西方技术信号，包括上升的阻挡线、看跌的相互背离信号。在5050—5150之间集中出现了一群信号，它们相互验证，大大加强了我们关于纳斯达克指数已经见顶的预测。

结语

"不积跬步，无以至千里"

我确信，您同我一样，只要在蜡烛图技术上花一些功夫，在日后的交易实践中就再也离不开它所提供的独特市场视野了。如果说"一张图表胜过千言万语"，那么蜡烛图为我们提供的信息称得上车载斗量。

如今，蜡烛图席卷天下，它的功能如此强大，已经取代了线图。但是，这并不意味着我仅仅使用蜡烛图的指标。尽管蜡烛图是不可或缺的市场分析媒介，如果将它与其他图表分析工具熔为一炉，那么蜡烛图技术就能更上一层楼。这正是蜡烛图的一大优势。选择了蜡烛图，那么您既可以应用蜡烛图分析技术，也可以应用西方技术分析，或者干脆将它们兼收并蓄。如果您是一位技术分析老手，您马上会发现，东方和西方技术的融合，造就了一条精彩纷呈、引人入胜的综合市场研究之道。

研读图表，需要灵活的头脑。认清您的立足之处在市场总体技术格局中所处的位置，相比识别单独的某个蜡烛图形态要重要得多。举例来说，在主要趋势为熊市的市场环境下，一个看涨的蜡烛图信号是不应当看作买入信号的。在牛市环境下，一个看涨的蜡烛图形态，特别是当它得到了其他技术信号的验证的时候，则构成了一个买入点。

此外，在入市前，一定要考虑风险与报偿的比例。仅凭单独的蜡烛图信号，并不足以构成入市交易的充分理由。

蜡烛图技术与其他各种图表分析方法一样，需要分析者的主观取舍。您就是市场的医生。您通过蜡烛图技术对市场的健康状况做出诊断，并据之实行应对措施，另一位蜡烛图研究者的做法未必同您的一致。到底如何依据蜡烛图来交易，取决于您的市场哲学、您曾遭受的市场风险困厄以及您的情绪等各个方面。这些因素都具有极其强烈的个人色彩。

希望本书能帮助您略窥蜡烛图技术的门径，祝愿蜡烛的光芒照亮您的交易道路。

致谢

"滴水之恩,当涌泉相报"

我想向所有为激发大家对蜡烛图的兴趣做出贡献的人表达诚挚的谢意。众人拾柴火焰高,各方积极响应,让"蜡烛"的光亮不断发扬光大。

我想感谢参加我的机构授课或公开讲座的听众,投资顾问服务的客户,以及线上的客户,感谢你们长期以来的支持和鼓励。

有一句东方谚语:"听君一席话,胜读十年书。"我很荣幸有机会向那些大度地为我提供帮助的更在行的男士和女士们致谢。

本书的第一章提到了许多值得书写其贡献的人士。此外,还有许多人曾经帮助照亮我的道路,我衷心感谢。为本书做出过贡献的人如此多,如果我忘记提了哪一位,肯定是无心之过,我向您诚挚致歉。

我对蜡烛图的研究全部基于理查德·索尔伯格翻译并提供的资料。他通晓日本蜡烛图技术方面的书籍,他的观点和他的研究工作为我攀登蜡烛图技术提供了坚实的脚手架。

市场技术分析师协会（MTA）值得特别提及。正是在MTA的图书馆里，我第一次发现了用英语写的蜡烛图资料。这些资料虽然东鳞西爪，却极为难得，但是MTA图书馆奇迹般地拥有它们。

井名阳二花费了不少个钟头，不厌其烦地解答我许多关于蜡烛图进一步的疑问。有时候，为了获得更为翔实的解答，他还古道热肠地联系他在日本的同行朋友共同切磋。

日本技术分析师协会（NTAA）对我的帮助，尤其值得大书特书。渡边公次郎先生帮我引荐了几位NTAA会员，对我帮助很大。他们是：江田实先生、林康史先生和林敬人先生。

市面上可以获得多种蜡烛图分析软件。在本书中，我采用了其中我觉得最好的两套：阿斯本图表（www.Aspenres.com）和CQG（www.cqg.com）。他们的产品和服务都是一流的。

正如我在第一版所做的，我要再次感谢外号"每天一个新点子"的布鲁斯·卡密奇（Bruce Kamich）。布鲁斯是我的好友，也是拥有超过25年经验的技术分析师同行。他源源不断地给我提供了众多可贵的思路和建议。

马克·通克尔（Mark Tunkel）是我的好友，也是多年的老同事。他对蜡烛图有重量级的深刻见地。我对他为本书所做的贡献感激不尽。

苏珊·巴里（Susan Barry）是本书第一版的编辑。她独具慧眼，说服了她的老板，蜡烛图这个选题肯定能火，值得出书试一试。自从本书1991年出版以来，销售节节上升，证明了她的先见之明。

在这一版，普伦蒂斯霍尔（Prentice Hall）出版公司的埃伦·施奈德·科尔曼（Ellen Schneid Coleman）和西比尔·格雷斯（Sybil Grace）两位将本书点石成金。

当然，要感谢我的家人。当我撰写本书第一版的时候，我的儿子刚刚出世，回想起来真是难以置信（他现在11岁了）。

我告诉他，有一阵子我曾打算给他取名叫"蜡烛线·尼森"（Candlestick Nison）。要是真取这个名字倒也合适。埃文（Evan）学东西很快——特别是在金融财务方面——他对蜡烛图技术如饥似渴学不够。我觉得我们家的财产应该交给他打理。

本书第一版出版时，丽贝卡（Rebecca）四岁。她现在已经长成亭亭玉立的少女了。她让我感到十分骄傲。如果把家里的财务放到她手上，我们的房子就会没了，换来一大堆衣物和化妆品。

我的妻子邦尼（Bonnie）一直是我们家的中流砥柱。没有她，所有事都会如落花流水，本书根本就没法完成。

术语表A
蜡烛图技术术语及示意图小词典

在本术语表中，我们对各种理想的蜡烛图形态进行了描绘和解释，并尽可能地同时给出其示意图。在实际市场上，所谓"理想的蜡烛图形态"是难得一见的，因此，请把本术语表看作一份参考资料。一定程度的主观判断总是不可少的。

弃婴形态（Abandoned baby）——这是一种非常罕见的顶部或底部反转信号。它是由三根蜡烛线组成的，中间一根为十字星线，并且在这根十字星线与其前、后两根蜡烛线之间，发生了价格跳空（包括所有蜡烛线的影线在内）。本形态与西方的岛形反转形态相当，只是这里要求岛部是一根十字线。

前方受阻形态（Advance block）——这是白色三兵形态的一种变体，其中后两兵（即后两根白色蜡烛线）显示出市场向上的驱动力正在减弱。从具体表现形式来看，其疲软性质

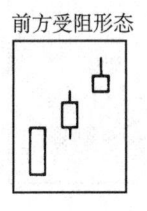

既可能反映在长长的上影线上，也可能反映在逐步缩小的实体上。本形态标志着市场买进力量的衰退，或者卖出压力的增长。

看跌捉腰带线（Bearish belt-hold）——参见"捉腰带线"。

看跌吞没形态（Bearish engulfing pattern）——参见"吞没形态"。

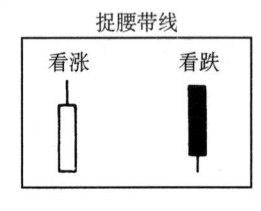

捉腰带线（Belt-hold line）——既有看涨的捉腰带线，也有看跌的捉腰带线。看涨捉腰带线是一根长长的白色蜡烛线，它的开市价位于它的最低点。这种形态也称作开市光（脚）大阳线。当它处于低价区时，构成看涨信号。看跌捉腰带线是一根长长的黑色蜡烛线，它的开市价位于它的最高点。本形态也称作开市光（头）大阴线。当它处于高价位时，构成看跌信号。

箱体区间（Box range）——市场处在横向交易区间中。日本术语。

看涨捉腰带线（Bullish belt-hold）——参见条目"捉腰带线"。

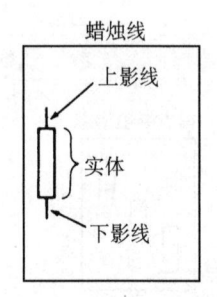

看涨吞没形态（Bullish engulfing pattern）——参见"吞没形态"。

蜡烛线与蜡烛图（Candlestick lines and charts）——在传统的日本市场图表上，其中的图线看起来像一根根蜡烛，由此得到了蜡烛线和蜡烛图的名称。蜡烛线是由实体部分和影线部分组成的。参见条目"实体"和"影线"。

反击（蜡烛）线（Counterattack lines）——也称"约会线"。在下降趋势（或上升趋势）中，在一根黑色蜡烛线（或白色蜡烛线）之后，市场在开市时急剧地向下跳空（或向上跳空），在收市时市场却与前一天的收市价处于同一水平，这就形成了一个反击线形态。本形态的出现，反映出牛、熊双方处于胶着状态，一时难分雌雄，说明形态出现之前的趋势力量正在衰减。

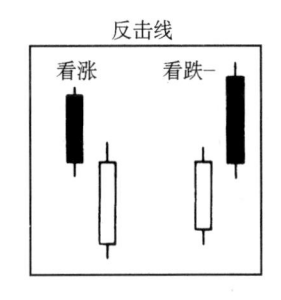

乌云盖顶（Dark-cloud cover）——这是一个看跌的反转信号。其形成过程是，在上升趋势中，先出现一根长长的白色蜡烛线，跟着是一根黑色蜡烛线。这根黑色蜡烛线的开市价高于前一个白色蜡烛线的最高价，它的收市价显著地向下穿入白色蜡烛线的实体内——最好达到其中线之下。与乌云盖顶对应的看涨的形态称为刺透形态（Piercing Pattern）。

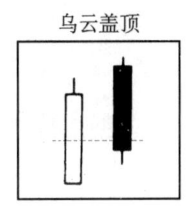

死亡交叉（Dead cross）——当短期移动平均线向下穿越长期移动平均线时，构成一个看跌信号，即死亡交叉信号。与死亡交叉对应的看涨信号称为黄金交叉（Golden cross）。

十字（蜡烛）线（Doji）——在某根蜡烛线上，开市价和收市价处于相同的水平（或几乎处于同一个水平），则构成了一根十字线。十字线具有各种形状（比如墓碑十字线、蜻蜓十字线或者长腿十字线），这取决于开市价和收市价相对于本时段整个价格范围的位置。十字线，居于最重要的单蜡烛线形态之列。同时，它也是一些重要的蜡烛图形态的一个组成部分。北方十字线（Northern doji）是出现在上涨行情中的十字线。南方十字线（Southern doji）是出现在下降行情中的十字线。

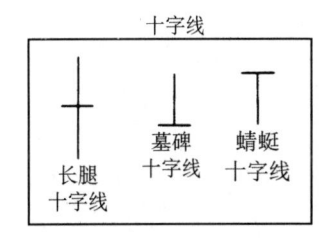

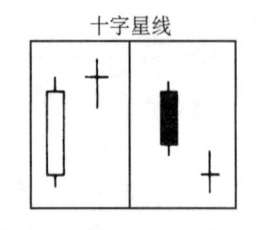

十字星（蜡烛）线（Doji star）——当一根十字线从前一根长长的白色蜡烛线向上跳空，或者从前一根长长的黑色蜡烛线向下跳空时，就构成了一根十字星线。

向下跳空并列黑白（蜡烛）线形态（Downside gap tasuki）——也称"向下跳空并列阴阳线形态"，参见"跳空并列阴阳线形态"

蜻蜓十字线（Dragonfly doji）——带有长长的下影线的十字线，其中开市价和收市价都处在本时段的最高点。参见十字线条目的示意图。与之对应的版本称为墓碑十字线（Gravestone doji）。

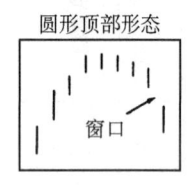

圆形顶部形态（Dumpling top）——类似于西方的圆形顶部形态。在本形态中，必须出现一个向下跳空的窗口，以验证该顶部信号。与之对应的看涨的形态称为平底锅底部形态（Frypan bottom）。

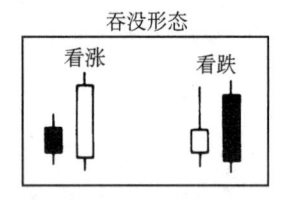

吞没形态（Engulfing pattern）——也称"抱线形态"。既有看涨吞没形态，也有看跌吞没形态。看涨吞没形态发生在下降趋势中，是由一根黑色的小实体与一根巨大的白色实体组成的，其中白色实体覆盖了黑色实体。看跌吞没形态（一种重要的顶部反转信号）发生在上升趋势中，此时卖出压力淹没了买进压力，反映在蜡烛图上，就是一根长长的黑色实体吞没了一根白色小实体。

十字黄昏星形态（Evening doji star）——其轮廓与黄昏星形态相同，但是中间的那根蜡烛线（即其中的星线部分）是一根十字星线，而不是一个小实体。参见"黄昏星形态"。

黄昏星形态（Evening star）——这是一类顶部反转形态，由三根蜡烛线组成。第一根是一个长长的白色实体；第二根是一个小实体（既可以为白色，也可以为黑色），并且它向上跳空，形成了一根星线；第三根是一个黑色的蜡烛线，其收市价明显地向下穿入第一根白色实体的内部。如果第二根蜡烛线为十字线，而不是纺锤线，则构成了十字黄昏星形态。与之对应的相反形态为启明星形态（Morning star）。

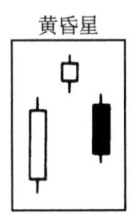

下降三法形态（Falling three methods）——参见"三法形态"。

向下的窗口（Falling window）——参见"窗口"。

平底锅底部形态（Frypan bottom）——本形态与西方的圆形底部形态相当。但是在本形态中，必须出现一个向上跳空的窗口。与之相对应的相反形态为圆形顶部形态（Dumpling top）。

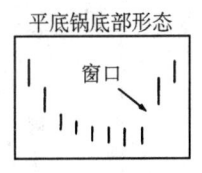

跳空突破形态（Gapping plays）——共有两类跳空突破形态：

1.高价位跳空突破形态（High-price gapping play）——市场在经过一轮急剧的上涨之后，通过一系列位于最近新高水平附近的小实体进行调整、巩固。如果价格从这个整固区域向上跳空，则构成一个高价位跳空突破形态。

2.低价位跳空突破形态（Low-price gapping play）——市场

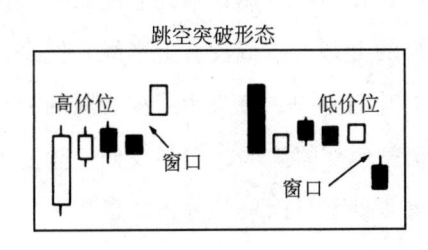

在经历一轮急剧的下跌之后，通过一系列位于最近新低水平附近的小实体进行调整、巩固。如果价格从这个整固区域向下跳空，则构成一个卖出信号。

黄金交叉（Golden cross）——当短期移动平均线向上穿越长期移动平均线时，称为黄金交叉，构成一个看涨信号。与之对应的相反信号称为死亡交叉（Dead cross）。

墓碑十字线（Gravestone doji）——也称为"灵位十字线"。这是一种特别的十字线，其开市价和收市价均处于当日的最低点。本形态属于顶部反转信号。参见"十字线"的示意图。与之对应的图形称为蜻蜓十字线（Dragonfly doji）。

锤子（蜡烛）线（Hammer）——是一种重要的底部蜡烛线。锤子线与上吊线的形状是一致的，一般称为伞形线（Umbrella lines）。它具有一个小实体（既可以是白色的，也可以是黑色的），并且该实体位于当日价格范围的顶端；它还有一条极长的下影线，一条很短的上影线，或没有上影线。如果这种蜡烛线出现在下降趋势中，就成了一根看涨的锤子线。作为一根经典的锤子线，其下影线的长度应当至少达到其实体高度的两倍。

上吊（蜡烛）线（Hanging man）——是一种重要的顶部反转信号。上吊线与锤子线是同一个类型的蜡烛线。它具有一个小实体（既可以是白色的，也可以是黑色的），并且该实体位于当日价格范围的顶端；它还具有一条极长的下影线，一条很短的上影线，或没有上影线。但是，如果这种蜡烛线出现在上升趋势中，就成为一根看跌的上吊线。它的出现意味着市场已经变得脆弱，但是我们还需要下一时段进一步的验证信号（即之后时段的开市价低于上吊线的实体，最

好其收市价低于上吊线的实体），才能得出一个顶部信号。从原则上说，上吊线的下影线的长度应当为其实体高度的2—3倍。

孕线形态（Harami）——这是一种双蜡烛线形态，其中前一根是一个不寻常的巨大实体，后一根是一个小实体，并且小实体居于大实体内部。孕线形态暗示市场的当前趋势已经结束，牛方和熊方目前处于休战状态。其中小实体（即第二根蜡烛线）的颜色，既可以是白色的，也可以是黑色的。最常见的情况是，第二个实体的颜色同第一个实体的颜色相反。

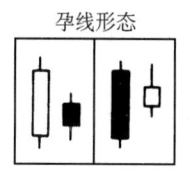

十字孕线形态（Harami cross）——在孕线形态中，如果第二根蜡烛线是一个十字线，而不是一个小实体，则构成了一个十字孕线形态。这是一类重要的顶部（或底部）反转信号，特别是当该十字线跟随在一根长长的白色（或黑色）实体之后的情况下。本形态也称为"呆滞形态（Petrifying pattern）"。

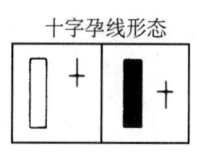

高价位跳空突破形态（High-price gapping play）——参见条目"跳空突破形态"。

大风大浪线（High wave）——这类蜡烛线具有非常长的上影线或下影线，以及一个短短的实体。这类蜡烛线的出现表明，市场已经丧失了在其出现之前原有的方向性基调。如果是一根十字线，而不是小实体，则成了长腿十字线。

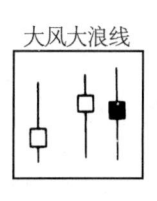

切入线形态（In-neck line）——在下降趋势中，在一根黑色蜡烛线之后，出现了一根白色的小蜡烛线，其收市价略微高于黑色蜡烛线的收市价，这样就形成了一个切入线形态。之后，当市场向下跌破这个白色蜡烛线的低点后，下降趋势就恢

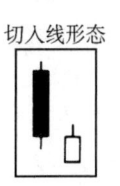

复了。请比较本形态与待入线形态、插入线形态以及刺透形态的异同。

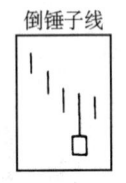

倒锤子（蜡烛）线（Inverted hammer）——这类蜡烛线出现在一段下降趋势之后，具有一根长长的上影线和一个小实体，并且它的小实体位于当日价格区间的下端。它应当没有下影线，或者只有十分短小的下影线。它的形状与看跌的流星线相同，但是如果它发生在下降趋势中，并且得到了后一日的验证（即后一日开市价高于倒锤子线的实体，特别是其收市价高于倒锤子线的实体），则构成了一个看涨的底部反转信号。

倒三尊形态（Inverted three Buddha pattern）——参见"三尊形态"。

长腿十字线（Long-legged doji）——这是一根带有很长影线的十字线。如果长腿十字线的开市价和收市价位于当日价格范围的中点，就构成了一根黄包车夫线（Rickshaw man）。参见"十字线"的示意图。

低价位跳空突破形态（Low-price gapping play）——参见"跳空突破形态"。

下影线（Lower shadow）——参见"影线"。

拂晓袭击（Morning attack）——当市场开市时，有人挂出巨额的买入指令或卖出指令，企图明显移动市场的价位，日本人将这一现象称作拂晓袭击。

十字启明星形态（Morning doji star）——其形状与启

明星形态一致，除了其中间的蜡烛线是一个十字线，而不是一个小实体之外。参见"启明星形态"。

启明星形态（Morning star）——这是一种底部反转形态，由三根蜡烛线组成。第一根，是一个长长的黑色实体；第二根，是一个小实体（既可以是白色的，也可以是黑色的），并且它向下跳空，成为一根星线；第三根，是一根白色蜡烛线，其收市价显著地向上穿入第一根黑色实体的内部。与之对应的相反形态称为黄昏星形态（Evening star）。如果中间的蜡烛线（星线部分）是一根十字线，而不是纺锤线，那么本形态就成为十字启明星形态。

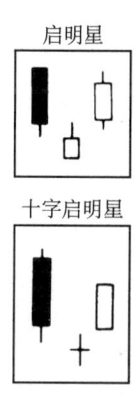

夜袭（Night attack）——当市场收市时，有人挂出巨额的交易指令，企图明显地影响市场价格，日本人将这一现象称作夜袭。

北方十字线（Northern doji）——参见"十字线"。

待入线形态（On-neck line）——在下降趋势中，首先出现一根黑色蜡烛线，后面跟着一根小的白色蜡烛线，并且其收市价接近黑色蜡烛线的最低点，这就构成了一个待入线形态。它属于看跌的持续形态。当市场向下跌破该白色蜡烛线的最低点之后，市场将继续向下运动。请比较本形态与切入线形态、插入线形态以及刺透形态的异同。

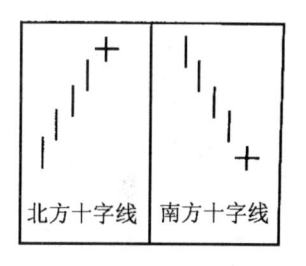

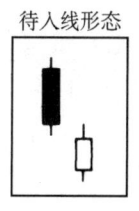

呆滞形态（Petrifying pattern）——这是十字孕线形态的另一种说法。

刺透形态（Piercing pattern）——也称为"斩回线形态"，是一种底部反转信号。在下降趋势中，出现了一根长长

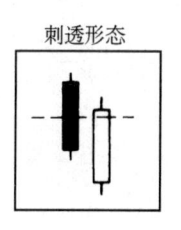

的黑色蜡烛线。翌日，市场本来向下跳空，但是到收市时，形成的却是一根坚挺的白色蜡烛线，并且其收市价向上超越了前一根黑色蜡烛线实体的中点。请比较本形态与待入线形态、切入线形态以及插入线形态的异同。

雨滴（Rain drop）——参见"星线"。

实体（Real body）——在蜡烛线上，通常有一段粗胖的部分，这就是蜡烛线的实体。它是通过当日的开市价和收市价定义的。如果收市价高于开市价，则实体为白色的（或者说是空心的）；如果收市价低于开市价，则实体为黑色的（或者说是涂满的）。参见"蜡烛线与蜡烛图（Candlestick lines and charts）"的示意图。

黄包车夫线（Rickshaw man）——参见"长腿十字线"。

上升三法形态（Rising three methods）——参见"三法形态"。

向上的窗口（Rising window）——参见"窗口"。

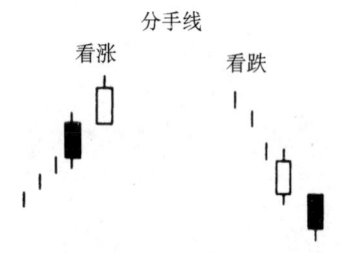

分手线（Separating lines）——在上升趋势（或者下降趋势）中，某日市场开市于前一日的开市价的水平，收市于较高的（或者较低的）水平，并且当日蜡烛线的颜色与前一日的相反，由此就形成了一个分手线形态。在该形态出现后，之前的趋势即将恢复。

影线（Shadows）——在蜡烛线上，一般在其实体的上方和下方各有一个单线段，它们就是蜡烛线的影线。它们分别表示了当日的上、下极端价格。下影线是居于实体之下的影线，它的底端代表当日的最低价。上影线是位于实体上方的影线，它的顶端表示当日的最高价。参见"蜡烛线与蜡烛图"的示意图。

光脚（Shaven bottom）——指没有下影线的蜡烛线。

光头（Shaven head）——指没有上影线的蜡烛线。

流星（蜡烛）线（Shooting star）——在上升趋势中，如果一根蜡烛线具有长长的上影线；只有很短的下影线，甚至没有下影线；具有一个小实体，并且小实体居于当日价格区间的低端，就构成了一根流星线。这是一个看跌的蜡烛图信号。

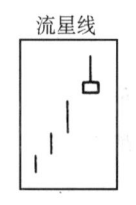

并列阳线（Side-by-side white lines）——也称为"并列白色蜡烛线"。本形态是由两根相邻的白色蜡烛线组成的，它们具有相同的开市价，并且它们的实体也具有差不多相同的高度。在上升趋势中，如果出现了一组向上跳空的并列阳线，则构成一个看涨的持续形态。在下降趋势中，如果出现了一组向下跳空的并列阳线，则是看跌的（尽管它们是白色蜡烛线，但它们出现在向下跳空之后）。

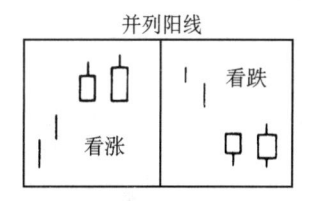

纺锤（蜡烛）线（Spinning tops）——指小实体的蜡烛线。

星（蜡烛）线（Star）——这是一根小实体的蜡烛线（即一根纺锤线），它从前一根长长的实体处向上或向下跳空。有时候，在下降趋势中，我们也将出现在一根长长的黑色蜡烛线之后的星线称作一个"雨滴"。

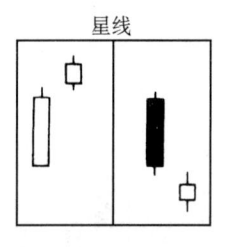

跳空并列阴阳线形态（Tasuki gaps）——也称"跳空并列黑白（蜡烛）线形态"。既有向上跳空的并列阴阳线形态，

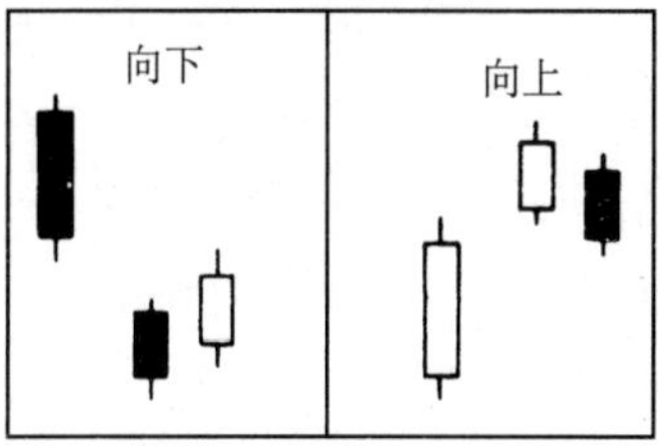

也有向下跳空的并列阴阳线形态。向上跳空并列阴阳线形态发生在上升趋势中，先是一根向上跳空的白色蜡烛线，然后跟着一根黑色蜡烛线，两根蜡烛线的大小差不多，并且黑色蜡烛线的开市价处于白色蜡烛线的实体之内，收市价低于白色蜡烛线的实体。黑色蜡烛线的收市价是多空双方交战的关键点。向下跳空并列阴阳线形态发生在下降趋势中，先是一根向下跳空的黑色蜡烛线，然后跟着一根白色蜡烛线，两根蜡烛线的大小差不多，并且白色蜡烛线的开市价处于黑色蜡烛线的实体之内，收市价高于黑色蜡烛线的实体。这是一种看跌的持续形态。跳空并列阴阳线形态是一种少见的形态。

三尊形态（Three Buddha patterns）——三尊顶部形态与西方的头肩形顶部形态是相同的。在日本蜡烛图术语里，三尊顶部形态是三山顶部形态的一个特别的类型，因为其中间的山峰高于两侧的山峰。倒三尊形态与西方的倒头肩形形态是相同的，它是三川底部形态的一种特殊类型，因为中间的那条"河流"深于两侧的"河流"。

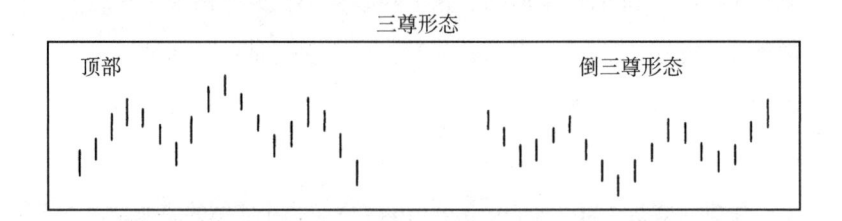

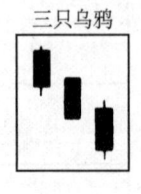

三尊形态

顶部　　　　　　　　　　　　　倒三尊形态

三只乌鸦（Three crows）——在本形态中，连续出现了三根相对较长的黑色蜡烛线，它们的收市价接近各自的最低点。如果它处于高价格水平，或者它出现在一轮拉长的上涨行情之后，则构成了顶部反转信号。

三法形态（Three methods）——三法形态有两个类型。一类是下降三法形态，这是一个看跌持续形态。本形态由五根蜡烛线组成。第一根是一个长长的黑色实体；接下来是三根小实体，它们通常都是白色的，并且通通局限于第一根蜡烛线的范围之内；最后是一根黑色蜡烛线，其收市价为当前行情创出了新低。另一类是上升三法形态，这是一个看涨持续形态。其中的第一根是一个长长的白色蜡烛线；接着是三根小实体，它们通常都是黑色的，并且通通局限于第一根蜡烛线的范围之内；第五根是一个坚挺的白色蜡烛线，其收市价为当前行情创出了新高。

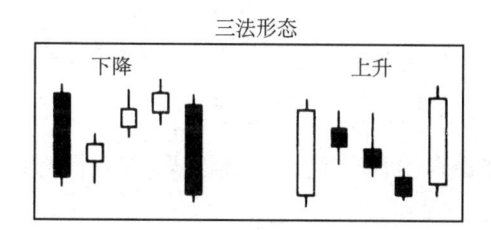

三法形态

三山顶部形态（Three mountain top）——这是一类较长期的顶部反转形态。在这类形态的形成过程中，市场的三次上涨行情往往在同一个价格水平上，或者在其附近碰壁回落。

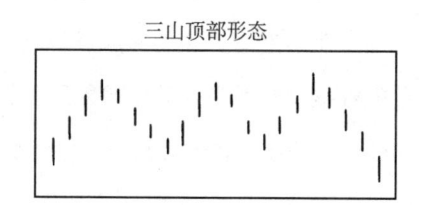

三山顶部形态

三川底部形态（Three river bottom）——在本形态的形成过程中，市场三次向下触及同一个底部区域。

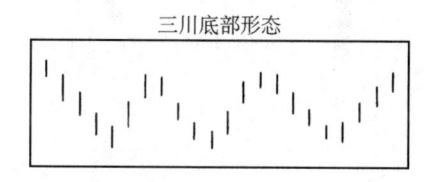

三川底部形态

白色三兵形态或者白色三兵挺进形态（Three white or

three advancing soldiers）——在本形态中，相继出现的三根白色蜡烛线组成一群，它们的收市价一个比一个高（并且每根蜡烛线的收市价均接近当日的最高价）。如果这样的三根白色蜡烛线出现在一个相对稳定的价格阶段之后，而且处于一个低价区，则预示着市场将进一步坚挺。

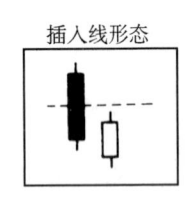

插入线形态（Thrusting line）——根白色蜡烛线的收市价向上穿入了前一天黑色实体的内部，但是没有超过该实体的中点。插入线形态比切入线形态更坚挺些，但是不如刺透形态坚挺。在下降趋势中，插入线形态的出现，被视为一个看跌信号（除非在数日之内，市场接连形成了两个插入线形态）。如果本形态出现在上升市场中，则被认为是看涨的。

塔形形态（Towers）——既有塔形顶部形态，也有塔形底部形态。塔形顶部形态，属于顶部反转信号，其组成过程如下：先是一根或数根长长的白色蜡烛线，然后是一段整固行情，最后是一根到数根长长的黑色蜡烛线。在本形态中，整固区域两侧的蜡烛线貌似两个高塔，因此称之为塔形形态。塔形底部形态是一个底部反转形态。它的形成过程是：先是一根或数根长长的黑色蜡烛线，然后是一段水平整固行情，最后市场爆炸性地上冲，形成了一根到数根长长的白色蜡烛线。

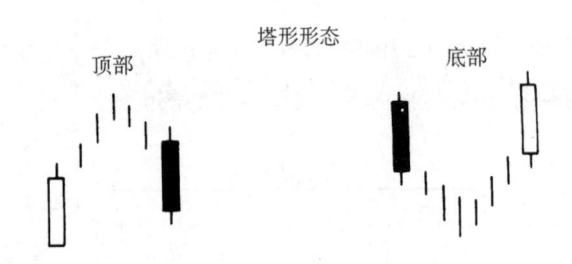

三星形态（Tri-star）——在本形态中，三根星线组成了一种类似于启明星形态或者黄昏星形态的构造。这是一种极为

罕见的蜡烛图形态。

平头顶部形态和平头底部形态（Tweezers top and bottom）——当市场在相邻的两个交易日，或者在数个交易日内，两度试探同一个高点或者低点的水平时，就形成了一个平头形态。这类形态本身仅属于小规模的反转信号，但是如果组成平头形态的两根蜡烛线同时还形成了其他蜡烛图指标的话，那么就增添了额外的重要性。举例来说，如果一个十字孕线形态的两根蜡烛线最高价处于相同的水平，那么这两根蜡烛线一举形成了两个蜡烛图形态：一个平头顶部形态和一个十字孕线形态。由此看来，这可能是一个更重要的顶部反转信号。

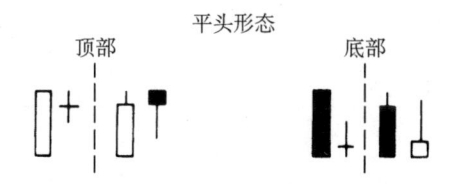

伞形线（Umbrella lines）——锤子线和上吊线共有的名称。伞形线名副其实，蜡烛线的轮廓像一把伞，因为它具有长长的下影线、小实体，并且小实体位于或者接近本时段交易范围的最高处。

上影线（Upper shadow）——参见"影线"。

向上跳空并列阴阳线形态（Upside gap tasuki）——也称为"向上跳空并列黑白（蜡烛）线形态"，参见"跳空并列阴阳线形态"。

向上跳空两只乌鸦（Upside gap two crows）——这是一种三蜡烛线形态。第一根，是一个长长的白色蜡烛线；第

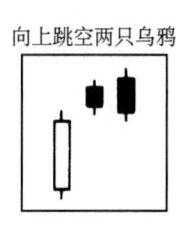

二根，是一个从白色蜡烛线的实体处向上跳空的黑色实体；第三根，也是一个黑色实体，其开市价高于第二根蜡烛线的开市价，并且收市价低于第二根蜡烛线的收市价。本形态很罕见。

窗口（Window）——本形态与西方的价格跳空是一回事。窗口属于持续形态。在上涨过程中，如果市场打开了一个向上的窗口，那么这是一个看涨的信号。该窗口将构成一个支撑区域。如果窗口发生在一轮抛售行情中，那么这是一个向下的窗口，属于看跌的信号。该窗口将构成一个阻挡区域。

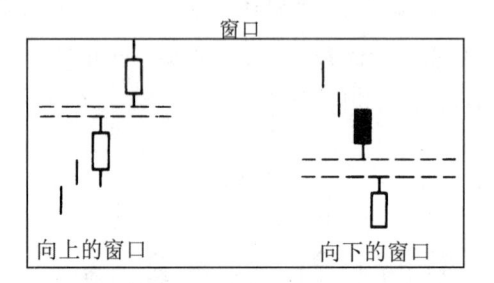

窗口

向上的窗口　　　　向下的窗口

阴线和阳线（Yin and yang）——这是黑色蜡烛线（阴线）和白色蜡烛线（阳线）在中文里的名称。

术语表B
西方技术分析术语

本术语表将阐明在本书中用到的西方技术分析术语。但是，这里并不打算对它们进行广泛、详细的介绍，因为本书的中心内容是关于日本蜡烛图技术的，而不是关于西方的技术分析的。

线图（Bar chart）——显示价格变化的一种图表形式。在这类图表上，通过每个时段的最高价和最低价，定义出一条垂直线段的顶端和底端。该时段的收市价（或者最后价），用一小截水平线段，标记在这根垂直线段的右侧。其开市价（或者最初价）用一小截水平线段，标记在这根垂直线段的左侧。在这类图表上，垂直坐标轴表示价格，水平坐标轴表示时间。

胀爆现象（Blow-offs）——这是一种顶部或底部反转过程。胀爆现象发生在伸展过度的价格运动之后。当它发生时，价格已经顺着原有上升趋势的方向大幅、急速地冲刺，并且通常伴随着极高的交易量。如果市场在这样的行情之后掉转方向，则形成了胀爆现象。

箱体区间（Box range）——日本术语，描述市场在横向交易区间波动。参见"密集区或横向区间"。

突破跳空（Breakaway gap）——也称为"跳空突破"。当价格从某个重要的技术区域（即一根趋势线或者一个横向整理区间）以跳空形式形成突破时，就构成了一个突破跳空信号。

突破信号（Breakout）——当市场克服某个阻挡水平或者某个支撑水平时，构成一个突破信号。

极性转换原则（Change of polarity）——过去的支撑水平转化为新的阻挡水平，过去的阻挡水平转化为新的支撑水平。

验证或确认（Confirmation）——当某个技术指标发出一个信号时，其他的一个或多个技术指标也发出了同方向的信号，如此它们便相互验证或确认了。

密集区或横向区间（Congestion zone or band）——市场在相对较窄的价格区间内经历的横向波动行情。日本人称之为箱体区间。

整固区间（Consolidation）——本形态与横向波动区间是一致的。不过，顾名思义，"整固区间"还暗示着之前的趋势最终将恢复。

持续形态（Continuation pattern）——如果某种价格形态的技术意义是之前的趋势即将恢复，则该形态属于持续形态。举例来说，旗形形态就是一个持续形态。

交叉信号（Crossover）——当变化较快的技术指标向上穿越（看涨的交叉信号）或者向下穿越（看跌的交叉信号）变化较慢的技术指标时，构成一个交叉信号。举例而言，如果5日移动平均线向下穿越13日移动平均线，则形成了一个看跌的交叉信号。

相互背离（Divergence）——当有关的技术指标未能验证某个价格运动时，就构成了一个相互背离信号。举例来说，如果价格创出了新高，但是相应的随机指数却没有，那么这就是一个负面背离信号，是看跌的；如果价格创出了新低，而随机指数没有，那么就构成了一个正面背离信号，是看涨的。

双重底（Double bottom）——外形类似于字母"W"的价格变化过程。其中，市场的两次下跌行情均在同一个低水平处或在其附近终结。

双重顶（Double top）——外形类似于字母"M"的价格变化过程。其中，市场的两次上涨行情均在同一个高水平处，或者在其附近结束。

向下跳空（Downgap）——当价格下跌并形成了价格缺口时，即形成了一个向下跳空。

下降趋势（Downtrend）——市场的趋势方向向下，表现为一系列逐步降低的高点和逐步降低的低点。

指数加权移动平均线（Exponential moving average）——采用指数加权方式计算的一种移动平均线。

向下倾斜（下降）的阻挡线（Falling resistance line）——通过一系列依次降低的高点连接而成的阻挡线。

向下倾斜（下降）的支撑线（Falling support line）——通过一系列依次降低的低点连接而成的支撑线。

斐波那契（Fibonacci）——意大利数学家。他通过逐次累加前两个数字，构造出一个数列。在技术分析者中间流行的斐波那契比例有38%、50%、62%几个数字（经过四舍五入取整）。

旗形或者尖旗（三角旗）形（Flag or pennant）——这是一种持续形态，发生在一轮急剧的价格运动之后，由一段短暂的整固区间组成。

（价格）跳空（Gaps）——在两段价格变化过程之间，市场跳过了一个价格缺口（即其间未发生任何交易）。

收缩日（Inside session）——某个时段从高到低的价格区间完全收缩在前一个时段的价格区间之内。

日内（Intraday）——指小于一个交易日的时段单位。因此，一张60分钟的日内价格图表，就是根据以小时为时段单位的最高价、最低价、最初价（相当于开市价）、最后价（相当于收市价）的价格数据做出的。

岛形形态（Islands）——本形态出现在市场的极端位置

上。在其之前，市场顺着当前趋势的方向形成一个价格跳空；然后，价格停留在高水平上一两个交易日；最后，市场向相反的方向再形成一个价格跳空。于是，岛形形态的价格图线被前后两个价格跳空分离出来，形似一个岛屿。

测算价格目标（Measured moves）——根据前一波行情运动的幅度，测算后面一波行情运动的价格目标。

动力指数（Momentum）——显示了价格运动的速度。它将最近的收市价与特定时段前的收市价进行了比较。

移动平均线验证背离指数（Moving average convergence-divergence，MACD）——由三根指数加权移动平均线组成。根据前两根平均线计算它们的差值，得到第一条MACD曲线；再对上述差值的曲线计算其指数加权移动平均线，得到第二根MACD曲线。

颈线（Neckline）——在头肩形顶部形态中，通过头部两侧的低点连接而成的直线；或者在倒头肩形底部形态中，通过头部两侧的高点连接而成的直线。行情向下突破头肩顶的颈线，是一个看跌信号；向上突破倒头肩底的颈线，是一个看涨信号。

负面相互背离信号（Negative divergence）——参见条目"相互背离"。

摆动指数（Oscillator）——这是一种表示市场力度的曲线，通常围绕着一根水平的零线上下波动（或者在0%到100%的数值范围内波动）。摆动指数有助于度量市场的超买或超卖水平，揭示负面和正面相互背离现象，还能用来评估某个价格运动的速度。

超买状态（Overbought）——在市场向上运动得过远、过快的情况下，市场就进入了超买状态。在这种状况下，市场变得较为脆弱，容易引发向下的调整行情。

超卖状态（Oversold）——在市场向下运动得过快的情况下，市场就进入了超卖状态，容易形成向上的反弹行情。

纸上交易练习（Paper trading）——不使用实际资金的交易练习。所有的交易行为仅仅发生在想象中，但保留交易盈亏的纸面记录。

尖旗（三角旗）形（Pennant）——参见"旗形或者尖旗（三角旗）形"。

正面相互背离（Positive divergence）——参见"相互背离"。

上冲行情（Rally）——一场向上的价格运动。

反弹（Reaction）——与当前主要趋势方向相反的一段价格运动。

相对力度指数（Relative Strength Index，RSI）——RSI比较了一定时间范围内上升的收市价与下跌的收市价之比。

阻挡水平（Resistance level）——如果我们预期卖方将在某个价格水平上入市，这就是一个阻挡水平。

百分比回撤水平（Retracement）——市场的调整行情往往折返到之前的价格运动的一定百分比的位置。较为常见的百分比回撤水平为38.2%、50%、61.8%。

反转指标（Reversal indicator）——参见"趋势反转信号"。

反转日形态（Reversal session）——在某一时间单位，市场创出了当前趋势的新高（或者新低），但是其收市价低于（或者高于）前一个时间单位的收市价，这样就形成了一个反转日形态。

向上倾斜（上升）的阻挡线（Rising resistance line）——连接依次上升的高点，得到向上倾斜的阻挡线。

向上倾斜（上升）的支撑线（Rising support line）——连接依次上升的低点，得到向上倾斜的支撑线。

抛售高潮（Selling climax）——在本形态出现之前，市场已经经历了一轮过分伸展的下降行情，然后市场进一步大幅、急剧地推低，并且伴随着巨大的交易量。在这样的情况下，如果市场从这轮剧烈的抛售行情中向上翻转，则被看作一个抛售高潮。

抛售行情（Selloff）——一场向下的价格运动。

简单移动平均线（Simple moving average）——这是平滑价格数据的一种方法，将有关的价格数据加在一起，然后求得其平均值。因为用来计算平均值的价格数据逐步向前移动，新数据添加进来，旧数据剔除出去，所以称之为"移动平均"。

破低反涨形态（Spring）——市场向下突破某个支撑水平，或者在一个横向整理区间中，市场一度向下跌破了其下边界，但马上反弹，重新回到这个"被跌破的支撑水平"的上方。这是一个看涨信号，其价格目标为密集区的上边界。

随机指数（Stochastics）——这是一种摆动指数，它度量的是当前收市价在一定时间范围内的整个价格区间中的相对位置。它通常由一条变化较快的%K线和一条变化较慢的%D线组成。

支撑水平（Support level）——如果我们预期在某个价格水平上买方将入市，这样的水平就是支撑水平。

对等运动（Swing target）——利用上一波上涨行情或下降行情的垂直距离来计算下一波行情的价格目标。

横向延伸区间（Trading range）——当价格被限制在一个支撑水平和一个阻挡水平之间时，就形成了一个横向延伸区间。

趋势（Trend）——市场的主流价格方向。

趋势线（Trend line）——在价格图表上，通过连接逐步上升的高点或者逐步下降的低点而得到的直线。至少需要两点，才能做出一条趋势线。趋势线经受的市场试探越多、试探时的交易量越大，则该趋势线的意义越重要。

趋势反转信号（Trend reversals）——也称为"反转指标（Reversal indicators）"。这是一个引人误解的术语。更恰当、准确地说，应当使用术语"趋势变化指标"。它的意思是，之前的趋势即将发生变化，但是，不一定意味着价格将走向相反的方向。在趋势反转形态完成后，价格有可能反转，也有可能不发生反转。举例来说，趋势可能只是从上升转为横向波动。只要在趋势反转形态出现后，趋势发生了变化，那么趋势反转信号就发挥了正常的功效。于是，如果在上升趋势中出现了趋势反转信号，后来市场转为横向延伸，那么趋势反转形态便是成功的。

向上跳空（Upgap）——通过向上的价格运动形成的价格跳空。

破高反跌形态（Upthrust）——在一个横向延伸区间中，当价格向上突破上方的阻挡线后，市场未能坚守这个新高水平，价格重新回落到一度"被突破"的阻挡线的下方，这样就形成了一个破高反跌形态。其价格目标为重新试探横向交易区间的下边缘。

上升趋势（Uptrend）——市场趋势方向向上，则构成上升趋势。

V形底部或顶部反转形态（V bottom or top）——当价格突然掉转方向时，所形成的价格形态看上去就像字母"V"（在市场底部），或者倒置的字母"V"（在市场顶部）。

交易量（Volume）——也称"成交量"。在给定的时间单位内成交的所有合约的总数。

加权移动平均线（Weighted moving average）——这是一种移动平均线，在其计算方法中，为有关的价格数据各分配了一个权重因子。通常，最近的价格数据比较重要，因此分配给最近的价格数据的权重较大。

参考书目

Analysis of Stock Price in Japan. Tokyo: Nippon Technical Analysts Association, 1986.

Buchanen, Daniel Crump. *Japanese Proverbs and Sayings*. Oklahoma City, OK: University of Oklahoma Press, 1965.

Chol-Kim Yong. *Proverbs East and West*. Elizabeth, NJ: Hollym Corp., 1991.

Dilts, Marion May. *The Pageant of Japanese History*. New York: David Mckay Co., 1963.

Edwards, Robert D. and John Magee. *Technical Analysis of Stock Trends*, 5th ed. Boston: John Magee, 1966.

Galef, David. *Even a Stone Buddha Can Talk*. Boston: Tuttle Publishing, 2000.

Hill, Julie Skur. "That's not what I said," *Business Tokyo*, August 1990, pp.46—47.

Hirschmeier, Johannes and Tsunehiko Yui. *The Development of Japanese Business 1600–1973*. Cambridge, MA: Harvard University Press, 1975.

Hoshii, Kazutaka. *Hajimete Kabuka Chato wo Yomu Hito no Hon (A Book for Those Reading Stock Charts for the First Time)*. Tokyo: Asukashuppansha, 1990.

Ifrah, Geoges. *The Universal History of Numbers*. New York: John Wiley and Sons, 2000.

Ikutaro, Gappo. *Kabushikisouba no Technical Bunseki (Stock Market Technical Analysis)*. Tokyo: Nihon Keizai Shinbunsha, 1985.

Ishii, Katsutoshi. *Kabuka Chato no Tashikana Yomikata (A Sure Way to Read Stock Charts)*. Tokyo: Jiyukokuminsha, 1990.

Kaufman, Perry J. *The New Commodity Trading Systems and Methods*. New York: John Wiley and Sons, 1987.

Keisen Kyoshitsu Part 1 (Chart Classroom Part 1). Tokyo: Toshi Rader, 1989.

Kroll, Stanley. *Kroll on Futures Trading*. Homewood, IL: Dow Jones-Irwin, 1988.

Masuda, Koh, ed. *Kenkyusha's New School Japanese-English Dictionary*. Tokyo: Kenkyusha, 1968.

McCunn, Ruthanne Lum. *Chinese Proverbs*. San Francisco, CA: Chronicle Books, 1991.

Nihon Keisenshi (The History of Japanese Charts). Chapter 2 by Oyama Kenji, pp.90–102. Tokyo: Nihon Keisai Shimbunsha, 1979.

Okasan Keisai Kenkyusho. *Shinpan Jissen Kabushiki Nyumon (Introduction to Stock Charts)*. Tokyo: Diamond-sha, 1987.

Sakata Goho wa Furinkazan (Sakata's Five Rules are Wind, Forest, Fire and Mountain). Tokyo: Nihon Shoken Shimbunsha, 1969.

Schabacker, Richard W. *Technical Analysis and Stock Market Profits*. New York: The Schabacker Institute.

Seidensticker, Edward G. *Even Monkeys Fall from Trees and Other Japanese Proverbs*. Rutland, VA: Charls E. Tuttle, 1987.

Seward, Jack. *Japanese in Action*. New York: Weatherhill, 1983.

Shimizu, Seiki. *The Japanese Chart of Charts*. Trans. Gregory S. Nicholson. Tokyo: Tokyo Futures Trading Publishing Co., 1986.

Sklarew, Arthur. *Techniques of a Professional Commodity Chart Analyst*. New York: Commodity Research Bureau, 1980.

Smith, Adam. *The Money Game*. New York: Random House, 1968.

Tamarkin, Robert. *The New Gatsbys*. Chicago: Bob Tamarkin, 1985.

Taucher, Frank. *Commodity Trader's Almanac*. Tulsa, OK: Market Movements, 1988.

Technical Traders Bulletin. January 1990, May 1990, June 1990. Rolling Hill Estates, CA: Island View Financial Group Inc.

Wilder, J. Wells. *New Concepts in Technical Trading Systems*. Greensboro, NC: Trend Research, 1978.

Yong-Chol, Kim. *Proverbs East and West*. Seoul, Korea: Hollym International, 1991.

Yoshimi, Toshihiko. *Yoshimi Toshihiko no Chato Kyoshitsu (Toshihiko Yoshimi's Chart Classroom)*. Tokyo: Nihon Chart, 1989.

索引

A

弃婴顶部形态（Abandoned baby top patterns），75，78，295

弃婴底部形态（Abandoned baby bottom patterns），76，78—79，295

前方受阻形态（Advance block patterns），108—109，112，295

《日本的股票价格分析》（*Analysis of Stock Price in Japan*），6

上升三角形（Ascending triangles），282

B

线图（Bar charts）

  蜡烛线图替代，3—4，289

  相对于蜡烛图，25—28，30

看跌的旗形（Bear flags），278

熊市（Bear market）

  乌云盖顶形态，54—58

圆形顶部形态，125—128，298

黄昏星，70—73

下降的支撑线，207—208

向下的窗口，138

墓碑十字线，170

上吊线，35—37，40—45

水平阻挡线，215

低价位跳空突破形态，150

实体，27

流星线，79—83

牛市行情陷入停顿，65—66

三只乌鸦形态，106—108

向上跳空两只乌鸦形态，103—105

看跌的尖旗（三角旗）形（Bear pennants），278，281

看跌捉腰带线（Bearish belt-hold lines），101—102

看跌反击线（Bearish counterattack lines），120—123

看跌的相互背离现象（Bearish divergence），241

看跌吞没形态（Bearish engulfing patterns），45—49

    作为阻挡水平，203—204

    阻挡作用，47

看跌的分手线（Bearish separating lines），165，167

看跌的影线（Bearish shadows），49

捉腰带线（Belt-hold lines），100—103，296

黑色蜡烛线（Black candlestick），27

底部反转形态（Bottom reversal patterns）

    锤子线，35—40

    倒锤子线，83—85

    启明星，66—70

箱体区间（Box range），42

突破信号，270—275

十字线，180—181

向下突破，272—274

向上突破，274—275

突破信号（Breakouts）

从箱体区间，270—275

向下的，从箱体区间，272—274

向上的，从箱体区间，274—275

交易量验证，266—267

看涨的旗形（Bull flags），277—278

牛市（Bull market）

蜻蜓十字线，177

平底锅底部形态，125—126

锤子线，35—40

其中的孕线形态，88

高价位跳空突破形态，149—150

水平的支撑线，215

启明星，66—70

刺透形态，59—64

实体，27

上升的支撑线，207

向上的窗口，138

熊市行情陷入停顿，65—66

白三兵挺进形态，108—112

看涨的尖旗（三角旗）形（Bullish pennants），277—278

看涨捉腰带线（Bullish belt-hold lines），100—103

看涨反击线（Bullish counterattack lines），120—121

看涨的相互背离现象（Bulish divergence），241—242

看涨吞没形态（Bullish engulfing patterns），45—49

下降的支撑线，210

　　　理解，191—192

　　　刺透形态，59

　　　作为支撑水平，202—203

　　　支撑作用，47

　　　交易量验证，266—267

看涨的刺透形态（Bullish piercing patterns）

　　　下降的支撑线，209—210

　　　相对于看涨的反击线，120—125

看涨的分手线（Bullish separating lines），165—167

C

蜡烛图的主观性（Candle, subjectivity with），290

蜡烛（线）图（Candlestick charts）

　　　蜡烛图的优势，196，290

　　　使用时需要注意的，10—12

　　　早期引入美国，5—8

　　　灵活性，290

　　　历史，17—22

　　　理解，188—194

　　　席卷天下的原因，3—4

　　　替代线图，289

　　　应用西方技术分析工具，196—198

　　　相对于线图，25—27

　　　蜡烛（图）线，画法，27—31

极性转换原则（Change of polarity principle），221—227

收市价，日本人着重于（Closing, Japanese emphasis on），30—31

蜡烛图信号的汇聚（Clusters of candles），124，203

　　　作为阻挡水平，203—205

　　　作为支撑水平，202—203

验证信号（Confirmation）

> 上吊线的，249—250

> 与上吊线，43—44

> 为倒锤子线，84

> 摆动指数作为，241—242

横向整理区间（Congestion bands），150

持续形态（Continuation patterns），137

> 下降三法，156—157，163—164

> 上升三法，156—163

> 分手线，165—168

> 跳空突破形态，147—149

> 窗口，138—147

相互验证的概念（Convergence concept），196—198

反击线（Counterattack lines），120—125

> 看跌的，120—123

> 看涨的，120—125

D

日蜡烛线图，平头形态（Daily charts, tweezers in），94

乌云盖顶形态（Dark-cloud cover patterns），54—58

> 增加其重要性的因素，54—55

> 平头顶部形态与，94—96

死亡交叉信号（Dead cross），236

定义，区别于（Definitions, differing），10—11

下降三角形（Descending triangles），282—284

DISCIPLINE规则（DISCIPLINE rules），199—200

相互背离现象（Divergence）

> 看跌的，241

> 看涨的，241

相互背离指标（Divergence indicators）

移动平均线摆动指数，246—248

摆动指数用作，246—247

相对力度指数（RSI），242

随机指数，251

十字线（Doji），29

出现在长长的白色蜡烛线之后，171—175

理解，192

作为底部反转信号，180—181

在箱体区间中，181

界定，169

蜻蜓十字线，170，177，179—180

理解，191—192

黄昏星，70—75

引起行情反转的因素，169—170

墓碑十字线，170，176—177

十字孕线形态，89—90

大额交易量，262—267

理解，192—193

长腿十字线，76，169，176—180

启明星，66—70

北方十字线，171—176

摘要，169—172

与当前趋势的关系，176—185

南方十字线，171，181

三星形态，185—186

堂岛大米交易所（Dojima Rice Exchange），19—22

跳空并列白色蜡烛线形态（Downgap side-by-side white lines），153—154

在下降趋势中，153

下降趋势（Downtrends）

十字线与，171，183

常见的百分比回撤水平，229

向下跳空并列阴阳线形态（Downward gapping tasuki），148

蜻蜓十字线（Dragonfly doji），170，177，179—180

    理解，192

圆形顶部形态（Dumpling tops），125—128

E

市场情绪因素（Emotional component）

    蜡烛图技术术语与，31—32

    对市场的影响，13—16

吞没形态（Engulfing patterns），45—52

    看跌的，45—52

    作为阻挡水平，203—204

    阻挡作用，47

    看涨的，45—49

    下降的支撑线，207—208

    理解，191—192

    刺透形态，59

    作为支撑水平，202—203

    支撑作用，47

    交易量验证，266—267

    识别标准，45—46

    相对于孕线形态，88—89

十字黄昏星形态（Evening doji star），73，75—78

黄昏星形态（Evening star），70—75

行情衰竭，十字线标志着（Exhausted markets, doji signaling），171

平仓策略（Exit strategies），269—270

指数加权移动平均线（Exponential moving average），235

F

下降（向下倾斜）的阻挡线（Falling resistance lines），210—211。参见"阻挡水平"。

    价格目标与，211—212

下降（向下倾斜）的支撑线（Falling support lines），207—209。参见"支撑水平"。

    看涨刺透形态与，209—210

下降三法形态（Falling three methods），156—157，163—164

    理解，189

向下的窗口（Falling windows），138—139，142—147

    理解，189—190，193

假突破信号（False breakouts）。参见"破高反跌形态（Upthrust）"。

斐波那契比例（Fibonacci ratios），229—230

旗形（Flags），276—284

外汇市场，其中的启明星形态（Foreign exchange markets，morning star in），69—70

公式（Formulas）

    相对力度指数，242

    随机指数，251

4，数字的重要性（Four，significance of number），119—120

平底锅底部形态（Frypan bottom patterns），125—126，128—131

G

黄金交叉信号（Golden cross），236

后藤守彦，7

墓碑十字线（Gravestone doji），170，176—177

H

锤子线（Hammers），35—40。参见"倒锤子线"。

    验证信号，192

    理解，189

    识别，36—37

    作为支撑水平，202

平头底部形态，94

交易量与，260—262

上吊线（Hanging man lines），35—37，40—45

看跌验证信号，249—250

识别，36—37

与平头顶部形态，94—96

十字孕线形态（Harami cross patterns），89—90

理解，190

上升的阻挡线与，213

与平头顶部形态，94—96

孕线形态（Harami patterns），88—89

理解，190—191

作为阻挡水平，203—204

与上升的阻挡线，211—214

交易量与，261—262

高价位跳空突破形态（High-price gapping plays），149—152

本间宗久，17，20—22

水平阻挡线，熊市与（Horizontal resistance line，bear market and），214—217

水平支撑线，牛市与（Horizontal support line，bull market and），214—217

抱线形态（Hugging patterns）。参见"吞没形态"。

大风大浪线（High wave candlestick line）

I

切入线形态（In-neck patterns），60

指数，其中的启明星（Indexes，morning star in），66—67

倒锤子线（Inverted hammer），83—85。参见"锤子线"。

下降的支撑线，210

理解，192

倒三尊形态（Inverted three Buddha patterns），114，118—119

岛形顶部反转（Island top reversal），71

J

日本，16世纪晚期至18世纪（Japan, late 1500s to mid-1700s），17—20

《日本图表分析技术》（The Japanese Chart of Charts），6—7

K

淀屋（Keian，Yodoya），19

L

长腿十字线（Long-legged doji），76，169，176—180

长线交易，三只乌鸦与（Long-term trading, three black crows and），106—108

低价位跳空突破形态（Low-price gapping play），150，152

下影线（Lower shadows），27

  锤子线的，35—37

  上吊线的，35—37

  上升的支撑线与，207—210

M

市场（Market）

  作为多空双方的战场，214—221

  交流，15—16

  情绪性成分，14—16

  追随趋势，199—200

  超买状态，145

  十字线，172—173

市场动力，实体与（Market momentum, real body and），28—29

市场技术分析师协会（Market Technicians Association，MTA），6

市场顶部，十字线与（Market tops, dojis and），177

月蜡烛线图，平头形态与（Monthly charts, tweezers and），94—96

十字启明星形态（Morning doji star），75—77

启明星形态（Morning star），66—70

移动平均线验证背离指数（Moving Average Convergence-Divergence，MACD），255—258

移动平均线（Moving averages）

    简单移动平均线，233—235

    作为支撑水平，237—240

    应用，235—236

    加权移动平均线，235

N

负面相互背离现象（Negative divergence），241

格雷格·尼科尔森（Greg Nicholson），6—7

尼森国际研究（Nison Research International），8

北方十字线（Northern doji），171—176

O

织田信长，18，73

待入线形态（On-neck patterns），60

开市价，日本人强调的重点（Opening, Japanese emphasis on），30—31

大阪，作为早期商业中心（Osaka, as early commercial center），18—20

摆动指数（Oscillators），241—242

    移动平均线，246—251

    移动平均线验证背离指数，255—258

    主要用途，241—242

    相对力度指数（RSI），242—246

    随机指数，251

超买或超卖指标（Overbought/oversold indicators），241—242

    相对力度指数用作，243—244

    随机指数用作，252—253

P

形态（Patterns）。参见"持续形态""反转形态"，具体形态

尖旗（三角旗）形（Pennants），276—278

呆滞形态（Petrifying patterns）。参见"十字孕线形态"

刺透形态（Piercing patterns），59—64

 看涨的

  下降的支撑线与，207—209

  相对于看涨的反击线，120—125

  理解，189

  上升的支撑线与，207—209

  平头底部形态与，94—95

  交易量与，260—262

  相对于反击线，120—121

正面的相互背离现象（Positive divergence），241

价格（Price）

 分析其运动，28

 下降行情，前方受阻形态与停顿形态，108—109

 开市价与收市价的重要性，30—31

 市场分析与，15—16

 简单移动平均线，233—235

 交易量验证，260—262

 相对于移动平均线，236

价格目标（Price targets）

 从箱体形态突破后的推算，270—276

 下降三角形与，282—284

 下降的阻挡线与，211—212

 旗形与尖旗形的，276—278

 预测，269—270

 破低反涨形态与，214

 西方技术分析与，12，198

保护性止损指令（Protective stops），52—54

心理，对市场的影响（Psychology，effect on markets），14—16

R

雨滴（Rain drop），66

上涨行情，十字线（Rallies，doji during），172—176

实体（Real body），27

  下降三法形态的，156—157

  锤子线的，37

  孕线形态的，88

  理解，188—194

  在刺透形态中，59—60

  价格运动与，28

  上升三法形态的，156

  星线，65—66

  向上跳空两只乌鸦形态与，103—104

相对力度，相对于相对力度指数（Relative strength，vs. Relative Strength Index），242

相对力度指数（Relative Strength Index，RSI），242

  计算方法，242—243

  应用，243—244

阻挡水平（Resistance）

  转化为支撑水平，221—227

  捉腰带线验证，102—103

  突破，190

  一群蜡烛线作为，203—204

  紧随高高的白色蜡烛线之后的十字线与，172—176

  居于高高的白色蜡烛线内部的十字线，182

  突破时的努力，215—218

  黄昏星成为，71—72

  向下的窗口，138—139

一群蜡烛线相互加强，124—125

上升三法形态的，161—162

流星线验证了，188—189

运用吞没形态作为，46—47

运用移动平均线作为，235—240

阻挡线（Resistance line）。参见"下降的阻挡线""上升的阻挡线"

上升三角形与，282—283

下降三角形与，282—283

水平的，熊市与，214—215

回撤水平（Retracement levels），229—232

常见的，230

回撤（Retracement），231

反转形态（Reversal patterns）

捉腰带线，100—103

反击线，120—125

乌云盖顶，54—58

十字星线，65—66

紧随在高高的白色蜡烛线之后，172—176

作为底部反转信号，180—181

在箱体形态中，180—181

定义，169

蜻蜓十字线，170，177，179—180

黄昏星，70—75

引起反转的因素，170—171

墓碑十字线，170，176—177

十字孕线形态，89—90

理解，190

长腿十字线，76，169，176—180

启明星，66—70

北方，171—176

概况，171—172

与之前趋势的关系，179—185

南方，171，181

三星形态，185—186

圆形顶部形态，125—128

吞没形态，45—52

十字黄昏星形态，73，75—78

黄昏星形态，70—75

平底锅（底部）形态，125—131

锤子线，35—40

上吊线，35—37，40—45

孕线形态，88—89

切入线形态，60

倒锤子线，83—85

倒三尊形态，114，118—119

十字启明星，75—77

启明星，66—70

待入线形态，60

概况，33—34

刺透形态，59—64

流星线，79—83

白色三兵挺进形态，108—112

三只乌鸦形态，106—108

三尊顶部形态，112—113

三山顶部形态，112—113

三川底部形态，114

插入线形态，60

顶部反转形态，34—35

塔形底部形态，131—132，134—135

塔形顶部形态，131—133

平头形态，94—100

伞形线，35—37

向上跳空两只乌鸦形态，103—105

反转信号（Reversal）

延迟的信号，72—73

有助于界定黄昏星或启明星的因素，71—72

纺锤线指向，28—30

黄包车夫线（Rickshaw man）。参见"长腿十字线"

上升的阻挡线（Rising resistance lines），211—214。参见"阻挡水平"

孕线形态与，212

十字孕线形态与，213

上升的支撑线（Rising support lines），207—208。参见"支撑水平"

上升三法形态（Rising three methods），156—162

与阻挡水平，161—163

向上的窗口（Rising window），138—141，144—147

下降的阻挡线与，211—212

理解，191

作为支撑水平，202—204

风险，保护性止损指令与（Risk, protective stops and），52—54

风险报偿比例分析，锤子线与（Risk/reward analysis, hammers and），37—38

S

酒田战法（Sakata's Rules），21

侦察兵（Scouting parties），216—217

影线（Shadows），27。参见"下影线""上影线"

重要性，47—49

长腿十字线的，76

光脚（Shaven bottom），27

光头（Shaven head），27

清水正纪，6—7

流星线（Shooting star），79—83

    验证阻挡水平，188—189，203—205

    平头顶部形态与，95

    相对于倒锤子线，83

简单移动平均线（Simple moving average），233—235

斜率，移动平均线的（Slopes，of moving averages），236

理查德·索尔伯格（Richard Solberg），7

南方十字线（Southern doji），171，181

纺锤线（Spinning tops），28—30

    理解，192

破低反涨形态（Spring），214—215，219—221

停顿形态（Stalled patterns），108—109

星线（Stars）

    黄昏星，70—75

    十字黄昏星，75—77

    启明星，66—70

    十字启明星，73，75—78

    概览，65—66

    流星线，79—83

随机指数（Stochastics），251

    计算方法，251—252

    应用，252—255

止损指令（Stops），参见"保护性止损指令"

支撑水平（Support）

    转化为阻挡水平，221—227

    一群蜡烛线作为，201—203

    突破的努力，219—221

    一群蜡烛线相互加强，124

    锤子线验证，38—40

    运用吞没形态作为，46—47

运用移动平均线作为，235—236

支撑线（Support lines）。参见"下降的支撑线""上升的支撑线"

  下降三角形与，282—284

  水平的，牛市与，216—217

对等运动（Swing targets），276—277

T

高高的白色蜡烛线（Tall white candle）

  之后的十字线，理解，192

  理解，190，193

跳空并列阴阳线形态（Tasuki gaps），147—149

  跳空并列白色线形态，153—155

  高价位与低价位跳空突破形态，149—152

  其中的窗口，153—155

技术分析（Technical analysis）。参见"西方技术分析（Western technical analysis）"

  重要性，13—16

术语，市场情绪与（Terminology, market emotion and），31—32

3，数字的重要性（Three, significance of mumber），119—120

白色三兵挺进形态（Three advancing white soldiers），108—112

三只乌鸦形态（Three black crows pattern），106—108

  作为验证信号，121

三尊顶部形态（Three Buddha top patterns），112—113

三山顶部形态（Three mountain top patterns），112—113

三川底部形态（Three river bottom patterns），114

三川黄昏星形态（Three river evening star）。参见"黄昏星"

三川启明星形态（Three river morning star）。参见"启明星"

插入线形态（Thrusting patterns），60

德川家康，18

顶部反转形态（Top reversal pattern）

黄昏星，70—75

　　流星线，79—83

顶部反转信号（Top reversal signals），34

塔形底部形态（Tower bottoms），131—132，134—135

塔形顶部形态（Tower tops），131—133

丰臣秀吉，18—19

交易区间市场环境，其中的十字线（Trading range environment，doji in），180—181

趋势转换（Trend changes），33—35。参见"反转形态"

　　价格变化与，91—92

　　星线与，65—66

趋势（Trends）

　　十字线与之前趋势的关系，179—185

　　追随相对于预测，199—200

　　价格相对于移动平均线与，235—236

　　交易量与，259—260

　　窗口与，144—146

三星形态（Tri-star），185—186

　　底部，185

　　顶部，185—186

平头底部形态（Tweezers bottom），94—95

　　与锤子线，95

　　与刺透形态，95

平头形态（Tweezers patterns），94—100

平头顶部形态（Tweezers tops），94—95

　　与乌云盖顶形态，95

　　与上吊线，95

　　与十字孕线形态，95

　　与流星线，95

U

伞形线（Umbrella lines），35—37

  锤子线，35—40

  上吊线，35—37，40—45

向上跳空并列阳线形态（Upgap side-by-side white lines），153—155

  在上升趋势中，153

  理解，191

上影线（Upper shadows），27

  看跌的，46—47

  锤子线的，37

  长长的，理解，188—189

向上跳空两只乌鸦形态（Upside-gap two crows），103—105

破高反跌形态（Upthrusts），214—219

上升趋势，其中常见的百分比回撤水平（Uptrends, popular retracements in），229—230

向上跳空突破形态（Upward gapping tasuki），147—149

当事人的理解（User interpretation），12

V

模糊之处，问题（Vagueness, problem with），10—11

交易量（Volume）

  与蜡烛图，259—267

  验证突破信号，265—266

  验证看涨吞没形态，265—266

  验证价格，260—261

  与锤子线，260—261

  与孕线形态和刺透形态，261—262

  其重要性，259—260

  窗口与，262—263

W

周蜡烛线图，平头形态与（Weekly charts, tweezers and），96—97

加权移动平均线（Weighted moving average），235

西方的头肩形形态（Western head and shoulders patterns），113—114

西方的收缩日形态（Western inside day patterns），89

  相对于孕线形态，89

西方的倒头肩形底部形态（Western inverted head and shoulders bottom patterns），114

西方的岛形底部形态（Western island bottom patterns），144

西方的岛形顶部反转形态（Western island top patterns），71

西方的圆形底部形态，相对于平底锅底部形态（Western rounded bottom patterns, vs. frypan bottoms），125—126，130—131

西方的圆形顶部形态，相对于蜡烛图圆形顶部形态（Western rounded top patterns, vs. dumpling tops），125

西方的长钉形反转形态，相对于塔形顶部或底部形态（Western spike reversal patterns, vs. tower tops and bottoms），131

西方的技术分析工具（Western technical analysis tools）。参见各项具体工具

  蜡烛图与，3—4，11—13

  运用于蜡烛图，196—198

西方的三重顶形态（Western triple top patterns），113

白色蜡烛线（White candle line），27

窗口（Windows），138—147。参见"突破跳空形态"

  在跳空并列白色线形态中，153—154

  在跳空突破形态中，154—155

  跳空突破形态与，148—149

  交易量与，262—263

关于 Candlecharts.com的介绍

帮助客户先人一步察觉市场转折点 ™

史蒂夫·尼森，对蜡烛图技术拥有独特的发言权。他以自己的公司Candlecharts.com为舞台，将蜡烛图技术应用于当今市场，充分发挥其功能，帮助您取得优势。史蒂夫单枪匹马，是第一个向西方世界介绍蜡烛图技术，揭示了蜡烛图令人惊叹的力量的人，并成为这方面居于领导地位的权威专家。

他的足迹遍布了18个国家，向来自众多金融机构的交易人员传授他的交易策略，其中包括世界银行、纽约联邦储备银行。

在其客户名单中，可以看到下列大名：SLK公司（Spear, Leeds and Kellogg）、摩根士丹利（Morgan Stanley）、骑士证券（Knight Securities）、摩根大通（J.P. Morgan）、富达国际（Fidelity）、纽约银行（Bank of New York），若干家对冲基金，以及在纳斯达克市场（NASDAQ）和纽约证券交易所（NYSE）的许多做市商。

Candlecharts.com提供的服务和产品包括：

·国际范围内的现场授课——史蒂夫·尼森登门亲自授课，讲授蜡烛图技术以及西方技术分析。授课的主题包括"发挥蜡烛图功效，早早察觉转折信号"和"东西方技术珠联璧合——融合蜡烛图和西方技术分析最有效的工具"。

·私人专题研讨会——每年一度在曼哈顿开办封闭式、高强度的私人专题研讨会，史蒂夫亲自主持。班级的人数很少，以保证获得面对面互动的效果。

·一套6个小时的视频教程——您可以在自己家里按照自己的节奏从容学习。

·互动产品——提供网上教程和高强度的计算机化课程。

·投资顾问服务——史蒂夫·尼森亲自为您分析市场。

如果需要了解Candlecharts.com的全部服务内容，请访问我们的网址。我们的网址和史蒂夫·尼森的联系方式如下：

网址：www.candlecharts.com

E-mail：nison@candlecharts.com

电话：732.254-8660（美国）

传真：732.390-6625

通信地址：Candlecharts.com
  P.O.Box 6775
  East Brunswick，NJ 08816
  U.S.A.